Cosimo Varriale

Psicologia della personalità

Teorie e applicazioni in una prospettiva d'integrazione dinamico-costruttivistica adleriana, socio-cognitiva ed evoluzionistica

Guida editori

www.guidaeditori.it
redazione@guida.it

in copertina:
C. Varriale, *Fuori dagli assunti convenzionali: omaggio a Klee*, Collage, 2018

Guida Editori srl
Via Bisignano, 11
80121 Napoli

Finito di stampare
nel maggio 2018
da Grafica Elettronica srl, Napoli
per conto della Guida Editori srl

978-88-6866-426-8

A Vincenzo, Enrico
ed a quei giovani che, nonostante tutto,
ancora hanno voglia di capire e battersi
per migliorare se stessi e il mondo.

Introduzione

(*Qualche nota sull'evoluzione della scienza della personalità nel XX secolo e un po' d'altro*)

Abbiamo il diritto e il dovere di sviluppare un concetto di tratto come teoria definitiva, poiché in ogni attività della persona esiste, accanto ad una parte variabile, anche una parte costante, tendenziale. Quest'ultima parte la isoliamo nel concetto di tratto.

W. Stern (1911)[1], *Die Differentielle Psychologie...*

L'essere umano ha una personalità unitaria che egli stesso modella. È, per così dire, sia l'opera che l'artista. Quindi crea la propria personalità ma, come ogni artista, non è infallibile né tanto meno possiede una piena comprensio- ne della mente e del corpo. In quanto essere umano è debole, estremamente fallibile e imperfetto.

Adler (1930a), *Psicologia dell'educazione*

Noi costruiamo il mondo di cui facciamo esperienza in modo involontario, perché non prestiamo attenzione – e così evidentemente non ce ne rendiamo conto – a come operiamo. Questa assenza di consapevolezza è tutt'altro che necessaria. Il costruttivismo radicale afferma, così come Kant nella sua *Critica*, che noi possiamo in larga misura analizzare le operazioni con cui componiamo il mondo della nostra esperienza e che la consapevolezza (...) può aiutarci a modificare e forse a migliorare il nostro atteggiamento.

E. von Glasersfeld (1988), *Introduzione al costruttivismo radicale*

[1] Tranne che per le opere di A. Adler e per alcuni lavori di C. Darwin, S. Freud, C.G. Jung, K. Marx, per tutti gli altri autori stranieri citati, quando esistono loro opere stampate nella nostra lingua, ho indicato la data di pubblicazione e la casa editrice italiane (solo per pochi classici del passato ho indicato anche la data dell'edizione originale dell'opera).

Tutte le esperienze della vostra vita – dalle singole conversazioni alla cultura in generale – plasmano i più piccoli dettagli del vostro cervello. A livello neurale, ciò che voi siete dipende da dove siete stati. Il cervello è un incessante mutaforma che riscrive costantemente la propria rete di neuroni interconnessi nel sistema nervoso. E dato che le vostre esperienze sono uniche, tali sono anche i dettagliati modelli della vostra rete neurale. Poiché continuano a modificare la vostra vita nella sua totalità, la vostra identità è un bersaglio in movimento, che non raggiunge mai un punto d'arrivo.

D. Eagleman (2016), *Il tuo cervello, la tua storia*

Strano destino quello del concetto di *personalità*: un termine ormai di largo uso nel linguaggio comune, ma spesso senza che la gente sappia veramente di cosa stia parlando; eppure attorno al tentativo di spiegare con rigore ciò che noi siamo, come risulta evidente dalle esemplificative citazioni in epigrafe, gira una parte consistente della storia della psicologia scientifica, almeno quella degli ultimi cento anni. Senza contare che il concetto, di antica e nobile matrice medica, filosofica e artistica, sovente unitamente a quelli di psicologia e di cervello, ancora oggi nell'immaginario collettivo evoca le attività più disparate, alcune veramente improbabili e destituite di ogni fondamento scientifico, come la telepatia, la telecinesi, lo spiritismo, la demonologia e le pratiche esorcistiche; e ciò anche in persone di discreta cultura. Per non parlare di quelle redditizie attività di chiaroveggenza finalizzate a prefigurare eventi futuri attraverso qualche segno esterno e/o qualche particolare condotta di un individuo, come nella cartomanzia, nell'astrologia, nella grafologia caratterologica.

Tutte pratiche queste che, sfruttando varie forme di "credenze soprannaturalistiche" (cui sottendono naturali conoscenze "ingenue" di fisica, psicologia e biologia)[2] e di fragilità

[2] Non è superfluo precisarlo, il più delle volte non vi è nulla di negativo nella pervicacia delle credenze, mitologiche, religiose, magiche, ideologi-

psicologica, perseguono il più delle volte finalità fraudolente e di pura speculazione economica. Talvolta persino ventilando più o meno larvate minacce psico-fisiche, come accade in alcune delle numerose sette a sfondo laico o pseudoreligioso[3] gestite dal "santone" di turno oppure in quelle attività volte a "mettere" o "togliere" una "fattura sulla salute" di qualcuno, per questioni d'amore, di interesse, di vendetta e quant'altro, che ancora si registrano in qualche zona arretrata del Paese.

co-politiche, filosofico-laiche, che siano. Le credenze "ingenue" contribuiscono, in stretta sinergia con le emozioni e le passioni, a dare una qualche forma e forza alle nostre mappe di significato, aiutandoci altresì a spiegare la complessità del mondo. Pertanto, nel bene e nel male, rappresentano un segmento cognitivamente importante ed ineliminabile del modo di funzionare, anche sociale, del nostro cervello e della nostra personalità. Di conseguenza, suggerisce Paolo Legrenzi, si può tranquillamente affermare che, sotto il profilo funzionalistico ed evoluzionistico, "una specie che crede si adatta meglio al mondo di una che non crede. (...) Il credere deriva dai modi 'naturali' di funzionare della mente umana. Certamente anche il credere ha le sue patologie. Le cose si mettono male se il credere prende il sopravvento sul pensare. Lo squilibrio è spesso pernicioso. Prima di investigare le patologie, il compito di ogni scienziato cognitivo è comunque quello di spiegare la normalità. Solo così si possono capire le forme deviate, gli errori della mente umana" (2008, pp. 8-9). Sulle stessa problematica, ma con un maggior centramento sul tema del perché molto spesso risulta più facile accettare la teoria del "disegno intelligente" (dell'"orologiaio che ha progettato e costruito l'orologio", cioè di un ente soprannaturale che ha fatto tutto) piuttosto che accettare le teorie scientifiche che spesso sono controintuitive (ad esempio, la teoria darwiniana dell'evoluzione per selezione naturale), cfr. anche Girotto, Pievani, Vallortigara, 2008).

[3] Esiste ormai un'ampia letteratura sul tema, mi basta qui invitare il lettore a visionare la recente, ampia inchiesta televisiva di Rai Tre (nella trasmissione monografica "Presa diretta" dal titolo "Io ci credo" di sabato 24/2/2018, ore 21) sulle sette in Italia, la quasi totalità delle quali promettono mirabolanti miglioramenti delle potenzialità psicologiche e/o "purificazioni" di personalità variamente "inquinate". Notizie interessanti anche nel sito Internet del CeSA (digitando *Centro studi Abusi Psicologici*) e in quello della SAS (digitando *Squadra AntiSette*) della Polizia di Stato.

A ciò si aggiunga che frequentemente il concetto di *personalità*, unitamente ad altri concetti psicologici, viene associato a pratiche volte a manipolare gli individui ed insinuarsi nelle loro menti per più o meno occulti e ingannevoli fini politico-militari[4] e/o economico-commerciali. O, ancora, viene associato ad attività volte a "normalizzare" qualche persona "un po' strana" (magari semplicemente perché "è un sognatore"), oppure a "rimettere in riga" comportamenti individuali o di gruppo ritenuti "pericolosi" per l'establishment, "immorali", "devianti" o espressioni di "personalità malate", ma che in realtà sovente sono solo espressione di condotte stravaganti e/o anticonformistiche, ipercritiche, irriverenti, magari anche con una sessualità eccentrica ma innocua. Di qui la ricorrente e spregiativa definizione dello psicologo come "strizzacervelli". Tutte associazioni, queste, come vedremo, che poco o nulla hanno a che vedere con il rigore scientifico e la deontologia professionale cui in grande misura è improntato il nostro lavoro e quello di tutti coloro che professionalmente si occupano di studiare l'oggetto più complesso e delicato dell'universo: il cervello umano.

In tale, ancora piuttosto confuso quadro generale e in considerazione del fatto che questo volume non è indirizzato solo agli specialisti del settore, non deve allora sembrare superflua qualche preliminare precisazione di ordine storico-epistemologico riguardante il campo d'indagine della nostra disciplina.

[4] In effetti, un qualche fondo di verità nella storia delle "Spie psichiche" – un'attività occulta che sembra essere stata organizzata dalla CIA, in corrispondenza con il massimo fiorire della ricerca sulla cosiddetta "percezione extrasensoriale" (EXP) e delle attività spionistiche indotte dalla "Guerra Fredda" fra USA e URSS, nel corso degli anni Cinquanta e Settanta del secolo scorso –, pare ci sia stato, per stessa ammissione dell'ex presidente americano Jimmy Carter. Al riguardo, è molto significativo il film "L'uomo che fissa le capre", che racconta con ironia la vicenda (cfr. anche l'articolo di Fiorentina Richeldi sui siti www.disinformazione.it e www.coscienza.org oltre al volume di Marco Magrini, 2017, p. 203).

Cominciamo col dire che a differenza delle scienze della natura (fisica, biologia, ecc.) per ciò che riguarda le teorie psicologiche, ivi comprese quelle volte allo studio della personalità, non è possibile parlare di "rivoluzione" o di "salto di paradigma" (Kuhn, 1969), in quanto "questi sono concetti che valgono per periodi lunghi e per svolte critiche, come la rivoluzione copernicana, che hanno richiesto secoli di sedimentazione di ricerche teoriche ed empiriche" (Mecacci, 2003, p. VII). E, più precisamente, valgono per quelle discipline che esplorano fenomeni che si caratterizzano per un'accentuata regolarità rispetto alla variabilità dei fenomeni concernenti le dinamiche personologiche. Fenomeni questi ultimi che, come vedremo, pur presentandosi per alcuni aspetti con una certa stabilità, per altri aspetti sono poco prevedibili e spesso unici e irripetibili per ciascun individuo; come del resto unico, nella sua complessità, è ogni cervello; come un fiocco di neve, appunto! (Eagleman, 2016). Di qui anche la frequente denominazione che viene data alla nostra disciplina: *Psicologia della personalità e delle differenze individuali*.

Diversi autori oggi affermano che non sia possibile applicare in modo rigido agli umani gli schemi conoscitivi del positivismo logico, alla Popper per intenderci, ritenuti invece da altri gli unici validi; e ciò in quanto "non esiste un uomo 'universale', esistono solamente individui storicamente e culturalmente situati, cosa che rende arduo trarre delle conclusioni generali dalle osservazioni e dagli esperimenti" (Gnisci, Pedon, 2016, pp. 38-39). Pertanto, con riferimento alla storia della psicologia dell'ultimo secolo, suggerisce Luciano Mecacci, forse è più opportuno parlare di una "coesistenza e competizione" fra modelli teoretici ed applicativi, spesso anche molto diversi fra loro (2003, p. VIII). In questo stesso periodo di tempo, infatti, non sembra esserci stato un paradigma teorico dominante, quanto "una famiglia di teorie che si collocano all'interno di una tradizione di ricerca" (*ibidem*). In tale prospettiva, secondo un numero crescente di psicologi, forse è più corretto concepire la nostra disciplina "come una scienza nel senso delle scienze dello spirito: un insieme di modalità diverse di descrivere e interpretare il mondo psichico. La psicologia quindi sarebbe un'ermeneutica e una narrazione. In quest'ottica anche le prospettive naturalistiche e sperimentali non sarebbero che uno dei tanti e vari modi di studiare la psiche umana" (ivi, p. IX).

Tali questioni epistemiche, come è facile intuire, non potevano non interessare anche un concetto cruciale in psicologia, ma anche piuttosto ampio e comprensivo, quale quello di *personalità*. Un concetto sul quale – a differenza di altri costrutti con basi neurofisiologiche più definite e misurabili (sensazione, percezione, attenzione, memoria, emozione, motivazione, ecc.) – si è venuto registrando un ancora più accentuato pluralismo settoriale, riguardante modelli definitori, prassi di ricerca, pratiche cliniche, ecc. È noto del resto che Gordon Allport, già nel lontano 1937, aveva censito oltre quaranta definizioni di personalità. Ma forse a questo punto non è superfluo ricostruire, seppure per grandissime linee e attraverso le riflessioni di qualche pensatore del passato, il cammino che il costrutto di personalità ha percorso nei secoli e che gli antichi filosofi spesso qualificavano come "essenza" o "sostanza" dell'uomo (Varriale, 2017).

Tra i primi e più importanti pensatori che hanno segnato con le loro riflessioni la cultura occidentale e che si sono occupati, fra tanto altro, di questo tema, troviamo Aristotele (IV secolo a.C.). In estrema sintesi, per quest'ultimo, ciò che rende un essere umano proprio "ciò che egli è" è rappresentato dall'*Aitia* (αιτία), dalla causa, origine o sostanza ("parlare di essere significa parlare di sostanza"). La sua visione "materialistica" lo portò a ritenere che il filosofo, al fine di spiegare l'essenza delle cose, deve risalire fino alla causa (o sostanza) prima, a quella che egli definisce il "Primo Motore": in un uomo buono il "motore primo" è dato dalla confluenza di *Ratio conoscendi* e *Ratio essendi*, intelligenza e bene (cfr. Gobry, 2004). Per Aristotele, inoltre, la funzione umana più importante per raggiungere la felicità (la pace interiore) è l'attività razionale dell'anima, l'equilibrio che una persona mostra nell'affrontare le cose: "Lodevole è la disposizione di mezzo", scriverà nell'*Etica Nicomachea*. Insomma, "lodevole" sarebbe quella che oggi gli psicologi chiamano "personalità ambiverso": un po' introversa un po' estroversa, capace di parlare bene, ma anche di ascoltare bene, ecc.

Nel Medioevo (XIII secolo) Tommaso d'Acquino (in *De ente et essentia*) afferma che l'essenza dell'uomo (la sua natura o "quiddità") comprende sia la materia che la forma: nell'"animal rationale" (l'uomo) l'essenza e l'esistenza sono distinte e stanno nello stesso rapporto della potenza e dell'atto; l'unione dell'essenza con l'esistenza, cioè il passaggio dalla potenza all'atto, all'individuo reale, richiede l'intervento diretto e creativo di Dio. É solo Dio che può creare, che può realizzare il passaggio dalla potenza all'atto, cioè dall'essenza all'esistenza e dare così origine alle creature: agli angeli, agli uomini, agli animali, alle piante, ecc. È Dio che dunque rende l'uomo esistente, che lo rende persona in senso pieno.

Una visione già più moderna del nostro costrutto viene proposta da Immanuel Kant nel XVIII secolo. Secondo il grande filosofo di Königsberg, per riuscire a definire il concetto di personalità non si può partire dall'"Io" della "ragion pura", ma occorre far ricorso alla "ragion pratica". Solo così è possibile comprendere quei caratteri che autori come Locke attribuiscono all'"identità personale" (all'"Io cosciente"): responsabilità, capacità di valutare le proprie azioni, ecc. "Kant sottolinea con ciò che la persona implica costitutivamente il riferimento ad un'entità morale, e che l'identità della persona può essere determinata solo in riferimento ad un orizzonte morale che manca alla ragione pura, e che si determina come problema della libertà e dell'autonomia. (...) Forse è proprio questo passaggio kantiano della persona da soggetto della 'ragione pura' a soggetto della 'ragione pratica' che favorisce i passi successivi: quelli compiuti da Shelling e da Kierkegaard sulla persona come singolarità" (Scheler, 2002, pp. 39-40). Interpretando a sua volta il pensiero di Kant, Martin Heidegger, nel 1930, ribadisce la differenza tra l'umano e il non-umano e sostiene che "il privilegio dell'uomo risiede nella personalità, l'essenza di questa nella responsabilità di sé" (2016, p. 545). Cogliendo così la specificità umana nella responsabilità-imputabilità degli atti individuali, nel costituirsi dell'originale personalità, mai fungibile con quella di qualsiasi altro essere umano.

Intorno agli anni Trenta del secolo scorso si colloca anche il pensiero del filosofo e psichiatra Karl Jaspers. Nel 1937 la sua concezione esistenzialistica è ampiamente impregnata di antiscientismo (2006), è in particolare una reazione allo sperimentalismo oggettivistico e molecolaristico che già comincia a caratterizzare parte significativa della nascente psicologia scientifica. Per Jaspers un tale orientamento conoscitivo non è conoscenza vera dell'essere, della vita umana. È la riflessione filosofica invece che deve concentrarsi sulla problematica singolare e soggettiva: filosofare è cercare la comprensione del passaggio dialettico del singolo dall'esserci (*Dasein*) all'essere (*Sein*). Un passaggio che è la possibilità stessa dell'esistenza, "per cui l'essere che è trascendenza assoluta rispetto alla singola situazione rappresenta nella sua integrità il mio essere. (...) La dialettica della filosofia dell'esistenza (...) è tesa verso una possibilità che è allo stesso tempo, in quanto resta trascendenza, orizzonte irraggiungibile. La comunicazione non è quindi possibile come presentazione di un sapere oggettivo e astratto, ma solo come apertura personale all'altro che riconosce nel limite il contrassegno della situazione concreta dell'esistenza. La verità è inoggettivabile: è l'essere che comprende soggettività e oggettività. (...) L'essere è totalità infinita. (...) L'immagine totale del mondo non è il mondo stesso, ma un punto di vista singolare nel mondo" (Galimberti, 2006, vol. 2, pp. 423-424).

Ma, a cavallo dei secoli XIX e XX, altre prospettive fenomenologiche (in particolare quelle delle scuole di Franz Brentano e di Carl Stumpf) e quantitativo-sperimentali (quali quelle di Wilhelm Wundt, per molti storici il "padre fondatore" del laboratorio di statistica-psicofisica) penetrano in profondità nelle teorie e nelle pratiche della disciplina e segnano anche una prima, decisiva presa di distanza della psicologia dalla pura speculazione filosofica. Difatti, se da un lato i ricercatori avevano ben presenti le problematiche epistemiche caratterizzanti l'indagine psicologica, cui ho fatto cenno, dall'altro sentono anche forte l'esigenza di fare della disciplina una scienza autonoma. Brentano, ad esempio, nella sua *Psicologia dal punto di vista empirico* (1997), precisò bene l'oggetto di studio della fenomenologia sperimentale: l'essere intenzionale che ha una relazione, una tendenza con un contenuto. Se resta fisso tale contenuto, può variare l'intenzione verso di esso, la relazione, l'atto psichico; per dirla con Wilhelm Dilthey (1985), "ciò che è immediatamente vissuto" è la continuità di tale vissuto (*erlebnis*). In questo contesto, nella ricerca si deve privilegiare la dimensione fenomenica dell'esperienza psichica individuale, perché il comprendere me stesso permette di comprendere l'altro da me nella sua stessa individualità. Quasi una prefigurazione delle "teorie della mente".

Muovendosi in questa prospettiva, lo psicologo fenomenologico impiegava uno stile di ricerca ben diverso da quello dello psicologo di laboratorio: se quest'ultimo si basava prevalentemente sulla precisa descrizione di metodi e procedure sperimentali, sulla presentazione e l'analisi di dati quantitativi, lo stile del fenomenologo era più personale, fluttuante, argomentativo e centrato sulla descrizione dell'esperienza psichica individuale. E così facendo, suggeriva ancora Dilthey, "noi spieghiamo la natura, mentre comprendiamo la vita psichica", (1985, p. 20); peraltro aprendo, a mio modo di vedere, anche un'importante linea di riflessione epistemica per le future indagini sulle tematiche della personalità e sulla necessaria interdipendenza fra l'approccio nomotetico e quello idiografico.

La profonda rivoluzione – questa sì un vero "salto di paradigma" – introdotta in campo biologico dalla teoria dell'evoluzione per selezione naturale di Charles Darwin (1859, 1871) e di Alfred Russel Wallace, con le forti ricadute anche sulle prime formulazioni riguardanti il funzionamento neuropsicologico dell'uomo e il posto da questi occupato nella natura (Gee, 2016; Pievani, 2010, 2912a, 2014; Manzi, 2013, 2017); i primi contributi empirici – prevalentemente provenienti dai centri di ricerca austriaci e tedeschi – forniti dalle suddette scuole fenomenologiche e sperimentaliste, nonché dai teorici della Gestalt (Kurt Koffka, Wolfgang Köhler, Max Wertheimer); il quadro teorico e applicativo disegnato dal comportamentismo di John Watson (1913); i primi modelli clinico-personologici a carattere psicodinamico (Sigmund Freud, Alfred Adler, Carl Gustav Jung, ecc.); le riflessioni epistemiche di filosofi della scienza (quali Karl Popper e il suo allievo Paul Feyerabend); le teorie e le ricerche sui tratti di personalità (Raymond Cattel, Gordon Allport, Hans Eysenck) e quelle in psicologia sociale (Kurt Lewin, Fritz Heider, Leon Festinger, Stanley Milgram, Philip Zimbardo, Henri Tajfel, ecc.); lo sviluppo della prospettiva cognitivista, degli orientamenti umanistico-esistenziale, sistemico-relazionale, interazionistico (ad indirizzo cognitivo-comportamentale), dell'antipsichiatria in campo clinico e, sul finire del XX secolo, dell'affermarsi tumultuoso delle neuroscienze, come vedremo nei capitoli che seguono, hanno ampiamente contribuito a definire meglio anche il quadro entro cui si muovono gli psicologi della personalità[5].

In massima parte oggi questi ultimi condividono l'idea che la ricerca personologica debba perseguire le seguenti due cruciali finalità: (1) *formulare ipotesi di funzionamento di un certo fenomeno che siano sempre corroborate da osservazioni scientifiche sistematiche, verificabili empiricamente e che siano utili alla migliore definizione di modelli teoretici, oltre ad aprire nuovi campi di ricerca*; (2) sulla base di tali costruzioni teoriche, *suggerire strutture concettuali e modalità applicative per la risolu-*

[5] Per un ampio affresco storiografico, relativo allo sviluppo teoretico e applicativo della psicologia come scienza autonoma nel corso del secolo passato, rinvio il lettore, oltre al già citato volume di Luciano Mecacci (2003), anche al lavoro di Riccardo Luccio (2000).

zione di concreti problemi umani, in una realtà in sempre più rapido cambiamento, globalizzata e complessa. Al riguardo, mi piace ricordare che Kurt Lewin ammoniva coloro che si apprestavano a lavorare nel campo della ricerca empirica, soprattutto giovani, affermando che "non vi è nulla di più pratico di una buona teoria"!

Insomma, come hanno recentemente notato Daniel Cervone e Lawrence Pervin nell'ultima, aggiornata edizione (la tredicesima!) del loro vasto manuale di Psicologia della personalità, le teorie sono delle utili "cassette degli attrezzi". Sono utili perché ogni teoria contiene una varietà di strumenti, alcuni di essi sono costrutti teorici mentre altri sono metodologie di ricerca, alcuni prospettano tecniche per la valutazione della personalità, mentre altri indicano metodi terapeutici. Ogni elemento della teoria è uno strumento in quanto assolve una o più funzioni e consente di eseguire una o più attività. "La metafora della cassetta degli attrezzi presenta un'ultima implicazione. Suggerisce che l'esistenza di molteplici teorie nella psicologia contemporanea della personalità possa non essere, in fondo, qualcosa di negativo. Nel mondo degli attrezzi reali, quando le persone hanno a disposizione diversi strumenti, possono imparare cose nuove. Possono introdurre nella loro cassetta strumenti nuovi osservati nella cassetta di qualcun altro o essere ispirate a eseguire un lavoro nuovo con gli strumenti di cui dispongono. Con il tempo, la diversità tra le cassette degli attrezzi può migliorare il lavoro di ognuno. Lo stesso principio si può applicare al mondo degli strumenti teorici. Quando esistono molteplici teorie, è più probabile che i ricercatori si trovino di fronte a risultati e spunti teorici in contrasto con la propria posizione consolidata; a sfide che rappresentano uno stimolo a perfezionare, ad ampliare ed infine a migliorare il proprio pensiero. La diversità teorica può quindi accelerare il progresso generale di una disciplina" (2017, pp. 57-58).

Posso testimoniare, sulla base della mia quasi quarantennale esperienza professionale, che queste considerazioni sono fondate: ciò di cui parlano Cervone e Pervin è successo più volte anche a me. Riferirò di seguito solo il più recente dei vari episodi accadutimi nel corso dello studio di opere di altri autori, del lavoro didattico accademico, dell'ascolto di relazioni congressuali o in più ristretti simposi scientifici, come dei frequenti colloqui informali con colleghi di altro orientamento psicologico.

Qualche anno fa, un'allieva che aveva frequentato il mio corso di Psicologia della personalità, e di cui poi avevo anche seguito l'elaborazione della tesi per la Laurea triennale in Scienze e tecniche di psicologia cognitiva, nel preparare la tesi conclusiva del Biennio specialistico in Neuroscienze cognitive, si presentò in Facoltà, al settimanale ricevimento studenti, per chiedermi qualche notizia sulle applicazioni in campo clinico-psicoterapeutico delle teorie metacognitive di Adrian Wells. Un autore, questo, di cui, confesso, conoscevo poco, pur essendo abbastanza informato sull'insieme dei metodi e delle tecniche metacognitive impiegate nella riabilitazione di soggetti con Disturbi Specifici dell'Apprendimento (DSA): Dislessia, Disgrafia, Discalculia, ecc., in ambito psico-pedagogico (Cornoldi, 1999, 2007; Cornoldi *et al.*, 2001).

Riferii a quest'allieva che mi sarei informato sulla produzione scientifica di questo collega inglese e poi le avrei fatto sapere. Cosa che feci, dopo aver studiato con crescente interesse due suoi importanti volumi editi in lingua italiana (Wells, 2002, 2012) e quanto riuscii a trovare (molto) da lui pubblicato sul web, per la maggior parte non ancora tradotto. Parte da quest'episodio il lungo lavoro per la graduale messa a punto di un personale modello teorico-applicativo in chiave dinamico-costruttistica, adleriana e metacognitiva (AIDCAM) che riversai nelle attività accademiche e professionali, di consulenza psicologica per enti pubblici e privati e per soggetti affetti da disturbi emozionali (Depressione, Disturbo Ossessivo Compulsivo, Disturbo d'Ansia Generalizzato, Disturbo da Stress Post-Traumatico, ecc.), oltre che all'interno di vari disegni di ricerca e seminari formativi per psicologi sulla diagnostica e sulla relazione terapeutica, realizzati negli ultimi anni dall'Istituto "Alfred Adler" di Napoli (cfr., ad esempio, Varriale, Limongelli, 2017).

Nella seconda parte di questo volume (capitoli quinto, sesto e settimo) illustrerò in modo più dettagliato i presupposti teorici e le procedure applicative che ho seguito per integrare armonicamente alcuni importanti costrutti e training metacognitivi dell'originale formulazione di Wells all'interno dei vari passi operativi del Modello Quadrifasico Adleriano di Counseling (MQAC) (Varriale, 2000, 2005, 2009, 2013; Varriale, Parlato, 2000). Fatto sta che l'incontro con la complessa architettura del modello di Wells, come vedremo, sul piano euristico mi è sembrato davvero significativo. I riscontri empirici positivi dell'inserimento dell'AIDCAM, in particolare nell'ambito della relazione d'aiuto consiliare, sono stati numerosi e forieri di ulteriori promettenti sviluppi (Varriale, 2010, 2011, 2012 *in press*). E tali innesti, ci tengo a precisarlo, non vanno considerati come una mera giustapposizione sincretistica di un impianto cognitivista su un impianto dinamico-costruttivistico adleriano. Tutto ciò mi ha ancor più convinto di quanto sia importante mantenere un atteggiamento aperto e fluido nei confronti di altri modelli psicologici, di cui magari si è verificata l'effettiva sintonia con il proprio modello teorico-prassico di riferimento: abbiamo sempre qualcosa da imparare nel campo della ricerca personologica e più in generale in quel vasto e terribilmente complesso universo, in parte ancora sconosciuto, rappresentato dal cervello di *Homo sapiens*.

E passiamo a disegnare un stringata cornice degli sviluppi che la scienza della personalità ha fatto registrare negli ultimi cento anni. Come abbiamo visto, fino al Diciannovesimo secolo il concetto di personalità non sembra sia mai stato oggetto di indagine scientifica (Danziger, 1995). Ciò che pare abbia contribuito al suo ingresso nell'area d'interesse della ricerca psicologica, sembra sia stata la "medicalizzazione" del termine sul finire dell'Ottocento in Francia: fu Théodul Ribot (di cui furono allievi grandi studiosi come Pierre Janet e George Dumas) che, prima alla Sorbona e dal 1888 nel suo laboratorio di psicologia sperimentale presso il Còllege de France, cominciò ad usare il termine personalità nell'ambito delle ricerche di psicologia patologica e per l'impiego delle tecniche ipnotiche, con l'obiettivo di cercare di ricostruire le fasi di passaggio dalle funzioni psichiche normali agli stati disgregativi della personalità. Così, nel clima positivista della Francia dell'epoca, il termine non venne più considerato mero principio spirituale, ma concreto oggetto di conoscenza scientifica. Venne in seguito diffuso negli ambienti della ricerca nordamericana, al principio del secolo XX, da William James, il quale, nella opera del 1901 *Principi di psicologia*, lo impiegò soprattutto in relazione agli aspetti eziopatogenetici e terapeutici della malattia mentale (2004).

Tuttavia, convenzionalmente, lo studio sistematico della personalità (*personality psychology*) viene fatto risalire agli inizi degli anni Trenta del secolo scorso ad opera di psicologi prevalentemente statunitensi (Allport, Murray, Stagner, ecc.), anche come reazione alla dilagante egemonia delle scuole di psicologia sperimentale (psico-fisiologica, gestaltica, comportamentista) europee e americane. È in questo periodo, difatti, "che si possono cogliere i prodromi di quella che sarà poi la grande crisi del dopoguerra. (...) Il fatto è che sia la psicologia della Gestalt che il comportamentismo avevano sostanzialmente tagliato una parte fondamentale della psiche umana, che ora cominciava a prendersi la sua rivincita, con effetti che sarebbero stati ben presto devastanti per entrambe le scuole: parliamo della personalità, per cui proprio in quegli anni improvvisamente esplose uno straordinario interesse. Negli anni trenta, con la nascita della cosiddetta 'scuola personologica' nordamericana (in realtà, autori diversissimi tra di loro per impostazione teorica), il concetto di personalità si impone in ambito psicologico, segnando, una decisa rottura epistemologica rispetto ai concetti di 'temperamento' e di 'carattere' sino ad allora prevalente" (Luccio, 2000, pp. 151 e sgg.).

Di questa scuola personologica nordamericana[6], Gordon Allport[7] è stato il massimo esponente e resta, dal mio punto di vista, un punto fermo anche per gli attuali studi scientifici sulla personalità. Egli, oltre a considerare l'importanza dei fattori biologici (l'*eredità*) e di quelli ambientali per l'adattamento evoluzionistico della specie e per la differenziazione (o variabilità) individuale (*casual becoming*), propose una prima, articolata teoria dei tratti, distinguendo questi ultimi in *tratti comuni* alla popolazione generale (*common traits*) e *tratti individuali* (*individual traits*)[8]. L'analisi dei primi va condotta attraverso l'approccio nomotetico, cioè lo studio sistematico delle caratteristiche bio-comportamentali condivise dagli umani, le regolarità comuni; l'analisi dei secondi, che chiama anche disposizioni personali, va condotta attraverso l'approccio idiografico, cioè attraverso lo studio sistematico delle differenze fra individuo e individuo. Fece inoltre una prima ricognizione dello stato dell'arte in materia, recensendo, come ho ricordato, oltre quaranta defi-

[6] Si consideri che solo fra il 1937 e il 1938 Allport, Stagner, Murray, i massimi esponenti di questo settore di ricerca, pubblicarono ben tre importanti manuali di psicologia della personalità.

[7] Il prestigio e la notorietà di cui godeva questo studioso, unitamente a suo fratello, lo psicologo sociale Floyd Allport, negli ambienti della psicologia scientifica americana è anche testimoniato dal fatto che egli, nel 1939, fu nominato presidente dell'*American Psychological Association* e, per molti anni, fu docente presso la Harvard University. Fu anche un importante redattore del *Journal of Abnormal Psychology*, il periodico in cui vennero pubblicati numerosi suoi articoli dedicati ai temi della personalità e che viene considerata la principale tribuna della nascente *personality psychology* nordamericana.

[8] Allport ha anche operato un'ulteriore articolata distinzione fra *tratti cardinali* (le disposizioni dell'individuo tanto pervasive e chiare che sono facilmente rintracciabili in ogni sua condotta), *tratti centrali* (disposizioni, come onestà, gentilezza, assertività, ecc.) e *disposizioni secondarie* (tratti meno evidenti, generalizzati e coerenti); l'intreccio di tale articolazione disposizionale con le diverse situazioni che si presentano nella vita di un individuo fanno sì che le persone, possedendo livelli diversi di significatività e generalizzabilità nei tratti, nei diversi ambienti, presenti anche una forte variabilità comportamentale.

nizioni di personalità a cui aggiunse anche una sua, che proporrò più avanti. Va inoltre considerato che, per comprendere la condotta di un individuo, per Allport è necessario prendere in considerazione sia il concetto di tratto sia il concetto di situazione: "Il concetto di tratto è necessario per comprendere la coerenza del comportamento, mentre occorre riconoscere l'importanza della situazione per spiegare la variabilità del comportamento" (Cervone, Pervin, 2017, p. 269).

Ma c'è un altro aspetto che mi preme porre in rilievo: Alfred Adler con la sua scuola di psicologia individuale, ad apertura del Ventesimo secolo, a Vienna, aveva già anticipato una serie di concetti personologici che poi Allport avrebbe fatto suoi principalmente nel volume *Divenire. Fondamenti di una psicologia della personalità* (1963)[9], indicandone correttamente l'ascendenza adleriana. Per quanto diremo nel corso dei prossimi capitoli, questa è una questione importante, su cui vale la pena soffermarci un po'. Anche perché, con la lettura di quest'opera, è successo quanto hanno evidenziato in precedenza Cervone e Pervin: la lettura del saggio di Allport mi ha portato a scoprire il pensiero di Adler alla fine degli anni Settanta nelle mie prime fasi di formazione scientifico-professionale, quando mi stavo concentrando prevalentemente sullo studio della psicologia sociale, degli ultimi sviluppi del cognitivismo, della psicoanalisi freudiana e della psicologia analitica di Jung.

Nella strutturazione della sua teoria della personalità, Allport introdusse, fra diversi altri concetti adleriani, quelli di "Stile di vita unico e irripetibile" (che avvicina al suo costrutto di "proprio"), di Sé e di "Sé creativo", di "Coscienza e Valore", di

[9] Un vero e proprio "manifesto", quest'opera, rivolta a quegli psicologi che, a metà degli anni Cinquanta, cominciavano a svincolarsi dalla tirannia di un comportamentismo, ormai sterile e privo d'interesse per la scienza della personalità. Un volume che, oltre ad aprire la strada alla prospettiva cognitivista nella psicologia di quell'epoca, presenta ancora oggi una notevole attualità e un fascino straordinario.

importanza "della relazione con gli altri" e di senso della comunità, focalizzandoli sull'asse sociale dello sviluppo positivo: *Ottimismo → Libertà → Democrazia*, tipicamente adleriano; adottò la visione olistico-telelogica dei processi psichici, sottolineando l'importanza per l'individuo della proiezione verso la propria meta finale, "verso i fini a lungo termine", e concentrandosi sui compiti della "Psicologia del divenire". Concetti e visioni che, come vedremo meglio più avanti, sono centrali nell'architettura della Individualpsicologia.

Ad esempio, nel sottolineare l'importanza dei rapporti affettivi nella prima infanzia, Allport parte dalla constatazione che "il nostro principale problema consiste nel porre in relazione i primi stadi del divenire con quelli che seguono. Freud ci ha insegnato che gli elementi fondamentali del carattere vengono fissati all'età di tre anni. (...) Adler, che si accorda con Freud su ben poco d'altro, colloca all'età di circa quattro o cinque anni l'adozione di un durevole stile di vita. Per quanto vi sia una notevole esagerazione in queste concezioni, non vogliamo trascurare le significative conferme esistenti a loro favore. Pensiamo, a questo proposito, alle opere di Spitz, Levy, Anna Freud e di altri. Bowlby ha riesaminato le loro indagini e vi ha aggiunto altri dati importanti. Risulta con una certa regolarità che il carattere e l'igiene mentale del fanciullo dipendono in misura considerevole dalle sue relazioni con la madre nei primi anni" (1963, p. 47).

E più avanti, a proposito del problema di come interpretare i fenomeni che hanno portato ad una "riesumazione" del concetto di Sé, al fine di poter segnare un avanzamento anziché un ritardo del progresso scientifico, Allport nota ancora: "Una possibile guida per la risoluzione di questo problema si può trovare, per quanto concerne la psicologia, in un'affermazione di Alfred Adler: 'Spesso ciò che è chiamato Io altro non è che lo stile dell'individuo'. Per Adler lo stile di vita ha un significato importante e profondo. Se la psicologia, egli dice, potesse darci una spiegazione esauriente e completa dello stile di vita, ciò includerebbe automaticamente tutti i fenomeni che attualmente vengono riferiti in maniera un po' vaga a un sé o ad un io. In altre parole, una psicologia dello sviluppo pienamente adeguata metterebbe in luce tutte le attività e tutte le interrelazioni esistenti nella vita che ora vengono trascurate o attribuite ad un io che ha tutta l'aria di rassomigliare ad un omuncolo" (ivi, pp. 56-57).

E, ancora, si pensi a quanto del pensiero di Adler sia stato riversato in questa sintetica e ancora attualissima critica di Allport alla psicologia comportamentistica: "L'apprendimento è sicuramente una *disposizione a formare strutture*. Tali strutture comprendono semplici abitudini e sequenze di abitudini, ma anche strutture più complesse e meno rigide, quali la coscienza morale, la concezione di sé, i tratti e gli interessi preminenti, gli schemi di significazione, e così pure la personale visione filosofica della vita. (...) Noi riteniamo perciò che la personalità non sia determinata soltanto dalla pressione che gli stimoli esercitano su un limitato corredo di impulsi comuni alla specie. Il processo del divenire della personalità è regolato anche da una disposizione a realizzare le sue possibilità, cioè a divenire caratteristicamente umano a tutti i livelli di sviluppo. Una delle capacità maggiormente propulsive è l'individualizzazione, la formazione di uno stile individuale di vita autoconsapevole, autocritico ed in un continuo processo di autovalorizzazione. (...) Il dramma della vita umana può in gran parte essere tradotto in termini di attrito fra i primi stadi di sviluppo e i successivi. Il divenire dell'uomo consiste nel processo di incorporazione degli uni negli altri o, quando ciò è impossibile, nell'affrontare il conflitto meglio che si può" (ivi, pp. 40-41).

Infine – e qui siamo al nucleo centrale della riflessione sulle "otto funzioni del proprio" e all'acme della convergenza con il pensiero adleriano –, occorre evidenziare il forte appello di Allport a che tutte le funzioni psicologiche, comunemente attribuite al sé o all'io, vengano finalmente riconosciute come dati fondamentali nello studio scientifico della personalità, in quanto aspetti particolari e cruciali della personalità cui si accompagnano calore, unità, senso di importanza personale. Insomma, ciò che questo autore non riesce veramente ad accettare, ritenendolo "inammissibile" dal punto di vista del personologo, è un sé (che egli chiama anche "anima") cui venga attribuito solo l'esecuzione di atti, la risoluzione di problemi, la direzione delle condotte in maniera extrapsicologica. "Ci riferiamo – conclude al riguardo Allport – ancora una volta all'obiezione di Adler secondo cui un'adeguata psicologia dello stile di vita si esimerebbe, in effetti, dalla necessità di costruire separatamente una psicologia dell'io. Credo che la posizione di Adler (...) sia essenzialmente quella stessa che qui abbiamo sostenuto. Una psicologia adeguata sarebbe veramente una psicologia dell'io. Essa tratterebbe, in modo chiaro e completo, delle funzioni del proprio. (...) Se gli orizzonti della psicologia fossero più ampi di quello che sono, oserei affermare che le teorie della personalità non avrebbero bisogno del concetto di sé o dell'io altro che in termini composti, quali conoscenza-di-sé, immagine-di-sé, valorizzazione-dell'io, espansione-dell'io" (ivi, pp. 76-77). Ma ne parleremo ancora.

Negli anni Quaranta-Cinquanta, se da un lato la ricerca della *personality psychology* viene significativamente influenzata da Kurt Lewin e dalla sua "Teoria del campo", e dagli allievi che ne continuarono l'opera, dall'altro un ruolo di non minore rilievo viene svolto dalle indagini sui tratti: oltre quelle condotte da Gordon Allport, anche quelle effettuate da Hans Eysenck (1952, 1961, 1970a e 1970b). Quest'ultimo, come vedremo, pose un forte accento sulle basi biologiche della personalità (in particolare sulle dimensioni estroflessione-introflessione, e nevroticismo), molto influenzato dalle sperimentazioni riflessologiche e neurofisiologiche condotte in precedenza da Ivan Pavlov.

Ma lo studio della personalità, nel quarantennio 1950-1990, è stato per diversi aspetti anche partecipe della rivoluzione cognitivista. Più precisamente, i contributi della *personality psychology* hanno portato "alla concezione di modelli centrati su dimensioni personali che mediano fra il comportamento e le stimolazioni ambientali. In questo ambito, la ricerca fa riferimento soprattutto a George A. Kelly, la cui teoria dei costrutti personali ha ispirato numerose indagini e applicazioni riguardanti lo stile cognitivo, e anche l'attuale prospettiva sociocognitiva. La ricerca cognitivista ha riguardato in particolare una moderna rielaborazione del classico costrutto psicologico del Sé come istanza organizzatrice delle emozioni e delle motivazioni individuali; sono state introdotte nozioni come quelle di autoefficacia percepita (*perceived self-efficacy*), autostima (*self-esteem*), automonitoraggio (*self-monitoring*), ecc." (Lombardo, Foschi, 2002, pp. 42-43).

In effetti, sin dalle origini la prospettiva cognitivista aveva posto al centro delle indagini le modalità attraverso cui l'individuo elabora, costruisce, dà significato alle informazioni provenienti dal contesto. A partire dalla fine degli anni Settanta, poi, Walter Mischel (1968, 1969, 1973, 1996; Mischel, Shoda, 1995), che era stato allievo di George Kelly, ponendo un forte accento sull'analisi micro e macro contestuale, sferra una critica micidiale all'enfasi che altre prospettive ponevano sulle variabili disposizionali di personalità. "Mischel – concludono Lombardo e Foschi – dimostra come le 'disposizioni' non reggano alla verifica statistica trans-situazionale o trans-temporale, e non siano correlate significativamente con i comportamenti attesi; Mischel dunque esortò ad adottare un rinnovato approccio 'idiografico', derivato dall''apprendimento sociale' e dal cognitivismo, che non solo stimolò lo sviluppo di un'importantissima area della personality psychology contemporanea riguardante lo studio scientifico dei processi individuali entro la cornice di specifiche cornici contestuali (prospettiva sociocognitiva), ma soprattutto sollecitò gli psicologi dei tratti a una valutazione delle variabili storico-sociali nell'ambito della ricerca" (2002, pp. 43-44). Anche questo un indiretto riconoscimento a quanto suggerito da Adler diversi decenni prima!

Tutti temi e autori, quelli succitati, di cui parlerò ampiamente nei prossimi capitoli, anche con riferimento alle straordinarie anticipazioni che su queste stesse tematiche Alfred Adler aveva sviluppato. Ma per chiudere questa parte storiografica dell'introduzione, almeno un cenno va fatto al perché la scienza della personalità mantiene un suo fascino e una sua indiscutibile utilità; in particolare, per tutti coloro che si occupano di relazioni umane. Un primo motivo riguarda il campo di lavoro della disciplina: vari settori della psicologia si occupano di aspetti piuttosto circoscritti della vita neuropsicologica e sociale dell'individuo (ad esempio quelli percettivo-sensoriali, linguistici, mnestici, emozionali, motivazionali, gruppali, ecc.), coloro che si occupano dello studio della personalità "prendono in esame proprio la persona vista nella sua interezza, cercando di comprendere come diversi aspetti della vita psicologia individuale sono correlati l'uno all'altro, anche in considerazione della società e della cultura in cui vive la persona. Un motivo, quindi, per studiare la psicologia della personalità è il fatto che affronta l'argomento più complesso e interessante della psicologia: l'individuo globale, intero, coeso e unico. Altro motivo (...) [è che] le teorie della personalità sono teorie autorevoli anche al di fuori della psicologia scientifica. Esse hanno esercitato la loro influenza sulla società in generale. Sono parte integrante della tradizione culturale del secolo scorso. Come tali, queste idee hanno già influito sul vostro pensiero" (Cervone, Pervin, 2017, pp. 30-31).

A partire dalla considerazione che il personologo ha come *focus* d'attenzione le proprietà universali degli individui, ma anche le differenze individuali e l'unicità dei singoli, mi sembra utile fornire un prima, provvisoria e "facile" definizione di personalità che possa accontentare il lettore alle prime armi, forse ancora in attesa di sapere bene di cosa stiamo parlando: *la personalità è il modo di essere, più o meno consapevole, unitario e stabile, in gran parte unico e irripetibile (come l'impronta digitale) di un individuo*. Essa è il prodotto del mix di schemi valoriali, memorie, meccaniche neuro-funzionali, influenze socio-ambientali, passioni e interessi che segnano in modo del tutto originale la vita (cioè il cervello, la mente e le condotte) di ciascuno di noi. Bene, si accontenti per ora il lettore di questa definizione alquanto "pop", in attesa di ulteriori specificazioni che fornirò nelle pagine che seguono.

Non mi resta che formulare qualche breve nota di presentazione di quest'opera e un po' di ringraziamenti a tutti coloro che in vario modo hanno contribuito alla sua costruzione.

Il volume presenta una visione generale, ancorché sintetica, della scienza della personalità, ma con un taglio non del tutto neutrale: il lettore forse si sarà già reso conto, scorrendo il sottotitolo del libro e le brevi note storiche introduttive, di quale sia il mio duttile orientamento teoretico e prassico di base; pertanto, con questo lavoro, fra l'altro, mi preme render merito allo studioso viennese che, ad apertura del XX secolo, con coraggio e fermezza, sfidò prima Sigmund Freud ad un serrato confronto scientifico e valoriale, non accettando né dogmatiche imposizioni né blandizie, e poi fondò una sua scuola psicodinamica che chiamò *Psicologia individuale comparata*. Dunque, una prima dissidenza e poi una scuola di pensiero e di pratica psicologico-sociale, quelle ispirate da Alfred Adler, molto impegnata a sostenere i più umili nella disastrosa condizione della "Vienna rossa" post-bellica, e da cui, come abbiamo visto, hanno attinto e ancora attingono in molti, pochi riconoscendolo apertamente. Una scuola certamente caratterizzata da svariati limiti, ma anche da ardite intuizioni e anticipazioni, di cui dirò ampiamente, e che forse erano troppo avanti per essere comprese in profondità dai suoi contemporanei e non solo dagli psicoanalisti di "stretta osservanza" freudiana[10]. Da questo punto di

[10] Alfred Adler (1870-1937) ebbe i primi contatti epistolari con Freud nel 1899 (Furtmüller, 2008, p. 341, nota 168), ma solo dal 1902 fu tra i primi partecipanti ai famosi incontri del "mercoledì sera" (al n. 19 della *Berggasse*), da cui poi germinò la Società psicoanalitica viennese, di cui fu il primo presidente. È tuttavia importante ricordare che egli, da medico molto interessato alle attività di prevenzione sanitaria ed educative e da attivo propugnatore delle idee

vista, il volume intende anche far giustizia di una perdurante sottovalutazione storiografica e scientifica, davvero imperdonabile, nei confronti di questo importante studioso e clinico, spesso indicato molto superficialmente come l'"inventore del Complesso d'inferiorità"; ma Adler fu molto, molto più di questo, come cercherò di dimostrare più avanti. Insomma, con questo lavoro ho inteso, fra l'altro, mettere al posto che merita quanto appartiene ad Adler; la cui impronta, peraltro, continua a riverberarsi nella moderna *personality psychology* e, in particolare, nella modellistica socio-cognitiva e costruttivistica, clinica e non clinica, dei nostri giorni.

In tale prospettiva, ho articolato questo lavoro in tre parti e dieci capitoli: nella *prima parte*, in modo assai sintetico, ho illustrato l'attuale stato dell'arte nel nostro settore di studio: definizioni, aspetti epistemologici, metodi e tecniche d'indagine pre-

socialiste e umaniste, giunse a tali incontri con un bagaglio di idee e di pratiche sociali del tutto originali, cui non rinunciò mai. La qualcosa, unitamente alle forti diversità nelle storie di vita e nelle strutture di personalità dei due personaggi, lo portarono a rompere definitivamente con Sigmund Freud nel 1911 (anche per le rigidità teoretiche di quest'ultimo), come testimoniano gli scritti di Adler antecedenti all'ingresso nel sodalizio psicoanalitico viennese (Sodini, 2004, 2014a, 2014b; Orgler, 1970; Furtmuller, 2008; cfr. anche Varriale, 2005, 2006, 2009, 2013, 2016a e 2016b, 2017). Egli fu un inflessibile oppositore di tutti i regimi totalitari e discriminatori (quali quelli nazifascisti e stalinisti) e, sia per la sua origine ebraica che per le sue posizioni sociali e politiche, dai primi anni Trenta del secolo scorso fu costretto ad emigrare con la famiglia e con diversi suoi collaboratori negli Stati Uniti, dove a New York ebbe un incarico di insegnamento presso la Columbia University. Negli USA fu sempre molto attivo nella diffusione delle sue teorie fra psicologi, medici, insegnanti. Infatti fu proprio in questo paese che dopo la Seconda Guerra Mondiale ebbe luogo la rinascita della psicologia individuale grazie soprattutto a due dei suoi figli, Alexandra e Kurt, entrambi psichiatri e continuatori del lavoro del padre, a Rudolf Dreikurs e a Heinz e Rowena Ansbacher (cfr. Sodini, 2001). Morì a 67 anni per infarto in una strada di Aberdeen, in Scozia, dove era stato invitato per un giro di conferenze volte a presentare il suo modello psicodinamico. Ne parlerò più dettagliatamente nella prima e nella terza parte del volume.

valenti, una selezione delle più significative teorie personologiche di ampio, medio e breve raggio, un esame della "controversia persona-situazione" e dei possibili sviluppi futuri della disciplina. Ho dedicato la *seconda parte* all'analisi di alcuni disturbi emotivi e della personalità, alla relazione d'aiuto e al trattamento del disagio psicologico attraverso le metodiche del counseling adleriano, in chiave dinamico-costruttivistica e metacognitiva. Nella *terza parte* ho raccolto e riadattato tre fra i miei più recenti articoli, espressamente dedicati al contributo che i costrutti del modello individualpsicologico adleriano hanno fornito e continuano a fornire alla psicologia della personalità.

Devo ringraziare infine i miei figli Vincenzo ed Enrico, la dott.ssa Emanuela Russo (tutti e tre Psicologi, Dottori di ricerca in neuroscienze cognitive), la dott.ssa Valeria Limongelli (Dirigente Scolastico e counselor professionale) che, dopo aver pazientemente letto il volume in bozze, mi hanno fornito utili suggerimenti. Un ringraziamento particolare al caro amico e collega Dott. Ugo Sodini (Psicologo, psicoterapeuta, traduttore e curatore delle opere dei coniugi Ansbacher) per i suggerimenti storico-filologici, da acuto studioso di Adler. Ringrazio altresì gli allievi che nel corso delle attività didattiche mi hanno in vario modo significato il loro interesse per la disciplina e offerto spunti di riflessione, motivandomi ulteriormente alla realizzazione di quest'opera. Naturalmente, lacune ed errori sono imputabili solo all'autore.

PARTE PRIMA

Le tematiche salienti in Psicologia della personalità

1

Definizioni e scopi della disciplina

1. *Neuroscienze cognitive, evoluzione e personalità*

Un cervello normale ha circa ottantasei miliardi di neuroni, ciascuno dei quali effettua circa diecimila connessioni. Le connessioni avvengono in modo specifico e unico per ogni persona. Le vostre esperienze, i vostri ricordi, tutto ciò che forma la vostra personalità è rappresentato dalla struttura individuale dei milioni di miliardi di connessioni tra le vostre cellule neurali. Questa struttura, troppo grande per essere compresa, viene sintetizzata dalla parola 'connettoma'.

D. Eagleman (2016), *Il tuo cervello. La tua storia*

Molte delle idee di questo capitolo (*"La persona in Psicologia"*, N.d.R.) possono essere considerate sotto il concetto totale (*adleriano*) di *Stile di vita*. (...) Il considerare la personalità come un processo di stilizzazione rende ragione di una differenziazione individuale illimitata (anche se per fare dei confronti è possibile raggruppare fra loro stili simili). Ha inoltre il merito di riunire le dinamiche dello sforzo alle forme di azione. (...) Spiega i principi positivisti – perlomeno quelli pertinenti – e le formulazioni fondamentali dell'esistenzialismo.

G. Allport, (1977), *Psicologia della personalità*

Ad apertura di un volume di Psicologia della personalità è d'obbligo chiedersi che cosa debba intendersi con il termine *personalità*, anche nell'attuale cornice teorico-applicativa delle "neuroscienze cognitive". Il settore delle neuroscienze, quest'ultimo, che – diversamente dalle "neuroscienze di base", più centrate sullo studio anatomo-funzionale di neuroni e reti neuronali oltre che degli aspetti psicopatologici e farmacologici[1] connessi – si occupa di *tutti* i processi mentali, ivi compresi quelli affettivi ed emotivi.

Considerato lo stimolante quadro d'assieme che negli ultimi decenni è venuto emergendo dalle neuroscienze cognitive, nell'introdurre il concetto di personalità, vale la pena partire proprio da un sia pur stringatissimo riferimento ad uno dei temi più caldi in questo ambito: *il rapporto mente-cervello*. Semplificando molto, vado subito al nodo cruciale della questione: *la mente è il cervello* – come ritengono i sostenitori della posizione cosiddetta "*riduzionista*" (posizione che una volta veniva definita, più spinozianamente, "*monista*") e che ormai sono un'ampia maggioranza nella comunità degli studiosi –, oppure *mente e cervello sono espressioni di entità diverse e separate*, come ritengono invece i sostenitori della posizione cosiddetta "*dualista*", di matrice filosofica cartesiana[2]?

[1] Non è questa la sede per un esame di tali tematiche, ma per sottolinearne l'importanza con particolare riferimento all'intervento terapeutico su personalità gravemente disturbate, basta qui ricordare che "la storia della psicofarmacologia moderna è, in gran parte, la storia della trasmissione neurochimica. Per comprendere le azioni dei farmaci sul cervello, per capire l'impatto delle malattie sul sistema nervoso centrale (CSN) e per interpretare le conseguenze comportamentali dei farmaci psicotropi, si deve avere padronanza del linguaggio e dei principi della trasmissione neurochimica" (Stahl, 2002, p. 1).

[2] Al riguardo, Paolo Legrenzi e Carlo Umiltà (2014, pp. 23-26), riprendendo l'ipotesi recentemente avanzata da Riccardo Luccio (2012), però, fanno notare che forse Cartesio potrebbe aver voluto dichiararsi paladino della separatezza mente-corpo (mente-cervello) come stratagemma rivolto a proteggere lo studio della nascente biologia dalle assai pericolose attenzioni della teologia, in mano al persecutorio potere religioso dell'epoca. Del resto, già qualche anno prima sulla questione il filosofo Michele Di Francesco si era chiesto: "Nulla di quanto Cartesio ha detto esclude l'ipotesi che sia il corpo a pensare (...); obiezione rafforzata dal fatto che Cartesio attribuisce all'io pensante anche il sentire e l'immaginare, e che, dal suo punto di vista, queste sono proprietà associate al possesso di un corpo: come possiamo escludere che esse non facciano parte della sua essenza?" (1998, p. 30).

Dichiaro subito la mia posizione di *riduzionista* ("*monista*") convinto: non ho dubbi che *la mente sia il cervello*; che l'organo biologico chiamato cervello *produca* anche quel complesso di processi cognitivi superiori (sia autoriflessivi sia rivolti al sociale, con funzione adattativa all'ambiente) chiamato mente. Tuttavia, per quanto dirò di seguito, il lettore potrebbe facilmente contestarmi che se sul piano teorico mi dichiaro riduzionista, in realtà poi mi esprimo come un dualista. E questo è vero; è vero che, un po' come fanno tutti, esperti o non esperti della materia che siano, anch'io finisco per presentare come separate produzioni mentali e funzioni neurali che invece sono rette tutte dalle stesse proprietà. In effetti, sul perché di questa solo apparente contraddizione, riguardante "riduzionisti di principio" che si esprimono come "dualisti di fatto", anche Paolo Legrenzi e Carlo Umiltà si sono chiesti recentemente se il considerare come separate mente e cervello non sia altro che una forma di "autoinganno" o, piuttosto, non rappresenti un sofisticato meccanismo adattativo che la selezione naturale ha fatto prevalere nell'architettura neurocognitiva del *Sapiens*; un meccanismo che è prevalso in quanto avrebbe favorito sia una migliore comprensione di se stessi (intrasoggettiva) sia una migliore comprensione degli altri (intersoggettiva).

Condivido ampiamente questa seconda ipotesi esplicativa e le riflessioni che gli Autori fanno al riguardo: "Se una persona è pensata come dotata di stati d'animo stabili nel tempo, possiamo immaginarne il comportamento e prevedere i cambiamenti nei suoi modi di agire. Se sappiamo che quella data persona vivrà in futuro all'interno di un ambiente per lei nuovo (per esempio, in ospedale o in carcere), e supponiamo di conoscerne la personalità, possiamo immaginarci l'influenza che tale ambiente avrà su di lei. Questa è una delle strategie più potenti per ridurre l'incertezza che avvolge le nostre prospettive di vita: è il futuro del mondo sociale, più che di quello naturale, che ci importa nel corso della vita quotidiana. Tutte queste capacità, e altre ancora, discendono dall'attribuire caratteristiche mentali agli uomini, agli altri animali e talvolta anche agli oggetti. (...) Inoltre, se anche vogliamo considerare il dualismo spontaneo della psicologia ingenua come una forma di autoinganno, resta il problema di spiegare perché così spesso inganniamo noi stessi, e perché l'evoluzione della nostra specie ci ha costruiti così. Forse la risposta va trovata nelle funzioni positive di alcune forme di autoinganno. Autoingannarsi ci può fornire l'energia per continuare in un'impresa, ci fa giudicare le difficoltà future come meno insormontabili, ci permette di adattarci meglio a un mondo in cambiamento. L'autoinganno talvolta non solo conferisce coraggio, ma ci fa sognare il futuro dandoci forza nel presente" (Legrenzi, Umiltà, 2014, pp. 18-19).

Insomma, ferme restando le evidenze che la ricerca neurocognitiva sta fornendo circa la riduzione delle funzioni mentali a quelle neuronali, non sfugge ormai quanto importante sia stato e sia il dualismo nel rendere più efficaci le nostre capacità di previsione e di controllo dell'ambiente; nel farci un'idea – nella savana di due milioni di anni fa, come oggi (nelle sovrappopolate, caotiche e pericolose "giungle d'asfalto" urbane) – su come ci pensiamo e su come pensano e possono agire in un certo habitat i conspecifici, gli altri animali e, talvolta, persino gli oggetti[3] (con riguardo a tali cruciali processi metacognitivi, si vedano, oltre la seconda parte di questa dispensa, anche i miei due saggi:

[3] Non solo i bambini più piccoli spesso attribuiscono caratteri psicologici agli animali di peluche e agli oggetti (come quando, cadendo dalla bicicletta, subito dopo si scagliano su di essa capovolgendola e gridandole "brutta, brutta, sei cattiva..."), ma, in certe situazioni, lo fanno anche gli adulti. Si consideri al riguardo il filmato concernente l'ormai famoso esperimento effettuato da Fritz Heider e Marianne Simmel nel 1944 (per vederlo basta digitare su Google: *Heider Simmel demostration*). Nel cartone animato, i soggetti sperimentali conferiscono un profilo psicologico, antropomorfico, con intenzioni ed emozioni, ad un triangolo grande (descritto come cattivo, aggressivo, prepotente) e ad un triangolo e un cerchio più piccoli che, impauriti, collaborano per sottrarsi alle angherie del triangolo più grande (sull'esperimento e sulle connesse tematiche della cosiddetta "psicologia ingenua", cfr., oltre che Heider, Simmel,1944, anche Kahneman, 2012).

Varriale, 2015, in particolare la seconda parte del volume; Varriale, Limongelli, 2017, in particolare la prima parte del volume). Ribadisco, quello che continuativamente il cervello sviluppa come mente è un *pattern* di idee su noi stessi e sul mondo che solo in apparenza sembra provenire da una entità (la mente) separata dai processi neurofisiologici basici (il cervello); è un *pattern* frutto del (che va "*ridotto*" al) lavorio incessante delle reti neuronali e delle correlate aree di specializzazione; si considerino, ad esempio, le significative implicazioni evoluzionistico-adattative e psicologiche derivanti dalle ricerche sui "neuroni specchio" (*mirror neurons*) (Rizzolatti, Sinigaglia, 2006; Varriale, 2015, 2018). Un incessante lavorio neurale, dunque, finalizzato all'interpretazione sia del nostro modo di funzionare sia delle menti e delle condotte altrui; come, ad esempio, quando cerchiamo di capire anticipatamente quali siano i tipici stili di pensiero e di agire di un nuovo collega con cui ci troveremo a collaborare per un lungo periodo. In sostanza, è proprio a quest'insieme di tipici stili di pensiero e di agire di un individuo – piuttosto stabili nelle diverse situazioni e nel tempo – che alludiamo quando impieghiamo il termine "*personalità*".

Del resto, è facile constatare che spesso anche nel linguaggio corrente – sostenuti da quei potenti processi attribuzionali, di semplificazione e di categorizzazione, propri della *social cognition* – siamo soliti dire: "Mario è una persona intollerante", "Quel cane ha una personalità imprevedibile", "Lampo è un gatto tenerissimo", "Quella collega ha una personalità aperta e disponibile", "Attenta, con le donne Antonio è un predatore spietato", "I membri di quella comitiva sono persone inaffidabili", ecc. È sulla base di tali rapidi e approssimativi profili di personalità, tracciati spontaneamente attraverso le quotidiane interazioni con Mario, il cane, il gatto Lampo, Antonio, la collega, i membri della comitiva, che noi ci comportiamo di conseguenza (quasi sempre). Insomma, siamo un po' tutti dei diagnosti *naïf* della personalità: istintivamente e velocemente, anche influenzati dallo stato emozionale del momento, tendiamo a sintonizzare al meglio il nostro modo di pensare e di agire su quello che pensiamo ci si possa aspettare dall'individuo che ci troviamo di fronte.

Naturalmente, questo modo di funzionare della mente (del cervello) non è esente da errori, da *bias* valutativi di ogni genere; pregiudizi, stereotipie, integralismi, ecc., segnano spesso le nostre valutazioni di individui e di gruppi; soprattutto di quelli che pensiamo ci somiglino poco, che consideriamo "diversi" da noi (i cosiddetti *outgroup*). Proprio per la velocità, l'approssimazione, la rigidità, la logica tribale e la strumentalità, anche emozionale, con cui di solito formuliamo tali giudizi, sul piano sociale e politico, le nostre condotte possono avere conseguenze terribili. Si pensi alle tante stragi e "pulizie etniche", ai fondamentalismi religiosi e alle guerre ad essi associati, ai violenti scontri tra tifoserie sportive, ai razzismi più o meno mascherati, ecc. che hanno insanguinato e insanguinano il nostro pianeta. Fenomeni alla cui origine contribuisce anche la natura bipolare del *Sapiens*, una mente (un cervello) che non sopporta la variabilità, la complessità; una mente sempre tesa a dare un ordine (per lo più semplificatorio) ad una realtà interiore ed esteriore spesso caotica e incomprensibile. Una natura bipolare, in qualche misura ancora tribale[4], la nostra, di primate antropomorfo ambivalente, sovente preda delle emozioni più negative, spietato, intollerante verso la diversità degli "invasori" e capace di produrre sofferenze ed orrori indicibili; ma anche di animale culturale, con la bellezza nel cervello, dotato di emozioni positive, cooperativo, empatico, compassionevole e oblati-

[4] Una natura ancora in parte retaggio della nostra storia ancestrale, quando vivevamo prima nel sottobosco e poi nella savana, dove la vita era pericolosa, le risorse scarse e i gruppi di *Homo* (clan e tribù di poche decina di membri, spesso imparentati) erano in competizione non solo con i predatori specializzati ma anche con altri gruppi di ominidi confinanti: una natura territoriale, questa, che somiglia molto a quella dei nostri cugini scimpanzé che, nella difesa del loro territorio, sanno essere spietati verso gli invasori, appartenenti ad altri clan.

vo; dotato di una creatività scientifica e artistica speciale, capace di produrre e trasmettere conoscenze sempre più avanzate (per l'approfondimento di tali doppie modalità neuropsicologiche e socio-comportamentali rinvio a Varriale, 2002, 2015, 2016a, Varriale, 2017; Varriale, Rotondo, 2011a; sugli stessi temi, si vedano, oltre la terza parte del presente volume, anche i seguenti lavori: Churchland, 2014; Damasio, 2012; Eagleman, 2016; Legrenzi, 2008, 2017; LeDoux, 1999, 2002, 2016; Shermer, 2015).

Comunque, allo stato delle conoscenze nel campo delle neuroscienze, possiamo affermare con una certa tranquillità che *il dualismo*, cioè la tendenza a separare i processi mentali da quelli neurali, *è una strategia cognitiva naturale*, presente sin da bambini, indipendente dai contesti culturali di appartenenza e dall'educazione ricevuta. Certo, nessuno può conoscere direttamente ciò che realmente passa per la testa di una persona, ma "se possediamo noi stessi un'esperienza della nostra vita mentale, una coscienza, allora possiamo usarla per attribuire alle altre creature le nostre stesse esperienze e stati mentali" (Vallortigara, 2000, p. 404); fino ad attribuire loro (in modo più o meno preciso) insiemi di tratti stabili (a nostro giudizio "giusti" o "sbagliati", "sani" o "patologici", ecc.) e che, come ho già notato, anche nel linguaggio comune, spesso tendiamo ad indicare con il termine "personalità": "Andrea ha una personalità un po' maniacale", "Maria ha una personalità estroversa", ecc. In tale prospettiva, siamo per forza di cose un po' tutti dei "diagnosti ingenui", dei valutatori personologici *naïf*.

Ma c'è di più. Come fanno notare Rosanna De Beni *et al.*, questo modo di operare della nostra mente, questa tendenza a crearci immagini della nostra personalità e di quella altrui, ci intriga molto. Più precisamente, noi tendiamo a subire il fascino dei modelli di personalità che noi stessi costruiamo: "In che cosa consiste tale fascino? Non sono certo le differenze individuali, i diversi stili cognitivi, le differenti capacità di intelligenza, memoria, senso dell'orientamento. (...) Ciò che ci attira nella personalità, è l'esistenza (presunta?) di una forza psicologica nascosta e potente che si manifesta in un'ampia varietà di comportamenti differenti. Questa forza è affascinante perché riunisce in un'unica categoria comportamenti che altrimenti sarebbero del tutto distinti e separati. (...) È questo racchiudere comportamenti diversi all'interno di categorie generali e dunque considerarli come manifestazioni di una stessa forza psicologica che ha reso certi approcci così affascinanti, ma anche vaghi e poco solidamente ancorati ai dati della ricerca. Ci si potrebbe, però, chiedere (...) se i principi di personalità siano necessari nello spiegare queste 'forze' e, più in generale, se la 'personalità' sia in grado di fornirci l'unica spiegazione della varietà del comportamento umano. (...) Quando si cerca di approfondire i meccanismi della personalità, andando oltre le suggestioni di posizioni semplificate e iconiche, si scopre che è necessario risalire ai vari aspetti del funzionamento generale della mente" (2014, pp. 8-9).

Per ragioni di spazio, in questa sede non mi è possibile sviluppare ulteriormente tali condivisibili considerazioni critiche che investono il nostro settore disciplinare; anche se in diversi punti di questo volume riprenderò brevemente alcune delle questioni sollevate da De Beni *et al.* nel loro manuale di psicologia della personalità e delle differenze individuali (2014). Mi preme tuttavia segnalare che nel volume *Resilenze* (Varriale, Limongelli, 2017; si vedano soprattutto i primi tre capitoli) ho cercato proprio di andare oltre le suddette "suggestioni di posizioni semplificate e iconiche", per ancorare la riflessione sulla "*Personalità resiliente*" ai dati della più recente letteratura neuropsicologica e socio-educativa, oltre che alle evidenze empiriche emerse da una nostra ricerca di campo. Quest'ultima, realizzata su un ampio campione di adulti, come si vedrà, è stata rivolta in particolare a focalizzare il ruolo svolto dalle biografie personali e dalle modalità metacognitive di gestione dell'ansia nel facilitare o nell'ostacolare lo strutturarsi nell'individuo di efficaci strategie di *coping* alla base delle condotte resilienti.

Tutto ciò soprattutto perché sono anch'io convinto che gli

stessi modelli prospettati dalla psicologia cognitiva "includono l'intervento di variabili personali, che possono influire sulla prestazione cognitiva come gli aspetti emotivi-metacognitivi, motivazionali e culturali, che ad esempio contribuiscono a spiegare il funzionamento dell'intelligenza, le variabili individuali (come ansia e strategia di orientamento), che influiscono nella formazione di rappresentazioni mentali dell'ambiente" (De Beni *et al.*, 2914, p. 13).

Giunti alla conclusione di questo primo, introduttivo paragrafo, non mi resta che fare cenno ad un'ultima importante questione: *se noi umani apparteniamo alla natura e alla cultura* (nessuna specie animale è stata caratterizzata da un processo evoluzionistico bio-culturale così intenso come *Homo sapiens*) *allora qual è il ruolo che i diversi sistemi di personalità* (frutto della significativa variabilità neurologica, esperenziale e cognitivo-comportamentale di ogni individuo) *possono aver giocato nel rendere la nostra specie adattativamente capace di popolare tutti gli habitat del pianeta; rimanendo, peraltro, l'unica specie esistente del popoloso "cespuglio" di rappresentanti del genere Homo?* Naturalmente tale questione rinvia anche alle diverse problematiche cui già in precedenza hanno fatto cenno Legrenzi e Umiltà, da un lato, a da De Beni *et al.*, dall'altro, e quindi non ci tornerò. Tuttavia qualche precisazione ancora in chiave paleoantropologica darwiniana e neodarwiniana devo farla per il lettore non specialista.

In buona sostanza, il quadro di riferimento evoluzionistico-personologico che qui presento – quadro che risulta piuttosto sfumato in questo lavoro, ma che ho organicamente sviluppato nel volume *La conquista della mente moderna*[5] (Varriale, 2015) e nella terza parte di questo lavoro – tiene conto della fina-

[5] A tale riguardo, raccomando al lettore interessato l'esame accurato del capitolo nono del volume e in particolare della *Teoria di latenza e innesco* da me rivisitata (cfr. anche Pievani, 2004, 2014a, 2014b; Varriale, 2015, 2016a, 2017; Varriale, Rotondo, 2011a).

lità prevalente verso cui mi sono mosso nei tanti anni di impegno in campo psicologico: muovendo da un'angolazione multidisciplinare e interdisciplinare (psicodinamica, neuro-cognitiva, primatologica, paleoantropologica), ho cercato di apportare ulteriori elementi conoscitivi al modello socio-analitico e costruttivistico, di originaria ispirazione adleriana, cui la mia riflessione teorico-applicativa sulla personalità fa particolare riferimento. Una finalità che, nel corso di un trentennio, ho perseguito in una cornice evoluzionistica anche per dar conto di come siamo diventati ciò che siamo[6]. Cioè, su come, a partire da 6-7 milioni di anni fa (quando ci separammo dall'antenato in comune con il primate antropomorfo che più ci somiglia geneticamente: lo scimpanzé), il lento sviluppo del cervello dell'animale uomo (e le più antiche, graduali mutazioni del suo corpo) ha portato improvvisamente (o quasi) all'emersione della mente (del cervello) moderna di *Homo sapiens*. Probabilmente, intorno a 200 mila anni fa, per il convergere di diversi caratteri morfologici, neurofunzionali e socio-ambientali, dovette emergere un cervello di grande plasticità (versatilità) e dotato di capacità mnestico-apprenditive, ideative, realizzative e comunicative piuttosto differenziate da individuo a individuo, espressione di tratti *nomotetici*, neuro-funzionali e corporei, comuni a tutti gli appartenenti alla nostra specie, e di tratti *idiografici*, cognitivi ed emotivi unici e irripetibili per ogni esemplare di *Sapiens*[7].

[6] Rinvio il lettore che volesse saperne di più circa il tema della "natura umana", oltre che ai miei già citati, più recenti e specifici lavori, anche ai numeri monografici di due riviste dedicate proprio al tema "*Chi siamo?*", in «MicroMega» (AA.VV., 2016), e al tema "*Essere umani*", in «L'Ateo» (AA.VV., 2013) e ai volumi di Giorgio Manzi (2013, 2017) di Stiven Pinker (2002) e di Telmo Pievani (2014b) citati in bibliografia.

[7] Come ho già in parte anticipato nell'Introduzione al volume, il concetto "*nomotetico*" (dal greco *nomos* = regola, legge con valore generale + *thetikós* = che tende a stabilire; dunque, "nomotetico" = *il cui oggetto di studio riguarda regole valide per tutti*) rinvia, ad esempio, al fatto che tutti i cervelli umani sono costituiti da *neuroni* (intorno ai 100 miliardi) e che questi neuroni

Un cervello, il nostro, in cui il mix bio-culturale (di sistemi neurologici-comunicazionali specie-specifici e di produzioni cognitivo-simboliche, di narrazioni su noi stessi e sul mondo circostante), ha favorito lo sviluppo di un altissimo livello di versatilità-adattabilità, di creatività cognitivo-comportamentale, di innovazione tecnologica, di socialità-reciprocità (soggettiva/intersoggettiva), di mobilità-invasività. Un mix che, probabilmente, è anche alla base dei nostri sistemi di personalità (dei nostri sistemi del sé ad alta definizione identitaria e motivazionale), ampiamente autoconsapevoli e aperti al sociale; alla base delle nostre più o meno marcate differenze individuali. Un mix, ripeto, frutto di un insieme di processi neurocognitivi e corporei condivisi (*embodied cognition*), ma anche di modelli di pensiero personali e piuttosto stabili, che hanno favorito la nostra forte plasticità, variabilità creativo-comunicazionale, mobilità e capacità adattativa (Varriale, 2015, 2016a, 2017).

Appare significativo al riguardo, che la stessa *Psicologia evoluzionistica* – il settore di ricerca, alquanto controverso (cfr. Pievani, 2014b)[8], che si è maggiormente concentrato sulle pro-

comunicano attraverso impulsi elettrici e messaggeri chimici (neurotrasmettitori) che viaggiano in uno spazio di interconnessione fra neuroni chiamato sinapsi. Il concetto "*idiografico*" (dal greco *idios* = particolare, privato + il termine latino *graphicus* = pertinente al disegno; dunque, "idiografico"= *il cui oggetto di studio è pertinente al caso particolare*) rinvia al fatto che ogni cervello appercepisce il mondo in modo unico, costruendo significati originali (soggettivi) in relazione ad eventi (lutti, incidenti, e quant'altro), che peraltro, di solito riguardano un po' tutti gli individui; ogni persona, cioè, sulla base della sua storia di vita e dei modelli socio-culturali del suo ambiente, attribuisce agli eventi significati diversi; costruisce proprie "mappe di significato" su di sé e sul mondo, struttura auto ed etero narrazioni che lo orientano nella comprensione della realtà e nella messa in campo di comportamenti più o meno adeguati.

[8] In estrema sintesi, è stata ed è ancora particolarmente contestata l'idea di quegli psicologi evoluzionisti che ritengono il nostro cervello un insieme di moduli specializzati (di istinti) ancora oggi influenzato da un "fantomatico ambiente adattativo ancestrale" (Pievani, 2014b, p. 146): quello pleistocenico;

blematiche disciplinari alla luce della teoria darwiniana e dei suoi successivi sviluppi (cfr. Adenzato, Meini, 2006; Tartabini, 2003; Fossi, 2005; Cardaci, 2012) –, nell'ambito della "teoria della neutralità selettiva" (Barkow, Cosmides, Tooby, 1992), dopo aver a lungo considerato le differenze individuali, di personalità, come frutto del tutto casuale della cosiddetta "deriva genetica" – affermando, cioè, che le differenze nel modo di essere degli individui non apporterebbero alcun miglioramento o peggioramento al successo riproduttivo di una persona (alla sua capacità di sopravvivere e trasmettere ai suoi eredi il suo corredo genetico o *fitness*) –, abbia fatto più recentemente un'inversione di marcia di 360 gradi. Sulla base delle sempre più numerose e recenti evidenze empiriche che in PP e in altri settori delle scienze biologiche e psicosociali sono andate accumulandosi (cfr. ad esempio Pievani, 2014b; Girotto, Pievani, Vallortigara, 2008; Bandura, 2001[9]), non ultime quelle considerate da Legrenzi e Umiltà viste in apertura, infatti, la Psicologia evoluzionistica ha dovuto prendere atto che le differenze cognitivo-comportamentali e culturali fra gli individui hanno avuto e hanno

ambiente adattativo in cui le differenze individuali avrebbero avuto un ruolo piuttosto marginale nell'affermazione del cacciatore-raccoglitore del genere *Homo*. Per un'ampia analisi critica di queste tematiche, e in particolare per la confutazione degli assunti basici della "psicologia evoluzionistica pop" e delle sue "storie proprio così" (Kipling), rinvio al bel volume di Telmo Pievani *Evoluti e abbandonati. Sesso, politica, morale: Darwin spiega proprio tutto?* (2014b; cfr. capitoli secondo, quarto e quinto).

[9] In questo contributo Albert Bandura – uno dei massimi esponenti dell'orientamento socio cognitivo in PP, di cui dirò ampiamente più avanti –, rifiutando quello che egli ha inteso definire "evoluzionismo unilaterale" (*one-sided evolutionism*), in quanto avrebbe enfatizzato troppo l'influenza della biologia sul comportamento umano, ha privilegiato la visione dell'"evoluzionismo bilaterale", secondo cui le innovazioni ambientali e tecnologiche di crescente complessità hanno a loro volta retroagito e prodotto nuove pressioni selettive verso l'evoluzione delle capacità cognitive (coscienza, pensiero, linguaggio, ecc.) e dei sistemi biologici specializzati che le supportano (cfr. anche Varriale, 2017).

un ruolo di rilievo nell'ambito della selezione sessuale e dei processi adattativi; e ciò in particolare in quei processi evoluzionistici che hanno portato alla comparsa della nostra specie. Non è un caso, dunque, se da qualche tempo diversi studiosi stanno lavorando all'elaborazione di un nuovo impianto della psicologia evoluzionistica, adottando una struttura "pluralistica" e "meno rigida" (Bruni, 2017) rispetto alla psicologia evoluzionistica vecchia maniera. Seguendo l'orientamento di S. J. Gould, nella cornice della "teoria evoluzionistica estesa", tali studiosi stanno soprattutto cercando di evitare quelle ricostruzioni *ad hoc*, quelle "storie un po' così", tipiche della vecchia "psicologia evoluzionistica pop" (Pievani, 2014b), un po' troppo ingenue (Varriale, 2015, 2016a, 2017; si veda anche più avanti, il capitolo nono).

Insomma, come ha opportunamente suggerito Maria Costanza, per varie ragioni la citata, errata teoria della neutralità selettiva "ha contribuito ad 'allontanare' l'interesse della psicologia evoluzionistica dallo studio delle differenze individuali. (...) Ma alcune osservazioni sembrano andare contro questa teoria: in primo luogo, il fatto che nella specie umana (e non solo: si è dimostrata l'esistenza di stabili differenze di comportamento anche in altre specie) alcune componenti delle differenze individuali, cioè alcuni tratti di personalità, manifestano ereditarietà e si mantengono stabili nel tempo. Inoltre le manifestazioni di differenze di personalità esercitano un ruolo importante sulla sopravvivenza, sul benessere e sulle possibilità di successo riproduttivo di ogni individuo: la nostra specie deve principalmente la sua sopravvivenza alla complessa forma di socialità di cui è capace; ed è proprio all'interno della sfera della socialità che le differenze individuali giocano il loro ruolo di funzione adattativa. Gli esseri umani hanno sviluppato particolari capacità di 'monitorare' le differenze individuali e questo è indice di quanta importanza adattativa abbia per noi il rilevamento e il controllo di queste differenze personali. Inoltre, è stato rilevato anche che alcune componenti delle differenze individuali si manifestano più frequentemente all'interno di individui appartenenti allo stesso sesso" (2014, p. 2).

È di una personalità emergente da un tale primordiale sfondo evoluzionistico, di un percorso di sviluppo del nostro cervello durato oltre sei milioni di anni che in questo volume e in altre sedi ho inteso, fra l'altro, parlare. Di uno sfondo evoluzionistico che, peraltro, spero il lettore si sforzerà di tenere sempre presente nel corso dello studio di questo lavoro. Ciò anche perché, come ho tentato di dimostrare in questo paragrafo, negli ultimi anni sono in corso nei vari settori neuro-psicologici cambiamenti assai significativi. Al riguardo, le recenti considerazioni di Vittorio Gallese e Valentina Cuccio mi sembra rappresentino il miglior modo per chiudere queste preliminari considerazioni epistemiche e aprire il più ampio discorso sulle tematiche personologiche: "Stiamo assistendo né più né meno che a un cambiamento di paradigma. Si sta, infatti, progressivamente affermando un nuovo approccio scientifico allo studio della condizione umana, (in parte stimolato dai risultati di un certo tipo di ricerca empirica in neuroscienze), che parte dallo studio della dimensione corporea della cognizione: il cosiddetto approccio della 'cognizione incarnata' (*embodied cognition*). In questo ambito, il problema del soggetto vede oggi convergere la prospettiva fenomenologica e quella neuroscientifica. Come ha sostenuto recentemente lo psichiatra e filosofo Giampiero Arciero, per pensare il soggetto, il Sé autocosciente, è cruciale affrontare il problema del Chi (*Die Werfrage*), chiedendosi 'Chi è' il soggetto e non, invece, il problema del Cosa, chiedendosi 'cos'è' il soggetto. Se pensiamo il soggetto a partire dal Chi, cioè dalla sua dimensione storico-individuale, e non dal Cosa, cioè da un supposto universale valido per tutti e per nessuno, ci rendiamo conto come la nozione di soggetto delimiti una molteplicità di modi di esperire il mondo che esistono sia sincronicamente che diacronicamente e che sono inconcepibili se non all'interno di una dimensione sociale" (2014, p. 310). Adler docet!!

Un "*Sé autocosciente*" e un "*Chi è il soggetto*" che, come notato sopra, recentemente sono stati indagati anche attraverso l'uso combinato di tecniche psicologiche e neurologiche (fRMI). In estrema sintesi, il gruppo di lavoro di Kohoe *et al.* (2012), alla ricerca delle basi biologiche della personalità, impiegando la

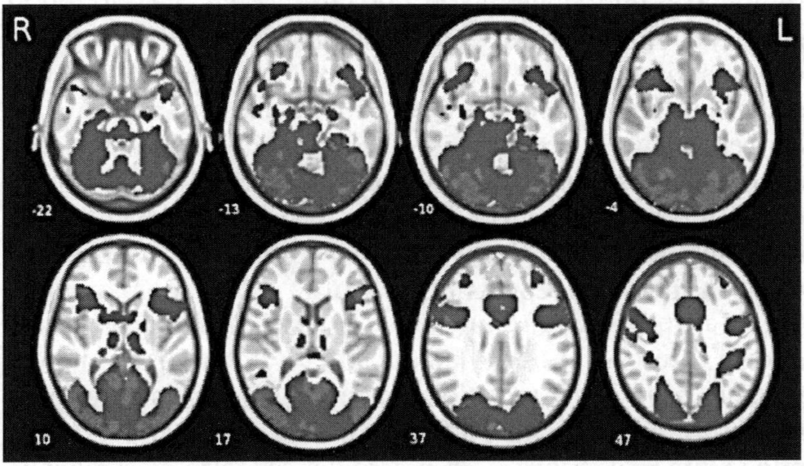

FIGURA 1. *Neuroimmaginialla* fRMI *relative alle risposte agli stimoli (verbali e visivi) dei ss. sperimentali* (Kehoe *et al.*, 2011, p. 864). *Le aree più scure indicano le zone (prefrontali mediali) di attivazione corrispondenti ai pensieri sul sé.*

Risonanza Magnetica Funzionale (fRMI)[10] e gli strumenti diagnostici del BIG-FIVE (vedi oltre), ha realizzato un'indagine su cosa accade nel cervello umano quando pensiamo al nostro sé (una capacità esclusiva del *Sapiens*). Gli Autori della ricerca hanno rilevato che un'area contigua alla corteccia prefrontale mediale (FIGURA 1) era "implicata selettivamente nelle valuta-

[10] La fRMI permette di identificare aree specifiche del cervello attive (attraverso l'esame del flusso sanguigno cerebrale) quando il soggetto esegue un determinato compito (nella FIGURA 1 è rappresentato il cervello di soggetti che pensano al proprio sé).

zioni autoreferenziali" (ivi, p. 870). Naturalmente, ciò *non* dimostra che quest'area della corteccia prefrontale rappresenti la sede biologica del sé. Difatti, come precisano Daniel Cervone e Lawrence Pervin, "valutare se stessi sulla base di aggettivi che descrivono tratti di personalità è solo un aspetto del concetto di sé, mentre sono molteplici le aree del cervello che entrano in gioco quando le persone si dedicano a una qualunque attività mentale complessa, compresa la riflessione sul sé. Tuttavia, i risultati forniscono alcune prime prove interessanti del fatto che la ricerca neuroscientifica è in grado di offrire spunti sulle questioni complesse riguardanti il funzionamento della personalità. In futuro, siamo certi che assisteremo a un incremento dell'interesse e dell'evidenza scientifica, circa i fondamenti neuronali del concetto di sé" (2017, p. 379).

D'altro canto, bisogna anche notare che le "*good news*" circa il futuro scientifico della nostra disciplina non vengono soltanto dalle nuove tecnologie neurologiche, ma anche da altre discipline biologiche: ad esempio, dalla primatologia. Nel mio volume *Resilienze*, a proposito del concetto di "resilienza cerebrale" (Rossi, 2015, p. 115) – un processo neurale, questo, presente anche in altri primati non umani (scimpanzé, bonobo, ecc.) –, ho ripreso la storia dello scimpanzé Reo, rimasto paralizzato dal collo in giù per un'infiammazione spinale subita da piccolo: poteva solo mangiare e bere ma non muovere il corpo; il suo peso continuava a calare e durante la degenza sviluppò dolorose piaghe da decubito. In questa situazione, i veterinari e gli studenti dell'Università di Kyoto si presero cura di lui 24 ore su 24, per sei mesi (Varriale, Limongelli, 2017, pp. 14-16). Reo, infine, è guarito, ma la parte più interessante del racconto che ne fa Frans deWaal, è come lo scimpanzé reagì al lungo periodo in cui fu costretto a letto. "Una cosa molto chiara a tutte le persone coinvolte nella cura fu che l'atteggiamento di Reo verso le cose non cambiò durante il suo periodo di paralisi totale. Egli canzonò spesso studenti giovani sputando dell'acqua verso di loro, proprio come aveva fatto prima della malattia. Neppure la sua visione della vita era cambiata: (...) non sembrava preoccupato per il suo futuro. Non parve mai depresso, benché la sua situazione sembrasse, a noi, estremamente grave" (2013, p. 252).

Insomma, pare che anche gli scimpanzé (i nostri "cugini" geneticamente più stretti) possiedano i tratti tipici di una personalità resiliente ed empatica, molto probabilmente con una forte componente biologica, che influenzano le loro cognizioni, emozioni e condotte. Una personalità resiliente genotipica quella di Reo che, tuttavia, in assenza di un ecosistema emotivo-relazionale fatto di *caregiver* (veterinari e studenti) che si sono amorevolmente presi cura di lui, forse non avrebbe dispiegato tutta la sua forza e voglia di vivere.

I due esempi illustrati sopra e provenienti da contributi nel campo delle neuroscienze e della primatologia, fra l'altro, ci autorizzano a guardare con ottimismo al futuro della nostra disciplina oltre che a renderci più consapevoli che la chiave di volta dell'avanzamento della Psicologia della personalità risiederà sempre più nell'integrazione multidisciplinare. Ma ne parlerò ancora, e più estesamente, in chiusura della prima parte di questo volume (capitolo quarto).

2. *Che cosa è la Psicologia della personalità*

Fatte queste precisazioni d'apertura circa la naturale propensione della nostra mente (cioè del cervello) a tracciare profili *naïf* di personalità e circa l'importanza adattativa delle differenze individuali per l'affermarsi del *Sapiens* come unico rappresentante del genere *Homo* esistente, passiamo ora ad una definizione più articolata del nostro campo di lavoro. Non senza aver prima sollecitato il lettore a considerare attentamente la posizione strategica che oggi occupa la scienza della personalità – nonostante i diversi momenti di crisi, di stasi e di sviluppo, che pure l'hanno segnata negli ultimi settant'anni –, rispetto non solo alle cosiddette discipline “forti” (biologia, neuroscienze, paleoantropologia fisica, ecc.), ma anche rispetto agli altri settori della stessa psicologia. La nostra disciplina, infatti, se da un lato non può ignorare i notevoli avanzamenti fatti registrare nelle scienze della natura, dall’altro – per la vastità dei fenomeni di cui si occupa, per il suo trovarsi al crocevia delle indagini biosociali e cognitivo-comportamentali – può ambire a proporsi come *trait d’union* interdisciplinare, come uno dei settori di unificazione e di riflessione più fertili per la conoscenza della natura umana anche presso altri campi di studio. Al riguardo, rinvio il lettore alla disamina in questa chiave, oltre che del mio volume su *La conquista della mente moderna* (2015) e dei tre capitoli finali del presente volume, ad altri miei contributi di ricerca qui indicati in bibliografia.

E veniamo alle definizioni: se con il termine PERSONALITÀ intendiamo l’*insieme dei sistemi neuropsicologici complessi, organizzati e abbastanza stabili* da garantire nel tempo la continuità, la coerenza e l’idiograficità cognitivo-comportamentale dell’individuo (cioè l’unicità e l’unitarietà di gran parte dei suoi stili di pensiero, delle costruzioni di senso, dei caratteri biografico-identitari) al fine di assicurare il suo adattamento all’ambiente, possiamo definire la PSICOLOGIA DELLA PERSONALITÀ (d’ora in poi PP) come *il settore della psicologia che studia con metodo scientifico i caratteri di questo insieme, la funzione che riveste per la nostra specie e il contributo che i diversi sistemi psicologici, nell’impatto con le situazioni socio-ambientali, danno allo strutturarsi o destrutturarsi nella persona dell’insieme medesimo*. Articolate in tal senso la definizioni del nostro campo di studio, tuttavia, come vedremo meglio più avanti, e ponendoci nella prospettiva clinica, dinamico-analitica e cognitivo-costruttivistica di Alfred Adler, al posto del concetto di personalità potremmo anche fruttuosamente impiegare quello Individualpsicologico di *Stile di vita* (cfr. Varriale, 2013)[11].

[11] Secondo Bernard Shulman e Harold Mosak (2008), due fra i più autorevoli esegeti del pensiero adleriano, “lo stile di vita è per l’individuo la ‘regola

Con riferimento all'architettura dei sistemi neuropsicologici e agli stili comportamentali caratterizzanti una personalità voglio precisare da subito che oggi, in PP, si va affermando l'idea che il livello di "*attivismo autoregolativo*", di "*autoreferenzialità cosciente*", di "*causazione consapevole*" della persona (ad esempio, nei processi motivazionali, attribuzionali e di costruzione di significato riguardanti gli eventi esterni ed interni all'individuo, nonché nell'adozione delle conseguenti condotte) appare assai più ampio di quanto si sia ritenuto in passato. Certamente molto più ampio di quanto abbiano, ad esempio, ritenuto per lungo tempo Sigmund Freud e gli appartenenti alla Scuola psicoanalitica classica con riferimento all'ampia pregnanza dei processi psichici inconsci.

Come hanno precisato Gian Vittorio Caprara e Daniel Cervone, infatti, "la personalità è sia una costruzione sia una forma di azione. Le strutture psicologiche che sono alla base della personalità si sviluppano gradualmente nel corso della vita. Sebbene i fattori culturali e biologici contribuiscano entrambi al loro sviluppo, le persone non sono 'veicoli' passivi, che si limitano a portare dotazioni genetiche e ad assorbire sistemi culturali di significato. Le persone sono agenti attivi i quali contribuiscono in modo causale al proprio sviluppo. Attraverso le loro scelte e le loro azioni, esse determinano in maniera significativa la natura delle loro esperienze e i tipi di persona che diventeranno. Sono pertanto agenti causali capaci di svolgere un ruolo attivo nella costruzione della loro personalità" (2003, p. 12).

Ora invito il lettore a confrontare la concezione "agentica" di questi due autori dei nostri giorni (ivi, p. 13) con le riflessioni

delle regole'; è la matrice cognitiva per il comportamento, necessaria quando non esiste matrice istintiva. Lo stile di vita, tuttavia, non è una mera collezione di regole; è l'organizzazione di tutte le regole in un modello che sovrintende non solo le regole stesse, ma tutta l'attività che ci rende adeguati ad affrontare le situazioni" (p. 20); per una trattazione molto più ampia del concetto di Stile di vita, cfr. Variale, 2013).

personologiche che seguono, formulate nei primi decenni del secolo scorso da Alfred Adler (quest'ultimo, unitamente a Sigmund Freud e Carl Gustav Jung, uno dei tre "maestri della psicoanalisi"[12]) in una sintetica presentazione del suo modello dinamico-analitico: "La materia prima su cui lavora la Psicologia individuale è la relazione dell'individuo con i problemi del mondo. (...) L'individuo non si rapporta al mondo esterno in modo predeterminato, come spesso si afferma. Egli si pone in relazione sempre in conformità con l'interpretazione che dà di se stesso e delle sue preoccupazioni attuali. *Non sono né l'eredità né l'ambiente che determinano la sua relazione con il mondo esterno*. L'eredità gli assegna solo alcune doti, l'ambiente gli fornisce solo alcune impressioni. *Queste doti e queste impressioni e la maniera con cui egli ne fa 'esperienza'* – cioè l'*interpretazione* che egli dà di queste esperienze – sono i mattoni che egli usa, nelle sue specifiche modalità 'creative' per *costruire* il proprio atteggiamento verso la vita. È il suo modo personale di usare questi mattoni – o, in altre parole, il suo atteggiamento verso la vita – che determina la sua relazione con il mondo esterno (...)" (1935, tr. it. 1993, p. 6; il corsivo è mio).

Qualche anno prima, in un altro lavoro, Adler aveva scritto: "*Gli esseri umani vivono nel regno dei significati.* (...) Noi sperimentiamo sempre la realtà attraverso il significato che le diamo: non in se stessa, ma come qualcosa di interpretato. (...) Ci sono tanti significati nella vita quanti sono gli esseri umani. (...) *I significati non sono determinati dalle situazioni, ma siamo noi stessi a determinarci con i significati che attribuiamo alle diverse situazioni.* (...) Il modo di affrontare la vita può essere meglio corretto con l'aiuto di qualcuno che è addestrato a comprendere questi significati, che può unirsi a lui nel cercare di scoprire l'errore originario, e contribuire a suggerirgli un significato più ap-

[12] Si vedano al riguardo di H. Ellenberger *La scoperta dell'inconscio* (1976) e di J. Hillman *Le storie che curano* (1984); cfr. anche Ansbacher, Ansbacher, (ed it. 1997, 2008); Mosak, 1996; Varriale, 2005, 2009, 2013, 2017.

propriato. *Una volta che si sia riusciti a individuare e comprendere quale significato dà un soggetto alla vita, abbiamo la chiave per comprendere tutta la personalità*" (1931a, tr. it. 1994, pp. 23-37; il grassetto e mio).

Da questo confronto apparirà con tutta evidenza, anche al non specialista, la modernità del sistema personologico ideato da Adler dopo la rottura con Freud nel 1911 e che prese il nome di *Psicologia individuale comparata*[13]. Relativamente a tale concezione psicodinamica, non meno "agentica" e "autoregolativa" di quella proposta sopra da Caprara e Cervone o, in chiave neuroscientifica, da Beau Lotto (2017), dirò ampiamente più avanti. Mi basta qui porre in evidenza, in estrema sintesi, che considero l'*Individualpsicologia* adleriana, fra l'altro, la prima, abbastanza articolata formulazione in chiave dinamico-evoluzionistica e cognitivo-costruttivistica della personalità, come sistema olistico-teleologico integrato (cfr. Varriale, 1998, 2006, 2009, 2013, 2016a, 2016b, 2017; Varriale, Limongelli, 2017; Varriale, Rotondo, 2011a, 2011b).

Per ora torniamo alle definizioni, anche per focalizzare meglio le finalità cui punta la nostra disciplina. Com'è noto, l'interesse per la comprensione della natura umana, per i caratteri distintivi di una "persona"[14] (cioè, per come si combinano i tratti specifici e quelli universali di un individuo), è antico e affonda le radici nella filosofia greca e medioevale. Ma è soltanto ai primi del '900, con lo sviluppo delle "psicologie del profondo" o "analitiche" (quelle di Freud, Adler, Jung, Rank), che il carattere

[13] *Individuale,* dal latino *individuus* (non divisibile), per sottolineare la concezione olistica, unitaria, integrata dei sistemi neuropsicologici costituenti la personalità; *comparata* per rimarcare l'apertura del modello adleriano all'influenza che i diversi modelli sociali e culturali esercitano sulla strutturazione della personalità.

[14] Dal latino "*per se unum*" (cioè il soggettivo). Con il termine persona, nell'antica Roma, si indicava anche la maschera che l'attore indossava a teatro per mostrare al pubblico i diversi stati d'animo dei personaggi che interpretava.

integrativo e *compensativo* della PP comincia a prendere forma. I contributi di personologi come Allport e Murray, tra il 1930 e il 1950, preciseranno poi meglio il campo d'intervento della disciplina, "assegnandole il compito di superare il molecolarismo ed il riduttivismo della ricerca di laboratorio e di allargare l'interesse della psicologia dallo studio delle singole funzioni o dei singoli processi, come la percezione e l'apprendimento, alla personalità globale" (Gennaro, 2004, p. 41).

Il decennio 1950-1960 – pur aprendosi con le promettenti riflessioni di Sears (1951) circa i tre fattori connotanti una personalità (la *struttura*, la *dinamica*, lo *sviluppo dei tratti e dei motivi*), di cui dirò più avanti – sarà caratterizzato da una certa staticità nella ricerca personologica. Solo tra la fine degli anni Settanta e l'inizio degli Ottanta si registrerà una significativa ripresa: "si pongono con maggiore chiarezza i problemi del carattere cumulativo della conoscenza, del superamento delle scuole, dell'integrazione dei vari indirizzi, del raccordo con la psicologia dei processi di base e con le psicologie applicate, del recupero della propria vocazione a svolgere una funzione di integrazione tra le varie psicologie per restituire unità alla individualità, rendendo ragione della sua organizzazione, del suo sviluppo, dei suoi stati interni" (ivi, pp. 41-42; cfr. anche De Beni *et al.*, 2014).

In effetti, negli ultimi trent'anni – grazie anche ai nuovi ausili tecnologici per l'esplorazione e la diagnosi neuropsicologica (PET, TAC, fRMI, ecc.) – si è registrato un forte avanzamento nella conoscenza della struttura e del funzionamento del cervello. Si è venuto affermando, così, un vasto campo interdisciplinare, quello delle *neuroscienze* – cui ho già fatto cenno nel primo paragrafo –, in cui i processi cognitivi e affettivi di base (sensazione, percezione, apprendimento, linguaggio, pensiero, memoria, emozione, motivazione, ecc.) sono stati compresi meglio. Ciò, tuttavia, ha talvolta anche comportato non soltanto un eccesso di segmentazione dell'oggetto di ricerca a scapito di una visione olistica della mente e della personalità, ma anche un'enfasi su *cosa hanno in comune gli individui*, cioè sulle *rego-*

larità cognitivo-comportamentali (*approccio nomotetico*), rispetto all'analisi delle *differenze individuali* (*approccio idiografico*), cioè *delle caratteristiche psicologiche uniche di quel soggetto*; differenze che sono parte della natura umana non meno delle somiglianze tra le persone (Brunas-Wagstaff, 1999)[15]. Ancora oggi, insomma, una significativa parte dei ricercatori o sviluppa teorie generali dell'individualità o studia le differenze individuali in relazione a processi psicologici quali la percezione sociale, la soluzione di problemi, ecc. In realtà, voglio ripeterlo ancora, "ciascun approccio può contribuire alla comprensione dell'altro. Ad esempio, nella psicologia, e in particolare nell'ambito della social *cognition* e della psicologia cognitiva, è stato sostenuto che le differenze individuali nella percezione sociale e nell'elaborazione delle informazioni possono essere alla base di un modo alternativo di concepire la personalità: come una collezione di stili cognitivi di elaborazione delle informazioni" (ivi, pp. 14-15).

Al riguardo, mi sembra resti ancora valida la lezione di Gordon Allport, come ho già notato, uno dei padri fondatori della nostra disciplina, il cui modello personologico nel corso del XX secolo, appare come "l'unico capace di integrare le conoscenze psicologiche in un preciso, delimitato settore della psicologia dedicato alla personalità" (Lombardo, Foschi, 2002, pp. 72-73). Secondo Allport, difatti, gli individui differiscono per come percepiscono oggetti ed eventi e per come si comportano in certe situazioni, pertanto per la PP è importante sia capire ciò

[15] Il lettore interessato ad approfondire tali tematiche connesse alle neuroscienze, oltre al già citato saggio di Legrenzi e Umiltà (2014), può consultare il volume del premio Nobel Gerald Edelman *Sulla materia della mente* (1993). Questo lavoro rappresenta uno dei primi e più riusciti tentativi di sistematizzare i contributi di varie discipline (biologia, modellistica neuronale, filosofia, psicologia), in chiave neoevoluzionistica e in una visione unificata, propria delle nascenti neuroscienze. Questo volume è anche uno straordinario tentativo di descrivere una teoria biologica che ci spiega come si arrivi ad avere una mente e perciò anche una personalità (al riguardo, cfr. anche Maffei, 2011).

che è comune agli individui della nostra specie (appunto, le regolarità, gli universali di cui si è detto) sia ciò che li differenzia (le specificità individuali che hanno anche una loro storicità). La PP è emersa come disciplina autonoma proprio con l'obiettivo di descrivere e comprendere "l'organizzazione dinamica, in seno all'individuo, di quei sistemi psicofisici che determinano il comportamento e il pensiero che gli sono caratteristici" (Allport, 1977, p. 24).

Più avanti, come ho già detto, proporrò l'esame, sia pur breve, di un approccio in PP, quello adleriano, di tipo olistico-teleologico e "soggettivante", analitico e dinamico-costruttivistico, ampiamente sottovalutato dagli studiosi del settore (ma tenuto in gran conto dallo stesso Gordon Allport, da Kurt Lewin e da diversi altri personologi di orientamento fenomenologico-umanistico-esistenziale, tra cui Frankl, May, Maslow, Rogers), per il quale l'individuo, spinto da istanze di elevazione-valorizzazione-sicurezza personale ed empatia socio-relazionale, motivato da scopi connessi a tali istanze, elaborando informazioni e attribuendo significato/senso a cose ed eventi (in connessione alle suddette istanze e scopi), "costruisce", "creativamente", la realtà e produce condotte che poi connoteranno alquanto stabilmente la sua personalità (o "Stile di vita", come Alfred Adler preferiva chiamare quest'ultima).

Un approccio, quello adleriano, euristicamente significativo, che vuol essere una cornice teoretica, un paradigma interpretativo, un *leitmotiv* che vorrei accompagnasse il lettore lungo tutto il corso della sua riflessione sulle tematiche della PP. Un approccio, quello della *Individualpsicologia*, rigoroso nella costruzione teorica come nella pratica clinica, psico-sociale e di comunità ma anche tradizionalmente duttile e aperto verso altri modelli culturali, neuroscientifici e personologici (Varriale, 2003a, 2005, 2009, 2013, 2016a, 2016b; 2017; Varriale, Rotondo, 2011a, 2011b; Varriale, Limongelli, 2017) che, peraltro, mi sembra presenti una significativa sintonia con la direzione prevalente in cui muove oggi la nostra disciplina. Una direzione che afferma "la necessità di riflessioni-ipotesi su una conoscenza dell'unico e dell'irripetibile, fondate su principi di diversità, molteplicità, storicità della persona. Oggi si vanno delineando sempre più diverse forme di convergenza e prospettive solide di integrazione tese a creare un accordo in particolare tra psicoanalisi e cognitivismo clinico-evoluzionistico e più in generale tra prospettive disposizionali e socio-cognitive" (Gennaro, 2004, p. 45).

3. *Cosa ci deve dire una teoria della personalità*

> Lo studio della nostra psicologia si raffina comprendendo la biochimica del nostro cervello. Lo studio della fisica teorica si nutre della passione e delle emozioni che portano la nostra vita. I nostri valori morali, le nostre emozioni, i nostri amori, non sono meno veri per il fatto di essere parte della natura, di essere condivisi con il mondo animale o per essere cresciuti ed essere stati determinati dai milioni di anni dell'evoluzione della nostra specie. Anzi, sono più veri per questo: sono reali. Sono la complessa realtà di cui siamo fatti. La nostra realtà è il pianto e il riso, la gratitudine e l'altruismo, la fedeltà e i tradimenti, il passato che ci perseguita e la serenità. La nostra realtà è costituita dalle nostre società, dall'emozione della musica, dalle ricche reti intrecciate del nostro comune sapere, che abbiamo costruito insieme. Tutto questo è parte di quella stessa natura che descriviamo. Della natura siamo parte integrante, siamo natura, in una delle sue innumerevoli e svariatissime espressioni.
>
> C. Rovelli (2014), *Sette brevi lezioni di fisica*

Uno dei centri focali della PP riguarda l'illustrazione e la valutazione delle teorie che vengono via via formulate nell'ambito del suo campo ermeneutico. In particolare, e seguendo i suggerimenti di Pervin e John (2003), la nostra disciplina prende in esame quelle teorie che – sostanziate da evidenze empiriche ottenute con paradigmi procedurali accettati dalla comunità scientifica (riproducibilità-falsificabilità dei disegni di ricerca e dei relativi dati ottenuti) – cercano di rispondere a tre domande cruciali:

- *chi è la persona*: le sue caratteristiche salienti e costanti nel tempo;
- *come è diventata ciò che è*: il contributo delle forze genetiche e ambientali;
- *perché agisce in un certo modo*: i processi motivazionali e le finalità alla base delle condotte tipiche della persona.

Naturalmente, ogni teoria propone una sua spiegazione e descrizione delle problematiche connesse alle tre domande; descrizioni e spiegazioni a volte anche assai diverse l'una dall'altra, talvolta anche opposte. Nella prospettiva scientifica, però, le teorie e i suoi assunti vengono impiegati dagli studiosi come *cornici ipotetiche* (e non come indiscutibili verità di fede) da cui partire per verifiche empiriche che possano esplicare il funzionamento di un certo processo psicologico e il ruolo che tale processo assume in una più ampia e strutturata concezione della personalità. Confronti il lettore, come esempio di tale approccio epistemico nella ricerca, i primi tre capitoli del volume *Resilienze* (Varriale, Limongelli, 2017).

Secondo Pervin e John (2003), inoltre, ogni teoria deve prevedere e illustrare cinque aspetti caratterizzanti la personalità: *la struttura* (le sue unità di base e i rapporti fra tali unità), *il processo* (gli aspetti dinamici che la connotano), *lo sviluppo* (come la persona è diventata ciò che è), *il cambiamento* (la resistenza o l'apertura al mutamento della persona nel tempo e nell'ambiente), *la psicopatologia* (l'eziologia e i caratteri distintivi dei diversi disturbi di personalità). Seppure molto sinteticamente, esaminerò tali aspetti caratterizzanti una teoria della personalità un po' più da vicino.

→ La Struttura; riguarda le due unità basiche della personalità: il *temperamento* e il *carattere*. Schematicamente, le *ten-*

denze temperamentali (o *disposizionali*) sono di origine bio-genetica (come gli aspetti fisici e neurofunzionali): è il caso, ad esempio, della diversa reattività agli stimoli in termini di attività, velocità, intensità, che i neonati presentano alla nascita e spesso conservano nel corso della successive fasi evolutive; o ancora la tendenza, già presente nei bambini di quattro mesi e mantenuta negli anni successivi, a mostrarsi inibito/isolato/pauroso oppure disinibito/più socievole/più rilassato/alla ricerca di esperienze nuove[16] (Kagan, 1994, 2001); non minore attenzione ai fattori bio-genetici mostra la *Teoria delle 4 componenti temperamentali* di Robert Cloninger *et al.*[17] (1993). Invece, le *tendenze caratteriali* (ad es.: ottimismo, diffidenza, lealtà, ecc.) sono quelle dimensioni (o tratti) cognitivo-comportamentali che in ampia misura si strutturano sulla base delle influenze di modelli socio-culturali e/o di eventi particolarmente gravi (i cosiddetti *life events*); sono tendenze che possono essere misurate, descritte e confrontate con quelle di altre persone.

[16] Ripeto, i concetti di *temperamento* (o *disposizione temperamentale*) e di *carattere* sono tradizionalmente impiegati per distinguere (spesso dicotomizzandoli un po' troppo) gli aspetti della personalità di origine bio-genetica (definiti appunto *temperamentali*) da quelli che si originano per l'influenza dei modelli socio-culturale-valoriali (definiti appunto *caratteriali*). È il mix di questi due fattori che andrebbe a sostanziare quell'unicità e irripetibilità (idiograficità) tipica di ogni personalità. Tuttavia, come ho notato in precedenza e come dirò meglio più avanti, Adler aggiungerebbe a questi due fattori personologici un terzo: il "potere creativo" dell'individuo; cioè la sua bio-culturale capacità interpretativa degli eventi, di costruzione di significati, che il fondatore della Individualpsicologia ha chiamato "*Sé creativo*" (Varriale, 2017).

[17] Secondo Cloninger i fattori temperamentali, pur contribuendo per il 50% alla formazione della personalità, sarebbero stati un po' trascurati dalla PP. Un ruolo importante nelle differenze individuali verrebbe giocato proprio dalle differenze neurotrasmettitoriali (genetico-ereditarie), che indurrebbero nell'individuo quattro diverse disposizioni (o dimensioni) temperamentali (1993): "Ricerca di novità", "Evitamento del danno", "Dipendenza dalla ricompensa", "Persistenza" (dimensioni individuabili anche attraverso il "*Temperament and Character Inventory*", costruito sempre da Cloninger).

Le differenze fra gli individui sono il prodotto della mescolanza di tratti temperamentali (disposizioni neurologiche/bio-genetiche) e di tratti caratteriali (influenze socio-ambientali). Ogni personalità, proprio per questo unico e unitario mix di fattori, ha una sua dimensione idiografica. Tuttavia, le differenze individuali non impediscono di categorizzare le persone anche in Tipi: ad esempio, per ciò che riguarda il rischio coronarico, esistono personalità di "*Tipo A*" (impulsivo, ansioso, ambizioso, competitivo, proiettato verso i più alti risultati quantitativi, ecc.), a più altro rischio cardiaco, e personalità di "*Tipo B*" (rilassato, poco competitivo, più attento alla qualità che alla quantità, ecc.), a più basso rischio cardiaco.

É opportuno precisare che soprattutto nelle personalità gravemente disturbate – in soggetti affetti da psicopatologie maggiori (*psicosi maniaco-depressive, psicosi paranoidee e catatoniche*, ecc.) –, nel definire l'eziologia del disturbo, è difficile dire con precisione quanto è da attribuire al malfunzionamento del cervello e della sua neurochimica (ad es. della cattiva trasmissione di serotonina, endorfina, dopamina, ecc.) e quanto è da attribuire alle influenze di modelli sociali e/o di gravi vicende personali (*life events*): lutti, abusi, incidenti gravi, licenziamenti, ecc. Ad esempio, nel definire il quadro clinico di una donna gravemente depressa (*depressione endogena; psicosi maniaco-depressiva*), è difficile separare con nettezza il ruolo giocato dalla difettosa ricaptazione neurosinaptica della serotonina, dal ruolo giocato dagli abusi subiti a lungo dalla donna nell'infanzia. Ciò che conta però è sapere che il disturbo è molto probabilmente frutto della lunga interazione fra eventi sia di ordine neurobiologico sia di ordine socio-relazionale e che quindi l'intervento terapeutico è opportuno sia di tipo farmacologico che psicologico (Stahl, 2002).

→ Il Processo: nello spiegare il processo di strutturazione e funzionamento di una personalità, gli studiosi usano diversi, articolati concetti dinamico-motivazionali. Al riguardo sono state proposte *varie tipologie di motivazioni*, che non si escludono a vicenda, anche se le varie teorie della personalità non di rado tendono ad enfatizzare il ruolo di una tipologia rispetto alle altre: A) LE MOTIVAZIONI EDONISTICHE o DI PIACERE, vengono spiegate seguendo due modelli, quello cosiddetto *di riduzione della tensione*, secondo il quale i bisogni fisiologici creerebbero spinte e tensioni interne (pulsioni, istanze), ad esempio la fame, il sesso, ecc., che gli individui cercano di ridurre soddisfacendole, e il modello *dell'incentivo*, secondo il quale le persone sarebbero motivate dal desiderio di raggiungere un obiettivo gratificante (ricchezza, notorietà, conoscenza, potere, ecc.) e il piacere sarebbe costituito dal conseguimento della *meta* (Adler, Allport, Kelly). B) LE MOTIVAZIONI DI CRESCITA o DI AUTOREALIZZAZIONE, caratterizzate dalla tendenza dell'organismo e della dinamica psichica a crescere ed autoaffermarsi-autoattualizzarsi (Adler, Rogers, Maslow, May, ecc.). La spinta verso la realizzazione del proprio potenziale si verifica anche a costo di un aumento della tensione psicologica; la quale, comunque, se è troppo bassa, può causare stasi e/o noia, se troppo alta e continuativa può comportare uno stato di stress. Un esempio di tale tipo di motivazione è quella all'efficacia (l'"*effectance*"), cioè la tendenza a interagire in modo competente con l'ambiente (White, 1959). C) LE MOTIVAZIONI COGNITIVE: il comportamento dell'individuo è motivato (anche evoluzionisticamente) dallo sforzo di comprendere e prevedere gli eventi per controllare l'ambiente. Le forze di base di tipo adattativo (per la *fitness*), sono il bisogno di conoscenza e di coerenza. Secondo alcuni autori (Pervin, John, 2003), tali bisogni possono essere tanto forti nell'uomo da spingere anche a sopportare un evento spiacevole (dolore e disagio) se esso è ritenuto coerente e prevedibile.

Dunque, come ho anticipato in apertura del precedente paragrafo, la dinamica dello sviluppo di una personalità è caratterizzata dall'intervento di tre fattori interagenti; 1) *fattori genetici*, riguardanti sia aspetti che sono unici nell'individuo (ad esempio, un certo talento, un certo tipo di intelligenza, ecc.) sia aspetti che sono comuni a tutti, legati a particolari disposizioni biologiche, ad esempio le emozioni primarie (paura, gioia, disgusto, sorpresa, tristezza, rabbia), che sono in parte governati da schemi neurofisiologici automatici e generalizzati (Varriale, 2002; 2015, 2017); 2) *fattori ambientali-culturali* (modelli familiari, cultura di appartenenza, classe sociale, pressione dei coetanei, ecc.) e i *life events* (lutti, incidenti, ecc.), che esercitano un'influenza su molti aspetti delle condotte umane: nella definizione dei bisogni e nei modi per soddisfarli, nello sperimentare ed esprimere emozioni, nei rapporti interpersonali, nella definizione di ciò che è normale e di ciò che è patologico; 3) *fattori di selezione-elaborazione-interpretazione autoreferenziale degli stimoli percepiti* (*autopoiesi* [18]), di attribuzione di significato alle esperienze che facciamo, di creazione/costruzione di senso in relazione agli eventi che ci accadono (che secondo Adler sono il prodotto del "*Sé creativo*"[19]).

L'individuo, insomma, sorretto dalle sue dotazioni biologiche di base (neurofisiologiche), spinto dai bisogni fisiologici di sopravvivenza, nella cornice dei modelli socio-culturali di riferimento, elabora una personale "mappatura" dei significati del mondo, un proprio idiografico affresco mentale di quello che considera il senso della vita. Lo scopo sarà sempre quello di conoscere per prevedere e controllare gli eventi, mantenendo il proprio benessere fisico, il senso di valere e l'equilibrio interiore. Ciò perché il "movimento" dinamico fondamentale di ogni essere umano è teso a mantenere la propria organizzazione (la

[18] Da *auto* (da sé) e *poiesis* (creazione). Il termine è stato introdotto dal biologo ed epistemologo Humberto Maturana per designare un sistema dinamico che ridefinisce se stesso, che si sostiene al suo interno, che si riproduce e si trasforma in coerenza con le circostanze di vita. Con riferimento a queste tematiche e al modello di personalità elaborato da Alfred Adler, cfr. Varriale, 2013, pp. 74-76.

[19] Per l'analisi di questo costrutto specificamente adleriano, si veda il terzo capitolo e la terza parte di questo volume.

propria stima e coerenza) interna; a mantenere integro il proprio Sé. Scopo di un sistema così autocentrato – autopoietico, secondo Maturana e Varela (1992) – è quello di mantenere "inalterato" se stesso e nient'altro. Gli esseri autopoietici come noi, costruiscono realtà, appunto, pensando il mondo esterno e interno autoreferenzialmente, allo scopo di mantenere integri se stessi: subordinando ogni perturbazione dell'ambiente al mantenimento della propria invariabilità positiva; lo sviluppo personale dell'unità autopoietica è la storia della trasformazione di un'unità. Pertanto, l'ontogenesi di un sistema vivente è la storia della conservazione della sua identità tramite la sua autopoiesi nello spazio fisico e sociale.

In altri termini, l'attività di costruzione di significati, di senso, di un individuo (attività storicamente e autobiograficamente caratterizzata), di selezione-interpretazione autopoietica della realtà, sviluppata dalla sua monistica "mente emergente"[20], è finalizzata a mantenere costantemente il suo sistema adattativo (il suo Sé), al riparo da perturbazioni e squilibri (da pericoli, ostacoli, ecc.). Ma, questa modalità di funzionamento della mente, come vedremo, può essere anche foriera di forzature interpretative, di errori attribuzionali (*biases*), di rigidità-chiusure cognitivo-emotive, di euristiche disadattive, di

[20] Tale concetto rinvia al volume del 2005 di Mariano Bianca (*Rappresentazioni mentali e conoscenza*) e relativo al rapporto mente-cervello. Secondo l'Autore, "la proprietà di essere consapevole, di possedere un significato semantico e di poter essere espresso in forma proposizionale, sono proprietà emergenti di specifiche configurazioni mentali che sono generate dalle configurazioni cerebrali prementali" (p. 70). Si verrebbe così a delineare – e qui sta la chiave di volta del concetto di "monismo emergente" della mente – un processo circolare di reciproco influenzamento fra le configurazioni cerebrali e quelle mentali: le prime inviano continuamente informazioni alle configurazioni mentali e in tal modo possono modificarne la struttura; così come l'informazione contenuta nelle configurazioni mentali può retroagire sulle configurazioni cerebrali, generandone di nuove. Al riguardo, il lettore interessato consulti Varriale, Rotondo, 2011b, pp. 49-54; consulti anche i volumi di Paolo Legrenzi (1998, 2002) sul funzionamento della mente.

squilibri relazionali, di disturbi psicosomatici di varia entità, di significative perturbazioni nella struttura di personalità.

Comunque, nell'analisi dei processi di costruzione della personalità, di cui ci stiamo occupando, mi sembra valga ancora l'insegnamento di Jerome Bruner, per diversi aspetti convergente con quello adleriano. Secondo questo studioso, infatti, "l'esistenza e il sé che noi stessi costruiamo sono i prodotti di questo processo di costruzione del significato. (...) I Sé non sono dei nuclei di coscienza isolati, racchiusi nella mente, bensì sono distribuiti in senso interpersonale. E i Sé possono avere origine come reazione istantanea al presente, poiché assumono significato alla luce delle circostanze storiche che danno forma alla cultura di cui essi sono espressione" (1992, p. 131)[21].

→ Lo Sviluppo: il terzo aspetto caratterizzante una teoria della personalità riguarda il come una persona si sviluppa in direzione di ciò che è. Naturalmente, su un tematica di questa portata esistono specifici settori della psicologia che da sempre producono una mole rilevante di ricerche e teorie riguardanti lo sviluppo umano nei vari contesti di appartenenza: famiglia, scuola, ecc. (Miller, 1994; Camaioni, 2001), nonché svariati strumenti per l'*assessment* nelle varie fasi evolutive (Bonichini, 2017).

[21] È significativo, peraltro, che per lo stesso Bruner "sia la cultura, e non la biologia, a plasmare la vita e la mente dell'uomo, a dare significato all'azione inserendo gli stati intenzionali profondi in un sistema interpretativo. La cultura può farlo imponendo i modelli che fanno parte dei suoi sistemi simbolici: il linguaggio e le modalità del discorso, la forma della spiegazione logica e di quella narrativa, e i modelli, infine, della vita sociale, con i relativi aspetti di reciproca interdipendenza. Infatti un numero sempre maggiore di neurologi ed etnologi sta giungendo alla conclusione che le esigenze della cultura e le opportunità offerte dalla cultura hanno avuto una parte cruciale nella selezione delle caratteristiche durante l'evoluzione dell'uomo: è un punto di vista che di recente hanno fatto proprie Gerald Edelman su dati neuro-anatomici, Vernon Reynols su dati etnologici e Roger Lewin e Nicholas Hunphry su dati relativi all'evoluzione" (1992, p. 47).

Ricerche, teorie, strumenti valutativi che hanno un indiscutibile valore anche per la psicologia della personalità. Si pensi, solo per accennare a qualche esempio, alle teorie dello sviluppo definite "stadiali" (fra le quali le più note sono quella bio-strutturale-costruttivistica di Jean Piaget[22], quella psicoanalitica di Sigmund Freud, quella degli stadi psico-sociali di Erik Erikson, quella dello sviluppo morale di Lawrence Kholberg), alla teoria dell'attaccamento e perdita (allo sviluppo della quale sia le ricerche di Donald Winnicott, sia quelle di John Bowlby e di Mary Ainsworth, hanno fornito contributi importanti), alla teoria dell'apprendimento sociale o apprendimento osservativo (il cui maggior esponente è Albert Bandura), e alle teorie cognitiviste sull'elaborazione dell'informazione (fra queste, probabilmente, la teoria di Ulric Neisser su conoscenza e realtà e la teoria dello sviluppo dell'intelligenza di Robert Sternberg rappresentano, nello specifico, i maggiori contributi). Non è questa la sede per una disamina accurata di tali teorie (cui, comunque, più avanti, un certo spazio verrà riservato per quanto riguarda le implicazioni personologiche); pertanto invito gli interessati ai temi dello sviluppo evolutivo a consultare il corposo manuale di Patricia Miller (1994), fra le più importanti studiose del settore.

Da psicologo dinamico-costruttivista che si occupa di psicologia della personalità, colgo qui l'occasione per precisare che l'approccio dell'elaborazione dell'informazione, che è stato spesso criticato in quanto configurerebbe una mente passiva, di

[22] Ricordo incidentalmente che il modello dell'*epistemologia genetica* di Piaget (1952, 1976, 1996) è stato l'inizio, tra gli anni Trenta e Cinquanta del XX secolo, della visione strutturale e cognitivo-costruttivistica in ambito sperimentale (un po' prima Alfred Adler l'aveva iniziata in ambito clinico-psicodinamico). Lo psicologo ginevrino, infatti, descrive il progressivo costruirsi nell'individuo della conoscenza e della personalità in stretta relazione con i condizionamenti dell'ambiente: ogni conoscenza deriva da strutture conoscitive precedenti e ogni struttura consente la costruzione di una conoscenza più ampia (attraverso i processi di *assimilazione* e *accomodamento*) e ciò favorisce un equilibrio più flessibile, un miglior adattamento all'ambiente.

tipo meccanicistico (una specie di macchina *input-output*), in realtà non configura proprio nulla di passivo. È vero, infatti, che la mente "reagisce all'input secondo una modalità che passa sotto il nome di 'elaborazione dal basso verso l'alto' (*bottom-up*), cioè a partire dallo stimolo si dirige 'verso l'alto', cioè a livelli più alti del sistema cognitivo. Tuttavia, c'è anche un'elaborazione che va 'dall'alto verso il basso' (*top-down*), come quando la memoria a lungo termine interpreta l'input, applica regole e strategie, ricerca ulteriori informazioni nell'ambiente o anche 'costruisce' informazioni compiendo delle inferenze basate sull'input e sulla conoscenza precedente. Gli esseri umani sono attivi anche in quanto sono dei sistemi in grado di automodificarsi e riescono in questo con il contributo dell'apprendimento e dello sviluppo, e naturalmente con l'aiuto della loro esperienza nell'ambiente. Inoltre, i bambini diventano via via più attivi cognitivamente in seguito allo sviluppo dei processi di controllo che migliorano la memoria attraverso la reiterazione, l'uso di note scritte e la messa in relazione di informazioni nuove con le vecchie" (Miller, 1994, pp. 282-283).

E comunque, a me piace sottolineare che, in tale plasticità/attivismo della mente, le emozioni (per la precisione, il sistema limbico che le gestisce) svolgono un ruolo adattativo, di orientamento-modellamento della sfera cognitivo-comportamentale (decisionale e socio-relazionale), in questo caso dal basso verso l'alto (*bottom-up*), molto più importante di quanto si fosse ritenuto in passato, come hanno posto in rilievo diverse, recenti ricerche di neuroscieziati (Varriale, 2002; cfr. anche Damasio, 1995, 2000, 2012; LeDoux, 1998, 2002, 2016). Un ruolo delle emozioni, della memoria implicita ed esplicita sottocorticale, dunque, che anche per questa via contribuisce significativamente a caratterizzare in modo idiografico e olistico-teleologico la struttura di personalità (cfr. anche seconda parte del volume)[23].

[23] A tale riguardo vale ancora segnalare che quando si dice che "*il cervello è un elaboratore di informazioni*", frequentemente i profani tendono a identi-

→ Il Cambiamento: un aspetto, questo, che fa riferimento al grado di disponibilità (di apertura) al cambiamento della persona nel tempo o la sua resistenza/rigidità verso il mutamento a fronte di nuove situazioni di vita che si presentano e che, invece, implicherebbero altre, più adattive modalità cognitivo-emotivo-relazionali. Come si ricorderà, in apertura, nel definire il concetto di personalità e il campo di studio della nostra disciplina, ho sottolineato che con il termine *personalità* (quando questo non è riferito ad una personalità di tipo patologico) si intende *un insieme di complessi e organizzati sistemi psicologici (co-*

ficare il cervello con il computer. Questa comparazione è del tutto fuori luogo e ciò, come ha precisato Edelman (1993), almeno per quattro cruciali ragioni: (1) i sistemi computerizzati di elaborazione possono cambiare il *software*, ma l'*hardware* non muta i suoi sistemi circuitali al mutare delle esperienze; mentre l'*hardware* del cervello, la sua struttura neuronale muta in funzione delle esperienze (come ha notato Edelman, il cervello cambia "attraverso le interazioni con il mondo"). (2) L'elaborazione dell'informazione computerizzata fa di solito riferimento ad un processore seriale costituito da un elaboratore centrale che gestisce le unità informative una per volta, mentre il cervello elabora simultaneamente o in parallelo molteplici flussi informativi (come ha notato Shoda nel 1999, questa modalità elaborativa del cervello, applicata allo studio della personalità, sembra suggerire che la funzione di quest'ultima si riferisca ad un insieme di processi multipli che si influenzano reciprocamente). (3) il concetto di elaborazione dell'informazione riguardante un computer, rinvia ad un sistema simbolico "freddo" (0-1, acceso-spento...), mentre la maggior parte del funzionamento del cervello e della personalità che da questo deriva è "caldo": i processi cognitivi e quelli emotivo-affettivi sono spesso strettamente interdipendenti; per Damasio (1995, 2012) l'esperienza emotivo-affettiva svolge un ruolo cruciale non solo nei processi decisionali e di ragionamento, ma anche per ciò che riguarda l'emersione della coscienza. (4) I sistemi artificiali di elaborazione informativa non sono autoriflessivi e "agentici" (non riflettono su se stessi e sulle situazioni sociali, non sono agenti causali dello sviluppo delle proprie decisioni, capacità, condotte). Il mio computer non si spaventa per la mole di lavoro cui lo sottopongo e scappa alla ricerca di un nuovo padrone. Infine, alle quattro suddette comparazioni, forse andrebbe aggiunta l'ovvia considerazione che un cervello a differenza del computer non si può spegnere mai, pena la morte: un cervello (non in coma o sotto anestesia) "spento" definitivamente non si riaccende mai!!

gnitivi, emotivi. conativi), abbastanza stabili e continuativi nel tempo e in grado di garantire un efficace adattamento dell'individuo ad un ambiente che muta (a volte anche molto velocemente; cfr. Varriale, 2014, 2015, 2016a, 2017). Dunque, potrebbe apparire contraddittorio il riferimento al cambiamento come un aspetto significativo di una teoria della personalità, se si considera che uno dei fattori più caratteristici della personalità (o, se vogliamo dirlo adlerianamente, dello *Stile di vita*) è proprio la sua stabilità/continuità. In effetti, l'una cosa non esclude l'altra, anzi la caratteristica saliente di una personalità "sana", "equilibrata", ben adattata è quella di essere capace di far fronte efficacemente alle perturbazioni dell'ambiente, mettendo in campo condotte duttili, aperte al cambiamento e avvalendosi delle emozioni come bussole per selezionare nuovi, più efficaci modelli interpretativi e di azione; e ciò pur mantenendo relativamente stabile la più ampia cornice teleologica (relativa agli scopi, alle mete di vita) e valoriale, diretta a garantirgli una buona immagine di Sé, una capacità di controllo e previsione nell'ambiente, una spinta all'autorealizzazione e all'integrazione sociale, in direzione della cooperazione e della condivisione emotiva o empatia (Varriale, 2002, 2003a, 2005, 2009, 2013, 2016a, 2017).

Come ha ben sintetizzato Paolo Legrenzi, "una capacità cruciale della mente umana è quella di costruire dei modelli del mondo esterno e di usarli come guida all'azione, ma anche quella di farsi dei modelli dei contenuti delle menti altrui, da usare come guida per l'interazione sociale. Per questo motivo è essenziale il ruolo giocato dalle emozioni. Di fronte ad un ambiente che cambia sono le emozioni a permetterci di modificare i nostri piani e di segnalare a chi ci circonda queste modificazioni. L'intreccio tra cognizioni ed emozioni è reso più complicato dalla natura silente della vita mentale. A molti è noto l'inconscio freudiano, motivato dal dolore che proveremmo se alcuni contenuti emergessero alla coscienza. Meno conosciuti sono i meccanismi in cui si articola il più vasto e ramificato inconscio cognitivo, sepolto a tal punto nella psiche che per dissotterrarlo ci sono voluti sofisticati esperimenti condotti in laboratorio" (2002, pp. 9-10).

Del resto, come ho già fatto cenno in apertura, l'approccio della psicologia evoluzionistica e i più recenti contributi di paleoantropologia cognitiva, seguendo la lezione di Darwin e degli studiosi neo-darwiniani, hanno ampiamente dimostrato che l'affermarsi del *Sapiens*, del cacciatore-raccoglitore, in ogni parte del pianeta, come è accaduto e accadrà ancora per tante altre specie animali ben adattate, ha fatto leva non solo su una duttilità (e variabilità) bio-genetica specie-specifica, ma anche su una significativa duttilità cognitiva (tipica di un grosso cervello sociale), su una forma unica di linguaggio articolato e sull'equilibrato rapporto con ambienti e risorse mutevoli. Un rapporto individuale e di specie (ontogenetico e filogenetico), basato su una formidabile apertura alla conoscenza e al cambiamento (sostenuta dall'umana curiosità e dal desiderio individuale e di gruppo di sperimentare nuove soluzioni) oltre che su nuove *funzioni esecutive* cerebrali e su una notevole intelligenza simbolica (il tutto acquisito forse per "*esaptazione*"[24], attraverso la selezione genetica prodottasi nel corso del processo evolutivo ominino). Anzi, vale la pena notare a margine, che forse furono proprio la relativa rigidità cognitiva e la resistenza al cambiamento del Neanderthal che ha portato all'estinzione improvvisa di questo nostro "cugino" in Europa, intorno ai 35.000-40.000 anni fa. Sembra, infatti, che i Neanderthal fossero neuro-funzionalmente e socio-linguisticamente meno attrezzati dei *Sapiens* per far fronte ai rilevanti mutamenti climatici e dell'habitat del paleolitico superiore (cfr. Cavalli-Sforza, 2016; Tattersall,

[24] L'acquisizione di una nuova funzione per "*esaptazione*", è un processo consistente nel recupero di una qualche variazione bio-genetica mentale o fisica avvenuta nel passato evolutivo di una certa specie e successivamente impiegata con altra funzione da questa stessa specie (ad esempio, le penne, sviluppatesi per mantenere il calore corporeo in alcune specie, successivamente sono state recuperate da queste specie, anche di rettili, per realizzare un volo più efficiente).

2004, 2005, 2009, 2013; Manzi, 2007, 2017; Wynn, Coolidge, 2009; Pievani, 2004, 2011, 2014b; Varriale, 2002, 2015, 2016a, 2017; Varriale, Rotondo, 2011a)[25].

→ La Psicopatologia: ho già fatto notare che la Psicologia della personalità, cercando di spiegare il funzionamento neuro-comportamentale dell'intera persona, deve possedere una visione "integrata" della condotta umana e "non si può accontentare di studiare aspetti isolati del funzionamento psicologico (la motivazione, l'emozione, la memoria, ecc.)" (Caprara, Cervone, 2003, p. 3). Lo sviluppo di una teoria nel nostro settore, peraltro, oltre che delineare una propria concezione "integrativa" su cosa sia una personalità e come questa funzioni normalmente, dovrebbe anche produrre una sua concezione circa l'eziologia dei disturbi della personalità e i possibili interventi terapeutici (farmacologici e psicologici) su questi ultimi. Cioè, la PP anche in questo campo dovrebbe integrare e portare ad unità una serie di contributi che vengono da altri settori della psicologia: in primis dalla psicologia clinica, da quella generale e dei processi cognitivi di base, da quella sociale e di comunità, ecc. Non deve stupire, dunque, se quell'ampio campo teorico-applicativo che è la psicologia clinica finisce spesso per sovrapporsi in molti punti alla nostra disciplina; anzi, forse sarebbe più corretto dire che molte di quelle che qui definiamo teorie della per-

[25] Ricordo molto sinteticamente che quello che viene chiamato il "salto cogntivo" del *Sapiens*, nel paleolitico medio-superiore" (innescato intorno ai 200 mila anni fa, in Sudafrica e che raggiunse il culmine in Europa), sembra essere stato il frutto (secondo la teoria di "latenza e innesco", cfr. Varriale, 2015 e capitolo nono) di un processo coevolutivo di accelerazione reciproca fra *autocoscienza* (fattore che ingloba nuove funzioni esecutive, forti capacità simboliche e una capacità di apprendere e mutare strategie adattive al mutare dell'ambiente), *linguaggio più articolato* (maggiore modulazione nell'emissione della voce), *intersoggettività* (comportamento autocosciente condiviso: ad esempio, dall'attenzione automatica e incosciente a quella condivisa e cosciente) (cfr. anche Tattersall, 2013).

sonalità quasi sempre configurano, in modo più o meno esplicito e sistematico, anche una teoria della tecnica in campo clinico, diagnostico-riabilitativo e psicofarmacologico.

Rinvio, pertanto, il lettore ai capitoli della seconda parte della dispensa in cui illustrerò, seppure molto sinteticamente, alcune tematiche riferite alla psicopatologia; la quale, lo ricordo ancora, spesso riguarda un complesso intreccio fra variabili neuro-fisiologiche e variabili dinamico-cognitive e relazionali. Voglio per ora solo sottolineare, seguendo Hall e Lindzey, che "alcune teorie della personalità traggono origine dallo studio del comportamento anormale o patologico, e danno grande rilievo alla considerazione di questo. Altre teorie e altri studiosi accentrano il loro interesse sul normale e sul 'meglio del normale'. Evidentemente quelle teorie la cui origine può essere fatta risalire alla clinica psichiatrica, ai centri di consulenza e agli studi di psicoterapia tendono ad avere più cose da dire circa il comportamento anormale o deviante, mentre quelle che derivano in misura maggiore dallo studio dei bambini e di adolescenti descrivono e rappresentano di preferenza la gamma delle personalità relativamente normali" (1986, p. 46; cfr. anche Bonichini, 2017).

È appena il caso di notare, in chiusura di capitolo, che oggi gli psicologi della personalità, allo scopo di definire con maggior precisione il funzionamento dei processi mentali idiografici e nomotetici sottostanti le dinamiche personologiche, sono in larga misura orientati a tenere in debita considerazione sia i contributi di ricerca e di riflessione che esplorano e cercano di precisare l'articolazione dei pensieri e delle condotte dei soggetti cosiddetti "sani" sia i contributi di ricerca che esplorano i pensieri e le condotte riguardanti soggetti disturbati (in senso nevrotico e in senso psicotico). Un orientamento questo che condivido, come si potrà constatare dalla lettura della seconda parte di questo lavoro e dalle mie più recenti e sistematiche pubblicazioni [cfr., fra l'altro, i miei volumi sulla diagnosi dello *Stile di vita* (2013) in chiave dinamico-costruttivistica adleriana e metacognitiva e sul tema delle *Resilienze* (Varriale, Limongelli, 2017)].

2

Lo studio della personalità: alcune considerazioni sulle principali metodologie e tecniche di ricerca

1. *Aspetti tecnico-metodologici generali*

Come vedremo più avanti, la nostra disciplina si caratterizza per una significativa varietà di orientamenti teorici volti a definire che cosa sia la personalità. Ogni teorico ha assunto una visione più o meno ampia, più o meno onnicomprensiva, finalizzata a cercare di descrivere, in una cornice unificante e integrata, quegli elementi e quelle interconnessioni fra elementi che egli, a torto o a ragione, ha ritenuto potessero meglio caratterizzare il funzionamento di una personalità. In questa sede, e forzando un po', ho preferito accorpare l'ampio ventaglio di teorie del settore in due insiemi: (1) le teorie ad *ampio raggio* (ad esempio, le psicologie analitiche o "del profondo", le psicologie socio-analitiche, quelle umanistiche o della "terza forza", ecc., volte a fornire una visione che abbraccia e unifica numerosi costrutti e aspetti riguardanti la personalità) e (2) le teorie a *breve-medio raggio* (volte a fornire una prospettiva di analisi più circoscritta, limitata all'esame di alcuni costrutti e/o aspetti ritenuti cruciali e caratterizzanti il funzionamento di una personalità; ad esempio, le teorie dei tratti, quelle socio cognitive, quelle metacognitive, ecc.).

Questa varietà di teorie, comprensibilmente, ha anche comportato l'impiego di una varietà di metodiche di ricerca; e spesso l'impiego di quelle metodologie e tecniche che ciascun studioso ha ritenuto più in armonia con il proprio modello teorico di riferimento. Ad esempio, i teorici di indirizzo analitico hanno privilegiato il metodo dei casi clinici; i teorici dei tratti hanno impiegato particolarmente le metodologie e le tecniche statistico-psicometriche; le teorie fenomenologiche e umanistiche, socio-cognitive e costruttivistiche hanno utilizzato metodi di ricerca più variegati: indagini di laboratorio, studi di campo, ecc. e tecniche di rilevazione quali-quantitative, sia a carattere nomotetico che idiografico.

Come era facile aspettarsi, un tale accentuato pluralismo – in parte anche giustificabile, soprattutto per il passato (quando mancavano le moderne tecnologie esplorative del cervello e i potenti programmi informatici di elaborazione statistica dei dati), se si considera la complessità dell'oggetto d'indagine della PP – ha causato disaccordi, a volte anche piuttosto aspri, su vari aspetti di carattere teorico-applicativo e ha fatto affermare, a mio avviso un po' eccessivamente, che la nostra sarebbe una disciplina "*ardua*" (Bem, 1983).

Un primo punto di disaccordo riguardava *l'impiego dei metodi*: alcuni ritenevano che la metodologia della ricerca dovrebbe concentrarsi sulla personalità di ogni singolo individuo per focalizzare l'attenzione sugli elementi peculiari, unici e unitari del soggetto in esame (sulla sua *idiograficità*). Altri, invece, ritenevano che i metodi dovrebbero concentrarsi sulle regole universali di funzionamento della personalità, valide per tutti gli individui (sulla *nomoteticità*). Un secondo punto di contrasto, riguardava lo *scopo* dell'indagine: alcuni lavoravano su un quadro causale il più possibile ampio e completo della singola persona; altri focalizzavano ipotesi causali più specifiche, circoscritte e il meno possibile ambigue. Un terzo terreno di disaccordo concerneva il *criterio da impiegare per valutare i risultati*: storicamente gli psicologi hanno adottato il criterio della significatività statistica per verificare in che misura i dati ottenuti da un'indagine possano essere il frutto di variazioni casuali o meno. Diversi studiosi, nel tempo, hanno però messo in discussione l'utilità di questo criterio, specialmente con riferimento alla ricerca fuori dal laboratorio e alla pratica clinica; essi hanno ritenuto le procedure di verifica della scienza tradizionale inadeguate a cogliere il funzionamento della mente, prevalentemente impegnata in processi di attribuzione di significato e in esperienze soggettive in specifici contesti socio-culturali; più utili sono apparsi loro i *metodi narrativi* (autobiografie, interviste, racconti, lettere, diari, ecc.) al fine di cogliere meglio i processi di significazione e di passaggio all'azione, che idiograficamente segnano i vissuti e le condotte personali.

Sta di fatto che oggi la maggior parte dei ricercatori riconosce i vantaggi derivanti dall'uso il più possibile combinato di metodologie nomotetiche e idiografiche (o *multiplismo metodologico*). Cosa che anch'io ho spesso suggerito e agito; ad esempio, nel volume sulla valutazione-diagnosi dello Stile di vita (Varriale, 2013), abbinando il metodo dei test a quello della narrazione personale e a quello dell'osservazione nel laboratorio psicodinamico; anche nelle indagini sulla *Generazione digitale* (Varriale, Rotondo, 2011b) e nella ricerca sulle tematiche riguardanti la resilienza (Varriale, Limongelli, 2017) sono stati impiegati gli stessi strumenti. Le prove derivanti dall'impiego di vari metodi e che confermano i risultati di una ricerca, difatti, aumentano l'affidabilità delle conclusioni che si traggono. Le ragioni di ciò sono ben sintetizzate da Caprara e Cervone (2003, p. 26) e mi piace riprendere qui alcune delle loro considerazioni.

In sintonia con le mie suesposte riflessioni, anche questi due Autori partono dalla constatazione che oggi i metodi di ricerca in PP includono metodi e tecniche diversificate (strategie sperimentali, correlazionali e di osservazione; una varietà di fonti di informazione sulla persona; molteplici paradigmi di ricerca sperimentale, di indagini cross-sezionali e longitudinali) e una vasta gamma di tecniche di analisi dei dati. Ed è ormai una modalità acquisita che le tecniche sperimentali e quelle correlazionali vengano combinate quando uno studioso intende valutare il modello teorico che intende proporre. E, in effetti, le polemiche che in passato hanno portato a denigrare l'uno o l'altro tipo di prova empirica oggi sembrano essersi molto attenuate. Pertanto, se da un lato è giusto che i filosofi della scienza incoraggino a essere creativi e innovativi (Feyerabend), dall'altro va anche ribadito che le prove per sostenere la validità di un'ipotesi teoretica devono essere cercate in accordo con i due principi fondamentali della ricerca scientifica: perseguire la conoscenza e garantire la falsificabilità di tali prove (Popper); mettendo alla prova costantemente e con tutti i mezzi possibili le conoscenze che già si posseggono.

Insomma, ribadiscono gli Autori, "i risultati empirici sono sempre interpretati alla luce di ipotesi e convinzioni preesistenti. Questo attribuisce all'attività scientifica un carattere di soggettività senza per questo ridurla a mera soggettività. Alcune conclusioni empiriche si basano su dati raccolti secondo procedure affidabili e condivise, che permettono di ritenerle più solide di altre. Altre non contribuiscono alla conferma di teorie già esistenti bensì alla loro confutazione. È ormai passato il tempo di 'una scienza, un metodo'. Un determinato metodo di ricerca non dovrebbe essere giudicato superiore ad un altro, ma potenzialmente più adatto ai particolari problemi che si stanno analizzando, a particolari livelli di analisi o più compatibile con particolari restrizioni applicative. Il multiplismo critico di Houts, Cook, Shadish riguarda proprio questo punto. Questi autori ritengono che i ricercatori dovrebbero utilizzare molteplici tecniche per lo studio di uno stesso problema, partendo dal presupposto che nessun metodo, da solo, possa garantire una valutazione inoppugnabile di un'ipotesi. Il loro quadro di riferimento costituisce un utile approccio euristico, posto che si tenga in considerazione anche la possibilità che tecniche diverse possano dare origine a risultati che differiscano significativamente tra loro. Il multiplismo critico è comunque un'altra cosa dal semplice eclettismo indifferente alla validità dei vari metodi. Piuttosto, esso implica la dedizione a una pratica di scoperta e l'adozione di un insieme di standard scientifici che, oltre ad essere legittimati consensualmente, derivano la propria autorità dalla capacità di risolvere i problemi e di ampliare le conoscenze" (*ibidem*).

In tale cornice, è possibile concludere che nella ricerca in PP gli approcci metodologici fondamentali sono: a) lo studio dei casi; b) la ricerca tramite test (proiettivi e non proiettivi), *self-report*, schede autodescrittive, questionari, ecc.; c) l'osservazione e la registrazione dei dati derivanti dall'esperimento di laboratorio o dall'indagine naturalistica di campo, il colloquio in profondità. Più in particolare, secondo Block (1993) i dati che possono interessare maggiormente la ricerca e la diagnostica di personalità dovrebbero provenire da quattro fonti empiriche, che l'Autore raccoglie sotto l'acronimo L.O.T.S.:

→ L (*LIFE*) – informazioni sulla persona ottenute da resoconti biografici o informazioni sugli eventi di vita (diari personali, registri scolastici, primi ricordi, narrazioni di *life events*, ecc.), da interviste strutturate, da colloqui.

→ O (*OBSERVER*) – informazioni provenienti da osservatori esterni (amici, parenti o soggetti espressamente addestrati all'osservazione e che forniscono classificazioni personologiche: "è riservato", "è assertivo", "è sempre stato un timido", "non è collaborativo", ecc.).

→ T (*TEST*) – evidenze quali/quantitative provenienti sia da esperimenti di laboratorio sia da indagini di campo, sia da test standardizzati.

→ S (*SELF-REPORT)* – resoconti soggettivi da parte dello stesso individuo in esame (inventari di personalità, questionari autovalutativi, cornici etiche di riferimento, ecc.), test proiettivi.

Riprendo una definizione di diagnosi cui il lettore potrà utilmente far riferimento, anche per le cose che dirò più avanti, e che sintetizza bene la logica che dovrebbe governare le suddette pratiche L.O.T.S.: "La diagnosi è una mappatura del funzionamento psichico che si traduce in una descrizione narrativa, il più possibile sistemica, che prende il nome di formulazione del caso e deve rispondere a requisiti sia di specificità (che cosa caratterizza quell'individuo) sia di generalizzabilità (che cosa ha in comune quell'individuo con altri che presentano caratteristiche simili)" (Dazzi, Lingiardi, Gazzillo, 2009, p. 3; per ulteriori riflessioni teorico-pratiche sulla diagnosi, cfr. anche Lingiardi, Gazzillo, 2014).

Prima di chiudere il paragrafo, tuttavia, mi preme ancora effettuare qualche breve considerazione sui problemi relativi alla raccolta dei dati empirici per la ricerca e/o per la diagnosi di personalità. Una volta effettuata tale raccolta, un interrogativo di rilievo che ci si potrebbe porre è: quali sono i criteri cui attenersi se, come spesso accade, i dati forniti dalle varie metodologie L.O.T.S. non concordano? Potrebbe, ad esempio, succedere che i dati S, cioè i resoconti personali (molto soggettivi e autocentrati) siano poco definiti, generici e non collimino con i dati T (cioè i dati che sullo stesso soggetto sono emersi dalla situazione di laboratorio e/o dall'impiego di procedure testologiche standardizzate) che invece sono molto precisi, specifici e circoscritti. Così come potrebbe verificarsi che i dati S (resoconti soggettivi: self-report, test proiettivi, ecc.) siano discrepanti rispetto ai dati classificatori O (forniti da osservatori esterni); ad esempio, potrebbe accadere che le evidenze fornite da un test proiettivo o da un colloquio esprimano un giudizio di valore positivo sul soggetto in esame (ad esempio, che è "generoso", "aperto", ecc.) – e ciò potrebbe spingere lo stesso soggetto a descriversi in altre prove migliore di quanto effettivamente pensa di essere (fenomeno distorsivo noto come "*set di acquiescenza*") –, rispetto alle descrizioni che di lui fanno gli osservatori ("è un tipo chiuso", "avaro", "anaffettivo", ecc.). A ciò si aggiunga che alcuni aspetti della struttura di personalità sono più facili da misurare (ad esempio, la *socievolezza*) rispetto ad altri (ad esempio, il *nevroticismo*). Va considerato, infine, che spesso alcune persone sono più facilmente "esplorabili" psicologicamente di altre; magari semplicemente perché più interessate o disponibili o estroverse o collaborative o serene.

Secondo Pervin e John (2003), di fronte a questi problemi, l'ideale sarebbe quello di inserire in un unico disegno di ricerca l'intero blocco LOTS, anche se ciò non sempre risulta facile, e utilizzare i dati che si ottengono dai diversi strumenti con finalità diverse. Ad esempio, impiegando i dati di osservatori addestrati alla registrazione del comportamento di un soggetto nel laboratorio psicodinamico di gruppo, per ottenere evidenze su come il soggetto medesimo si comporta nell'interazione con estranei o con amici in situazioni naturalistiche frustranti o di confronto empatico, cooperativo, ecc.; e utilizzare una *Scheda di autocaratterizzazione* di Kelly o un *Differenziale semantico* di Osgood per considerare la rappresentazione che il soggetto si è fatto di un certo oggetto d'indagine: di un *life-event* che lo abbia riguardato o di come stia vivendo una certa situazione emotivo-affettiva (cfr. Varriale, 2013, Varriale, Rotondo, 2011b; Varriale, Limongelli, 2017).

A questo punto non mi resta che ribadire che gli obiettivi della ricerca devono essere l'*attendibilità* e la *validità* delle evidenze ottenute: l'*attendibilità* riguarda la stabilità, la certezza e la replicabilità dei dati. In tale prospettiva, sia nella fase di elaborazione del disegno della ricerca sia nella fase attuativa, occorre che vada posta sotto controllo l'influenza di fattori di disturbo quali, ad esempio, quelli riguardanti sia il soggetto dell'indagine (l'umore del momento, l'atteggiamento verso la ricerca, ecc.) sia quelli riguardanti il ricercatore (le variazioni nelle istruzioni che si danno ai soggetti, nei parametri di misurazione e nell'interpretazione delle evidenze empiriche, ecc.). La *validità* dei dati, invece, è riferita essenzialmente agli strumenti di indagine impiegati, i quali devono essere in grado di valutare effettivamente i fenomeni oggetto d'indagine. Ad esempio, per l'esame dell'introversione-estroversione di un soggetto occorre che il reattivo che intendiamo usare deve mostrare sufficienti prove statistico-normative attestanti la sua reale capacità di misurare tale dimensione psicologica. Detto ciò, va tuttavia rilevato che non sempre misure diverse di uno stesso fenomeno psicologico concordano, anche se tali misure sono state tutte ottenute con strumenti scientificamente validi.

In questo quadro, non mi meraviglierei se il lettore si chiedesse: "ma allora a quali criteri devo attenermi nella scelta degli strumenti di misura delle dimensioni (delle variabili) psicologiche che mi interessa esplorare?". Molto brevemente, per tutte le cose dette sin qui, non posso che consigliargli di attenersi al seguente criterio: una misura (e gli strumenti che la forniscono) deve essere ATTENDIBILE (ci deve essere concordanza fra la misura e il dispositivo impiegato per ottenerla), UTILE (la misura deve avere un valore elevato rispetto alle ipotesi che la ricerca intende verificare) e SIGNIFICATIVA (la misura non deve essere casuale). E, comunque, anche se nel campo dell'esplorazione della mente e della personalità più che mai vale la massima "*la perfezione non è di questo mondo*" (vedere oltre), occorre che chi intende effettuare una ricerca scientifica lo faccia nel modo eticamente ed epistemologicamente più corretto possibile. Anzitutto rispettando il criterio della GENERALIZZABILITÀ: il disegno della ricerca e la realizzazione della medesima deve prevedere la possibilità di un controllo analitico sui dati ottenuti; lasciando poi che la comunità scientifica faccia il suo lavoro; cioè, che possa effettuare i necessari rilievi critici sull'impianto metodologico adottato, sui dati quali/quantitativi raccolti e sull'interpretazione che a questi ultimi è stata data dal/dai ricercatore/i.

2. *I test e la psicometria*

È stato osservato che la personalità è ciò che si è, non ciò che si ha e *comprende di più di quanto si possa vedere esaminando solo le condotte di una persona* (cfr. DSM IV-TR, 2000; Lingiardi, Gazzillo, 2014), possiamo dire che la funzione fondamentale dei test (o reattivi) psicologici è quella di contribuire a valutare questo "*di più*"; in particolare è quella di misurare le differenze tra gli individui, oppure tra le reazioni di uno stesso individuo posto in condizioni diverse (Anastasi, 1981). Il metodo, com'è facile comprendere, è stato (sin dalla nascita della psicologia come disciplina autonoma), e rimane, uno degli "utensili" più impiegati (e caratterizzanti professionalmente) nella "cassetta degli attrezzi" dello psicologo; non a caso, nell'immaginario collettivo, le parole test e psicologia sono quasi diventate sinonimi.

L'uso sempre più intenso di tale strumento è avvenuto in parallelo con lo sviluppo di un settore di ricerca a carattere multidisciplinare che prende il nome di *psicometria*. Un settore il cui oggetto specifico è la definizione dei referenti concettuali, dei modelli teorici, delle tecniche e degli strumenti per la misurazione delle variabili psicologiche; un terreno di studio, dunque, di notevole complessità e delicatezza epistemica per i tanti e variegati problemi teorico-applicativi che lo attraversano. Un terreno, ha notato Vittorio Rubini, "attraversato da una pluralità di istanze critiche, le più radicali tra le quali ne mettono in discussione il principale assunto di base, vale a dire la possibilità stessa di pervenire ad una descrizione metrica di aspetti generali e/o specifici del comportamento umano e dei sottili risvolti di soggettività di cui sono espressione più o meno manifesta" (1984, p. 7). Un criticismo, questo, che, anche se non condivisibile nella sua radicalità, "non può essere trascurato per la sua rilevanza culturale e per le conseguenze sia scientifiche sia operative cui conduce" (*ibidem*; cfr. anche Kendall, Norton-Ford, 1986; Lis, 1993).

É comprensibile, allora, perché molti specialisti del settore assumano verso i reattivi proiettivi (particolarmente nei confronti dell'impiego del Rorschach) un atteggiamento prudente e consapevole della relatività e dei limiti sia dei test stessi come mezzi di conoscenza della personalità sia del tecnico che li impiega[1]. In tale prospettiva, nella valutazione personologica e cli-

[1] Ad esempio, sempre con riferimento al test di Rorschach, studi sulla predittività di quest'ultimo, cioè sulla sua effettiva capacità di fornire attendi-

nica attraverso reattivi, è bene evitare mitizzazioni esagerate, una fiducia cieca, un uso meccanico e superficiale del test, una sottovalutazione del ruolo che, invece, possono avere in quest'ambito altri strumenti esplorativi (osservazione controllata, colloquio in profondità, ecc.), l'esperienza, la conoscenza matura ed autocritica della vita e di se stessi. Al riguardo, più avanti, in chiusura di paragrafo, suggerirò al neofita alcuni accorgimenti tecnici da impiegare nell'impostazione del *setting* testologico; accorgimenti che possono, da un lato, aiutare il diagnosta ad ottimizzare l'impiego dei reattivi psicometrici e, dall'altro, a rinforzare la necessaria prudenza e consapevolezza umana e tecnico-professionale nei confronti di un oggetto d'indagine fra i più complessi e delicati (proprio perché collocati all'intersezione dell'approccio nomotetico e di quello idiografico) qual è una personalità.

Come ho dettagliato meglio nel volume *Lo Stile di vita. Cos'è, come si valuta* (Varriale, 2013), il laboratorio psicodinamico, ad esempio, quando è possibile impiegarlo e se ben condotto, per la sua naturalezza e spontaneità, è in grado di mostrare aspetti di una personalità, che non sempre si riescono a cogliere nell'*assessment* testologico (o, talvolta, nel colloquio), la cui struttura, com'è noto, di solito è alquanto artificiale, un po' rigida e, soprattutto per i soggetti più giovani, anche piuttosto ansiogena. È vero che anche il comportamento (ansioso, acquiescente, aggressivo, inibito, ecc.) del soggetto in situazione di *testing* può rappresentare un dato diagnostico importante

bili profili di personalità patologiche e non, condotti anche col metodo sperimentale, hanno invariabilmente dimostrato che gli psicologi che usano le sue tavole nel formulare diagnosi sono in realtà preda delle loro "euristiche della rappresentatività" (Chapman, Chapman, 1969). In altre parole, lo strumento più che proiettare la personalità del paziente proietta le intuizioni di chi lo interpreta. Cioè dimostra che "le idee intuitive modellate dal principio di somiglianza portano le persone a vedere relazioni che non esistono o che, se esistono, vanno nella direzione opposta a quella suggerita dall'intuizione" (Girotto, Pievani, Vallortigara, 2008, p. 53).

per lo specialista e che oggi nella costruzione dei test sono stati introdotti vari accorgimenti per ridurre gli effetti distorsivi di questa situazione, ma resta il fatto che artificiosità e innesco d'ansia non possono mai essere del tutto eliminati da questo tipo di situazione valutativa.

Detto ciò, bisogna comunque riconoscere che l'impiego dei test resta uno dei metodi privilegiati per la diagnosi della personalità, magari operazionalizzato con gli accorgimenti di cui ho riferito sopra e seguendo i suggerimenti teorico-applicativi che negli anni hanno fornito studiosi del calibro di Rapaport, Holt, Korchin, Anastasi, ecc. (Varriale, 2013; Dazzi, Lingiardi, Gazzillo, 2009; Gazzillo, Licciardi, 2014). Inoltre, poiché ogni individuo presenta problemi particolari (è chiaro che indagare la personalità di un adulto con un disturbo ossessivo-compulsivo è diverso dall'indagine su un adolescente con problemi scolastici o con un handicap motorio o con problemi di orientamento scolastico e professionale), è anche opportuno che le tecniche d'indagine psicodiagnostica varino da caso a caso, da *setting* a *setting*. Pur considerando tale variabilità, è possibile tratteggiare i punti essenziali e comuni di una classica procedura d'indagine della personalità (cfr. Passi Tognazzo, 1975):

1) studio della storia personale del soggetto, o anamnesi, in modo da avere presente la linea di sviluppo psichico dell'individuo (il "movimento" alla base dello *Stile di vita*, dicono gli adleriani) e le eventuali cause di disadattamento (cfr. Varriale, 2013);
2) esame medico-fisiologico e neurologico, per appurare se eventuali anomalie o disturbi del soggetto abbiano o meno una base organica (come, ad esempio, si procede nella diagnosi di alcuni Disturbi Specifici dell'Apprendimento o DSA, per i quali si applicano specifici test per l'esame delle abilità di letto-scrittura e calcolo; oppure, come ancora si procede nei confronti dei problemi di "distrazione" a scuola, per escludere che questi ultimi

derivino da disturbi dell'udito, della vista o da "assenze epilettiche");

3) colloquio clinico in profondità (eventualmente colloqui anche con genitori, fratelli e sorelle, amici, insegnanti, ecc.);
4) impiego di test di intelligenza per conoscere il livello intellettuale (Quoziente d'intelligenza o Q.I.) e il tipo di intelligenza del soggetto ("verbale", "pratica");
5) applicazione di reattivi di personalità: test proiettivi (cfr. più avanti, ad esempio, Figura 2: Tavola I del "Test di H. Rorschach"; Figura 3: Tavola 4 del "Thematic Apperception Test" - T.A.T. di H. A. Murray; Figura 4: Frontespizio e alcune vignette del "Test di Valutazione dello Stile di Vita del Preadolescente" - T.V.S.V.P./'91, di C. Varriale); test psicometrici standardizzati (inventari/*self-report*); test carta-matita ("Disegno della famiglia", "Disegno dell'albero", ecc.) e così via (cfr. Figura 5: Foglio di profilo del "BIG FIVE"; Figura 6: Foglio di profilo del "16 PF"; Figura 7: Foglio di profilo del "Minnesota Multhiphasic Personality Inventory");
6) aggiuntivamente, con finalità più mirate del *testing*, si possono amministrare reattivi clinico-diagnostici a carattere specificamente sintomatologico (ad esempio, se appare necessaria una più accurata valutazione psicometrica standardizzata dei disturbi d'ansia o dei disturbi depressivi o dei disturbi delle condotte alimentari o dell'autostima, ecc.); oppure si possono impiegare specifici test attitudinali-vocazionali per l'orientamento scolastico-professionale (cfr. Varriale, Botta, D'Auria, 1991), per la selezione del personale in ambito aziendale o militare.

Infine, come avevo anticipato, vorrei indicare alcuni sintetici suggerimenti per il giovane diagnosta della personalità interessato all'amministrazione dei test, che a questo punto dovrebbe essere consapevole sia dei rischi sia dei vantaggi che l'impiego di questa metodologia comporta.

Avevo già rilevato che nell'impiego dei test è sempre bene evitare una mitizzazione esagerata, una fiducia cieca e monocorde che porti a sottostimare i limiti insiti in tali strumenti e a sottovalutare l'importanza di altre tecniche diagnostiche (ad esempio, l'osservazione, il colloquio in profondità, ecc.). A ciò va aggiunto, con particolare riferimento ai rischi derivanti dall'impiego dei reattivi proiettivi, che lo specialista deve avere ben chiaro che la somministrazione di un test costituisce sempre una forma di rapporto umano e come tale va improntata alla luce del valore fondamentale della persona e, quindi, a criteri di rispetto di essa. Ciò comporta primariamente il dovere di non considerare mai l'uso dei test come un atto di potere nei confronti del soggetto in esame; di fare attenzione a non sottovalutare il peso che, sul piano relazionale, possono assumere le proprie problematiche psicologiche e le preoccupazioni di carattere professionale: egli ha l'obbligo di identificarle, valutarle e controllarle; di essere consapevole del valore integrativo, ausiliario, particolarmente dei test proiettivi, nell'indagine e valutazione della personalità e della sua organizzazione, le cui caratteristiche di complessità e dinamicità, limitando in ogni caso la possibilità di una conoscenza definitiva e totale, implicano che il metodo dei test venga inserito in un contesto più ampio e più completo di analisi della personalità. Il diagnosta, infine, non trascuri, anche in questo settore specialistico, l'importanza di un'adeguata formazione professionale sui test, che unisca una solida preparazione teorica alle competenze operative acquisibili da una pratica esercitata e supervisionata (Rapetti, 1983).

Torneremo tra poco ancora su questi temi, con riferimento all'analisi fattoriale e allo sviluppo delle teorie dei tratti nel nostro settore. Comunque, per una serie di ulteriori, più articolate considerazioni epistemiche, per una disamina delle caratteristiche di alcune tipologie di reattivi da impiegare nei *setting* operativi e per le diverse fasce evolutive, raccomando la lettura del già citato volume sulla valutazione dello *Stile di vita*. Volume contenente in appendice anche l'illustrazione delle procedure di costruzione e d'impiego di un mio test semiproiettivo che viene ancora oggi utilizzato particolarmente in ambito clinico ed educativo: il *Test di Valutazione dello Stile di Vita del Preadolescente*, T.V.S.V.P./'91, costruito e normato nei primi anni '90 e integrato successivamente da altri contributi empirici (cfr., ad esempio, Goldoni, Mazzoli, Pisi, Contu, 2008), con l'obiettivo di diagnosticare, nella cornice dei costrutti teorici del modello individualpsicologico adleriano, la personalità di soggetti dagli 8 ai 13 anni (vedere FIGURA 4; cfr. anche Varriale, 1993, pp. 43-80; Varriale, 2013, pp. 173-200).

Seguendo le ancora attualissime riflessioni di alcuni fra i più importanti clinici e studiosi della personalità del passato, mi piace chiudere questo paragrafo ribadendo ancora quanto sia importante tener conto di alcuni presupposti tecnico-epistemologici nel maneggiare i test e i dati quali/quantitativi da essi derivanti. A tale proposito Korchin (1976) ha fatto notare che obiettivo del diagnosta non deve essere quello di "etichettare", bensì di comprendere il più possibile la complessità e l'articolazione dei peculiari principi dinamici caratterizzanti quell'individuo che gli siede di fronte (aspetti autopoietici del suo pensiero, risorse, vulnerabilità, pressioni esercitate su di lui, capacità di controllo, difese, ecc.). In buona sostanza, di configurare al meglio ciò che Holt ha definito "*diagnosi caratteriologica*", rispetto a quella prettamente "*sintomatologica*" a carattere medico. Così, secondo questo autore, si può asserire che la funzione della diagnostica (come impiego di una nosologia) nella pratica clinica non è definibile come "una classificazione sufficiente, ma come un necessario elemento costitutivo di una descrizione di personalità" (1975, p. 25). Tenendo conto, dunque, che le categorie diagnostiche classiche vanno impiegate solo come dei punti di riferimento e di orientamento nella descrizione comprensiva della personalità, anche Rapaport sottolinea che nell'indagine personologica si dovrebbe anzitutto "stabilire il genere più prossimo (la qual cosa implica un confronto interpersonale) e in secondo luogo designare le caratteristiche che differenziano specificamente ciascuna struttura di personalità" (Rapaport, Gill, Schafer, 1975, p. 269). In tale prospettiva, infine, dati i rischi connessi all'impiego dei test proiettivi (questi ultimi talvolta anche troppo esaltati nel lavoro di *personality assessment*), secondo Holt (1969), la valutazione clinica non deve mai configurarsi come un punto di arrivo, ma al contrario come un punto di partenza nello sforzo di elaborare una cornice conoscitiva provvisoria dell'individuo e del lavoro da fare; non deve, cioè, costituire un elemento di certezza, ma un'ipotesi da verificare, relativa, parziale e sempre revisionabile nelle fasi successive dell'intervento su quella specifica personalità.

3. *L'osservazione e il laboratorio*

Continuerò qui a riferire sinteticamente di questioni tecnico-metodologiche connesse alla ricerca in PP; ricordando che, data la vastità delle tematiche che la connota, come già ho fatto per i test e la psicometria, anche per osservazione e il laboratorio ho preferito selezionare solo quelle questioni che mi sono sembrate le più cruciali. Nella bibliografia in coda al volume sono tuttavia reperibili ampi riferimenti alla letteratura specialistica per eventuali approfondimenti.

Ho già evidenziato nell'Introduzione al volume il ruolo di rilievo svolto dal metodo sperimentale nel rendere, alle sue origini, la psicologia una scienza autonoma, e, durante il suo sviluppo, nel fornire alcune delle più solide basi ermeneutiche per il consolidamento della sua posizione nella comunità scientifica. D'altro canto, è stato anche notato che la ricerca scientifica stessa, nel suo insieme, è sempre stata un processo di osservazione deliberato e controllato rivolto alla verifica di ipotesi che si sviluppano nell'ambito di una cornice di discussione teoretica. C'è da rilevare, tuttavia, che mentre tradizionalmente la ricerca specificamente osservativa (di tipo naturalistico) è sempre stata caratterizzata dalla deliberata ricerca del più basso livello possibile di intrusività nel corso della registrazione dei comportamenti oggetto d'indagine (di qui l'impiego frequente dello *specchio a una via*, da cui l'osservatore vede e registra ma non viene visto, per ridurre il più possibile l'influenza della sua presenza sui soggetti in esame)[2], la ricerca sperimentale è stata un tipo di indagine basata proprio sul controllo e la manipolazione delle variabili collegate al fenomeno che si intende studiare e in cui tale controllo e manipolazione di variabili in passato ha spesso implicato un più o meno elevato grado di intrusività: ad esempio, quella dovuta alla presenza in laboratorio di osservatori, di "complici" degli sperimentatori o degli stessi sperimentatori (D'Odorico, 1990; cfr. anche Desportes, 1978).

Nonostante il largo sviluppo di questi metodi (compresi i modelli matematico-statistici, sempre più raffinati, ad essi collegati), o forse proprio per questo, gli studiosi di scienze umane e sociali continuano a porsi il problema se il metodo scientifico (di cui la ricerca sperimentale di laboratorio è considerata un po' "la regina") sia effettivamente l'unica via verso la "verità"; criticando l'immagine, a volte troppo idealizzata, che viene assegnata a tale metodo, anche con riferimento alla PP. Pur condividendo molte delle osservazioni critiche che ancora oggi caratterizzano il dibattito epistemologico in questo settore di ricerca, come ho già notato, ritengo che l'impiego combinato dei diversi metodi scientifici costituisca, anche nelle scienze umane, "se non una bacchetta magica per il conseguimento di 'verità', *certamente il percorso più adeguato per il raggiungimento di verità probabilistiche e aperte a possibili revisioni e modifiche* (Er-

[2] Ciò, ovviamente, vale assai meno per l'*osservazione partecipante*, che è una metodologia, spesso utilizzata nella ricerca psico-sociologica, basata proprio sull'*inserimento* del ricercatore nel gruppo e nella situazione che sono oggetto d'indagine. È chiaro che questo tipo di osservatore, partecipando a tutte le dinamiche situazionali (spesso mimetizzato) può finire anche per influenzarle più o meno profondamente.

colani, Areni, Mannetti, 1997, p. 13, corsivo e grassetto sono miei; cfr. anche McBurney, 1986; Nigro, 2001).

La conoscenza scientifica, come ho già notato, *non* procede secondo logiche di tipo fideistico/religioso o ideologiche; questo tipo di conoscenza, difatti, non deriva da "un processo caratterizzato dall'applicazione di 'ricette' magiche e valide per tutte le occasioni, ma piuttosto da una serie di 'scelte ragionate' che il ricercatore deve di volta in volta attuare. Tali scelte, è inutile negarlo, finiscono per introdurre un notevole elemento di soggettività nel processo stesso: tale soggettività non può essere eliminata, ma può e deve essere resa esplicita. In altre parole, il ricercatore non può evitare di fare, in diversi punti del processo di ricerca, delle scelte, egli può, tuttavia, renderle esplicite a se stesso e a coloro ai quali comunica il procedimento e i risultati ai quali, attraverso esso, giunge" (Ercolani, Areni, Mannetti, 1997, pp. 13-14; due esempi di come operazionalizzare tali principi epistemici nella ricerca empirica li si trova in Varriale, Rotondo, 2011b; Varriale, Limongelli, 2017).

A ciò va aggiunto che i ricercatori sono ormai in grado di individuare con chiarezza una serie di effetti distorsivi delle situazioni laboratoriali, di studiare con rigore tali distorsioni e proporre soluzioni per un loro maggior controllo. Prendiamo, ad esempio, un tipico problema della ricerca sperimentale del passato, cui ho già fatto brevemente cenno sopra: la situazione che si viene a produrre a seguito della presenza dell'osservatore/sperimentatore, quasi una costante di tutte le situazioni sperimentali. È singolare che nelle pubblicazioni finali, nella parte in cui viene descritto il disegno sperimentale, i ricercatori raramente facevano riferimento alla presenza dello sperimentatore nel laboratorio e di altre fonti di possibile alterazione della situazione sperimentale[3]; probabilmente, alla base della "rimozione" di

[3] Una di queste fonti distorsive, secondo Desportes (1978), potrebbe essere, ad esempio, la dimensione temporale dell'esperimento; "una variabile ritenuta non pertinente dagli sperimentalisti e, attualmente, si ignorano quali

questa importante e problematica condizione dell'esperimento vi era il fatto che non veniva considerata un'informazione rilevante; anche perché porre il soggetto sperimentale in condizione di isolamento non è mai stata condizione sufficiente per sopprimere gli effetti della presenza dello sperimentatore.

Insomma, porre rimedio al problema, come ha dimostrato un volume di Jean-Pierre Desportes (1978), che raccoglie varie indagini su questo tema e di cui ora dirò brevemente, non è cosa semplice. In estrema sintesi, l'Autore di tali ricerche, dopo aver esaminato l'ampia letteratura sull'argomento, sottolinea che le modifiche nell'esecuzione di un compito causate dalla presenza dello sperimentatore e/o di spettatori (che definisce "copresenze") avevano già spinto Allport a considerare questa situazione "un caso particolare della situazione di interazione sociale, in cui la presenza reale, supposta o implicita, degli altri provoca determinati effetti sul pensiero, i sentimenti e il comportamento degli individui" (Deportes, 1978, p. 24). Dopo aver presentato un ricco pacchetto di personali evidenze empiriche di laboratorio, Desportes nota che la presenza dello sperimentatore nella condizione sperimentale non è una variabile trascurabile ed è fonte di alterazione e di errore nella sperimentazione applicata allo studio del comportamento umano. Inoltre, egli suggerisce che le procedure per eliminare gli effetti della presenza dello sperimentatore (isolamento totale o parziale, ecc.) "non costituiscono ancora un insieme di procedure e di regole ben definite al quale gli sperimentatori possono riferirsi. (...) Le procedure da noi indicate rappresentano le grandi linee di un programma di ricerche sperimentali la cui realizzazione dovrebbe consentire alla sperimentazione di superare alcune difficoltà che ancora si trova davanti" (ivi, p. 135).

siano le conseguenze del fatto che la situazione sperimentale rappresenta per il soggetto un momento senza durevoli conseguenze, poiché la relazione del soggetto con lo sperimentatore e con la situazione sperimentale è estremamente transitoria" (ivi, p. 135, nota).

Desportes, infatti, dopo aver formulato varie critiche alle ricerche condotte da Zajonc e partendo dai propri paradigmi sperimentali, indica alcuni accorgimenti per i setting laboratoriali: ad esempio, se si intende utilizzare una condizione di isolamento del soggetto sperimentale, lo sperimentatore non deve essere fisicamente presente nello stesso luogo del soggetto; se lo sperimentatore dispone di mezzi che gli permettono di seguire a distanza l'esecuzione del compito da parte del soggetto, quest'ultimo non dovrebbe conoscere l'esistenza di tali mezzi; lo sperimentatore, inoltre, non dovrebbe comunicare con il soggetto durante lo svolgimento dell'esperimento (se sono necessarie alcune comunicazioni, esse non devono in alcun modo rivelare al soggetto che lo sperimentatore può seguire l'esecuzione del compito e giudicare la sua prova). In linea di massima, lo sperimentatore dovrebbe sforzarsi di escludere dal complesso del dispositivo sperimentale l'utilizzo di indici che permettano al soggetto di pensare di essere giudicato (prima o poi).

Comunque sia, è poco probabile che ci si possa completamente liberare di una serie di problematiche che riguardano l'interferenza che lo sperimentatore e altri aspetti soggettivi e situazionali possono esercitare nel *setting* laboratoriale, come i ben noti lavori di Robert Rosenthal hanno dimostrato. Ed allora? Allora – nota Giovanna Nigro, proprio partendo dai lavori di questo ricercatore americano – "dacché lo sperimentatore, non diversamente dal soggetto, può essere eccessivamente sensibile alle ipotesi tanto vale 'renderlo cieco' circa gli scopi reali dell'esperimento. Ignorare le ipotesi significa annullare l'effetto sperimentatore. Nel caso in cui il tipo di ricerca lo imponga, è bene ricorrere al cosiddetto 'metodo del doppio cieco', una situazione in cui soggetti e sperimentatori ignorano le finalità dello studio: il soggetto non potrà collaborare o contrastare le ipotesi e lo sperimentatore non potrà, né consapevolmente, né inconsapevolmente suggerirgliele" (2001, p. 82; cfr., sempre su questi temi, Luccio, 1982).

FIGURA 2. *Tavola I del test di H. Rorschach.*

FIGURA 3. *Tavola 4 del Thematic Apperception Test.*

Il rilievo dato a queste criticità epistemiche e tecnico-metodologiche non deve far pensare che in questa sede si voglia in qualche modo sottostimare il valore della ricerca osservativo-sperimentale rispetto ad altre metodologie empiriche. Anzi, voglio anticipare che nell'ultimo capitolo di questa prima parte, focalizzando sulle teorie *situazioniste* e *interazioniste*, mi soffermerò brevemente su importanti ricerche sperimentali e sul ruolo delle variabili situazionali, relative ad alcuni temi cruciali (l'obbedienza all'autorità, la pressione di gruppo e i processi di "deindividuazione", l'impotenza appresa, l'autoefficacia perce-

T.V.S.V.P./'91

di
Cosimo Varriale

Cognome ______________________ Nome ______________________

Età __________ Indirizzo ______________________________

Classe frequentata ______________________ Scuola ______________________

Data della prova ______________ Luogo della prova ______________

ISTRUZIONI

In ognuna delle vignette che vedrai girando questa pagina sono disegnate delle situazioni con due o più persone che stanno parlando. La persona che nella vignetta è a sinistra ha sulla testa un riquadro in cui sono scritte le parole che rivolge alla persona sulla destra. La persona a destra ha, invece, sulla testa un riquadro vuoto. Guarda la situazione, immagina te stesso nella situazione del personaggio a destra e scrivi nel riquadro vuoto la prima risposta che ti viene in mente.
Non ci sono risposte giuste o sbagliate, è importante solo che ogni risposta corrisponda veramente al tuo pensiero.
Buon lavoro.

FIGURA 4. *Frontespizio e prima pagina del Test di Valutazione dello Stile di Vita del Preadolescente.*

pita, ecc.) anche per lo studio della personalità e delle differenze individuali.

4. *L'analisi fattoriale*

Chiamiamo *analisi fattoriale* quell'insieme di tecniche matematico-statistiche volte a "rappresentare un numero elevato di variabili per mezzo di un numero inferiore di variabili ipotetiche" (Ercolani, Areni, Mannetti, 1997, p. 185). L'analisi si dice "fattoriale" proprio perché la riduzione del numero di variabili si basa sulla costruzione di nuove "variabili di sintesi" ricavate da combinazioni lineari delle variabili originarie, dette "fattori", che riproducono in forma più stringata la maggior parte dell'informazione contenuta in un insieme di numerose variabili in esame, consentendo così un notevole 'risparmio' nella lettura dei dati.

Il metodo – ideato da Spearman nel 1904 per capire se tra alcune abilità intellettive esistevano delle relazioni o erano indipendenti (scoprendo che ciascuna di queste abilità dipendeva da un fattore sottostante che chiamò "intelligenza generale" o "fattore g") – è espressione di un'impostazione teorico-prassica di tipo nomotetico (orientato, cioè, alla ricerca delle regolarità, degli universali) ed è stato impiegato dagli psicologi della personalità per "*estrarre*" (per configurare) in modo sistematico i più importanti tratti temperamentali alla base delle personalità.

Gordon Allport, sin dagli inizi degli anni Venti, aveva lavorato all'elaborazione di una sua teoria dei tratti (teoria poi illustrata nell'opera *Personality: a Psychological Interpretation*, pubblicata nel 1937), ma con un orientamento volto a dare maggiore sistematicità all'analisi degli aspetti idiografici (unici) di ogni personalità. Per Allport, infatti, "il tratto ha le caratteristiche di essere fondato neurologicamente, di essere indagabile empiricamente, di essere semplice o composto, e quindi suscettibile di gerarchizzazione; (...) la personalità rappresenta soprattutto il luogo dell'indagine scientifica di quelle caratteristiche di 'unicità' che costituiscono l'individualità" (Lombardo, Foschi, 2002, p. 106). In tal senso, davvero la riflessione di Allport "rappresenta un fondamentale punto di snodo della psicologia della personalità contemporanea" (*ibidem*).

Dal punto di vista degli attuali studiosi, ad orientamento maggiormente nomotetico-temperamentale, le misure psicometriche dei fattori stessi (appunto dei tratti temperamentali "estratti") possono ancora essere sottoposti ad ulteriori analisi fattoriali allo scopo di individuare l'eventuale esistenza di 'superfattori'; e poiché questi ricercatori impiegano una metodologia statistica dello stesso tipo, appare sensato pensare che da queste analisi matematico-statistiche dovrebbero emergere gli stessi tratti psicologici. In effetti, ha opportunamente notato Brunas-Wagstaff, "anche una metodologia condivisa e relativamente ben definita come l'analisi fattoriale potrebbe essere applicata in modi differenti dagli studiosi. Ad esempio, Eysenck ha individuato un piccolo numero di superfattori ortogonali, cioè non correlati (Eysenck postula tre soli fattori: estroversione-introversione; nevroticismo-stabilità; psicoticismo), mentre Cattel propone un sistema di descrizione della personalità basato su 16 fattori obliqui (*vedere più avanti* FIGURA 6, *NdR*). Le differenze derivano dal fatto che alcuni psicologi della personalità arrestano la loro analisi fattoriale a un primo livello, mentre altri preferiscono unificare più fattori di livello inferiore in superfattori. Non vi è qui chi abbia ragione o torto: vengono semplicemente usati criteri alternativi per decidere fino a che punto spingere l'analisi. Si rammenti che quando più variabili sono intercorrelate è possibile fissare un criterio o un punto critico per considerare significativa la saturazione; l'uso di criteri differenti influenzerà il risultato finale dell'analisi. Infine, le etichette che attribuiscono ai fattori ipotetici un significato psicologico son necessariamente soggettive. Nell'esempio dato sopra, chi scrive ha deciso di chiamare 'coscienziosità' il fattore 1, ma questo fattore avrebbe potuto essere chiamato altrettanto legittimamente 'prudenza' o 'disponibilità verso gli altri'. Le differenti etichette date dagli studiosi ai loro fattori possono influenzare l'ulteriore fattorizzazione delle misure dei tratti, determinando i tipi di item da includere nelle misure psicometriche di tali tratti" (1999, pp. 62-63).

Come ho già notato, l'analisi fattoriale ha permesso a molti psicologi della personalità di estrarre sistematicamente i più importanti tratti temperamentali che, a loro giudizio, sarebbero alla base della personalità di ciascuno di noi. Ma questa modalità di indagine non sempre ha convinto gli studiosi del settore. Tornando ai tre superfattori delineati da Eysenck, le critiche che Gray (e altri studiosi) ha fatto a questa teoria dei tratti è sintomatica della variabilità (o instabilità?) che si registra in questo ambito degli studi sulla personalità. Ad esempio, e in estrema sintesi, Eysenck ritiene che la dimensione estroversione/introversione sia di natura ereditaria e sarebbe correlata all'equilibrio tra eccitazione e inibizione nella corteccia cerebrale; egli cioè ipotizza che una persona ad alta attivazione corticale cercherà di evitare le situazioni che provocano un eccesso di stimolazioni; sarà, cioè, introversa; mentre una persona sottoattivata sarà estroversa. Secondo Grey (1981), invece, l'estroversione dipenderebbe da quanto le persone sono sensibili agli indizi di ricompensa e di punizione. I soggetti più sensibili alla ricompensa rispetto alla punizione avranno un comportamento estroverso e saranno impulsivi (aspettandosi di essere ricompensati, non inibiranno il proprio comportamento), mentre chi è più sensibile alla punizione sarà più ansioso e avrà un comportamento introverso (aspettandosi di essere punito, inibirà il proprio comportamento). In tale prospettiva, per questo autore, i tratti dell'estroversione e del nevroticismo sono un sottoprodotto delle più importanti dimensioni dell'impulsività e dell'ansia.

Anche la possibilità di predire il comportamento a partire dalla struttura dei tratti è stata messa in discussione, Ad esempio, Mischel (1969), esaminando numerosi studi che correlavano comportamenti e tratti, ha trovato che i coefficienti di correlazione erano relativamente bassi (0,30 o meno), concludendo che i tratti della personalità danno raramente conto di più del 10% della varianza dei dati comportamentali; ciò implicherebbe che i tratti di personalità sono cause del comportamento ben poco determinanti. Ma anche Mischel, a sua volta, è stato criticato da Epstein (1983) per la procedura seguita nella critica alle capacità predittive della teoria dei tratti; critiche che Mischel non ha lasciato senza risposte, anche aspre; risposte cui sono seguite altre repliche di Epstein, in una sequela di "botta e risposta" che rendono le teorie dei tratti un terreno piuttosto tormentato, ma anche una fonte di continui e stimolanti apporti teoretici e applicativi in PP.

Un esempio significativo di tali stimolanti contributi è quello fornito dal modello cosiddetto *Big Five* o "Modello a cinque fattori": 1) *estroversione* (o sorgenza o energia), 2) *gradevolezza* (o amicalità), 3) *coscienziosità*, 4) *stabilità emotiva* (o nevroticismo) e 5) *intelletto* (o apertura all'esperienza o cultura). Tali fattori sono stati individuati da diversi osservatori con vari metodi e in diversi contesti geoantropologici; così i *Big five*, con la loro solidità, hanno "contribuito a promuovere la grande espansione del modello nella psicologia della personalità degli anni Ottanta/Novanta. (...) Il movimento dei cinque fattori ha acquistato un tale impulso che i suoi sostenitori hanno iniziato a considerarlo come un terreno comune sul quale riconciliare le diverse teorie e scoperte e costruire un'unica scienza della personalità capace finalmente di accumulare le conoscenze provenienti da diverse fonti" (Caprara, Cervone, 2003, p. 77). Un modello, questo, da cui è derivato anche un utile reattivo della personalità: il *Big Five Questionnaire* (*BFQ*), di cui esiste una versione italiana molto apprezzata (Caprara, Barbaranelli, Borgogni, 1993; per il suo impiego diagnostico in chiave adleriana, cfr. Varriale, 2013). Di seguito riporto qualche item esemplificativo della struttura di questo strumento psicometrico (costituito da 132 item, per ciascuno dei quali il soggetto deve esprimere il suo grado di accordo/disaccordo, in un *range* di 5 punti: da 1, "Assolutamente falso per me", a 5, "Assolutamente vero per me") e, nelle pagine successive, allego un *Profilo diagnostico* elaborato sulla base dei 5 fattori di personalità e delle 10 sottodimensioni che da questi derivano (cfr. FIGURA 5):

---

1. *Mi sento di essere una persona attiva e vigorosa* 1 2 3 4 5

...

16. *Non è necessario comportarsi in maniera cordiale con tutti* 1 2 3 4 5

...

96. *Sono soddisfatto solo quando vedo il risultato di ciò che avevo programmato* 1 2 3 4 5

...

130. *Non è lavorando in gruppo che si realizzano nel modo migliore le proprie competenze* 1 2 3 4 5

Un breve cenno, infine, ad uno dei self-report più impiegati nella diagnostica clinico-psicopatologica e di personalità: il *Minnesota Multhiphasic Personality Inventory* – MMPI di S. R. Hathaway e J. C. McKinley (prima pubblicazione nel 1942 - Minnesota University). L'MMPI (Mosticoni, Chiari, 1979; Nencini, Giannattasio, 1983) è frequentemente utilizzato anche in campo psicosociale e organizzativo (ad esempio, nella selezione del personale in azienda o in ambito militare). Il reattivo – costituito da 566 items nella forma completa (398 nella forma abbreviata), cui si può rispondere Vero (V) o Falso (F) – inventaria i tratti di personalità del soggetto in esame su 47 scale (7 scale di validità, 10 scale cliniche, 15 scale complementari, 15 scale di contenuto). Di seguito riporto alcuni esempi di item della forma completa (cfr. anche FIGURA 7):

...

23. Spesso soffro di nausea o vomito V F

...

54. Piaccio alla maggior parte delle persone che conosco V F

...

92. Mi pento più fortemente o più spesso degli altri di quello che faccio V F

...

107. Sono sempre o quasi sempre contento V F

...

139. Talvolta sento come se dovessi fare del male a me stesso o a qualcun altro V F

...

168. Nel mio cervello ci sono molte cose che non vanno V F

...

184. Di solito sento voci senza sapere da dove vengono V F

...

219. Penso mi piacerebbe fare il costruttore di case V F

...

235. Sono stato del tutto indipendente e libero dal controllo familiare V F

...

236. Passo molto tempo a rimuginare sulle cose V F

...

275. C'è qualche persona che controlla i miei pensieri V F

...

350. Io odo strane cose quando sono solo V F

...

369. Non sono preoccupato da questioni religiose V F

...

431. Mi preoccupo molto per le disgrazie che potrebbero capitare V F

...

470. Ciò che riguarda la sessualità mi disgusta V F

...

502. Mi piace che la gente sappia come la penso V F

...

506. Sono piuttosto nervoso V F

...

553. Ho paura di star solo all'aperto in un luogo vasto V F

Mi piace terminare la riflessione su questa metodologia e sulle teorie dei tratti o disposizionali, facendo mie le equilibrate considerazioni effettuate nel merito da Caprara e Cervone: "Nonostante il loro fascino e la loro utilità applicativa, le tassonomie delle differenze individuali presentano dei seri limiti. Esse possono servire a descrivere dimensioni salienti delle differenze individuali a livello di superficie, e rendere anche possibili previsioni significative relative al conseguimento di importanti risultati nella vita. Ciò però non implica che le dimensioni globali di tratto siano in grado di rendere conto in forma adeguata delle tendenze psicologiche specifiche che contraddistinguono ciascun individuo, e che sottostanno alle varie manifestazioni di superficie. I costrutti globali relativi alle differenze individuali, quali che siano i loro meriti, possono rivelarsi incapaci di cogliere i modi complessi in cui i sistemi psicologici interagiscono con gli ambienti sociali per dare luogo alle tendenze specifiche che contraddistinguono i singoli individui. (...) (Molti ricercatori) *non contestano l'importanza delle differenze individuali, ma ritengono che la personalità sia più complessa di quello che può risultare da un sistema universale di tratti. Inoltre, questi studiosi ritengono che i fattori personali siano così intrecciati con quelli situazionali, che qualunque spiegazione relativa al funzionamento della personalità deve necessariamente fondarsi su un'analisi delle interazioni che intercorrono tra persone e ambienti*" (2003, pp. 112-113; il grassetto è mio). Riprenderemo più ampiamente tali questioni nel capitolo conclusivo di questa prima parte; esse sono state all'origine di un significativo dibattito e di aspre polemiche non ancora placate del tutto, ma il cui esame mi permetterà anche di fare il punto sul futuro della PP.

5. *Il colloquio diagnostico (con particolare riferimento al primo colloquio)*

Non posso chiudere questo capitolo senza fare un sia pur

breve cenno alle problematiche connesse ai temi del colloquio: lo strumento che nel lavoro diagnostico-personologico amo maggiormente impiegare. Ma le problematiche sul tema sono talmente ampie e complesse che la letteratura sull'argomento è ormai vastissima e non mi è qui possibile darne una visione esaustiva; rinvio però il lettore ad alcuni utili lavori italiani indicati in bibliografia a fine volume (Trentini, 1989; Mantovani, 2000; Quadrio, Ugazio, 1992; Semi, 1985; Telleschi, Torre, 1988; Raffagnino, Carli, 1989). In linea con le considerazioni fatte in questo capitolo, mi limiterò a focalizzare solo alcuni aspetti tecnici del primo colloquio per la diagnosi di personalità[4]. Non senza però aver prima ricordato che in passato le polemiche fra psicometristi e clinici circa la validità-attendibilità del colloquio sono state a volte molto aspre. Ciò nonostante, esse non hanno causato cali nel suo impiego, anzi si è verificato un significativo incremento, particolarmente a livello clinico. In effetti, le ragioni degli psicometristi erano tutt'altro che irrilevanti, ma tale polemica è andata progressivamente spegnendosi perché i presupposti col passare del tempo sono venuti meno. Come infatti hanno suggerito Assunto Quadrio e Valeria Ugazio, "quel dibattito ha avuto senso finché veniva individuato come obiettivo principale del colloquio la formulazione di una diagnosi 'esatta', al limite impersonale, ma è diventato obsoleto quando questo obiettivo è stato messo in questione dal costituirsi di un clima culturale nuovo connesso con la crisi della psicometria e della psichiatria positivista" (1992, p. 9).

Oggi il colloquio è studiato a partire dalla considerazione che è uno strumento di analisi delle motivazioni umane nelle

[4] Sulla tassonomia generale del colloquio e dell'intervista rinvio a Trentini (1989, pp. 11-54); ricordo solo, in breve, che mentre nell'intervista (in particolare quella strutturata) l'operatore ha l'obiettivo di raccogliere informazioni precise su determinate variabili predefinite, nel colloquio l'operatore si muove facendo riferimento alle sue ipotesi metodologiche, al suo sapere scientifico, al quadro di riferimento concettuale, procedurale, contingente che egli legittimamente ritiene utile per raggiungere lo scopo che si prefigge.

loro caratteristiche del "qui e ora" e nel loro divenire, nel loro procedere verso la normalità o verso la patologia, del loro livello conscio e inconscio. Pertanto, ha precisato qualche anno fa Leonardo Ancona, "il fine cui tende oggi la ricerca sul colloquio non è più quello del suo 'accreditamento' come mezzo di scienza, ma è quello di comprenderlo meglio in termini di 'rapporto', cioè della modalità di incontro che si stabilisce tra i suoi due protagonisti. (...) Il colloquio risulta così un processo di conoscenza del quale non si può fare a meno e si configura sempre di più come un'operazione che non solo permette di saggiare la personalità dell'interlocutore ma consente anche di cogliere il suo ineliminabile intervento nelle ricerche svolte secondo le procedure della psico-fisiologia" (1989, pp. 75-76).

E questo ci porta al tema del primo colloquio. Anzitutto bisogna considerare che il cliente che si presenta allo studio del professionista privato o a quello di un servizio pubblico per la prima volta, impatta con un ambiente arredato a volte in modo caldo, ricco e culturalmente elevato, a volte in modo freddo e trascurato, cose che in un modo o in un altro possono creargli non poche ansie e mobilitare svariate difese. Inoltre, si troverà davanti uno sconosciuto (non di rado in camice bianco) che può essere percepito con un senso di potere istituzionale/scientifico e su cui ha bisogno di farsi una qualche idea; spesso non sapendo bene cosa potrà accadere in quel luogo. Egli, infine, è una persona fragile, talvolta disperata, già provata da una pena psichica che a volte si trascina da anni e che non è riuscito ad alleviare in alcun modo.

In tale prospettiva, il primo colloquio rappresenta un ponte emotivo cruciale che, attraverso una calda ed empatica accoglienza da parte dell'operatore, può contenere efficacemente le ansie del cliente/paziente, rivitalizzare il suo sentimento sociale e mettere in moto quei processi di affidamento, capaci anche di motivarlo a collaborare attivamente al successivo lavoro diagnostico di approfondimento (ulteriori colloqui mirati su specifiche tematiche, somministrazione di reattivi proiettivi e/o psicometrici, ecc.). Tutto ciò presuppone che in questa fase l'operatore non lavori "con l'orologio alla mano", ma sappia gestire sapientemente il tempo (se occorre espandendolo), sappia ascoltare e capire i silenzi, sappia interpretare le pause, senza affrettare l'interlocutore, sappia riformulare domande per offrire nuovi spunti, sappia porre la necessaria attenzione al linguaggio non verbale, sappia contenere e/o tenere separati eventuali sentimenti, anche inconsci, di diffidenza, antipatia, ecc. verso il paziente. Per mettere in campo questa notevole mole di cose occorrono calma, pazienza, concentrazione e soprattutto tempo. Insomma, come ha suggerito anche Alfred Adler, "perdere tempo per guadagnare tempo"!

Il primo colloquio e le prime impressioni a questo connesse, dunque, possono rappresentare il trampolino di lancio per mobilitare le aspettative positive del cliente nei confronti del diagnosta, per favorire un allentamento delle sue resistenze al cambiamento e far sì che egli, sentendosi compreso e sostenuto (l'*holding*), ritrovi la speranza e il desiderio di fare investimenti su di sé, cominciando anche ad immaginarsi diverso e a volersi dare un nuovo percorso progettuale di autovalorizzazione. E siccome il colloquio rappresenta un *processo di reciprocità* – non è solo l'operatore che influenza il cliente, ma è anche quest'ultimo che esercita un'influenza sul primo – il buon andamento del primo colloquio potrà energizzare bilateralmente, e senza bisogno di collusioni!, il clima generale del set professionale e i suoi successivi sviluppi.

In conclusione, secondo Cesare Kaneklin, è già a partire da questo primo colloquio che il focus dell'operatore deve riguardare il cliente nella sua totalità, "è a questo che bisogna accordare il maggiore spazio. E con ciò si imporrà inevitabilmente l'enorme variabilità che esiste tra un individuo e un altro, una variabilità che diventerà così l'elemento caratterizzante il colloquio. Ne consegue perciò che non è ingiustificato parlare di questo, e della raccolta dell'anamnesi che ne è la spina dorsale, come di un evento largamente individualizzato, ossia come di un evento che si qualifica non solo per un andamento che è sempre particolare e per uno svolgimento quindi che non è mai sovrapponibile a quelli similari che l'hanno preceduto e che lo seguiranno, ma anche come di un evento la cui struttura ed il cui significato devono essere ricercati nel momento stesso in cui è in via di dipanarsi" (1992, p. 127).

BFQ: Big Five Questionnaire

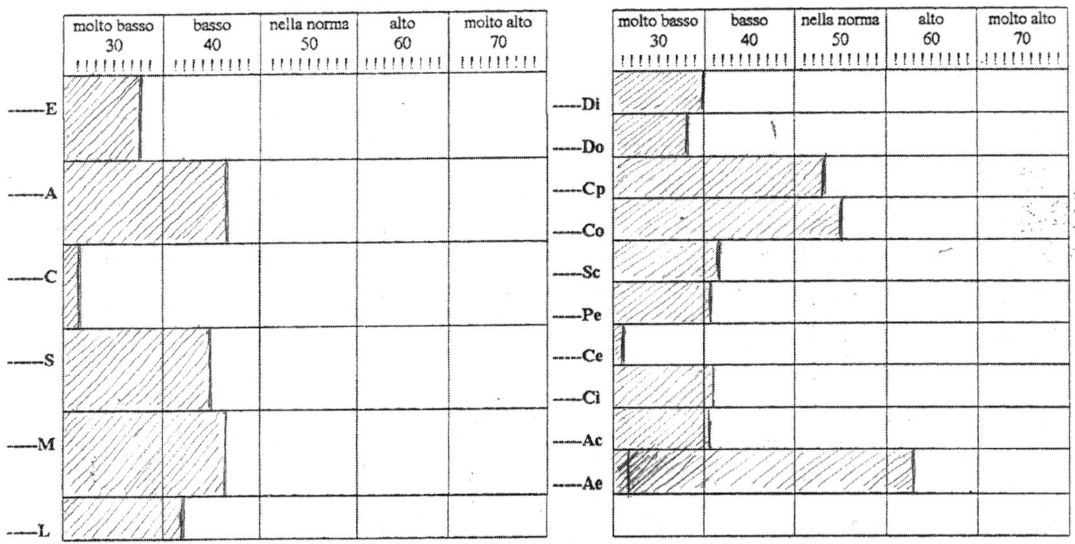

Legenda

Energia	Amicalità	Coscienziosità	Stabilità emotiva	apertura Mentale	L =scala Lie
Dinamismo	Cooperatività	Scrupolosità	Controllo emozioni	Apertura cultura	
Dominanza	Cordialità	Perseveranza	Controllo impulsi	Apertura esperienza	

FIGURA 5

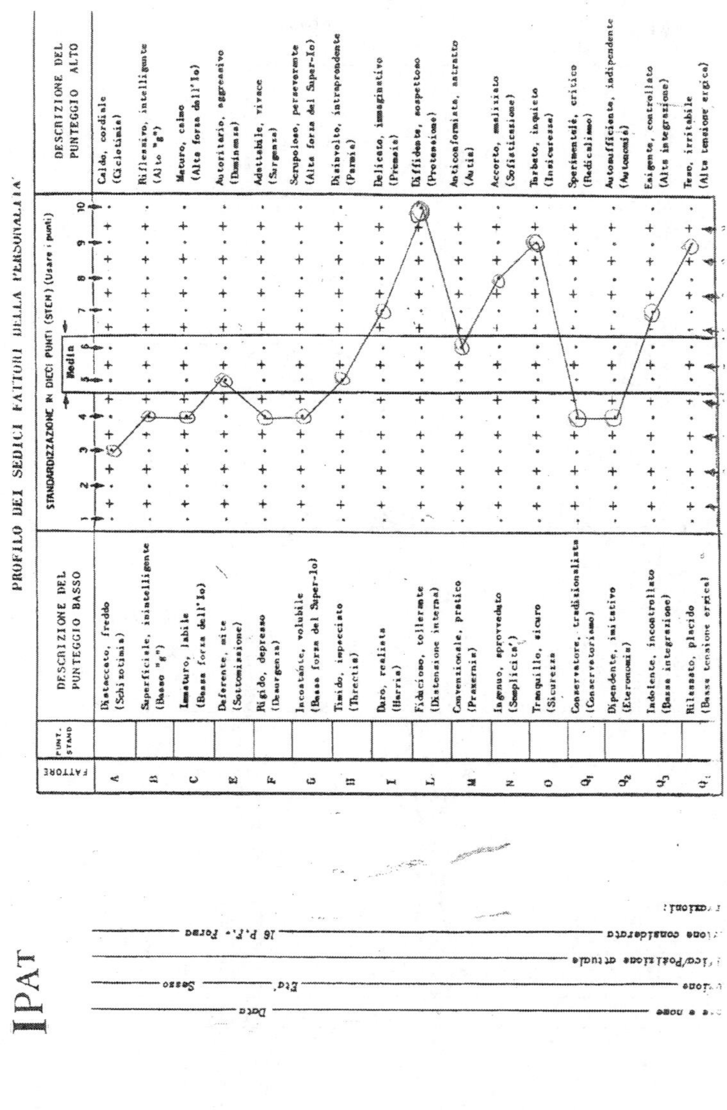
PROFILO DEI SEDICI FATTORI DELLA PERSONALITA'
IPAT
STANDARDIZZAZIONE IN DIECI PUNTI (STEN) (Usare i punti)
Media
DESCRIZIONE DEL PUNTEGGIO BASSO
DESCRIZIONE DEL PUNTEGGIO ALTO
FATTORE
PUNT. STAND
A Distaccato, freddo (Schizotimia) — Caldo, cordiale (Ciclotimia)
B Superficiale, iniatelligente (Basso "g") — Riflessivo, intelligente (Alto "g")
C Immaturo, labile (Bassa forza dell'Io) — Maturo, calmo (Alta forza dell'Io)
E Deferente, mite (Sottomissione) — Autoritario, aggressivo (Dominanza)
F Rigido, depresso (Desurgenza) — Adattabile, vivace (Surgenza)
G Incostante, volubile (Bassa forza del Super-Io) — Scrupoloso, perseverante (Alta forza del Super-Io)
H Timido, impacciato (Threctia) — Disinvolto, intraprendente (Parmia)
I Duro, realista (Harria) — Delicato, immaginativo (Premsia)
L Fiducioso, tollerante (Distensione interna) — Diffidente, sospettoso (Protensione)
M Convenzionale, pratico (Praxernia) — Anticonformista, astratto (Autia)
N Ingenuo, sprovveduto (Semplicita') — Accorto, smaliziato (Sofisticazione)
O Tranquillo, sicuro (Sicurezza) — Turbato, inquieto (Insicurezza)
Q1 Conservatore, tradizionalista (Conservatorismo) — Sperimentale, critico (Radicalismo)
Q2 Dipendente, imitativo (Eteronomia) — Autosufficiente, indipendente (Autonomia)
Q3 Indolente, incontrollato (Bassa integrazione) — Esigente, controllato (Alta integrazione)
Q4 Rilassato, placido (Bassa tensione ergica) — Teso, irritabile (Alta tensione ergica)
Data
Sesso
Età
16 P.F. Forma

Figura 6

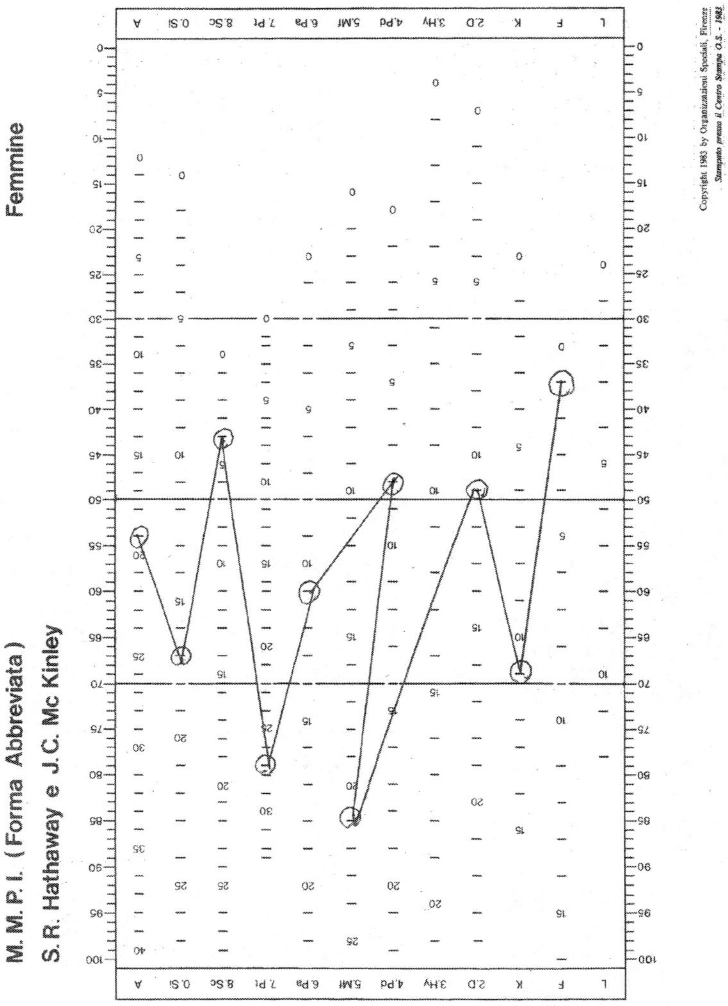
M. M. P. I. (Forma Abbreviata)
S.R. Hathaway e J.C. Mc Kinley
Femmine
L
F
K
2.D
3.Hy
4.Pd
5.Mf
6.Pa
7.Pt
8.Sc
0.Si
A
Copyright 1983 by Organizzazioni Speciali, Firenze
Stampato presso il Centro Stampa O.S. - 1983

FIGURA 7

3.
Orientamenti teorici in Psicologia della personalità

1. *Valutare una teoria*

Questo capitolo non ha alcuna pretesa di delineare un quadro esaustivo delle tante teorie sulla personalità di ampio, medio e breve raggio che hanno attraversato il nostro settore d'indagine. Come ho già fatto per i due capitoli precedenti, anche per questo capitolo opererò una selezione degli aspetti che ritengo più importanti di alcune di queste teorie, nella prospettiva di continuare a garantire il giusto equilibrio fra la perseguita agilità del volume e le finalità dichiarate nell'*Introduzione*. In particolare, mi limiterò ad effettuare uno stringato riferimento allo "stato dell'arte" di alcuni dei modelli personologici che ancora oggi mantengono una rilevante centralità nel dibattito disciplinare e che per i loro caratteri mi permettono di operare anche un confronto con l'architettura del modello dinamico-cognitivo-costruttivistico adleriano. Comunque, il lettore desideroso di maggiori approfondimenti può fare riferimento all'ormai assai vasta letteratura specialistica nazionale e internazionale, anche avvalendosi delle indicazioni contenute nell'ampia bibliografia che riporto a fine volume.

E veniamo ad uno degli aspetti cruciali riguardanti la valutazione di una teoria sulla personalità, ma potremmo dire di qualsiasi teoria scientifica (anche se, come ho già notato, i fenomeni psicologici, a differenza di quelli fisici e biologici, mostrano una maggiore instabilità e una minore predittività): la capacità che questa teoria dovrebbe possedere di avere un riscontro effettivo con la vita reale, con la vita quotidiana. Una teoria nell'ambito della nostra disciplina, insomma, dovrebbe avere un “fuoco di pertinenza” psicologica realistica, per dirla con George Kelly (2004); cioè, un insieme di principi astratti e assunti comuni, supportati da una congrua messe di dati empirici concretamente saldati alla fenomenologia delle condotte individuali e sociali di tutti i giorni (cfr. Pervin, John, 2003; Cervone, Pervin, 2017).

Tornerò tra poco su altri significativi criteri di valutazione di una teoria della personalità, per il momento voglio avvertire il lettore che non è mai semplice selezionare e organizzare la miriade di filoni di ricerca, di orientamenti teorici e applicativi, di confronti-scontri critici, che convergono a costituire lo statuto del nostro settore di studi. Per dare conto di questa difficoltà, che si riscontra piuttosto frequentemente nella manualistica corrente, basti dire che per organizzare un quadro di riferimento della disciplina sono state adottate dagli studiosi diverse, variegate impostazioni metodologiche. Impostazioni che, con uno sforzo di sintesi, possono essenzialmente essere ricondotte a due modelli: organizzare il quadro d’assieme a partire dal confronto di teorie, spesso in competizione tra loro, oppure impostare il quadro a partire da più circoscritti fenomeni personologici che i ricercatori hanno indagato e che hanno una forte rilevanza per la PP. Il problema e che entrambe le impostazioni presentano una serie di vantaggi ma anche qualche svantaggio.

Come precisano Caprara e Cervone (2003), difatti, la prima impostazione – che è, ad esempio, quella adottata dall’ormai classico manuale di Hall e Lindzey (1986) – “ha un importante vantaggio didattico. Sviluppare una teoria adeguata è infatti un compito fondamentale per la psicologia della personalità. Un’organizzazione basta sulle teorie permette di conoscere nei dettagli i principali sforzi che gli psicologi hanno compiuto per costruire una teoria. (...) Tuttavia, i limiti di un’organizzazione basata sulle teorie sono di due tipi. L’essere esposti a una serie di teorie in competizione può condurre i lettori a porre troppa enfasi sulle differenze teoriche e a sottostimare gli elementi comuni. (...) In secondo luogo, un'organizzazione basata sulle teorie può non essere in grado di cogliere completamente la conoscenza che si è accumulata in relazione a un certo fenomeno. (...) L'alternativa consiste nell'organizzare la disciplina secondo gli argomenti di ricerca. Si potrebbe così passare in rassegna una serie di fenomeni che hanno ricevuto l'attenzione, sul piano empirico, degli psicologi della personalità. Questo approccio supera, in parte, i limiti di un'organizzazione basata sulle teorie ma comporta nuovi problemi altrettanto seri. La difficoltà principale consiste nel decidere quali fenomeni analizzare. Si dovrebbe iniziare analizzando la motivazione a riuscire? L'aggressività? L'amicalità? (...) La teoria che si adotta determina quali fenomeni si considerano fondamentali, dal momento che una funzione centrale di una teoria scientifica consiste proprio nell'identificare i problemi che meritano maggiore attenzione sul piano empirico. (...) Non possiamo perciò trascurare la teoria e, conseguentemente, importanti differenze teoriche ancora esistenti nella disciplina contemporanea. (...) In realtà, la ricerca contemporanea non è guidata da tante teorie separate, ma da un limitato numero di ampie cornici teoriche di riferimento. Il compito concettuale più importante, quindi, consiste nell'identificare queste cornici di riferimento, quali sono le questioni su cui concordano alcuni gruppi di ricercatori e quali invece continuano a dividere gli studiosi" (Caprara, Cervone, 2003, pp. 14-15).

Condivido questa impostazione e, pertanto, come ho già fatto sin qui, focalizzerò nelle prossime pagine essenzialmente alcune delle suddette ampie cornici teoriche e più specifiche questioni su cui concordano i ricercatori, anche per cercare di delineare con maggiore accuratezza, le linee portanti del paradigma teorico-applicativo cui il mio lavoro didattico, professionale e di ricerca degli ultimi trent'anni si è ispirato: come ho dichiarato sin da principio, di tipo adleriano dinamico-costruttivistico e socio-cognitivo-evoluzionistico. Ma, prima di passare all'esame di tali cornici e questioni, mi preme ancora offrire qualche ulteriore indicazione circa i criteri valutativi che rendono saliente una teoria della personalità.

Ho detto in apertura di capitolo che uno dei principali fattori di significanza di una teoria in psicologia della personalità, e nella scienza più in generale, è rappresentato dall'avere questa teoria un riscontro nelle dinamiche reali della vita quotidiana. E, tuttavia, tra realtà, ma soprattutto tra discorso generico sul quotidiano, e teorie scientifiche esistono alcune importanti differenze. In effetti, chi lavora nel campo della ricerca con metodo scientifico e, attraverso ipotesi corroborate da consistenti dati empirici, arriva ad elaborare un insieme di assunti teorici, solitamente ha ben chiaro che la scienza, compresa quella della personalità, esige che vengano soddisfatte alcune condizioni epistemologiche e deontologiche di base. Vediamo in breve alcune delle condizioni che una teoria deve soddisfare:

- *una definizioni chiara ed esplicita della teoria*; ciò significa che quest'ultima deve essere espressa nel modo scientificamente più preciso e comprensibile possibile, sia sul versante terminologico che su quello logico-formale;
- *una raccolta sistematica di dati empirici* ottenuta attraverso l'impiego di strumenti di rilevazione riconosciuti come validi e attendibili nell'ambito della comunità scientifica e che supportino le evidenze teoretiche, come ho già precisato sopra;
- *verificabilità o falsificabilità dei risultati che supportano la teoria*, a cominciare dalla possibilità da parte dei membri della comunità dei ricercatori di *replicare* i vari passi operativi previsti dal disegno della ricerca ed eventualmente disconfermare le ipotesi e i rilievi teoretici dedotti dai dati empirici).

A ciò va aggiunto che una teoria si valuta anche in relazione alla sua capacità di soddisfare i criteri di *parsimonia, predittività, rilevanza euristica*; essa, cioè, deve essere corredata da:

- *una quantità di dati tali da riuscire a spiegare in modo semplice (cioè in modo comprensibile, coerente e "parsimonioso") i propri assunti basici*. Come spesso si dice per illustrare il criterio scientifico della *fedeltà*, la migliore teoria è quella che rende la complessità semplice ed "economica" (cioè, è quella che è supportata dai dati quali/quantitativi necessari e congruenti ed è resa esplicita impiegando poche, chiare e precise parole)[1];
- *un impianto ermeneutico capace di prevedere il più possibile e spiegare fenomeni naturali e/o comportamentali (predittività), capace di definire variabili e di aprire a nuove ipotesi che possono essere confermate* (in buona sostanza, ciò che si definisce *rilevanza euristica* di una teoria). Una caratteristica questa che viene anche definita *comprensività*, in quanto una buona teoria dovrebbe il più possibile spiegare una gamma non troppo ampia di fenomeni (chiamata anche "ampiezza di banda fenomenica") e consentire di prevedere in modo preciso alcuni eventi e spiegare fenomeni centrali per il comportamento.

Come vedremo, le teorie della personalità che illustrerò brevemente di seguito – ancorché supportate da ricerche che impiegano metodologie empiriche piuttosto differenziate (alcune delle quali hanno un taglio maggiormente clinico, altre un taglio più psicofisiologico, altre più psicosociale) –, sono sorte e

[1] Questo fattore fa riferimento a quel criterio generale, definito in filosofia della scienza *Rasoio di Occam*, per cui in campo scientifico si scelgono le spiegazioni più semplici ed esaustive e si evitano quelle più specifiche ma complicate.

si sono sviluppate sforzandosi comunque di rispettare il suddetto quadro epistemico.

2. *Teorie personologiche ad ampio raggio*

2.1. Le psicologie del profondo (o analitiche)

Di solito le persone comuni, ma spesso anche quelle di un certo spessore culturale, quando sentono parlare di psicologia del profondo o di psicoanalisi, pensano che si tratti di un insieme di concetti che riguardano un orientamento scientifico omogeneo e di un movimento psicologico compatto, capeggiato da un personaggio unico e indiscusso. In realtà, tale movimento, sorto nei primi anni del Novecento, sin dalle prime riunioni dello sparuto gruppo di studiosi del "mercoledì sera" di casa Freud, al numero 19 della Berggasse a Vienna, fu segnato da contrasti teorici e personali, da scissioni e aspre polemiche. Contrasti e scissioni che portarono molto presto anche al sorgere di altre associazioni nazionali e internazionali ad orientamento analitico-psicodinamico (adleriana, junghiana, rankiana, ferencziana), a volte anche molto distanti, se non opposte, rispetto alla visione della personalità che avevano Freud e i più fedeli seguaci della psicoanalisi.

Purtroppo su queste vicende, per varie e complesse ragioni che in questa sede non mi è possibile affrontare in dettaglio, posso solo rinviare alla letteratura storico-psicologica specializzata. Qui mi limiterò ad un fugace cenno ai costrutti basici dei tre classici modelli analitici – la Psicoanalisi (classica) di Sigmund Freud, la Psicologia individuale (o Individualpsicologia) di Alfred Adler, la Psicologia analitica di Carl Gustav Jung –, e ad un sintetico confronto fra i loro sistemi personologici; rinviando chi volesse saperne di più all'ormai ricca bibliografia italiana esistente sull'argomento (fra i tanti validi lavori, tuttavia, per un primo approccio storiografico, voglio segnalare quelli di Ellenberger, 1976; Brenner, 1976; Fossi, 1984; Furtmüller, 2008; Carotenuto, 1982, 1991, 1988, 1999, 2004; Hillman, 1984; Vegetti Finzi, 1986).

Dai miei saggi su *Alfred Adler psicologo di comunità* (Varriale, 2005) e sulla diagnostica dello *Stile di vita* (Varriale, 2013), che presentano un quadro storico articolato riguardante la nascita e lo sviluppo del movimento che si richiama alla psicologia adleriana, peraltro, emerge chiaro il mio orientamento duttilmente preferenziale verso questa prima dissidenza della psicoanalisi. Nelle bibliografie di tali lavori e di quella alla fine di questo volume, inoltre, sono contenuti anche riferimenti sia alle altre opere che ho scritto negli ultimi trent'anni su Adler, sia ai saggi pubblicati da altri autori italiani e stranieri di Scuola, in cui viene ricostruito in dettaglio lo sviluppo del durissimo conflitto che Adler ebbe con Freud e dal punto di vista della dissidenza adleriana; oltre che fornire più articolate indicazioni circa la personale lettura dinamico cognitivo-costruttivistica ed evoluzionistica che vado facendo da diverso tempo del modello analitico Individualpsicologico. Anche per queste ragioni tratterò in questo capitolo i capisaldi del pensiero di Adler in modo piuttosto sintetico.

Prima di passare all'esame dell'opera dei tre citati analisti, voglio però precisare che, nel disegnare il profilo esistenziale e psicologico del "padre" della psicoanalisi, diversi autori sovente sottolineano che "una caratteristica basilare di Freud era la sua straordinaria energia; in lui un'illimitata capacità di lavoro si combinava con un'intensa concentrazione su una meta. Al coraggio fisico era alleato un coraggio morale che culminò nel suo stoico atteggiamento durante gli ultimi sedici anni della sua vita" (Ellenberger, 1976, p. 532). Faccio presente sommessamente che un simile, conciso schizzo biografico, si attaglierebbe perfettamente anche ai profili di personalità di Adler e di Jung. E, molto probabilmente, proprio questa somiglianza caratteriale (non disgiunta dalla strenua difesa della propria autonomia intellettuale), fu una delle cause della durezza dello scontro che ebbero con Freud e della rottura finale che troncò i rapporti fra questi tre tenaci, creativi e fecondi clinici e studiosi della personalità.

Certo, altre ragioni che alimentarono la controversia furono il diverso contesto familiare d'origine e il percorso evolutivo infantile di ciascuno dei tre analisti, nonché il *background* ideologico-valoriale e scientifico con cui Adler e Jung si presentarono all'incontro con Freud; *background* che continuò a far sentire la sua influenza anche nel corso degli anni di collaborazione con quest'ultimo. Non vi è dubbio, tuttavia, che i loro diversi profili di personalità ebbero un significativo e tutto sommato positivo peso per lo sviluppo della disciplina; in particolare, nel differenziare fortemente, arricchire e propagare i rispettivi modelli personologici e prassi cliniche e nell'influenzare anche i modelli teorici e le metodologie di altri studiosi, non necessariamente di formazione psicodinamica. Il pluralismo e il confronto critico-costruttivo fra diversi orientamenti è sempre positivo, nel nostro campo disciplinare e scientifico come in quello politico-sociale.

Del resto, il conflittuale processo di differenziazione che ha interessato il pensiero di Freud, Adler e Jung, processo a tratti anche umanamente piuttosto doloroso, il pluralismo dei costrutti e dei metodi prodotto dai loro sistemi personologici, è un paradigma tipico di ogni nascente, innovativo statuto scientifico. E ciò rappresenta anche un argine a quelle perniciose tentazioni di sentirsi i detentori di una "verità" esclusiva; cosa non rara fra gli studiosi operanti nel nostro campo. Come opportunamente ha fatto notare Aldo Carotenuto, che è stato uno dei più importanti analisti junghiani italiani, "attribuiamo a Sigmund Freud il merito di aver dato vita alla psicoanalisi, nel senso che egli fu il primo a utilizzare strumenti psicologici per intervenire su patologie trattate sino a quel momento mediante metodologie e prassi tipiche della scienza medica. In questo senso, anche oggi la situazione può ritenersi immutata. La psicoanalisi infatti sa di aiutare il paziente attraverso 'strumenti' psicologici, ma ne è ben lieta. La prassi analitica è conscia di essere *un* metodo, *una* possibilità terapeutica, e proprio per questa ragione non corre il rischio di scadere in deliri d'onnipotenza o in picchi di narcisismo che la potrebbero confondere sino al punto di indurla ad affermare: 'la psicoanalisi è *il* metodo'" (1999, p. 25; sul tema cfr. anche Carotenuto, 1988, 1991).

C'è inoltre da considerare che ogni grande costruzione teorica – come quelle analitiche che vedremo tra poco –, spesso porta impressa l'impronta psicologica dell'autore, ne è come plasmata; pertanto, la conoscenza delle vicende private (a volte anche delle vicende più intime, come quelle sentimentali) dell'autore di una di queste ampie teorie, può aiutare a fare luce sulle origini e sui caratteri della sua costruzione metateorica. Il linguaggio di quest'ultima è strutturato per immagini metaforiche, è indiretto e allusivo. Gli autori sovente attingono alla loro interiorità e alle mitologie per formulare le teorie e le prassi operative. Ad esempio, diversi storici della PP hanno fatto notare che il "complesso di Edipo" è espressione dell'immaginario di Freud, della sua soggettività (delle sue fantasie, vissutezze e narrative, forse dei suoi personali conflitti sessuologici), proiettati su particolari fenomeni psicologici.

Ma se tali teorie sono astrazioni, a volte narrazioni personali, in rapporto metaforico con il fenomeno cui alludono, come ha ancora sottolineato Carotenuto, allora quali sono i pericoli in cui possiamo incorrere? "Il primo è quello di sposare un modello e di identificarci con esso come se fosse direttamente dettato da Gesù Cristo. In questo caso si cade in un pregiudizio e si deve lottare contro la tentazione di chiudersi in una mentalità dogmatica. In genere, quando si cercano sicurezze ci si uniforma all'opinione del gruppo predominante: questo è valido in ambito religioso, politico e anche culturale. Ma la maggioranza non ha mai sancito di per sé la validità di un'idea. Per contro, la tendenza opposta, il rifiuto cioè di qualsiasi punto di riferimento teorico, adombra il pericolo dello spontaneismo. Si ha fiducia soltanto in se stessi, nelle proprie capacità 'naturali', abbandonandosi all'improvvisazione e al pragmatismo. Il punto di mediazione fra queste due tendenze estreme è rappresentato dalla 'capacità negativa' di stare nel dubbio e in costante atteggiamento di attesa e di ascolto, senza precipitarsi in opzioni di fede, da un lato, e senza cedere al sentimento onnipotente di poter fare a meno di qualsiasi conoscenza, dall'altro" (1988, p. 41).

Fatte queste precisazioni, passiamo ora all'esame dei tratti caratterizzanti alcuni modelli personologici ad ampio raggio, iniziando dalle metateorie dei tre "Maestri della psicoanalisi" (Freud, Adler e Jung), come li ha chiamati Henri Ellenberger nella sua ampia storia della nascita della psicoanalisi: *La scoperta dell'inconscio* (1976).

La Psicoanalisi freudiana. Sigmund Freud nasce nel 1856 a Freiberg (in Moravia) e si trasferisce nel 1860 a Vienna con la famiglia. Il suo sistema teorico e di intervento terapeutico poggia le fondamenta su un concetto cruciale: la struttura della psiche presenta una dimensione "cosciente", autoconsapevole (che è solo la parte più "visibile"), una dimensione intermedia "preconscia" (solo in parte consapevole), e un'ampia dimensione "inconscia", che sarebbe la vera determinante dei nostri pensieri, dei nostri conflitti, delle scelte che effettuiamo[2]. Già molto prima di Freud, diversi filosofi, letterati, medici si erano confrontati con i temi della relazione conscio-inconscio; ma il Nostro a partire dal 1894, nel saggio *Le neuropsicosi da difesa* (in *Opere 1892-1899*, tr. it.: 1968, vol. II, pp. 119-134) comincia a siste-

[2] Nella sua visione topologica della struttura della psiche Freud, in un primo momento (*prima topica*), parla di tre livelli diversi di accessibilità: *conscio*, *preconscio* e *inconscio* (quest'ultimo il meno accessibile); agli inizi degli anni Venti introduce una nuova tripartizione (*seconda topica*) articolata in *Es*, *Io* e *Super-io*, nella quale il *Super-io* diventa protagonista perché si basa sull'idea che il senso di colpa, proveniente da una relazione interna tra l'Io e gli oggetti che popolano il Sé, è un filtro che deforma e rende conflittuale la relazione tra precetti morali del mondo esterno e pulsioni "non tollerabili" (prevalentemente sessuali) dell'individuo.

matizzare tale relazione secondo una prospettiva clinica del tutto originale: un certo numero di disturbi nevrotici e psicotici (isteria, fobie, ossessioni) ha la funzione di creare una difesa da pensieri incompatibili, "non tollerabili", che, a livello inconscio, hanno a che fare prevalentemente con la sfera sessuale. Ed è con tale fenomenologia del paziente disturbato, in particolare con le sue difese inconsce, che, nota il fondatore della psicoanalisi, bisogna fare i conti, sia in chiave diagnostica che terapeutica.

Per Freud, infatti, "la Psicoanalisi è il nome: 1) di un procedimento per l'indagine dei processi psichici cui altrimenti sarebbe pressoché impossibile accedere; 2) di un metodo terapeutico (basato su tale indagine) per il trattamento dei disturbi nevrotici; 3) una serie di conoscenze psicologiche acquisite per questa via che gradualmente si assommano e convergono in una nuova disciplina scientifica" (*Opere 1917-1923*, tr. it.: 1968, vol. IX, p. 439). Ad esempio, l'eziologia dell'isteria (manifestazione nevrotica di cui, a partire dal caso clinico di "Anna O."[3], egli si occupò molto nei anni della sua prima pratica professionale)

[3] "Anna O." (il cu i vero nome era Bertha Poppenheim, una giovane sofferente d'isteria) era una paziente di Sigmund Freud, arrivata a lui perché tra lei e Joseph Breuer (il suo precedente terapeuta) si era sviluppato un significativo coinvolgimento emotivo; così Breuer decise di lasciare la terapia chiedendo a Freud di prendere in carico la Poppenehim. Anche Jung si trovò in una situazione emotiva simile (un forte innamoramento per la sua paziente Sabina Spielrein) e fu costretto a rivolgersi a Freud perché prendesse in analisi Sabina. In seguito, alla luce di questi due casi, Freud – oltre a elaborare la sua teoria sull'isteria (partendo da un precedente "metodo catartico" formulato da Breuer per la cura delle isteriche) – individuò due processi cruciali che frequentemente si sviluppano tra paziente e terapeuta nel setting analitico: il *tranfert* (la forte carica affettiva del/della paziente verso il terapeuta) e il *controtransfert* (il sentimento di interesse e cura che il terapeuta sviluppa nei confronti del/della paziente). Due processi questi che hanno un importante ruolo nella prassi terapeutica, ma che fanno anche capire quanto difficili possano essere certi momenti per l'analista, soprattutto se egli si mette in condizione di perdere il necessario controllo emotivo, lasciandosi trascinare da sentimenti troppo intensi.

risiederebbe nella libido e nella repressione di quei desideri, di quelle fantasie sessuali individualmente e socialmente inaccettabili. In particolare, risiederebbe nella *difesa* da quelle pulsioni più inconfessabili e intollerabili, che, relegate nell'inconscio del paziente, alimenterebbero il conflitto e il disagio mente-corpo. Secondo Freud solo con la psicoanalisi, cioè con una metodologia esplorativa adeguata ai dinamismi collocati fuori dalla coscienza del nevrotico, è possibile accedere a questi livelli di profondità e inconsapevolezza.

In effetti, per la psicoanalisi tutte le tappe dello sviluppo personologico sarebbero molto influenzate da pulsioni di tipo erotico, dominate dal principio del piacere: l'allattamento al seno fornirebbe la prima forma di piacere; grazie ad esso il bambino percorre la prima tappa del suo sviluppo sessuale (*fase orale*); verso l'anno e mezzo la gratificazione sessuale verrebbe a collocarsi nell'ano (*fase anale*); intorno ai 3-4 anni i bambini diventerebbero curiosi circa le differenze anatomiche tra maschi e femmine, tra piccoli e adulti e proverebbero piacere nella stimolazione dei genitali (*fase genitale*); curiosità e piacere che di solito vengono repressi dagli adulti. Comunque, per Freud, nessuna carica libidica viene mai completamente abbandonata. La maggior parte della libido può fluire verso altri oggetti, ma di norma, almeno una parte rimane "fissata" all'oggetto originario. "Per esempio, un ragazzo può rimanere 'fissato' alla madre e così rimanere incapace, nella vita adulta, di trasferire il suo affetto ad un'altra donna, come dovrebbe poter fare in condizioni normali. La parola 'fissazione' può riferisti anche ad un tipo particolare di 'gratificazione'. In questo senso parliamo di persone fissate a gratificazioni di tipo orale o di tipo anale" (Brenner, 1976, p. 39).

Di fatto il processo di "fissazione" a una certa fase, nel quadro della teoria freudiana dell'inconscio e indipendentemente da qualsiasi riferimento genetico, è considerato come un importante indicatore della modalità attraverso cui un soggetto incorpora alcune rappresentazioni; o meglio, del modo attraverso cui egli elabora esperienze, fantasie, "imago" a contenuto prevalentemente erotico e che persistono inalterate nell'inconscio, cui la pulsione resta legata. In particolare, sottolineano Laplanche e Pontalis, "la fissazione libidica svolge un ruolo preponderante nell'eziologia dei vari disturbi psichici; si è cercato quindi di precisare la sua funzione nei meccanismi nevrotici. La fissazione è all'origine della rimozione (...) che è resa possibile soltanto dall'azione congiunta, sugli elementi da rimuovere, di una repulsione da parte di una istanza superiore e di una attrazione da parte di ciò che era stato precedentemente fissato. Inoltre, la fissazione prepara le posizioni su cui opererà la regressione, che è reperibile, sotto varie forme, nelle nevrosi, nelle perversioni, nelle psicosi" (1967; nuova ed. it.: 1993, p. 206).

A supporto di tale costruzione teoretica Freud mobilita, com'è noto, il mito di Edipo, che estrapola dalla ben nota tragedia di Sofocle *Edipo re*. Colloca il *Complesso d'Edipo* al centro della relazione triadica madre-padre-figlio e lo considera come il più rappresentativo passo delle prime, fondamentali tappe di sviluppo identitario infantile. In particolare, dal punto di vista del figlio maschio (per le femmine le dinamiche relazionali e pulsionali verso padre e madre si dipanerebbero in modo alquanto diverso), "il bambino vuole uccidere il padre e giacere con la madre. (...) Per sedurre la madre il bambino imita il padre: fa tutto quello che dice il papà, gioca e gareggia con lui in un continuo processo di imitazione. Naturalmente il padre si confonde e pensa che tra lui e il figlio si sia creato un magnifico rapporto. In realtà il figlio sta imitando il padre nell'illusione di poter essere alla sua altezza, e quindi in grado di poter fruire dei favori della madre. In questo processo di imitazione, il figlio acquisisce la propria identità maschile, impara cioè a diventare maschio" (Galimberti, 2011, pp. 20-21).

Posto in una tale cornice di pensieri individualmente e socialmente "intollerabili", il perché dell'inconoscibilità dell'inconscio, per Freud, diventa chiaro. Come altrettanto chiaro è che l'inconscio non può diventare conoscibile se non attraverso i suoi "derivati" (i sogni, i sintomi, i lapsus, i motti di spirito, alcune forme di giochi), attraverso i quali è possibile aggirare le difese e risalire alle fonti di quel desiderio erotico nascosto, ma che pervade la psiche. In particolare, ai sogni, che definì "la via maestra all'inconscio", Freud dedicò nel 1899 un intero volume: *L'interpretazione dei sogni* (in *Opere, 1899*, tr. it.: 1968, vol. III). Accadeva spesso, infatti, che quando invitava i suoi pazienti ad operare delle *libere associazioni* su certi temi essi raccontassero spontaneamente anche i loro sogni; in tal modo, nota Cesare Musatti (il curatore italiano dell'opera omnia freudiana), "i sogni si inserivano nel complesso del materiale utilizzato per il lavoro di interpretazione; e potevano essi stessi in quanto tali divenirne oggetto, ad egual titolo dei sintomi nevrotici, giacché come quelli lasciavano intravedere dietro una apparente assurdità e insensatezza un preciso significato e una specifica funzione per la vita del soggetto" (in *Introduzione* al vol. III delle *Opere* di S. Freud, tr. it.: 1968, p. XI). Peraltro, sembra sia stato proprio l'interesse suscitato in Adler da tale opera, ma in cui il concetto di libido non era stato ancora introdotto, che lo indusse a conoscere nel 1902 Freud e poi ad essere fra i primi studiosi a prendere parte alle discussioni del "mercoledì sera".

Tirando le somme, è possibile affermare che "la psicoanalisi è una scienza delle tracce (*Spurenwissenschaft*) resa possibile dal principio del determinismo inconscio che, negando allo psichico ogni casualità, collega tutti i nostri atti in una catena associativa ferrea. L'inconscio non è perciò il latente o il remoto, un agglomerato inerte e opaco, ma attualità ed efficacia" (Vegetti Finzi, 1986, p. 6). Un "determinismo inconscio" che dà vita ad una "catena associativa ferrea", ma che tuttavia per Freud resta ampiamente dominata dalle pulsioni di origine erotica.

Un tale accentuato *pansessualismo*, come contenuto pressoché esclusivo dell'inconscio, trovò ben presto oppositori anche nei partecipanti alle riunioni del "mercoledì sera" e poi in altri, nuovi aderenti alla Società psicoanalitica viennese (Nunberg, Federn, 1973) e il primo di questi oppositori fu proprio

Alfred Adler, che di tale Società fu anche il presidente e il condirettore della Rivista di psicoanalisi, organo ufficiale del sodalizio. Come vedremo, Adler, sin dal 1906 (cfr. Sodini, 2014b), cominciò a proporre le sue idee sul ruolo intrasoggettivo e interpersonale svolto dall'aggressività[4], avviò una critica all'enfatizzazione freudiana della sessualità e della rimozione alla base delle nevrosi, opponendosi alla rappresentazione di un *Io* sostanzialmente impotente. La difesa delle posizioni sulla libido, della "purezza" teoretica di Scuola, da parte di Freud fu per anni così rigida e scarsa di mediazioni teoretiche e interpersonali che, dopo la rottura di Adler, nel 1911, si verificarono diverse altre dissidenze nel sodalizio psicoanalitico. Una "purezza" che però si sciolse come neve al sole, dagli anni Venti in poi, quando Freud, revisionando significativamente la vecchia posizione sul ruolo dell'*Io*, fece suoi i principali contenuti delle critiche adleriane, ma mai riconoscendolo apertamente[5].

Heinz Ansbacher al riguardo ha precisato: "Al tempo della separazione da Adler, Freud scrisse a Pfister: 'Le teorie di Adler si allontanano troppo dalla retta via, era giunto il momento di far fronte contro di esse'. Oggi però, in una prospettiva storica, possiamo dire che il percorso di Adler non era una deviazione,

[4] Com'è noto, Freud considerò la nostra vita psichica dominata da due pulsioni istintuali: quella sessuale, "di vita" (*Eros*) e quella aggressiva, "di morte" (*Thanatos*). La prima darebbe origine alla componente erotica delle attività mentali, la seconda genererebbe la componente puramente distruttiva del nostro modo di essere. Adler criticò questa impostazione, considerando l'aggressività una pulsione di ordine superiore e adattativa diretta anche alla valorizzazione del sé; una "*protesta virile*" (come Adler denominò tale istanza), questa, con fondamenti evoluzionistici e tipica dei primati antropomorfi, al servizio del controllo dell'ambiente, della sicurezza personale, dell'elevazione/valorizzazione dell'individuo (Ansbacher, Ansbacher, 1997, pp. 20 e sgg.; cfr. anche Varriale, 2005, 2009, 2013, 2015, 2016a, 2017; Varriale, Rotondo, 2011a).

[5] Sulla rottura definitiva fra Adler e Freud avvenuta nel 1911 rinvio ancora il lettore al saggio di Ugo Sodini: "*Alfred Adler e Sigmund Freud: alle origini di una controversia*" (2014b; cfr. anche Sodini, 2014a).

ma il rifiuto di seguire Freud in luoghi da cui egli stesso in gran parte si era ritirato, luoghi che oggi sono stati quasi del tutto abbandonati. In definitiva si può dire che Adler spostò il primo periodo di Freud (1886-1900)[6] in linea retta, sviluppando in seno alla sua psicologia individuale una coerente psicologia umanistica" (1997, pp. 547-548); e, aggiungerei io, proponendosi anche come inconsapevole precursore di un originale modello personologico dinamico e cognitivo-costruttivistico, di prassi clinica e di comunità di grande valore innovativo (Varriale, 2005, 2009, 2013, 2016a, 2016b, 2017). È perciò giunto il momento di sapere qualcosa di più della Psicologia individuale e del suo padre fondatore.

La psicologia individuale di Adler. Nel 1870, in un sobborgo di Vienna, nasce Alfred Adler. Dopo un'infanzia difficile, per problemi di salute, ma sostanzialmente spensierata, si laurea in medicina e, nel 1902, conosce Freud, partecipando alle prime riunioni del "mercoledì sera" (insieme a Kahne, Reiter e Stekel), pur continuando a collaborare con i circoli e i giornali socialisti viennesi dell'epoca (per notizie biobibliografiche più ricche, cfr. Ellenberger, 1976; Varriale, 2005, 2016a, 2016b; cfr. anche terza parte del volume). Dopo la rottura definitiva con Freud, nel 1911, cui ho già fatto cenno, fondò una sua associazione di psicologia analitica, cui, in un primo tempo, dette il polemico nome di *Società per la libera ricerca psicoanalitica* (Adler

[6] In questo importante saggio di H. L. Ansabacher (*Adler e lo sviluppo del pensiero di Freud*, 1997) il progressivo dipanarsi delle idee freudiane viene suddiviso in tre periodi: il primo (1886-1900), corrispondente al periodo umanistico della dottrina e della metapsicologia psicoanalitica (esposte in particolare ne *L'interpretazione dei sogni*), in cui il concetto di libido non era stato ancora introdotto, e che avvicinarono Adler a Freud; il secondo periodo, biologico-meccanicistico (1901-1922), in cui le pulsioni erotiche inconsce diventarono protagoniste e l'*Io* fu privato di ogni potere, da cui si distaccò Adler; il terzo (1923-1939), in cui l'*Io* acquista di nuovo importanza e Freud riprende e fa suo, l'impianto critico adleriano, senza però mai menzionarlo.

R., 2011; Sodini, Teglia, Sodini, 2011) e successivamente quello di *Società di psicologia individuale* (o di *Individualpsicologia*); dal latino *individuus*, non divisibile, per sottolineare l'impianto *olistico*, unitario, monistico caratterizzante la sua concezione della personalità.

In estrema sintesi, il sistema concettuale adleriano, ancorché caratterizzato da una forte impronta sociale e interpersonale, può essere considerato una delle prime psicologie "soggettivanti" (Jaspers), in quanto cerca la causa di un certo processo psichico all'interno del soggetto medesimo; all'interno dei suoi vissuti, dei suoi "creativi" (autoreferenziali) schemi rappresentazionali e processi di costruzione di significato (delle sue *finzioni*, come le chiama neokantianamente Adler), e non mediante l'osservazione dall'esterno, come farebbe la cosiddetta "psicologia esplicativa". Una forte attenzione, pertanto, viene posta ai processi coscienti, ai contenuti dell'*Io*, alle rappresentazioni di *Sé* e del mondo nella loro configurazione unitaria (*Gestalt*). L'attenzione clinico-diagnostica e terapeutica viene posta all'inconscio, alla parte più difficilmente accessibile della psiche, soprattutto per ciò che riguarda le *finalità* che muovono i pensieri e le azioni individuali (e i conflitti che da tali finalità si possono originare quando si scontrano con la realtà); finalità e conflitti, ripeto, di cui l'individuo spesso è solo parzialmente consapevole.

Al riguardo, quando si ricorre all'uso del costrutto di "Io" sembra opportuno fare una precisazione sia terminologica che concettuale che aiuta a comprendere cosa intendesse Adler per inconscio o non conosciuto. Egli, scrivendo in lingua tedesca, usava il pronome personale *Ich*, analogamente a come faceva Freud, ma con ciò sottese un contenuto assai diverso da ciò che esso indicava nella teoria psicoanalitica. Per tale ragione gli Ansbacher apprestandosi a tradurre l'*Ich* di Adler in lingua inglese, scelsero *Self*, ritenendolo "una traduzione più appropriata, particolarmente dopo la distinzione fatta da Symons tra i due termini; comunque l'uso del nostro 'sé' è identico a quello che Allport fa del termine 'Io'" (Ansbacher, Ansbacher, 1977, p. 190)[7]. Ovviamente il significato della precisazione va olre la valenza puramente terminologica, proiettando tutto il proprio significato nell'ambito concettuale, approfondendo la differenziazione tra la teoria (e la concezione dell'uomo) psicoanalitica e quella individualpsicologica. Come suggeriscono gli Anshacher si ha chiara contezza di ciò richiamando il concetto di "difesa" proposto dalle due teorie. Per Freud le difese proteggono l'Io dalle pressioni pulsionali; per Adler le difese (espedienti di difesa) "proteggono l'autostima dalle minacce provenienti dall'esterno e dai problemi della vita. Le loro posizioni sono coerenti con i loro orientamenti: biologico quello di Freud, sociale quello di Adler" (*ibidem*, p. 291). Quanto fosse acuta e anticipatrice la posizione di Adler la si evince dal fatto che "quando oggi si usa il termine difesa dell'Io lo si fa prevalentemente in senso adleriano, cioè nel senso che una difesa del Sé e dell'"ideale del Sé" dalle minacciose situazioni esterne. Questo significato ottenne riconoscimento anche nei circoli psicoanalitici, quando, nel 1936, Anna Freud riconobbe che, almeno nei bambini, le difese non si limitano all'evitamento degli stimoli istintuali interni pericolosi, ma possono anche riguardare i pericoli provenienti dal mondo esterno" (ivi, pp. 291-292).

È per questa ragione che la Psicologia individuale viene considerata un psicologia, oltre che olistica o unitaria, anche *teleologica* (dal greco *teleos=fine, scopo*). Dunque, per Adler non è importante solo il passato del paziente, ma anche la proiezione verso il futuro di quest'ultimo, verso i progetti e le azioni da mettere in campo. Tant'è vero che mentre Freud considerava il sogno una "*finestra*" aperta sulla storia passata del paziente e sul suo inconscio, Adler lo considerava anche un significativo "*ponte*" gettato verso il futuro dell'individuo. La concezione individualpsicologica delle produzioni oniriche, "in alcuni casi consente di

[7] Si veda anche Sodini, 2012, p. 42, nota.

avvertire la realizzazione di desideri censurati ipotizzata da Freud, ma permette anche d'inquadrare il sogno non come appagamento, ma come segnale d'allarme azionato proprio per scoraggiare un desiderio o un progetto ravvisati come matrici di pericolo o d'insuccesso dequalificante. Risulta così più limpida e attendibile l'interpretazione dei sogni carichi d'angoscia, che presenta invece difficoltà non trascurabili e richiede complessi artifici in chiave freudiana" (Parenti, 1983, p. 42).

Troppo spesso, sbrigativamente, la letteratura specialistica ha etichettato Adler come lo psicologo del "complesso di inferiorità" e/o lo psicologo d'impronta socio-relazionale; ma la sua Individualpsicologia è molto, molto di più di queste ipersemplificazioni, in quanto pone al centro dell'attenzione personologica la "mappa privata" dei significati prodotta dal *Sé creativo* dell'individuo, focalizzando particolarmente il sistema unitario pensiero-azione (nelle sue componenti cognitive, emotivo-affettive, conative) e che il Nostro chiamò *Stile di vita* (Adler, 1929a; cfr. anche Varriale, 2013; Sodini, 1993). Uno stile il cui "movimento dinamico" sarebbe determinato da due istanze (o forze psichiche) cruciali: 1) l'*aspirazione alla superiorità* (o a *superare*, che spingerebbe l'individuo in direzione del controllo, della sicurezza, della valorizzazione personale e della stima di sé, dell'elevazione da una condizione di *minus* a una di *plus*), cui sarebbe speculare il *sentimento di inferiorità* (cioè la consapevolezza della propria insufficienza, che va appunto superata, altrimenti può degenerare in "complesso d'inferiorità") e 2) il *sentimento di comunità* (*Gemainscheftsgefühl*) che spingerebbe l'individuo in direzione della condivisione emotiva, dell'empatia e della cooperazione sociale, e da intendersi come ciò che "dà la direzione all'aspirazione alla superiorità; proprio come qualsiasi altra potenzialità sviluppata influenzerebbe la direzione dell'aspirazione. In quanto fattore che dà una direzione, il sentimento comunitario diventa anche un ideale normativo" (Ansbacher, Ansbacher, 2008, p. 73; cfr. anche Sodini, 2012, p. 42, nota). Due istanze psicodinamiche queste (con forti fondamenta evoluzionistico-adattative; si veda la terza parte del volume) che, influenzando in ogni individuo la percezione della realtà, l'attribuzione di significato agli eventi, nella loro diversa articolazione, renderebbero conto delle differenze individuali nelle *finalità* e nella struttura degli Stili di vita; cioè delle personalità, sane o disturbate che esse siano; ciascuno stile ritenuto comunque da Adler unitario, unico e irripetibile.

Va precisato che con il termine "inferiorità" il Nostro intendeva porre l'accento su un'importante caratteristica di tutti gli umani e che i biologi chiamano "inettitudine infantile". Il cervello umano, a differenza di quello di altri mammiferi, alla nascita è programmato per uno sviluppo volumetrico di gran lunga più ampio e per un apprendimento praticamente infinito (Variale, 2002, 2015, 2016a, 2017), perciò ha bisogno di un lungo periodo di dipendenza, di addestramento, di cura da parte degli adulti. Con la sua concezione della naturale inferiorità del cucciolo umano, pertanto, Adler intendeva sottolineare che l'*aspirazione a superare* (la forza primaria) è l'istanza che spinge al superamento del *sentimento d'inferiorità* (la forza secondaria). Esse sono due facce della stessa medaglia, sono potenti spinte bio-evolutive e psicodinamiche adattative, dirette alla riduzione del senso di manchevolezza, di insicurezza, di bassa autostima.

Insomma, la dinamica psichica, il "movimento" dello *Stile di vita*, verso il superamento di ostacoli e verso l'elevazione personale (dal *minus* al *plus*), e il carattere prosociale (empatico e cooperativo) della mente, appaiono le dotazioni più vantaggiose emergenti dalla selezione naturale e dalla nostra capacità adattativa. Sono tali dotazioni che spingono l'individuo dalla staticità alla dinamicità, dalla chiusura all'apertura verso la conoscenza e verso il sociale, dalla passività al controllo attivo dell'ambiente, con il fine ultimo di portare l'individuo da un senso di minorità, insicurezza e scarso valore (*felt minus*) ad uno di maggior valore, controllo, sicurezza, elevazione (*felt plus*). Quello che per Adler è patologico è il *Complesso d'inferiorità,* cioè la degenerazione del *sentimento d'inferiorità* verso un forte e duraturo processo di svalutazione del sé (di cattiva autostima e di bassa autoefficacia percepita), di blocco dell'*aspirazione a superare* (dell'agire per il superamento delle difficoltà), accompagnato da intensi stati di preoccupazione e di ansia, dalla stasi, da difficoltà relazionali e da altre sindromi più o meno gravi (che per Adler sarebbero *compensazioni* dal "lato non utile della vita"), che alimentano il nucleo della nevrosi.

In tale prospettiva, ribadisco, l'istanza dinamica primaria e unificante dello *Stile di vita* (il *philum* dell'umana natura), quella che genera nell'individuo le principali concezioni del mondo, le euristiche su di sé e sugli altri, le attribuzioni sane o malate (le *finzioni*), dunque, sarebbe l'*aspirazione a superare* (l'"aspirazione alla superiorità", come la chiama il padre della Psicologia individuale); mentre il *sentimento d'inferiorità* sarebbe solo un'istanza secondaria, derivante dalla mancata realizzazione delle finalità di superamento-elevazione (Ansbacher, Ansbacher, 1997).

Pur nella sua estrema schematicità, questa sintesi dà conto dell'enorme diversità fra la concezione personologica freudiana e quella adleriana: Freud aveva una visione individualistica, dualistica e sostanzialmente pessimistica della natura umana, mentre Adler aveva una visione monistica, unitaria della personalità, ampiamente centrata sul *Sé*[8] e aperta alla dimensione va-

[8] Le ricerche sul tema di quest'ultimo quarantennio (cfr., ad esempio, Higgins, 1998, 1999; Higgins, Sorrentino, 1990) hanno dimostrato ampiamente quanto le intuizioni adleriane fossero davvero anticipatrici. Non a caso, notano significativamente Caprara e Cervone, "le analisi delle ambizioni sociali e delle immagini di sé idealizzate di Adler e della Horney e l'analisi fenomenologica del sé reale e del sé ideale di Rogers hanno tutte in vario modo riconosciuto l'influenza che gli standard personali internalizzati hanno nell'adattamento psicologico. (...) Nella ricerca contemporanea, gli standard psicologici corrispondono a meccanismi chiave per l'analisi dei processi di autoregolazione e delle azioni dirette al perseguimento degli scopi" (2003, p. 310). Al riguardo, Higgins "ha fornito una tassonomia particolarmente importante degli standard psicologici e un'analisi dei fattori che determinano quali standard personali vengano considerati in una certa situazione. (...) [Inoltre, questo au-

loriale, sociale e politica della vita e una concezione ottimistica, intenzionale e storica, proattiva e prosociale, dell'uomo. Oltre al fatto che l'impianto adleriano, come ogni schema teorico, pur rimanendo un insieme di ipotesi da validare attraverso la ricerca di base e applicativa, rispetto a quello freudiano (i cui costrutti hanno spesso un'impronta più metaforico-letteraria che scientifica), presenta maggiori opportunità di concrete verifiche empiriche. Si pensi, tanto per fare qualche esempio, alle varie, attuali ricerche realizzate sulle problematiche connesse all'*ordine di nascita nella fratria*, sui temi dell'autostima e dell'autoefficacia percepita (Dweck, 1996, 2003; Bandura, 1997) – cioè il *proprium* del sentimento/complesso d'inferiorità; cfr. Varriale, 1995 –, alle tante indagini sugli schemi attribuzionali e narrazionali e sulle rappresentazioni sociali, sul senso di comunità e sulla proattività e prosocialità in direzione autopoietica, metacognitiva e socio-costruttivistica (il *proprium* del *Sé creativo* e del sentimento sociale, di cui dirò più avanti nel capitolo, a conclusione di questa prima parte e nella terza parte del volume).

A proposito dell'ordine di nascita di fratelli e sorelle, ricordo che Adler ha più volte sottolineato quanto importante sia, per la strutturazione dello *Stile di vita*, il contesto familiare (Shulman, Mosak, 2008; Varriale, 2013) e, in questo, la sequenza di nascita e il rapporto con i genitori dei figli. Recenti studi su tale sequenza hanno fra l'altro confermato che i bambini primogeniti sono di solito esposti a maggiori pressioni da parte dei genitori e che, conseguentemente, sono più sensibili agli stress emotivi in quanto internalizzano maggiormente gli standard fissati dall'ambiente nelle valutazioni del proprio comportamento (Dunn, Plomin, 1997). Per Frank Sulloway, addirittura, le dispute fra fratelli

tore] piuttosto che cercare una tassonomia nomotetica delle persone, analizza idiograficamente il contenuto della conoscenza di sé e combina valutazioni idiografiche con principi nomotetici che riguardano potenziali tipi di rappresentazioni di sé, processi che influenzano la loro accessibilità e legami tra conoscenza accessibile ed emozione" (ivi, p. 311).

sono "una corsa agli armamenti evoluzionisica all'interno della famiglia" (1998, p. 6). Inoltre, come ho già notato, nell'articolazione del suo modello personologico, Adler ha avuto l'indiscutibile merito di focalizzare fortemente l'attenzione sul ruolo del Sé, a cominciare dal costrutto di "Sé creativo" (Varriale, 2017): un altro tema, questo, che è stato, negli anni successivi alla morte di Adler, oggetto di numerose, indagini di laboratorio e di campo, in psicologia clinica e sociale (si vedano anche l'*Introduzione* e il capitolo primo e nono). Comunque, per una visione più ampia di tutte le problematiche riguardanti l'Individualpsicologia e delle innovative realizzazioni a carattere socio-psicopedagogiche adleriane[9], su cui qui non ho potuto soffermarmi a sufficienza, invito il lettore, oltre a far riferimento alle sintetiche FIGURE 8 e 9 che seguono, alla lettura delle mie opere già più volte citate e, in particolare, all'esame delle tre importanti antologie adleriane curate e commentate dai coniugi Hans e Rowena Ansbacher (1956, tr. it. 1997; 1982, tr. it. 2001; 1964, tr. it. 2008): due fra i maggiori esegeti dell'opera di Alfred Adler.

Infine, mi piace ancora riportare un'esemplificativa, recente citazione d'impianto cognitivo socio-costruttivistico, che echeggia inconsapevolmente alcuni capisaldi della Psicologia individuale e che mi permette di rimarcare la modernità del pensiero di Adler; una tale modernità che, probabilmente, era così avanzata per la sua epoca da non essere compresa dai suoi contemporanei e, purtroppo, neanche da molti studiosi della personalità dei nostri giorni. Quando un soggetto è impegnato nell'azione, nella produzione di un'opera qualsiasi – hanno, ad esempio, scritto non molti anni fa Augusto Palmonari *et al.*, con

[9] Con riguardo a tali realizzazioni ricordo che, fra l'altro, Adler, nell'ambito della riforma educativa promossa dall'amministrazione socialista nella "Vienna rossa" degli anni '20, progettò e rese operative oltre venti "Centri di orientamento infantile" (dei veri e propri consultori per la prevenzione del disagio psicologico) per genitori e insegnanti, annessi alle scuole della capitale austriaca (cfr. Varriale, 1989, 2005).

inconsapevoli accenti adleriani – "si rende conto che, pur essendo inserito in un mondo sociale in cui molte forze tendono a determinare il suo comportamento, è comunque in grado di mettere in atto un'iniziativa intenzionale, comprensibile nella sua storia, finalizzata ad uno scopo riconoscibile non soltanto da lui. Essere inserito nel mondo sociale, ma sentirsi capace di un'iniziativa autonoma, tenace, orientata ad uno scopo, è una componente essenziale del sentimento d'identità. La stima di sé del soggetto ne è un'espressione assai evidente. D'altra parte, l'impossibilità ad agire in modo autonomo, il sentirsi alienato da forze esterne a sé sono avvertiti come minacce fra le più rilevanti al sentimento d'identità" (2002, p. 14).

Mi è sembrato utile rappresentare graficamente (in FIGURA 10) la posizione della Psicologia individuale rispetto ad altri orientamenti teorico-applicativi in psicologia della personalità e che vedremo più avanti. Ho posto il modello personologico adleriano su un piano cartesiano in cui si incrociano due rette polarizzate: la retta A-D (in cui al polo A si collocano quelle teorie che rappresentano l'individuo come dotato di massima autonomia decisionale nella scelta delle proprie condotte e il polo D in cui si collocano quelle teorie deterministiche/riduzionistiche che delineano il comportamento dell'individuo come fortemente condizionato o dalle pressioni biologiche interne o dalle pressioni sociali e culturali); la retta B-C (in cui nella direzione del polo B si collocano quelle teorie della personalità che riduzionisticamente enfatizzano il ruolo dei fattori biologici, della costituzione neurofisiologica individuale, nel determinare il comportamento umano; mentre nella direzione del polo C si collocano quelle teorie che enfatizzano il ruolo dei condizionamenti socio-culturali nel comportamento umano). Come si può vedere nella FIGURA 10, la psicologia adleriana si colloca in una posizione in cui il comportamento è inteso come il frutto della convergenza di più fattori (di ordine sia biologico sia socio-culturale e relazionale) e prospetta una concezione della persona come capace di autodeterminazione, come capace di scelte in buona misura autonome; scelte derivanti dalle costruzioni di senso (dalle "mappe di significato") e dagli scopi che l'individuo si pone, spinto dalle istanze dinamiche e bio-adattative (aspirazione a superare e sentimento di comunità) e dalle relazioni di reciprocità che nelle diverse situazioni si producono.

Chiudo questa sezione sull'Individualpsicologia con alcuni significativi riconoscimenti che importanti studiosi della psicoanalisi hanno rivolto ad Adler; riconoscimenti che sono anche la migliore sintesi degli ancora attuali meriti insiti nell'opera del Nostro. "Adler – ha suggerito Jacob Arlow – riteneva che il ruolo delle pressioni sociali e politiche fosse sottovalutato dagli psicoanalisti freudiani. Tale critica era verosimilmente fondata, dal momento che gli analisti si erano concentrati principalmente sulla trasformazione dei derivati dell'energia, ovvero della pulsione sessuale, la *libido*. Secondo Adler, all'origine dei conflitti psicologici ci sono fattori quali: basso status sociale, doti fisiche inadeguate, debolezza sessuale, discriminazione. Molti dei suoi concetti hanno anticipato successivi contributi psicoanalitici sul ruolo dell'autostima, in particolare relativamente al cosiddetto disturbo narcisistico di personalità" (1995, ed. it.: 1996, p. 60). E, in modo ancora più netto, Joost Meerlo ha scritto: "in realtà, la psicoanalisi come la psichiatria è impregnata delle idee di Adler, sebbene pochi siano disposti a riconoscerlo. Siamo tutti plagiari, anche se odiamo il doverlo ammettere (...). L'intera psichiatria sociale non sarebbe mai esistita senza l'entusiasmo pionieristico di Adler" (1969, p. 40). Da ultimo, il recentissimo riconoscimento di Cervone e Pervin (2017), secondo i quali "molte tra le opinioni di Adler hanno fatto breccia nel pensiero comune e sono state riprese successivamente da altri teorici. Come Adler, molti ricercatori contemporanei si sono interessati al potere come determinante fondamentale del comportamento umano" (p. 166),

Insomma, notano gli Ansbacher, "oggi la ricerca estensiva ha mostrato che nella psicoterapia il successo dipende più dalla capacità di essere in empatia che dalla particolare teoria del te-

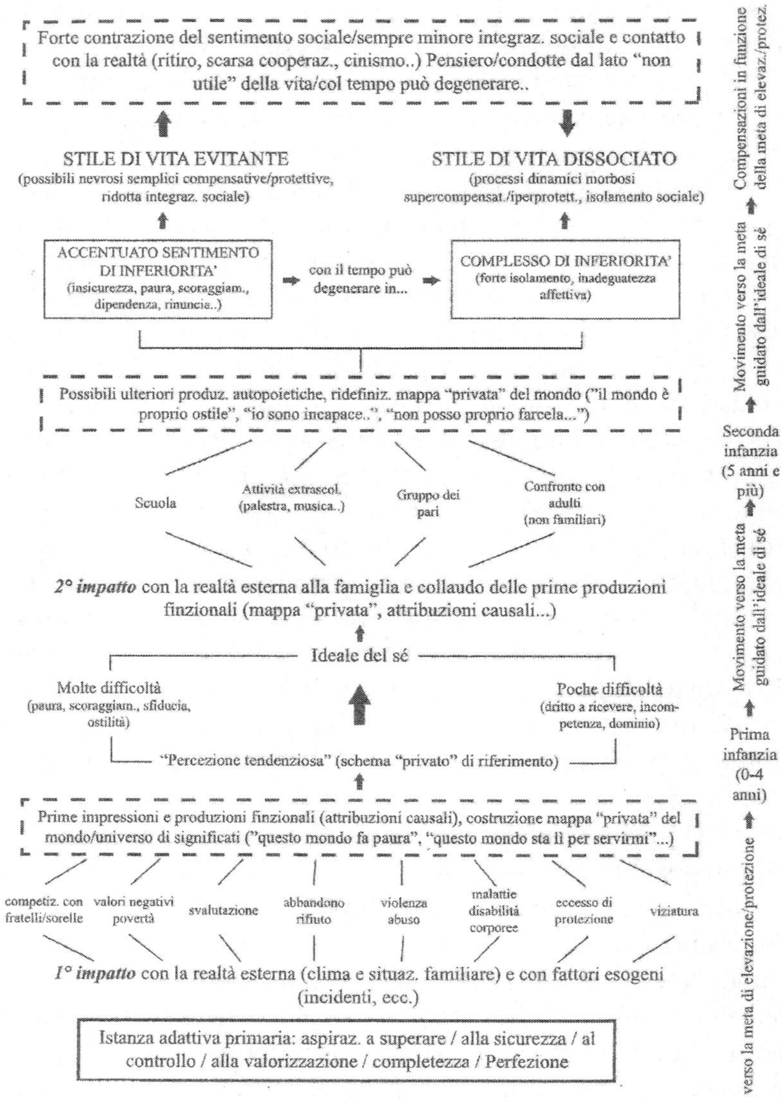

FIGURA 8, *Una sintesi del modello personologico adleriano.*

LO STILE DI VITA PER ADLER: "UNICA LEGGE DEL MOVIMENTO"

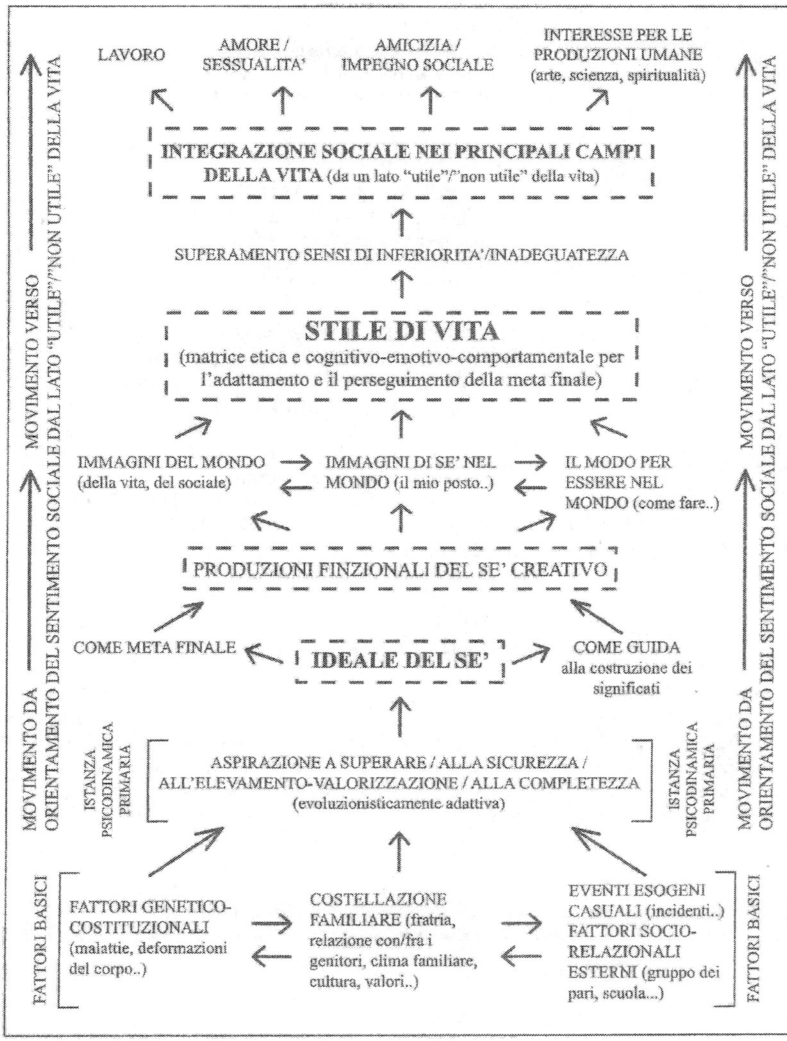

FIGURA 9. *Lo stile di vita.*

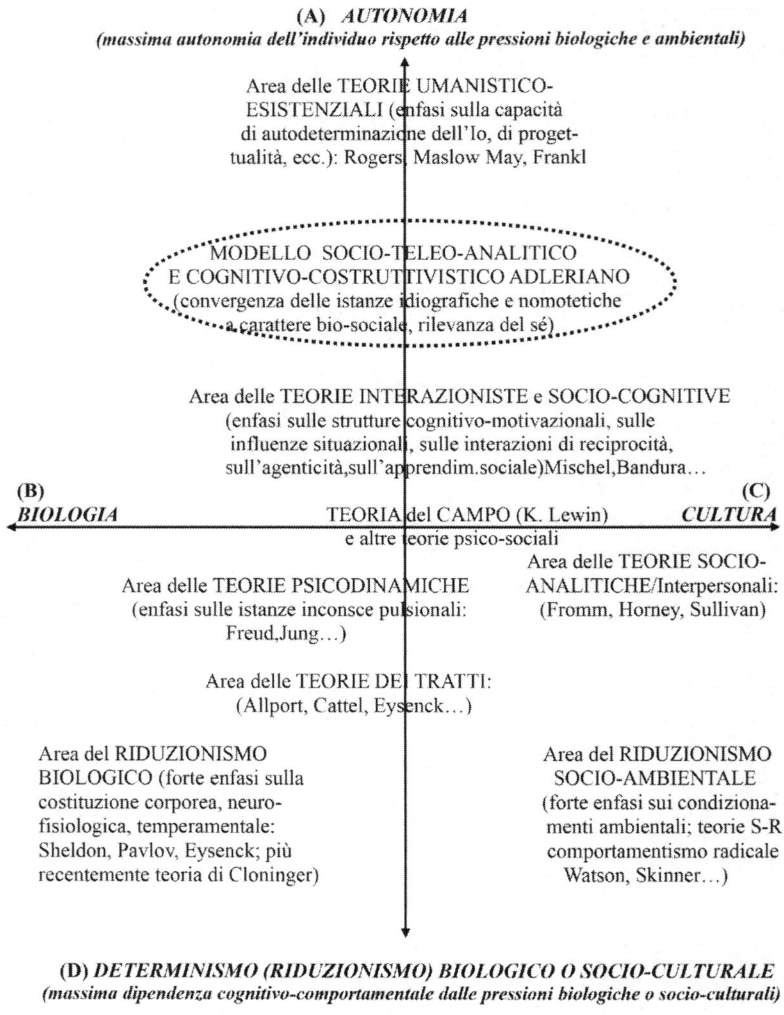

FIGURA 10. *Posizionamento del modello adleriano rispetto ai diversi approcci allo studio della personalità.*

rapeuta. La ricerca ha mostrato anche che la capacità di empatizzare con gli altri, il community feeling di Adler è del tutto il tratto umano più importante. In linea con questo, noi troviamo sul lato pratico che oggi moli psicoterapeuti assomigliano quasi ad Adler, sebbene loro possono non aver mai sentito parlare di lui. Ma se conosciamo Adler, noi conosciamo la teoria che si trova alla base dei moderni sviluppi" (da una comunicazione personale di Heinz Ansbacher a Ugo Sodini, 7 novembre 1997, per gentile concessione di quest'ultimo).

La psicologia analitica di Jung. Carl Gustav Jung, medico e psichiatra, nasce nel 1875 a Kesswyl in Svizzera. Il suo sistema psicologico, come quello di Adler, si discosta fortemente dalla psicoanalisi freudiana, dalla quale molto presto si allontanò accusando Freud di "dogmatismo autoritario" (quest'ultimo, a sua volta, aveva accusato Jung di "opportunismo") (cfr. Ellenberger, 1976, p. 774). Al riguardo è significativo ricordare un episodio che Jung stesso racconta nella sua biografia: nel 1910 egli si incontrò a Vienna con Freud; quest'ultimo, evidentemente memore dell'aspro contrasto che aveva in corso con Adler, in quella circostanza si espresse con parole che sconvolsero il giovane medico svizzero: "mio caro Jung, promettetemi di non abbandonare mai la teoria della sessualità (...), dobbiamo farne un dogma, un incrollabile baluardo". E Jung commenterà: "erano le parole 'baluardo' e 'dogma' che mi avevano allarmato; perché un dogma, e cioè un'incrollabile dichiarazione di fede, si stabilisce solo quando si ha lo scopo di soffocare i dubbi una volta per sempre. E questo non ha nulla a che fare col giudizio scientifico" (Jung, 1961, ed. it. 1965, pp. 177-178). Un episodio, questo, emblematico anche dei motivi che portarono alla rottura fra Adler e Freud.

Attraverso le stesse parole di Jung, riprese dal saggio *Il contrasto tra Freud e Jung* (1929; in *Opere*, vol. 16), possiamo sintetizzare le ragioni che allontanarono lo psichiatra svizzero dal padre della psicoanalisi: "Io non sono un avversario di Freud, anche se la sua miopia e quella dei suoi discepoli mi vuole etichettare in tal senso. Nessuno psicologo dotato di esperienza può negare di aver visto almeno dozzine di casi la cui psicologia concorda in tutti gli aspetti essenziali con quella di Freud. Perciò Freud ha contribuito, proprio con la sua testimonianza più soggettiva, a portare alla luce una grande verità umana. All'adempimento di questo compito Freud, egli stesso esempio classico della sua psicologia, ha dedicato la sua vita e la sua opera. Il nostro modo di vedere è condizionato dal nostro essere. E dal momento che altri hanno una diversa psicologia vedono anche le cose diversamente ed esprimono cose diverse. (...) A Freud rimprovero di spiegare l'uomo troppo esclusivamente dal punto di vista patologico e alla luce dei suoi difetti. Un esempio convincente di questo è l'incapacità di Freud di comprendere l'esperienza religiosa. Io miro invece a capire l'uomo in quanto sano, e a liberare anche il malato proprio da quella psicologia che Freud descrive in ogni pagina delle sue opere".

Più tardi, ancora nell'autobiografia, nel ricordare la sua presa di distanza dalla libido come forma energetica sessuale, Jung aggiunse: "Freud non si chiese mai perché fosse costretto a parlare continuamente della sessualità, perché questo pensiero lo dominasse talmente. (...) Non c'era nulla da fare contro questa unilateralità di Freud. (...) Rimaneva votato a quell'unico aspetto, e proprio per questo motivo vedo in lui una figura tragica; perché era un grand'uomo" (Jung, 1961, ed. it. 1965, p. 194).

Per Jung, difatti, il concetto di libido ha una connotazione essenzialmente dinamica, che spiega sia la possibilità di evoluzione positiva (stadi libidici) sia quella di regressione (nevrosi); quest'ultima, inoltre, non sarebbe causata tanto dagli avvenimenti della prima infanzia, quanto dal conflitto attuale, cioè dall'incapacità dell'individuo di adattarsi alle richieste dell'ambiente o di trasformarlo in base alle sue esigenze. In tale situazione la libido regredisce a forme arcaiche di funzionamento. La malattia psicologica, particolarmente nei bambini, nei primitivi e negli animali, rappresenta la vittoria dell'inerzia; inerzia che in queste categorie fa prevalere una "mente collettiva" carica di simboli che mediano tra conscio e inconscio e, come tali, possono anche operare come agenti di trasformazione. Vi sono simboli che hanno un'esistenza oggettiva, che prescindono da chi li guarda e che prendono il nome di archetipi.

In tale prospettiva, "gli archetipi sono immagini originarie che partecipano dell'istinto, del sentimento e del pensiero, pur conservando una loro autonomia; esse costituiscono la memoria dell'umanità che permane nell'inconscio. Si tratta però di un inconscio collettivo, una matrice comune a tutti i popoli, senza distinzione di tempo e di luogo, un'immagine virtuale del mondo che si trasmette per eredità genetica. (...) L'analisi non incontra mai, nei vissuti soggettivi, gli archetipi, bensì l'immaginario interiore, cioè quei contenuti psichici, organizzati in complessi, nei quali le forme archetipiche si storicizzano" (Vegetti Finzi, 1986, pp. 135-136).

Stando così le cose, la cura dovrebbe assecondare le tendenze vitali del paziente, seguendolo per i tortuosi sentieri del suo immaginario, della sua autorealizzazione. Quest'ultima, che Jung definisce *realizzazione del sé* ed è esso stesso un archetipo, è un ideale regolativo dei processi di maturazione dell'individuo. L'analista, il terapeuta non può essere un testimone distaccato, come nella psicoanalisi freudiana, ma deve compartecipare, attraverso il suo stesso inconscio (anzitutto riconoscendo le negatività insite nella sua stessa "*ombra*"[10]), al processo curativo. Il *setting*, pertanto, non può essere rigidamente codificato in quanto ogni fase della vita, ogni tipo di personalità e struttura dei bisogni richiede una particolare impostazione terapeutica.

[10] Il costrutto di "*ombra*" è una metafora che si riferisce a caratteristiche inaccettabili per la personalità cosciente di cui l'individuo in genere si vergogna e con cui teme di confrontarsi. Per Jung non è possibile che il terapeuta riesca ad aiutare efficacemente il paziente se "non ha sperimentato sino in fondo esperienze in cui ha dovuto fronteggiare la propria negatività, la distruttività, il male, se non ha saputo sporcarsi le mani almeno una volta nella sua vita" (Carotenuto, 1988, p. 59).

A partire da tali assunti, Jung ha proposto un'originale visione della personalità, basata sulla teoria dei "tipi psicologici". Una teoria sulla base della quale sono stati sviluppati anche alcuni reattivi clinico-diagnostici. In breve, egli ipotizza l'esistenza di due specifici tratti di personalità ("introversione-estroversione") e di quattro "funzioni" fondamentali della psiche conscia (le due funzioni "del pensiero" e "del sentimento" e le due funzioni "irrazionali" della "sensazione" e dell'"intuizione"). La commistione di tali quattro funzioni con i tratti introversione-estroversione permette la codificazione di otto tipi psicologici.

Mi piace, inoltre, riprendere in questa stringatissima sezione le parole di Henry Ellenberger, secondo il quale anche "Jung riconobbe ripetutamente l'importanza di Adler; ammetteva che la pulsione alla superiorità può trovarsi alla radice di certe nevrosi, e che la teoria onirica di Adler poteva fornire indicazioni per l'interpretazione di certi sogni; riconosceva inoltre che i nevrotici tendono a 'manipolare' il proprio ambiente e, come Adler, Jung faceva sedere il paziente su una sedia di fronte alla propria. Ciò che Jung insegnò sulla 'età sociale' dell'individuo e i suoi doveri sociali, ha molto in comune con la concezione di Adler dei 'tre compiti della vita' (amore e sessualità, lavoro, amicizia e solidarietà sociale; *NdR*); inoltre Jung fece della 'rieducazione terapeutica' un elemento della propria psicoterapia" (1976, p. 845).

Ma c'è di più; oltre che su questi aspetti, Adler e Jung sembrano convergere anche su un'altra rilevante questione: qual è il ruolo dell'immaginario, del "come se", delle produzioni finzionali, delle costruzioni di senso (che Adler ritiene siano il prodotto del "Sé creativo") nel processo terapeutico? Sia per Adler che per Jung l'immaginario rappresenta un ponte che permette l'integrazione, e cioè il passaggio di contenuti inconsci, rappresentati dalle immagini, e di contenuti consci rappresentati dalle categorie del pensiero. L'immaginario è infatti fantasia, creatività, costruzione cognitiva che si organizza per mezzo dell'intenzionalità cosciente. Pertanto, come suggerisce Aldo Carotenuto, il terapeuta deve muoversi fra pensiero indirizzato e immaginario, fra obiettività e fantasia. "Il nostro compito è proprio quello di ricostruire una modalità che permetta l'assunzione della fantasia nel reale. In questo modo l'immaginario perde i connotati negativi attribuitigli un tempo, perché permette all'uomo di prospettarsi nuove soluzioni, di trovare un senso nelle esperienze personali, di costruire l'aspetto motivazionale per il raggiungimento di uno scopo, di migliorare il controllo dell'aggressività, di stimolare curiosità, interessi e, infine, di operare una distinzione fra realtà e fantasia" (1988, pp. 249-250).

Nel chiudere il paragrafo sui tre "Maestri della psicoanalisi", voglio richiamare l'attenzione del lettore su alcuni importanti clinici e ricercatori (diversi dei quali, partendo proprio dal modello freudiano, hanno poi proposto originali integrazioni teorico-prassiche a tale modello) che nelle loro ricerche hanno evidenziato l'incidenza che rivestono alcune variabili relazionali (peraltro, già segnalate da Adler), nel corso delle prime fasi evolutive del bambino, sulla successiva strutturazione della personalità: Anna Freud (1967, 1979), Melanie Klein (1998), Donald Winnicott (1975), John Bowlby (1972, 1983, 1989), Mary Ainsworth (2006), Erik Erikson (1963). Studiosi questi che hanno lasciato una forte impronta anche nel nostro settore disciplinare nella seconda metà del XX secolo. Basti pensare alle cruciali formulazioni della teoria dell'*attaccamento e perdita* di Bowlby e agli sviluppi successivi proposti dalla Ainsworth, una sua allieva, per rendersi conto dell'importanza dello stile di cura della figura di attaccamento nelle prime fasi evolutive e per il successivo sviluppo di personalità sane o più o meno disturbate[11]. Non ho spazio in questa sede per una disamina accurata dei loro con-

[11] Teorie confermate anche nell'ambito della più recente ricerca neuroscientifica, ancorché ancora in una fase iniziale. Tale ricerca sui temi dell'attaccamento hanno confermato che il cervello del bambino è regolato da più aree (cervelletto, sistema limbico) e da uno specifico neurotrasmettitore (l'os-

tributi, ma raccomando caldamente chi legge di farsi almeno un'idea generale in merito alle ricerche di questi autori, sia consultando il lavori indicati nei riferimenti bibliografici alla fine del volume sia attraverso i siti più scientificamente qualificati del Web.

2.2. Le teorie socio-analitiche (o interpersonali)

Prenderò in esame in questo paragrafo soltanto tre significative figure di psicologi (Herry Stack Sullivan, Karen Horney, Erich Fromm) le quali, pur muovendosi in un ambito clinico-dinamico e analitico (mantenendo però solo alcuni, piuttosto tenui, riferimenti al modello freudiano classico), hanno in realtà operato un'elaborazione personale e alquanto critica dei diversi orientamenti psicoanalitici. Infatti, questi psicologi, rispetto ad esempio alla forte impronta individuocentrica e dell'*Es* impressa da Freud alla psicoanalisi, hanno dato un più ampio rilievo alla dimensione relazionale e socio-culturale e a quella dell'*Io* nello sviluppo della personalità (Cervone, Pervin, 2017). Per il rilievo che assumono queste dimensioni nei loro modelli (ma anche per altri aspetti teoretici che risultano molto vicini alla psicologia adleriana e di cui dirò) diversi studiosi di Scuola individualpsicologica ma anche lontani da Adler (Mecacci, 2003; Hall, Lindzey, 1966, ed. it.: 1986; Ansbacher, Ansbacher, 1956, ed. it. 1997; 1964, ed. it.: 2008; Parenti, 1983; Varriale, 2005) hanno suggerito che forse sarebbe meglio collocare questi tre teorici della *Psicoanalisi interpersonale* nella categoria dei "neoadleriani" piuttosto che in quella dei "neofreudiani", come invece hanno fatto e continuano a fare un gran numero di clinici e di storici della psicologia.

Herry Stack Sullivan, figlio unico di una famiglia contadina

sitocina) in questa cruciale attività relazionale-adattativa della prima infanzia (Coan, 2010).

di religione cattolica e di origine irlandese, nasce il 1892 a Norwick (New York). La sua esperienza giovanile di solitudine e di dolore, dovuta alla sostanziale distanza e anaffettività dei genitori, ne segnarono la personalità e l'elaborazione della teoria personologica. Egli, infatti, oltre ad essere ricordato per gli studi sulla schizofrenia, appare anche un autore intensamente interessato al tema della "relazione interpersonale" e alla "ricerca di sicurezza" propria di ogni essere umano. In Sullivan i due temi sono estremamente connessi, in quanto proprio nel rapporto fecondo con gli altri c'è la possibilità di trovare risposte non solo ai bisogni biologici primari ma, soprattutto, al grande bisogno di sicurezza che caratterizza la vita dell'uomo: quest'ultimo, difatti, non è una monade, ma "un attore" fortemente impegnato in un contesto relazionale. È proprio questa concezione che spinge l'Autore ad una critica all'impostazione troppo individualistica della psicoanalisi freudiana. Come egli stesso scrive nel 1931: "Le formulazioni psicoanalitiche sono estremamente individualistiche, nel senso che sono in gran parte le opinioni del professor Freud, formatesi in base alla sua esperienza con i suoi pazienti. Ma quanto alla formazione di queste opinioni – come accade per la maggior parte di tutte le altre opinioni in psichiatria – gli aspetti sociali e culturali dei processi che l'hanno determinata sono stati quasi del tutto ignorati" (tr. it. 1993, p. 303; cfr. di Sullivan anche l'importante volume *Teoria interpersonale della psichiatria*, tr. it.: 1962).

La stessa concezione delle psicopatologie maggiori della personalità – in particolare della schizofrenia (di cui, pare, egli stesso ebbe a soffrirne episodicamente) – viene considerata come il frutto avvelenato di fantasmi persecutori emotivi (insicurezza, paura, abbandono), come uno strascico delle relazioni infantili con la madre e poi dei vissuti adolescenziali. I bambini imparano a regolare la propria esperienza conscia del Sé in modo da evitare l'ansia, per aumentare al massimo i sentimenti di sicurezza attraverso la "madre buona"; così, le esperienze associate ad una "madre cattiva" (ansiosa, disapprovante, svalorizzante, anafettiva, ecc.) può portare ad una concezione di "Io cattivo" e insicuro e ad un'ansia intensa e insostenibile che a volte prende la via della psicopatologia maggiore (di tipo psicotico) nell'adolescenza (Eagle, Wolitzky, 1998).

Anche la concezione della psichiatria è influenzata dalla sua esperienza biografica e dalla pratica clinica (quest'ultima, come ho già notato, molto contaminata da Adler): la psichiatria è lo studio dei processi interpersonali che coinvolgono le persone; pertanto, "non si può mai isolare una personalità dal complesso di relazioni in cui la persona vive ed esiste" (1993, p. 18). In tale cornice, non può stupire che Herry S. Sullivan finisca per definire nel 1953 la personalità come "il modello relativamente stabile di situazioni interpersonali ricorrenti che caratterizzano una vita umana" (ed. it: 1962, p. 110).

Karen Horney nasce ad Amburgo nel 1885. Nella sua riflessione l'Autrice ritiene di dover solo correggere alcuni, parziali errori di Freud, dovuti alla impostazione meccanicistica e biologistica della psicoanalisi. In realtà, con la sua critica finisce per minare alla radice l'intero impianto freudiano, avvicinandosi molto a quello adleriano. Ad esempio, la Horney si oppone con fermezza al concetto freudiano di "invidia del pene" (cioè, a quell'insieme di atteggiamenti e sentimenti che caratterizzerebbero il conflitto profondo e il sentimento di inferiorità genitale delle donne nei confronti dei maschi) quale fattore dominante della psicologia femminile. La Horney (1980, 1981, 1988) sostiene, invece, che la psicologia della donna si basa sulla mancanza di fiducia in sé (dovuta ai ruoli sociali diseguali e ai modelli culturali, maschilisti, dominanti), oltre che sull'eccessiva importanza attribuita al rapporto amoroso, e ciò ha ben poco a che fare con l'anatomia dei suoi organi sessuali. Inoltre, circa il "Complesso d'Edipo", l'Autrice ritiene che non si tratti di un conflitto sessuale-aggressivo fra bambino e genitori, ma di un'angoscia dovuta a disturbi nei loro rapporti; in particolare quando il bambino viene respinto o è troppo protetto o è troppo punito. In realtà, l'aggressività non è innata, ma è un mezzo col quale l'uomo protegge la propria sicurezza e tenta di valorizzarsi. Infine, il narcisismo non rappresenta un autentico amore di sé, ma un'autoesaltazione ed un'eccessiva autovalutazione derivante da sentimenti di insicurezza (come direbbe Adler, dietro ogni complesso di superiorità, dietro ogni delirio di onnipotenza, vi è un sentimento di inferiorità non compensato "dal lato utile della vita").

Secondo la Horney, il bambino timoroso e ansioso si serve di diverse modalità per lottare contro i sentimenti di isolamento e di impotenza. Potrà diventare ostile e cercare di vendicarsi di coloro che l'hanno respinto o maltrattato o potrà proporsi come molto sottomesso per ottenere l'amore che sente di aver perduto. Così come cercherà di crearsi un'immagine irreale e idealizzata di sé per compensare i suoi sentimenti d'inferiorità; oppure cercherà di lusingare gli altri perché lo amino o farà uso di minacce per forzarli a volergli bene; potrà, infine, abbandonarsi all'autocommiserazione per ottenere la simpatia e le cure degli altri. Come notavo, non è difficile scorgere, anche in questi pochi, telegrafici cenni alle teorizzazioni della Horney, la significativa presenza dell'impianto personologico e clinico di Alfred Adler.

Erich Fromm nasce a Francoforte nel 1900. Il suo pensiero, che ha un respiro filosofico, sociologico e psicologico, è tipico di quella Scuola che è stata definita negli Stati Uniti "culturalista" (in cui tutti i concetti freudiani vengono ripensati nella prospettiva delle interazioni fra individuo e società). Se gli esseri umani hanno in comune gli istinti di riproduzione e di conservazione, tutto ciò che è in relazione con la loro espressività simbolica e con la loro soddisfazione, cioè le loro passioni, angosce, idee, azioni sono il prodotto della storia e della cultura. Ispirandosi ai principi del materialismo dialettico formulati da Karl Marx (in particolare a quelli dei *Manoscritti economico-filosofici*), l'Autore (1968) ritiene che l'uomo riproduce se stesso come una merce e reagisce all'ambiente in relazione ai rapporti economici fra classi sociali e al sistema di produzione (dialettica struttura-sovrastruttura) dominante in quel momento storico.

Se l'essere umano ha dei bisogni fisiologici, ha altrettanto bisogno di interagire in armonia con il mondo, con gli altri e con se stesso, da qui il ruolo rivestito dalla dimensione storica, culturale ed economico-consumistica. In tale prospettiva, Fromm descrive una personalità "produttiva" e una personalità "mercantile", quest'ultima di tipo opportunistico e orientata ai valori commerciali; personalità che sarebbero tipiche del capitalismo e della società dei consumi. Una società, questa, cui egli contrappone una società ideale, quella che si realizzerebbe attraverso il socialismo comunitario umanistico. Questa visione spiega anche il significativo successo dei suoi lavori fra i giovani attivisti e simpatizzanti dei movimenti di contestazione antiautoritaria sul finire degli anni Sessanta in Europa e negli Stati Uniti.

A partire da questi orientamenti generali, nelle sue stesse ricerche di campo, Fromm cercò di definire un più articolato quadro personologico. Ad esempio, attraverso una sua ricerca in Messico (Fromm, Maccoby, 1970) individuò tre tipologie di caratteri sociali: la personalità "produttrice-accumulatrice" (i proprietari terrieri), quella "produttrice-sfruttatrice" (i commercianti), quella "non produttrice-ricettiva" (il proletariato). Poiché gli individui tendono a sposarsi con individui che hanno posizioni sociali e personalità simili, le tre tipologie costituivano nel villaggio messicano una struttura di classe assai rigida. Una struttura da cui promanava un senso di impotenza, isolamento, immobilismo, allontanamento dalla natura. Man mano che l'uomo conquista nel tempo una maggiore libertà dai bisogni, si sentirà anche più solo e angosciato. In tale dinamica socio-economica e psicologica la libertà finisce per diventare una condizione negativa, dalla quale l'uomo cercherà di fuggire.

In questa cornice, per Fromm cinque sono i bisogni specifici dell'uomo: il bisogno di relazioni significative, di trascendenza, di radicamento, di identità e di orientamento alla vita. Strappato dall'originale legame con la natura, ma dotato di un forte potere di ragionamento, l'uomo ha sostituito gli originali legami istintivi animali con altri, quelli basati sull'amore creativo, che implica cura, responsabilità, comprensione e rispetto continui e reciproci. Se gli impulsi positivi, creativi, identitari, di appartenenza dell'uomo vengono frustrati, egli li traduce in impulsi distruttivi. Di qui un'ambivalenza amore-odio tipica della nostra specie. L'uomo ha bisogno di un sentimento di fratellanza con altri uomini e donne, ma vuole anche essere un individuo unico, che ha stima di sé; se non può realizzare tale fine attraverso lo sforzo creativo, cerca di identificarsi con (o orientarsi attraverso) un'altra persona o gruppo sociale: lo schiavo si identifica con il padrone, il cittadino con il proprio paese, l'operaio con l'azienda, l'elettore con il leader politico, ecc. In questo caso il suo senso di identità nasce più dall'appartenere a qualcuno che non dall'essere qualcuno.

Tutto ciò porta Erich Fromm ad una conclusione molto vicina al principio psicologico basico già formulato da Alfred Adler sin dagli inizi del XX secolo: "la comprensione della psiche umana deve basarsi sull'analisi di quei bisogni dell'uomo che sorgono dalle condizioni della sua stessa esistenza" (1955, p. 36).

2.3. Kurt Lewin e la teoria del campo

Kurt Lewin nasce a Moglino (Germania) nel 1890 e si forma nell'ambito della Scuola berlinese della Gestalt. Negli anni trenta, per sfuggire al nazismo, si trasferisce negli USA dove sviluppa le sue riflessioni teoriche e applicazioni di campo, tutte importanti per la psicologia sociale e personologica del secolo Ventesimo. Riflessioni e applicazioni che, come ha notato Leon Festinger, forse rappresentano oltre il 90% della psicologia sociale moderna (in Amerio, 1982, p. 157).

Naturalmente, l'opera di Lewin è talmente vasta e articolata che sarebbe ridicolo ogni tentativo di proporne qui una visione esaustiva. Mi limiterò pertanto ad alcuni aspetti che in questa sede più ci interessano. Per iniziare, voglio sottolineare che anche questo autore ha affrontato questioni epistemologiche di grande importanza per la ricerca psicologica; questioni che troveremo ancora più avanti con riferimento a temi cruciali e attualissimi nel dibattito in PP. Ad esempio, nel volume *Psicologia dinamica della personalità*, egli scrive: "Non si giunge a dominare i caratteri accidentali dei processi storici escludendo da ogni considerazione sistematica gli aspetti mutevoli di una situazione, ma solo tenendo conto quanto più è possibile della natura individuale di ogni situazione concreta. Occorre cioè avere presente alla mente che la validità della legge e la concretezza del caso individuale non costituiscono delle antitesi, e che il riferimento alla situazione concreta considerata nel suo insieme deve prendere il posto del riferimento alla raccolta più vasta possibile di eventi che storicamente si sono ripetuti con frequenza. Questo significa, da un punto di vista metodologico, che l'importanza di un evento, ed il suo valore di prova, non possono essere valutati sulla base della frequenza con la quale esso si verifica. Infine, esso significa per la psicologia, così come ha significato per la fisica, un passaggio da un procedimento astrattamente classificatorio ad un metodo costruttivo essenzialmente concreto" (1965, p. 49; cfr. di Lewin, anche 1972b).

Mantenendosi fedele alla lezione della Scuola gestaltica, insomma, egli intendeva illustrare la "totalità", l'"organizzazione" e le "dipendenze funzionali" tra gli elementi di un "campo psicologico". Il suo problema diventava quello di estendere l'analisi al contesto globale dell'azione, della personalità e dell'ambiente; all'insieme, cioè, della vita psichica e sociale concreta dell'individuo, all'interdipendenza di cognizioni, affettività, azioni nella loro dimensione quotidiana. Così, complessivamente, la ricerca di Lewin, sia sul piano teorico sia sul piano applicativo, rappresenta un ponte socio-costruttivistico tra lo psichico (il soggettivo) e il sociale (l'intersoggettivo), esattamente come si presentano di solito i tipici problemi che incontriamo nella nostra vita quotidiana.

In tale complessa cornice, diventa necessario evidenziare preliminarmente alcune altre questioni metodologiche affrontate dal Nostro se ci si vuol fare un'idea chiara, ancorché minimale, della sua "teoria del campo" (*field-theory*). Tali questioni, secondo la sintetica valutazione di Piero Amerio, sono le seguenti: "1) l'analisi di ogni problema va condotta nell'ambito di una situazione precisa, definita in ordine ai fattori di ordine oggettivo e soggettivo che vi intervengono in un momento definito; 2) la determinazione dei fattori intervenienti va compiuta in termini teorici ed empirici; 3) tale definizione può essere condotta su situazioni reali o creata in sede sperimentale purché rispetti i suddetti criteri di precisazione; 4) evidentemente solo nell'ambito sperimentale potrà essere specificamente utilizzato il metodo delle variazioni sistematiche, ma anche nelle situazioni della vita reale si può focalizzare il momento del mutamento come occasione privilegiata di analisi; 5) analisi empirica o analisi teorica vanno di pari passo nella misura in cui la definizione delle situazioni e dei fattori che vi sono funzionalmente connessi avviene in base ad una concezione realistica e non operazionale, e pone perciò dei problemi costanti di interdipendenza nell'ambito di un sistema teorico più generale" (1982, pp. 166-167). Di qui l'impiego massiccio che Lewin e i suoi collaboratori fecero del metodo della *ricerca-azione* (o ricerca-intervento); metodo, com'è noto, che si basava sul principio di "*studiare le cose cambiandole e vedendone gli effetti*" (cfr. Varriale, 2003b).

In estrema sintesi, secondo la *teoria del campo* tutti gli elementi psicologici che influenzano un individuo in un dato momento sono contenuti olisticamente in uno "spazio di vita". Quest'ultimo comprende la persona e l'ambiente psicologico, circondati dal mondo esterno; mondo che non necessariamente influenzerà il comportamento dell'individuo (ma a cui lo "spazio di vita" personale è permeabile). Nel campo l'attività si svolge in termini di energia psichica dinamicamente proiettata verso l'equilibrio del sistema psicologico individuale. Difatti, quando sorge una tensione nel campo (ad esempio, si attiva in una persona un certo bisogno) si mette in moto un processo che consente di giungere a un nuovo equilibrio. Tale equilibrio psicologico viene perseguito dall'individuo attraverso la via più breve tra tutte quelle disponibili nell'assetto dinamico del suo campo. Quando si innesca un conflitto fra due desideri (ad esempio, quello di fare una cosa e la paura di farla), quando, cioè, si scontrano due valenze opposte (una positiva e una negativa), o si registra la presenza di due valenze negative approssimativamente uguali, si verifica la tendenza all'abbandono temporaneo o definitivo del campo, a meno che non intervengano fattori esterni che lo impediscano. Un abbandono del campo si può avere anche in presenza di una saturazione di stimoli (o di una ripetizione di azioni sempre uguali).

Il contributo più importante offerto dalla teoria del campo è stata la riflessione secondo la quale affettività, percezione, cognizione e motivazione (cioè quegli elementi che per Lewin costituiscono la "*regione interno-personale*") incidono sul comportamento molto più della regione "*percettivo-motoria*", che è collocata all'esterno della persona, al confine con l'ambiente psicologico che la circonda. Da questi assunti deriva anche la denominazione di "*psicologia topologica*" che è stata data alla *field-theory*.

Insomma, "quello che Lewin propone con il suo costrutto di campo non è soltanto uno studio integrato dei fattori cognitivi, emotivi ad ambientali nella produzione della condotta, ma una analisi del loro concreto modo di funzionare come sistema di fattori che trovano la loro definizione e la loro funzione proprio in quanto sistema di interdipendenze. Quest'ottica consente a Lewin: a) di centrare l'analisi su situazioni concrete della vita reale; b) di non considerarle fini a se stesse e concluse ma di inserirle in un contesto più vasto di strutture e di processo; c) di analizzare problemi specifici in dipendenza da situazioni specifiche; d) di passare via via alla formulazione di leggi sempre più generali relative al modo con cui l'uomo agisce, ragiona, valuta, entra in tensione, regola il mondo affettivo e così via. Questo è in realtà il programma lewiniano dei 'sentieri e delle autostrade': forse egli solo ne intuì le difficoltà e il fascino" (Amerio, 1982, pp. 165-166).

Lo sviluppo della teoria del campo – cioè, come abbiamo visto, del *C*omportamento inteso come *f*unzione dell'interazione *P*ersona-*A*mbiente, da cui la formula $C = f(P\,A)$ –, l'analisi delle dinamiche dei gruppi sociali e della *leadership*, l'impiego della ricerca-azione in vari settori della vita quotidiana della gente comune, il suo impegno di studioso e di democratico convinto nello sforzo bellico e antitotalitario americano, e tanto altro, hanno rappresentato e rappresentano ancora oggi non solo espressioni di un significativo cambio di paradigma nelle discipline psicologiche, ma anche la materializzazione del più noto assunto basico lewiniano: "*non c'è nulla di più pratico di una buona teoria*". Tale assunto favorì l'effettuazione di tante indagini di rilievo non solo volte a comprendere con maggiore rigore il funzionamento psicologico umano, individuale e sociale, ma anche a migliorare concretamente la qualità di vita delle persone, oltre che a "penetrare nella vita di ogni giorno, onde modificare i comportamenti, gli atteggiamenti, e di contrastare quelle dinamiche devastanti che in Europa avevano portato al nazismo" (Attili, 2000, p. 40).

Solo la morte prematura, avvenuta nel 1947, impedirà a Kurt Lewin di procedere ad ulteriori sistematizzazioni del suo impianto teorico; impianto, negli ultimi anni, sempre più centrato su problemi di ordine ecologico e di prevenzione del disagio. Alcuni suoi allievi, tuttavia, non hanno mancato di lavorare allo sviluppo delle sue analisi in questa direzione, contribuendo, fra l'altro, al consolidarsi di due, più recenti settori disciplinari: la psicologia ambientale e la psicologia di comunità (Varriale, 2005).

2.4. Le teorie esistenzialiste e umaniste; la fenomenologia di Rogers

Come ho già ricordato nel secondo paragrafo di questo capitolo e, più estesamente, anche in altra sede (Varriale, 2005,

2009, 2013), i maggiori esponenti americani sia della psicologia esistenzialistica (Frankl, May, ecc.) sia della psicologia umanistica o "terza forza"[12] (Rogers, Maslow, ecc.) furono, per loro stessa ammissione, influenzati dal pensiero e dall'opera di Alfred Adler.

Rollo May e Carl Rogers lo conobbero personalmente seguendo alcuni suoi seminari e conferenze; mentre Viktor Frankl, da giovane, prese parte alle copiose attività clinico-sociali e preventive sul territorio e di formazione di medici, insegnanti, genitori realizzate da Adler nella capitale austriaca nel corso degli anni Venti e Trenta dello scorso secolo. Anzi, se si sfogliano le opere di questi autori, in particolare quelle di May (cfr., ad esempio, 1991) e quelle di Maslow (cfr., ad esempio, 1973), si possono trovare citati i costrutti adleriani assai spesso e in relazione ad alcuni dei passaggi più significativi della loro riflessione teoretica. Di più, quando nei primi anni Sessanta gli esponenti nordamericani delle teorie umanistiche decisero di organizzarsi in un'associazione di studiosi che condividevano gli orientamenti della "Terza forza" – l'*American Association of Humanistic Psychology*, fondata nel 1961[13] – i primi psicologi che furono contattati per chiedere l'adesione allo Statuto dell'AAHP furono proprio coloro che negli USA si riconoscevano nel-

[12] "Terza forza" o "Terza via" in quanto gli studiosi che vi si riconoscevano intesero porre le basi di un orientamento teorico-applicativo in psicologia che si potesse chiaramente distinguere dai principi e dalle pratiche, allora prevalenti negli USA, della psicoanalisi freudiana e del comportamentismo "radicale".

[13] Significativamente, gli estensori dello Statuto dell'Associazione, scrivevano: "Come 'terza forza' della psicologia contemporanea, la psicologia umanistica si interessa di argomenti che hanno avuto uno spazio limitato nelle teorie e nei sistemi esistenti: ad esempio, amore, creatività, sé, crescita, organismo, bisogno fondamentale di gratificazione, autorealizzazione, valori superiori, essere, divenire, spontaneità, gioco, umorismo, affetto, naturalezza, calore, trascendenza dell'io, oggettività, autonomia, responsabilità, significato, fair-play, esperienza trascendentale, esperienza culminante, coraggio e concetti relativi".

la Scuola adleriana (Rudolf Dreikurs, Kurt Adler, ecc.); richiesta cui aderirono ben volentieri (Ansbacher, 1998).

Il modello dinamico di personalità degli esistenzialisti poggia su una visione del conflitto interno alquanto diversa sia da quella degli analisti ad orientamento freudiano sia da quella dei neofreudiani (o delle relazioni interpersonali). Gli esistenzialisti ritengono, infatti, che il conflitto intrapsichico fondamentale non riguardi le pulsioni istintuali represse oppure la relazione con gli adulti significativi, il conflitto avviene, invece, tra il soggetto e i "*dati* dell'esistenza". Tali dati riguardano principalmente quattro fattori esistenziali che modulano dinamicamente la personalità e le sue tensioni interne: la *morte* (che si presenta, ovviamente, come la preoccupazione principale dell'individuo), la *libertà* (che viene riferita al fatto che l'uomo è autore e responsabile del proprio mondo e del proprio progetto di vita), l'*isolamento* (che va inteso sia come vissuto esistenziale intrapsichico sia come distanza sociale, interpersonale), la *ricerca di significato* (che va vista come espressione del fatto che la nostra mente, in un mondo non configurato e caotico, tende naturalmente a cercare forme/configurazioni organizzate; cioè spiegazioni degli eventi che per lei siano significative; tende a sviluppare "teorie" finalizzate ad organizzare la complessità del reale e ad attribuire significati all'esistenza).

Insomma, questi diversi fattori vengono dall'individuo variamente enfatizzati e *mixati*, con risultati non sempre positivi. Secondo May e Yalom, ad esempio, spesso "gli individui hanno credenze profonde e potenti nell'inviolabilità, invulnerabilità e immortalità personali. Anche se, a livello razionale, riconosciamo la stupidità di queste credenze, non di meno, a un livello profondamente inconscio, crediamo che le leggi ordinarie della biologia non si applichino a noi. Se questa difesa è debole o assente, allora l'individuo manifesta una di molte sindromi cliniche: per esempio, il carattere narcisistico, il lavoratore compulsivo consumato da una ricerca di gloria, il soggetto paranoico, il soggetto che si autoesalta. La crisi nella vita di questi soggetti si verifica quando il loro sistema di credenze va in frantumi e furtivamente si fa strada un senso di normalità non protetta. Essi arrivano sovente a cercare la terapia quando la difesa del ritenersi speciali non è più in grado di parare l'ansia; per esempio, in momenti di malattia grave o all'interruzione di quella che era sempre sembrata un'eterna spirale ascendente" (1996, p. 460).

Questo orientamento personologico e clinico è stato accusato, alquanto ingiustamente, a mio modo di vedere, di essere troppo "filosofico"; tuttavia, ribattono gli esistenzialisti, bisogna pur riconoscere che un po' tutte le teorie psicologiche e le psicoterapie efficaci hanno implicazioni filosofiche e certamente il modello esistenziale si interessa intensamente all'esperienza dell'*Io sono* (dell'Essere), alla cultura, al mondo in cui il paziente vive, al significato del tempo e a quell'aspetto della coscienza chiamato *trascendenza*. Tutti elementi, questi, che hanno un'alta concretezza e incidenza psicologica, anche operazionale.

Difatti, concludono gli esponenti di questo orientamento, "la profondità delle idee esistenziali si mostra in ciò che viene chiamato nevrosi esistenziale. Ciò si riferisce alla condizione della persona che sente che la vita non ha significato. La terapia esistenziale vede sempre il paziente collocato al centro della sua cultura. I problemi della maggior parte delle persone sono oggi la solitudine, l'isolamento, l'alienazione. La nostra era presente è un'era di disintegrazione dei costumi culturali e storici, dell'amore e del matrimonio, della famiglia, delle religioni ereditate e così via. Questa disintegrazione è il motivo per cui la psicoterapia di tutti i tipi ha germogliato nel ventesimo secolo; la gente gridava aiuto per i suoi molteplici problemi. Quindi, l'enfasi esistenziale su diversi aspetti del mondo (ambiente, mondo sociale e mondo soggettivo) diventerà, con tutta probabilità, sempre più importante" (ivi, p. 482).

Il modello umanistico (fenomenologico) di funzionamento della personalità e la connessa "terapia centrata sul cliente", detta anche "terapia non direttiva" (il cui maggiore esponente è stato Carl Ransom Rogers; cfr. 1976, 1983, 1986, 2007), a partire dagli inizi degli anni Sessanta, invece, hanno avuto una significativa influenza non solo in campo clinico-psicoterapeutico, ma anche in quello pedagogico e in quella particolare tipologia di relazione d'aiuto che va sotto il nome di *counseling* (Varriale, 2009, 2013; cfr., nella seconda parte del volume, i capitoli sei e sette). Come precisa lo stesso Rogers, "il concetto più importante e pervasivo della terapia centrata sull'individuo e sicuramente rappresentato dalla fiducia. Il fondamento dell'approccio rogersiano viene identificato nella *tendenza all'attualizzazione*, presente in ciascuna forma di organismo vivente: negli esseri umani, tale tendenza corrisponde a un movimento finalizzato alla realizzazione delle potenzialità dell'individuo. (...) La congruenza, la stima positiva e la comprensione empatica rappresentano altri concetti basilari della terapia centrata sull'individuo" (Raskin, Rogers, 1996, pp. 237-239).

La concezione che pervade tutto l'impianto personologico rogersiano e di altri autori posizionati sulla stessa linea di pensiero (in effetti, come ho già detto, non molto lontana da quella formulata diversi anni prima da Alfred Adler) si basa sull'ipotesi che gli individui abbiano al loro interno ampie risorse per comprendere se stessi e per modificare in positivo il proprio concetto negativo di sé, il comportamento e gli atteggiamenti negativi verso le altre persone. Queste risorse possono essere operazionalizzate in situazioni psicologico-relazionali ben definite e facilitanti, come quelle che si attivano nei *setting* psicoterapici o di *counseling*. Situazioni che vengono gestite da specialisti che siano competenti, autentici ed empatici e che sappiano efficacemente prendersi cura del *cliente*.

L'*Empatia*, difatti, per Rogers, "si riferisce all'apprezzamento, costante e indefesso, per l'esperienza del cliente. Essa implica un processo di continuo controllo con il paziente al fine di valutare se la comprensione sia completa e accurata. Viene svolta secondo una modalità personale, spontanea, che scorre liberamente; non si tratta di un riflesso o di uno specchiarsi meccanico. Il Prendersi cura è caratterizzato dal profondo rispetto per l'individualità del cliente e dalla stima incondizionata e non possessiva. La *Genuinità* si contraddistingue per la congruenza fra ciò che il terapeuta percepisce e dice e per la disponibilità del terapeuta ad instaurare una relazione da persona a persona piuttosto che una relazione regolata dal freddo ruolo professionale" (ivi, p. 282).

Carl Rogers, peraltro, anche in altri suoi lavori, sembra tacitamente suggerire la necessità del superamento dell'annosa questione del ruolo del terapeuta nel *setting* clinico: l'*helper* (terapeuta o *counselor* che sia) deve assumere un atteggiamento attivo-intrusivo, passivo-distante o neutrale rispetto al vissuto del paziente? Egli sembra suggerire indirettamente non soltanto l'importanza delle "qualità umane" del terapeuta ma anche, e forse soprattutto, che i veri fattori terapeutici andrebbero ricercati non tanto nella figura dell'*helper*, quanto in quella del cliente: certo, il terapeuta/*counselor* dovrebbe essere genuino, dovrebbe sostenere e indirizzare empaticamente il paziente, dovrebbe accompagnalo durante quel doloroso processo che gli permetterà di vivere la propria trasformazione, ma in realtà è il paziente che dovrebbe impegnarsi a "farcela da solo", a camminare sulle proprie gambe; anzitutto, imparando ad aiutarsi, soprattutto quando non ci sarà più l'*helper* a guidarlo. In buona sostanza, a realizzare un processo di *self-empowerment* che lo renderà più autonomo e resiliente davanti ai futuri problemi che la vita gli presenterà (Varriale, 2009).

Infine, un accenno al tema della fenomenologia rogersiana. Anche Carl Rogers, non diversamente da Adler, era convinto che la condizione umana sia caratterizzata anzitutto dalla convinzione di essere immersi in un mondo reale, di esperire oggettivamente la realtà: quando siamo spettatori di un evento, pensiamo che questo sia proprio come lo abbiamo visto e quando lo raccontiamo a qualcuno, siamo altrettanto convinti che glielo stiamo rappresentando come è realmente accaduto. In effetti, sin da bambini quanto percepiamo e quanto comunichiamo ad altri è il frutto del nostro "mondo personale dell'esperienza (...) del campo fenomenico" (Rogers, 2007, p. 347). Un "campo fenomenico", una rappresentazione interiore, che, sotto la spinta dei nostri bisogni personali, è il prodotto della *costruzione soggettiva* (idiografica) della realtà; e poiché l'individuo "percepisce la propria esperienza come realtà, la sua esperienza corrisponde alla sua realtà" (Rogers, 1986, p. 207). Un "campo fenomenico", mi piace ripeterlo ancora, che scaturisce dall'incessante "lavoro creativo" insito nella funzionalità (costruttivistica) della mente umana e che poggia su basi evoluzionisticamente determinate, con finalità adattative, come aveva già teorizzato, sin dall'inizio del secolo scorso, Alfred Adler formulando il costrutto di "Sé creativo" (cfr. Varriale, 2017; si veda anche la terza parte del volume).

Dentro questo "campo fenomenico", Rogers pose come elemento di spicco la concezione che l'individuo ha di se stesso: tale struttura concettuale interna sarebbe articolata in un *sé reale* (ciò che l'individuo pensa di sé in quel momento) e in un *sé ideale* (ciò che egli vorrebbe essere), è per lo più cosciente e ha una forte incidenza sulle condotte. L'importanza di tale processo è tale che, nell'influenzare l'interpretazione del mondo dell'individuo, finisce per avere una ricaduta anche sulle sue relazioni con gli altri. A partire da tali rilievi, Rogers riteneva che una valutazione empirica più obiettiva possibile dei caratteri strutturali del sé degli individui rappresentasse un passaggio psicodiagnostico cruciale. A tal fine, unitamente ai suoi collaboratori, ideò alcune tecniche (del tipo *self-report*) per l'*assessment* di soggetti sia nei vari *setting* clinici che in quelli per la ricerca psicosociale. Fra le più note ricordo qui la tecnica del *Q-sort* e quella del *Reattivo per lo studio dell'adattamento della personalità*: la prima è costituita da un mazzo di carte, ciascuna delle quali descrive una caratteristica di personalità; al soggetto viene chiesto di scegliere quelle che rappresentano meglio la sua personalità. La seconda tecnica e costituita da un insieme di prove che esplorano e misurano quattro dimensioni psicologiche: "*Senso d'inferiorità*", "*Disadattamento sociale*", "*Disadattamento familiare*", "*Sogni ad occhi aperti*". Il reattivo (per maschi e femmine dai 9 ai 13 anni) oggi è disponibile anche in Italia (Rogers, 1959) ed è stato tradotto e normato a cura di Antonietta Costa Minì (dell'Istituto di psicologia dell'Università di Palermo, diretto dal Prof. Gastone Canziani; guarda caso, proprio dal primo adleriano d'Italia![14]). In funzione esemplificativa, riporto di seguito alcuni di tali item solo del test n. quattro:

1. *Pietro è un ragazzo grande e forte che può battere in una lotta ogni altro compagno*
   Sono proprio come lui? Si / / / / / / / / / No
   essere proprio come lui? Si / / / / / / / / / No

   ...

8. *Alfredo fa sempre quello che la madre gli dice di fare.*
   Sono proprio come lui? Si / / / / / / / / / No
   Desidero essere proprio come lui? Si / / / / / / / / / No

   ...

10. *Enrico ha più amiche di ogni altro ragazzo.*
    Sono proprio come lui? Si / / / / / / / / / No
    Desidero essere proprio come lui? Si / / / / / / / / / No

    ...

11. *Roberto è il ragazzo più brillante della scuola.*
    Sono proprio come lui? Si / / / / / / / / / No
    Desidero essere proprio come lui? Si / / / / / / / / / No

Dunque, per Rogers, data la pregnanza di tale soggettività nella rappresentazione della realtà, la scienza della personalità – rispetto alle logiche di oggettività che governano la ricerca nelle scienze naturali – dovrebbe occuparsi prevalentemente di come gli individui strutturano idiograficamente le esperienze interiori soggettive. E tuttavia Rogers, che aveva un profondo

[14] Al riguardo, invito il lettore interessato a sapere di più di Canziani e della presenza della Psicologia individuale in Italia nei primi anni del secondo dopoguerra, ad esaminare il saggio di Sodini, Teglia Sodini (1996).

rispetto per l'indagine scientifica, si sforzò sempre di legittimare la sua visione personologica attraverso l'impiego di metodi e tecniche clinico-terapeutiche il più possibile replicabili e verificabili. Da questo punto di vista, "il suo impegno per sposare il lato scientifico e quello umano della scienza della personalità è stato estremamente valido" (Cervone, Pervin, 2017, p. 200).

3. *Teorie e costrutti di breve-medio raggio*

3.1. La teoria dei tratti (o dei costrutti disposizionali)

Ho già succintamente riferito delle teorie dei tratti di personalità (o delle disposizioni[15]) in relazione ai metodi e all'impiego dell'analisi fattoriale in PP. In questa sede accennerò soltanto ad alcuni temi trattati da Gordon Allport, Hans Eysenck e Raymond Cattel, fra i maggiori studiosi di questo orientamento teoretico. Questi tre psicologi, tuttavia, ancorché accomunati dal forte interesse per la natura e la funzione dei tratti, presentano anche significative differenze nei loro sistemi teoretici: mentre Allport appare maggiormente ancorato ad un impianto clinico-idiografico, Eysenk e Cattel appaiono più interessati allo studio relativamente anonimo di grandi popolazioni.

[15] Il concetto di *disposizione* (globale o di superficie) rinvia all'idea, molto presente in PP (ma anche piuttosto controversa, soprattutto rispetto ai personologi di orientamento socio-cognitivo), che esistono *tendenze* relative agli stili comportamentali individuabili, osservabili, raggruppabili e relativamente stabili, attraverso i quali spiegare anche le differenze individuali. Tale prospettiva centrata sulla persona "permette di identificare configurazioni coerenti di disposizioni, strategie e comportamenti, di mappare l'evolvere di tali configurazioni nell'arco della vita e, quindi, di comprendere come esse cambino e a quali esiti conducano. (...) È stata particolarmente approfondita da Block che ha introdotto i concetti di controllo dell'Io e di resilienza dell'Io per esaminare configurazioni di disposizioni e di comportamenti associati all'adattamento" (Caprara, Cervone, 2003, p, 174; cfr. anche Varriale, Limongelli, 2017).

Influenzato dal modello di indagine personologica formulata da William Stern (secondo il quale le caratteristiche idiografiche di un singolo individuo possono adeguatamente manifestarsi abbinando la correlazione fra le misure delle sue funzioni psicologiche, cioè la *psicografia*, alla studio della sua *biografia*; mentre le caratteristiche nomotetiche possono emergere dalla *comparazione* fra i tratti dei vari individui), fra gli anni Trenta e Quaranta del secolo scorso, Gordon Allport (1965) avviò l'indagine scientifica sul concetto di *tratto*. Un termine, questo, mutuato dal latino (*trahere* = muovere, estrarre, spostare) e con cui egli intendeva designare la caratteristica di una persona o di un animale che varia da un individuo ad un altro. I tratti (o disposizioni) possono essere fisici (ad esempio, l'altezza, il colore degli occhi o dei capelli) o psicologici (ad esempio, l'intelligenza, l'aggressività o la timidezza).

In tale prospettiva, sottolineano Lombardo e Foschi, "la nozione di tratto ha assunto una specifica rilevanza in psicologia della personalità, dove i tratti sono stati considerati dimensioni relativamente stabili e fondanti l'individualità, riguardanti il sentire, il comportarsi, il pensare; in altre parole, si può affermare che attualmente i tratti sono considerati elementi costitutivi 'semplici' e 'irriducibili' dell'individualità ovvero entità non più scomponibili (a-tomi) della personalità" (2002, p. 107).

Vale, infine, rilevare che Allport, probabilmente anche ispirato dalle teorizzazioni di Adler (al riguardo si vedano le considerazioni riportate nell'*Introduzione*), e rifuggendo le facili tentazioni riduzionistiche di tipo biologico e sociale, comunque "guarda alla personalità come ad una unità dinamica nella quale si coniugano armonicamente fattori biologici, psicologici e sociali. Ciò che in particolare interessa lo studioso della personalità è come tali fattori si integrino per risultare in una individualità dai caratteri unici e irripetibili" (Caprara, Gennaro, 1987, p. 242). In questo quadro, nella concezione personologica dell'Autore la nozione di "*Divenire*" (Allport, 1963) (secondo la quale la personalità va vista come un'organizzazione in costante evoluzione) e quella di "*Proprio*" (per la quale nella personalità esiste un centro focale in cui confluiscono tutti gli aspetti più originali di un individuo), risultano costrutti non meno importanti di quello di tratto.

Anche per Hans Eysenck (Eysenck, Wilson, 1976) il tratto è un fattore cruciale nella ricerca sulla personalità in quanto, attraverso l'impiego dell'analisi fattoriale può essere effettuata un'indagine psicometrica della gerarchia di tratti correlati tra loro, entro dimensioni di secondo ordine e caratterizzanti significativamente un certo tipo di personalità. Un'analisi, questa, di tale importanza, secondo alcuni autori, anche di oggi, che qualcuno si è spinto ad affermare, un po' enfaticamente, che l'analisi fattoriale rappresenterebbe per lo psicologo ciò che il telescopio è stato per l'astronomo (Caprara, Cervone, 2003); cioè, sarebbe lo strumento principale per "osservare" scientificamente gli oggetti psicologici che strutturano la personalità. Tali oggetti verrebbero ricostruiti statisticamente soprattutto mediante l'analisi dei dati estratti da questionari di autovalutazione o *self-report*; sulla base di questi dati, l'analisi fattoriale, a partire da correlazioni semplici fra dimensioni psicologiche di base, renderebbe possibile l'estrazione di "fattori latenti" costituiti dai tratti semplici intercorrelati.

Non meno che per Allport ed Eysenck, per Raymond Cattel (1978) appare cruciale la messa a fuoco dei tratti caratterizzanti una personalità; quest'ultima è proprio ciò che consente la previsione di quello che una persona farà in una data situazione: per l'Autore i tratti sono le strutture mentali o disposizionali, inferite dall'osservazione del comportamento, che descrivono la personalità e permettono tale previsione. Oltre a condividere i tipi di tratti proposti da Allport, Cattel ne individua degli altri: essi possono anche essere "comuni" o assolutamente "individuali", "superficiali" (o "manifesti") oppure "originali" (alla base dei tratti superficiali); possono ancora essere "temperamentali" (il "come" del comportamento), "motivazionali-dinamici" (il "perché" del comportamento), "di abilità" (espressioni di efficienza del comportamento). Alcuni tratti sembrano essere posseduti da tutti gli individui, altri sembrano essere esclusiva espressione delle situazioni psicopatologiche.

Sulla base di tale ricca categorizzazione di tratti e degli assunti basici della sua teoria, nel 1956 Cattel realizza un reattivo di personalità, che ha avuto ed ha ancora un largo impiego in ambito clinico-diagnostico. Come abbiamo visto nel secondo capitolo, il reattivo ordina e misura su sedici coppie polarizzate ("Distaccato"-"Freddo"/"Caldo-cordiale"; "Superficiale-Inintelligente"/ "Riflessivo-Intelligente", ecc.) i tratti più caratterizzanti il modo di essere, sentire e pensare di un individuo. Nella FIGURA 6 ho riportato il Foglio di Profilo del test ("16 P.F." - *Sexteen Personality Factors*; Cattel, 1956; ed. it.: aggiornata, Forma "C", 1978), attraverso cui il lettore può cogliere operazionalmente la struttura del reattivo e l'insieme dei tratti che Cattel prende in esame.

Sulla scia delle teorie dei tratti (o disposizioni) si colloca anche il *Modello dei cinque fattori*, cui ho già fatto riferimento nel capitolo precedente (paragrafo sull'analisi fattoriale) a proposito del reattivo "*Big Five*" (FIGURA 5). Gli ideatori di tale modello (McCrae, Costa, 1999), alla fine del secolo scorso, hanno ritenuto che esso potesse ricondurre i diversi orientamenti teorici all'interno di un'unica scienza della personalità, capace di unificare le conoscenze fornite da fonti diverse. Insomma, affermano i sostenitori del modello, se questi cinque fattori e dieci sottofattori – *Estroversione* (socievolezza, attività, assertività, calore, ecc.), *Amicalità* (Sensibilità, altruismo, franchezza, ecc.), *Coscienziosità* (autodisciplina, impegno, competenza, ordine, ecc.), *Nevroticismo* (ansia, vulnerabilità, abbattimento, ecc.), *Intelletto* o Apertura all'esperienza/conoscenza (estetica, idee, fantasia, azioni, valori, ecc.) – vengono considerati dei costrutti ipotetici causalmente responsabili delle tendenze disposizionali e delle differenze individuali (e non delle tendenze fenotipiche), allora sembra possibile considerarli delle strutture psicologiche in grado di aiutarci a spiegare con buona approssimazione l'organizzazione, la coerenza, la stabilità che caratterizzerebbero le nostre cognizioni, affettività e condotte.

Certo, allo stato delle cose diversi autori sembrano suggerire, per la verità un po' troppo perentoriamente, che la struttura di personalità basata sui "*Big five*" sarebbe un universale umano (McCrae, Costa, 2013) e che quando gli studiosi applicano tale modello in altri contesti geoantropologici i cinque fattori comparirebbero con buona regolarità. Tuttavia, altri studiosi, pur considerando il modello euristicamente valido ed utile, hanno espresso diverse perplessità circa la sua applicabilità in altri campi psicologici, in particolare in quello clinico-diagnostico[16]. Cervone e Pervin (2017), ad esempio, oltre a sottolineare alcune carenze del modello nel delineare efficacemente la stabilità e i cambiamenti nel tempo (nel corso dei vari cicli di vita) della personalità, notano che "il grado di comprensione che i Big five consentono di raggiungere relativamente alle dinamiche causali sottostanti la psicopatologia è piuttosto limitato, e quindi per il clinico è più uno strumento per descrivere i disturbi che per spiegarne l'insorgere. Più in generale, a differenza di altre teorie esposte in questo libro, il modello dei cinque fattori non ha prodotto metodi terapeutici specifici in grado di aiutare le persone a modificare le caratteristiche di personalità che sono per loro disadattive" (p. 318).

[16] Altri studiosi, sulla base di una ricca messe di dati su campioni di lingue e paesi diversi (Ashton, *et al.*, 2002), hanno peraltro obiettato che nel modello del Big Five mancherebbe un sesto, importante fattore: quello dell'*onestà/umiltà* (contrapposto a quello della disonestà, slealtà ed egoismo). "Le differenze individuali nella tendenza a essere sincero e onesto, contrapposta alla tendenza a essere disonesto e sleale, rappresentano un sesto fattore affidabile" (Cervone, Pervin, 2017, p. 315). È appena il caso qui di sottolineare quanto questo fattore affondi le radici nei processi bio-evoluzionistici e la rilevanza che potrebbe rivestire anche con riferimento al costrutto adleriano di "Sentimento di comunità".

3.2. Cognitivismo e costruttivismo (metacognizione e attribuzioni causali)

Come ho accennato in precedenza e come ho cercato di mostrare in diversi miei più articolati lavori (cfr. Varriale, 1998, 2001, 2003, 2005, 2006, 2009, 2010, 2011, 2012, 2013, 2016a, 2016b, 2017; Varriale, Rotondo, 2011a, Varriale, Rotondo, 2011b; Varriale, Limongelli, 2017), il modello di personalità proposto da Adler, sin dal primo decennio del secolo Ventesimo, può essere considerato, ancorché in una forma ancora piuttosto semplificata, un precursore dei moderni modelli dinamico-cognitivisti ad impronta socio-costruttivistica. Le somiglianze, ad esempio, con gli assunti della *Psicologia dei costrutti personali* di George Kelly, con quelli della *Psicologia culturalista* di Jerome Bruner, con quelli proposti da Paul Watzlawick, da Erich von Galsersfeld, da Albert Ellis, da Aaron Beck e da molti altri autori sono davvero significative. E tali convergenze, fatto salvo il caso di Ellis, non sono state quasi mai esplicitamente riconosciute. Per l'importanza che attribuisco alla questione (in particolare alle somiglianze con l'approccio clinico-diagnostico proposto dagli autori di impianto metacognitivo con quello clinico proposto dall'Individualpsicologia), tornerò ancora sul tema, rinviando il lettore che ne volesse sapere di più, oltre che al mio volume sullo *Stile di vita*, anche ai miei articoli specialistici indicati in bibliografia (al riguardo si vedano anche, nella seconda parte di questo volume, i capitoli cinque e sette e i capitoli della terza parte). È giunto il momento di delineare un quadro *ampio*, anche se di necessità sintetico, del contributo che il cognitivismo, in particolare quello di marca costruttivistica, ha fornito al nostro settore disciplinare.

Troppo spesso sotto l'etichetta *psicologia cognitivista* vengono stipate le numerose differenze e i forti contrasti che, ancora oggi, si registrano fra gli studiosi che si riconoscono in questa prospettiva teoretica e prassica. Ma se vogliamo proprio trovare qualcosa che ha sicuramente accomunato questi autori, possiamo dire che questo qualcosa è stato, da un lato, il rifiuto del comportamentismo (in particolare, di quello più radicale, alla Skinner per intenderci) e, dall'altro, una certa avversione al troppo secco paragone dei processi cognitivi umani ai processi dell'intelligenza artificiale, proposto dai primi assunti dell'H.I.P. (*Human Information Processing*) (Varriale, 1998, 2006). Ma, nel suo insieme, questo orientamento di ricerca, seppure forse non ha rappresentato un vero e proprio "salto di paradigma", una compiuta "rivoluzione scientifica", come direbbe Kuhn (1969), certamente ha messo solide premesse per una psicologia veramente capace di indagare la complessità dei processi soggettivi e intersoggettivi prodotti dalla mente umana (cfr. anche Varriale, 2015).

Difatti, la pretesa dei comportamentisti di rendere conto delle condotte umane esclusivamente in termini di apprendimento e di condizionamento, senza affrontare la spinosa questione di quanto accade nell'organismo tra lo stimolo e la risposta, aveva portato la psicologia in un vicolo cieco di semplificazioni e di riduzionismi relativi ai processi cognitivo-emotivi che appariva sempre più paradossale e oggettivamente inaccettabile (per ulteriori riferimenti a tali questioni, cfr. Caramelli, 1983; si veda anche seconda parte, capitolo settimo).

Del reso negli ultimi decenni le neuroscienze hanno fornito evidenze tali che ormai nessuno dubita – come aveva già suggerito Adler – che il nostro cervello lavori essenzialmente ad interpretare la realtà, a produrre assunti, costruzioni di senso attraverso i processi percettivi. E questo, secondo Beau Lotto (2017), significa "accettare il fatto che non vediamo la realtà ma soltanto la versione della realtà creata dalla nostra mente" (p. 24). E ciò favorisce la nostra sopravvivenza.

Sul versante della PP, oltre agli importanti fattori di "scoperta" dell'uomo "agentico", che pensa attivamente (e adattivamente), si emoziona, costruisce schemi, "mappe" di significato, incide sull'ambiente, anche sociale, modificandolo in relazione ai propri bisogni e venendone modificato, sicuramente una non minore influenza è stata esercitata dagli orientamenti fenomenologici, funzionalisti e della psicologia umanistica e dei valori (*vertehendepsychologie*), entro cui può essere annoverato anche il modello adleriano.

Si apriva, insomma, anche per la nostra disciplina, un nuovo orizzonte epistemologico; essa veniva spinta "ad orientarsi secondo una modalità metodologica che, soprattutto in una moderna ottica costruttivistica, risultava sorprendentemente attuale. (...) Nella prospettiva cognitivista dell'indagine sulla personalità risultano di centrale importanza ipotetiche dimensioni 'mentali' e 'rappresentazionali' che mediano il rapporto fra individuo e ambiente, soprattutto considerato come 'processo' e scambio di informazioni. Nella prospettiva cognitivista risultano dunque fondamentali i meccanismi individuali di autoregolazione (schemi cognitivi e rappresentazionali, obiettivi, procedure previsionali e decisionali, Sé) che mediano l'adattamento all'ambiente" (Lombardo, Foschi, 2002, p. 176).

Tale "rivoluzione cognitiva", che, com'è noto, a partire dagli inizi degli anni '50, ha avuto come precursori le teorizzazioni di Bartlett, Bruner, Kelly, ha permeato ogni settore della ricerca psicologica negli ultimi cinquant'anni. In particolare, l'idea che le persone agiscano in funzione dei significati che assegnano agli eventi (come ebbe a dire Adler già nel 1931: "gli esseri umani vivono in un regno di significati...") sembra oggi condivisa da molte teorie della personalità. Una "rivoluzione" che, tuttavia, non configura un'unica concezione della mente ma diversi modelli che delineano differenze significative fra le concezioni medesime. Ad esempio, un'importante differenza è quella tra chi considera la conoscenza (la rappresentazione di un fatto, di un'evidenza empirica, di un evento concreto) come un *pattern, relativamente statico, immagazzinato in memoria* e chi la considera come una *costruzione che coinvolge diverse unità cognitive* (memoria, percezione della situazione specifica, immagine di sé, ecc.), nessuna delle quali, autonomamente, è in grado di rappresentare un evento del mondo.

Qualsiasi sia il modello che abbracciamo, sta di fatto che gli eventi inequivocabili sono piuttosto rari (se sei bocciato ad un esame, questo fatto è e resta una bocciatura, che non può avere altre interpretazioni); il più delle volte, invece, siamo costretti ad assegnare un significato ad eventi che risultano ambigui: le persone tendono a risolvere tali ambiguità non solo considerando l'informazione proveniente dalla situazione, ma anche basandosi sulle loro conoscenze pregresse (sulle loro memorie). Ogni specifica situazione può essere interpretata utilizzando una gamma di costrutti o concetti diversi. Il rifiuto di una ragazza di uscire con noi può essere visto come il frutto di un suo disinteresse verso di noi, di una sua timidezza di base, di una sua pigrizia o stanchezza contingente. Lo specifico costrutto che viene richiamato alla mente (sia la sua tipologia sia il suo diverso grado di "accessibilità"; al riguardo cfr. Caprara, Cervone, 2003) è determinato da fattori legati alla situazione e da caratteristiche personali durature del soggetto percipiente.

Alcuni aspetti della conoscenza, però, non sono solo legati all'accessibilità del costrutto, ma anche alla loro organizzazione. Le persone costruiscono gradualmente complesse strutture conoscitive in relazione a come sperimentano il mondo e a come riflettono sulle proprie esperienze. Queste strutture cognitive, che definiamo "schemi", "servono non solo a chiarire la natura delle informazioni ambigue, ma anche a indicare quali informazioni prendere in considerazione, e come colmare le lacune di informazioni parziali e incomplete. Gli schemi sono strutture cognitive attive, il cui nome trae origine dalle analisi sull'acquisizione della conoscenza di Kant e che, in psicologia, sono state introdotte dagli studi sulla memoria di Bartlett" (ivi, p. 302).

A tale riguardo, incidentalmente, mi sembra ancora utile precisare che, senza nulla togliere agli importanti lavori di Bartlett, fu Alfred Adler uno dei primi psicologi ad introdurre alcuni importanti assunti kantiani nel suo modello di psicologia del profondo; in particolare, egli rielaborò nella sua cifra psicologica alcune riflessioni contenute nel volume la *Filosofia del come sé,* del filosofo neokantiano Hans Vaihinger (1967), applicandole alla sua, del tutto originale concezione del *Sé creativo;* quest'ultima, per diversi aspetti anticipatrice del moderno cognitivismo di stampo evoluzionistico e costruttivistico (Varriale, 1998, 2005, 2006, 2013, 2016a, 2017; si vedano anche parte seconda e terza del volume).

Riprendendo l'illustrazione dell'importante tematica relativa agli schemi cognitivi, vale ancora segnalare che questi sono "più di una semplice lista di informazioni o di fatti. Gli schemi sono reti di conoscenze organizzate e interconnesse. La ricchezza e la complessità di queste strutture conoscitive sono tali che spesso è impossibile descrivere completamente la conoscenza schematica di un tipo di persona o di evento. Il nostro schema delle visite dal dentista, per esempio, può includere non solo fatti, come sedersi su una poltrona particolare, ma dettagli accurati in merito all'ambiente fisico e allo stile interpersonale del dentista. (...) Gli schemi cognitivi influenzano pervasivamente i nostri pensieri e le nostre azioni. Quando osserviamo gli eventi, non registriamo passivamente l'informazione, ma la fissiamo attivamente all'interno di cornici di riferimento mentali preesistenti, che guidano le nostre inferenze successive, le aspettative, le azioni. Gli schemi guidano i pensieri sia in merito alle persone sia in merito alle situazioni. (...) Nell'elaborazione dell'informazione guidata da schemi, quindi, andiamo costantemente oltre l'informazione data: sommiamo la conoscenza immagazzinata in memoria all'informazione fornita dall'ambiente per costruire interpretazioni del mondo sociale. L'applicazione della conoscenza preesistente è generalmente vantaggiosa, nella misura in cui consente di valutare rapidamente situazioni complesse. Questa economia cognitiva, tuttavia, può avere dei costi soprattutto quando l'applicazione degli schemi non totalmente appropriati alla situazione può favorire giudizi sociali sbagliati" (Caprara, Cervone, 2003, pp. 302-303).

Infine, esaminiamo un po' più in dettaglio il ruolo conoscitivo svolto dagli *schemi del sé* e dagli *schemi relazionali*; i primi sono strutture cognitive (costruzioni, narrative sul sé) attraverso cui le persone descrivono se stesse rispetto ad un'ampia varietà di caratteristiche di personalità che esse ritengono di possedere. Naturalmente alcuni di tali attributi personologici possono essere ritenuti centrali da un individuo per il proprio senso di sé, mentre per altri possono avere una collocazione talmente periferica nella sua mente che restano completamente silenti nella definizione identitaria.

In buona sostanza, gli *schemi centrali del sé* si configurano come generalizzazioni cognitive e dinamiche su di sé che, sedimentate nell'esperienza passata, continuamente organizzano e guidano l'elaborazione di informazioni su se stessi e su altre persone. Tali schemi forniscono una competenza sociale "dominio-specifica" che è simile alla competenza richiesta agli esperti nella soluzione di problemi in ambiti cognitivi quali quelli dei giochi di memoria e strategia (Scacchi, Dama, Go, ecc.). "Nei compiti di soluzione dei problemi, gli specialisti tendono a organizzare il materiale in più ampie unità di significato di quanto non facciano le persone inesperte, poiché possiedono la capacità di modificare la loro strategia di elaborazione dell'informazione a seconda delle richieste legate al compito. Gli esperti mostrano così un funzionamento cognitivo più efficiente e flessibile. Allo stesso modo, nei compiti interpersonali gli schemi forniscono competenze che consentono un funzionamento della personalità più efficiente e flessibile. Posti di fronte a una serie di tipici comportamenti maschili, i maschi schematici per la virilità sono risultati capaci di organizzare le informazioni in più ampie unità di azione, a conferma della loro inclinazione a riconoscere o ad attribuire significati sovraordinati nelle sequenze di azioni" (ivi, p. 307).

Gli schemi del sé risultano importanti anche relativamente alla questione delle differenze individuali nelle strutture di personalità: le persone che possiedono ampie conoscenze (e più articolati schemi specifici) in un ambito particolare della vita sociale risultano maggiormente in grado di adattare le proprie strategie alle situazioni e, in particolare, sviluppano una maggiore capacità discriminativa, cioè di distinguere meglio gli stimoli che indicano i significati delle varie situazioni sociali; e, per questa via, anche di avere interazioni sociali più soddisfacenti.

Tutto ciò non può non condurci alla considerazione dell'importanza per lo studio della personalità e delle differenze individuali anche degli *schemi relazionali* internalizzati (soprattutto di quelli che si attivano in connessione con gli schemi del sé) nel guidare le aspettative relative alle interpretazioni da dare agli eventi e nello sviluppo di un adeguato *arousal* emotivo relativo alle nuove esperienze sociali. Non deve stupire, insomma, che quanto detto sull'interconnessione di queste ultime due tipologie di schemi (del sé e relazionali) rinvii alla salienza per la ricerca personologica del sistema di conoscenza di sé (delle convinzioni in merito ai propri attributi) come organizzatore della conoscenza medesima.

Nonostante ciò, come opportunamente hanno ancora suggerito Caprara e Cervone, "questa prospettiva si rivela incompleta, per almeno due aspetti. In primo luogo, le persone non dispongono soltanto di fatti relativi al proprio sé ma anche di storie personali o narrative che legano insieme i differenti elementi delle loro vite. In secondo luogo, le persone sviluppano dei dialoghi interiori, cioè delle conversazioni intrapsichiche o dei 'discorsi', attraverso cui esse costruiscono e costantemente rivedono le proprie narrative. I processi narrativi e intradialogici sono fondamentali per mantenere il senso di una propria identità personale coerente. Anche se fossimo in grado di elencare una lunga serie di attributi personali, la vita si trasformerebbe in un incubo se non fossimo in grado di raccontare la storia più o meno coerente del nostro passato.

"Bruner ha ritenuto così fondamentale il ruolo del racconto per la vita mentale che ha descritto due modalità di pensiero: quello paradigmatico e quello narrativo. Nel pensiero paradigmatico, o logistico-scientifico, le regole logiche dell'argomentazione costituiscono il principio guida che permette di trarre conclusioni che sono vere all'interno di una struttura logica generale. Al contrario, il pensiero narrativo non cerca la verità ma la 'somiglianza alla vita' e cerca di costruire storie coerenti e realistiche su un evento o una sequenza di eventi. Il racconto, quindi, è visto come una forma di pensiero fondamentale, che differisce qualitativamente dal ragionamento logico. Bruner ha giustamente osservato che la psicologia cognitiva ha dedicato grande impegno allo studio della conoscenza proposizionale, ma ha trascurato i processi narrativi tramite i quali le persone danno un senso alla propria vita" (ivi, p. 321).

È appena il caso di sottolineare l'importanza di questi rilievi su Bruner, anche per la prospettiva epistemica e personologica idiografica, in funzione dell'analisi delle differenze individuali, sia in sede di ricerca di base sia in sede di ricerca applicata in campo psicosociale e clinico. In tale cornice si iscrive anche il recente lavoro di ricerca, promosso dall'Istituto Adler di Napoli, sulla resilienza (Varriale, Limongelli, 2017, pp. 49-95). Una ricerca in cui l'analisi qualitativa (operata sulle narrazioni di sé e sui vissuti relativi agli eventi traumatici che hanno colpito i soggetti intervistati) e quella quantitativa (operata sull'elaborazione statistica di dati forniti da una batteria di reattivi centrati sull'elaborazione metacognitiva dell'ansia) si intrecciano sistematicamente. Il nostro lavoro ha mostrato, fra l'altro, la capacità euristica delle procedure quali/quantitative nell'analisi della varietà di percorsi esistenziali che conducono, prima, all'acquisizione di un buon coping elaborativo del trauma e, poi, alla resilienza. Del resto, come ho già accenno, anche George Kelly – il cui impianto teorico-applicativo di stampo costruttivistico "radicale" presentava significative convergenze con gli assunti adleriani (cfr. FIGURA 11) e con le suddette procedure –, sin dai primi anni Cinquanta, aveva già intuito l'importanza dei processi narrativologici e intradialogici nel determinismo delle condotte individuali. Cerchiamo allora di capire meglio l'architettura del suo modello personologico.

George Alexander Kelly, nasce negli Stati Uniti, a Perth, il 28 aprile 1905. Aveva studiato da ingegnere e matematico e per questo fu, in campo psicologico, un grande metodologo e non abbandonò mai la tendenza a cercare leggi "fisiche" e costanti regolative della condotta umana. Nel corso della grande crisi economica del 1929 si dette ad un intenso lavoro di volontariato assistenziale, impegnandosi nelle *Cliniche psicologiche viaggianti* per persone depresse e bisognose d'aiuto, ma non in grado di procurarselo. Un'attività di *counseling* psicologico, questa, molto simile a quella che si svolgeva, con obiettivi preventivi, nelle *Cliniche di orientamento infantile*, di sostegno psicologico per genitori e insegnanti implementate da Adler nelle scuole di Vienna, nei primi decenni del XX secolo (Varriale, 1989, 2005). Fu un'esperienza di campo difficile per Kelly, a stretto contatto con il dolore degli umili, ma che lo arricchì sul piano umano e su quello scientifico-professionale. La sua storia di studioso e di operatore clinico si completò con l'incarico universitario, prima alla Fort Hays State University, nel Kansas, e poi alla Ohio State University, succedendo a Carl Rogers nella cattedra di psicologia clinica.

La concezione di fondo che negli anni '50 caratterizzò il suo sistema personologico e che scosse potentemente i già declinanti principi basici del comportamentismo (Kelly, 2004), è quasi autobiografica: ogni individuo è come uno "scienziato" continuamente impegnato nel tentativo di dare un senso al mondo che sperimenta, di anticipare gli eventi che possono coinvolgerlo, di elaborare proprie teorie, di sperimentare le proprie ipotesi e di valutarne i lati pratici e le proprie, concrete capacità. (cfr. Fransella, Dalton, 2007).

Nella disamina dei contributi forniti allo studio della personalità dalla ricerca cognitivista, non può dunque mancare una sia pur breve illustrazione di alcuni concetti sistemici e strumenti diagnostico-esplorativi proposti da questo straordinario precursore. Come scrive lo stesso Kelly, "l'assunto (filosofico) della Psicologia dei costrutti personali, è che quale che sia la nostra natura e quale che sia l'esito della nostra ricerca della verità, gli eventi in cui ogni giorno ci imbattiamo sono soggetti a tante costruzioni, quante potremmo escogitarne con la nostra intelligenza. Questo non vuol dire che tutte le interpretazioni si equivalgono, e non significa nemmeno negare che, in un punto infinito del tempo, lo sguardo umano potrà vedere a fondo nella realtà. Fino ai limiti estremi dell'esistenza. Ci ricorda, però, che tutte le nostre percezioni attuali possono essere messe in dubbio e riconsiderate, e ci suggerisce, più in generale, che anche gli episodi più ovvi della vita di tutti i giorni potrebbero apparire radicalmente trasformati se avessimo abbastanza inventiva da costruirli in modo diverso" (1986, p. 1).

Insomma, volendo un po' sintetizzare quanto detto in precedenza circa gli "schemi" e i "costrutti personali", utilizzando un acronimo automobilistico scherzoso, mi sembra di poter dire, che ogni essere umano sembra essere dotato di una sorta di "FIAT" personale, un'esclusiva *Fabbrica Individuale di Assunti Teorici*. Cioè, un apparato cerebrale ermeneutico, un insieme di sistemi adattativi finalizzati alla costruzione di "mappe di significato" riguardanti gli eventi quotidiani e con cui quest'ultimo cerca di orientarsi e di governare la complessità. Un insieme di conoscenze e di schemi mentali attraverso cui la persona compone e scompone continuamente il significato dei fatti con l'obiettivo di agire per raggiungere i suoi scopi, più o meno consapevoli, più o meno normali o patologici. Un sorta di "interprete" (come lo chiama Michael Gazzaniga, cfr. 1997), collocato nell'emisfero sinistro, che svolgerebbe una funzione interpretativa dei dati in ingresso al fine di mantenere una rappresentazione stabile e integrata del sé, da un lato, e un "avvocato del diavolo" (come lo chiama Vilayanur Ramachandran; cfr. 1995), collocato nell'emisfero destro, che rileverebbe le anomalie nel sistema di credenze, di euristiche e di costruzioni di significato dei fatti prodotte dall'emisfero sinistro (sul tema, ma con riferimento alle credenze soprannaturalistiche e alle dinamiche neurologiche delle personalità a forte misticismo religioso, cfr. anche Girotto, Pievani, Vallortigara, 2008, pp. 151 e sgg.).

In tale cornice, e tornando a George Kelly, l'aiuto psicologico specialistico consiste nell'incoraggiare e indirizzare un processo di ricostruzione dei significati prodotti da quelle rappresentazioni, schemi, "costrutti personali" errati e dannosi, che l'Autore chiama "*sistemi di construing*", per iniziare a guardare alla vita da un prospettiva diversa. Tutto ciò, oltre a trovare riscontro neuroscientifici mella dialettica emisfero sinistro-emisfero destro (nella dialettica "interprete"-"avvocato del diavolo"), sembra adombrare quel tipico processo di "incoraggiamento" e di "riorientamento" dello *Stile di vita* (Varriale, 2013) che i terapeuti e i *counselor* adleriani perseguono nei loro interventi professionali, con la finalità di dare al paziente-*helpee* nuove mete, nuovi modi di rappresentarsi e compensare, "dal lato utile della vita" (Adler), il senso di inadeguatezza-insicurezza personale. Insomma, con lo scopo di orientare il cliente verso nuovi orientamenti relazionali, verso più efficienti ed efficaci modalità di controllo-gestione della propria esistenza (*coping*), che, in prospettiva, possano rendere il cliente capace di affrontare autonomamente le difficoltà della vita; e, quando è possibile, seguendo quei tipici percorsi che oggi correntemente definiamo di *empowerment* (Varriale, 2005, 2009, 2013; Varriale, Limongelli, 2017).

Più in particolare, Kelly si rappresenta la persona che richiede l'aiuto come una sorta di "ricercatore-sperimentatore" bisognosa di un più efficace sistema di previsione/controllo. Le discussioni del clinico con il paziente sono il preludio alla sperimentazione di nuovi modi di essere nel mondo reale. Inoltre, l'Autore, vede l'apprendimento e il cambiamento in una prospettiva secondo la quale "una persona è ciò che fa"; e qui ritroviamo un'ulteriore convergenza con Adler: l'importanza dell'azione come elemento distintivo della personalità (Longford, 1995). L'affermare che l'uomo è un ricercatore, si fonda sulla proposizione che uno stato dell'essere fa seguito ad un'azione. Il che significa che l'uomo cambia se stesso attraverso le azioni. Compito di chi fornisce aiuto psicologico specialistico, allora, è quello di "aiutare il cliente a formulare le domande a cui ha bisogno di rispondere, e farlo 'staccare' dal suo inutile, lento, incompleto ciclo di sperimentazione. Questo modello di relazione d'aiuto è co-sperimentazione attiva, diversa dal sottomettersi passivamente all'assistenza di un clinico che può credere o in uno stile direttivo di lavoro o in uno non direttivo" (Kenny, 1984, p. 2).

Per inciso, ritroviamo qui un'altra significativa convergenza fra Kelly e Adler (cfr. FIGURA 11): anche quest'ultimo, difatti, considerava il lavoro terapeutico come un'impresa cooperativa fra paziente e clinico, come un *setting* fortemente collaborativo in cui entrambe le parti sono tenute ad assumere responsabilità, sono protese a lavorare perché la parte sofferente possa sia sperimentare nuovi modelli di pensiero, nuove progettualità e scopi esistenziali, sia rendere operativo in positivo il *Sentimento di comunità*, agendo concreti cambiamenti nelle condotte individuali e relazionali quotidiane (vedere anche, nella seconda parte di questo volume, il Capitolo 7). Un concetto tipico di Kelly è quello di "*alternativismo costruttivistico*": ciascuno di noi, cioè, disporrebbe di "alternative" polarizzate (buono-cattivo, giusto-sbagliato, ecc.), di concettualizzazioni dicotomizzate, di "mattoni" rappresentazionali attraverso cui costruire universi di significato e teorie esplicative. Insomma, alternative cognitivo-emotive attraverso cui cercare di attribuire un diverso senso alle persone, oltre che a noi stessi, e al mondo che ci circonda; per facilitare l'esplorazione e la sperimentazione sistematica e accurata di tali alternative polarizzate, di tali "mattoni" costituenti gli universi di significato (il "*quadro mentale della vita*"). In tale prospettiva, con finalità diagnostiche, Kelly propose l'impiego di due specifiche tecniche quali/quantitative per l'*assessment*: l'"*autocaratterizzazione*" e le "*griglie di repertorio*" (cfr. Varriale, 2009, pp. 154-155; Varriale, Rotondo, 2011a; Fransella, Dalton, 2007).

Al riguardo, segnalo che, indubbiamente, questo autore è stato un grande metodologo e statistico, ampiamente interessato all'analisi quantitativa degli schemi rappresentazionali, tuttavia, è probabile che la sua propensione verso questo tipo di analisi, rispetto a quella qualitativa, sia stata un po' sopravvalutata da alcuni suoi allievi. Non a caso, qualche studioso ha ritenuto Kelly, a mio avviso giustamente, uno dei fondatori della "*psicologia narrativa*", della "*psicologia che racconta storie*". Ad esempio, come ha notato Miller Mair, un'importante continuatore dell'opera kelliana, "da una parte il suo approccio può essere visto come relativamente convenzionale dato che incoraggia la sperimentazione e l'esame delle ipotesi. Dall'altra c'è qualcosa che non è stato ancora afferrato. (...) Una più tradizionale struttura analitica, di calcolo, di statistica e di mappatura, ha dominato il lavoro della maggior parte dei seguaci degli insegnamenti di Kelly. E tuttavia troppo tecnicismo può impoverire la storia che viene raccontata. Si presta assai scarsa attenzione all'approccio psicologico assai meno familiare, della narrazione, o del raccontare storie che Kelly pure adopera e, credo, arrivi a sostenere"(1987, p. 4).

Del resto, come ho già sottolineato, le narrazioni e le parole che le strutturano hanno un significativo ruolo nella nostra disciplina, ancora più rilevante quando si intende mettere a fuoco, con finalità di ricerca sperimentale o di diagnosi clinica, gli aspetti qualitativi, unici ed irripetibili (idiografici) di una o più personalità. Le narrazioni e le parole, difatti, rappresentano "cose sostanziali e l'atto di raccontarle è, di per sé, una modalità di ricerca. Le parole sono concrete, come la vernice o l'argilla. Non sono trasparenti e secondarie. Raccontano le nostre storie. Si aprono un varco, ovunque vengano usate, per influenzare ogni cosa intorno a loro con le storie che vogliono raccontare. Portano con sé un bagaglio di altri luoghi e altri tempi. Portano in una direzione che parla della loro relazione con altre parole e altre cose" (ivi, p. 9).

Chiuderò questo paragrafo con un cenno al contributo che il più recente approccio *metacognitivo* sta fornendo allo studio della personalità e alla pratica clinica; anticipando che nella seconda parte della dispensa (capitoli quinto e settimo) dedicherò a tale approccio un maggiore approfondimento, a partire dal trattamento di due importanti forme degenerative dell'ansia. Ciò non prima di aver ricordato che, nel corso degli anni Cinquanta e Sessanta, anche altri studiosi, oltre Bartlett, Bruner, Kelly, hanno contribuito alla svolta cognitivista degli ultimi cinquant'anni. Al riguardo, nel ventennio successivo alla Seconda Guerra Mondiale, il contributo della psicologia sociale, e in particolare degli autori di scuola lewiniana, è stato particolarmente rilevante, anche nel nostro settore. Basti qui ricordare gli studi sugli "stili cognitivi" di Witkin *et al.* (1976), sulla "dissonanza cognitiva" di Festinger (1973), sui processi attribuzionali di Heider (1972), sulla "pressione di gruppo" di Asch (1990) e sulla motivazione al successo, all'efficacia e al potere di Atkinson (1973) e di McClelland (1961).

Contributi importanti per lo studio della personalità – in particolare quelli riguardanti l'interazione dinamica fra struttura della persona e situazione ambientale; interazione guidata da aspettative, scopi, schemi, cioè dai costrutti autoregolativi dell'individuo –, di cui ho detto e dirò ancora nelle prossime pagine, vengono, inoltre, forniti dagli autori ad orientamento "interazionista" (Mischel, 1996) e cognitivo-comportamentale (Bandura, 2000), da autori particolarmente interessati alle attribuzioni causali (Thibaut, Kelley, 1967) e da quelli che hanno lavorato alle rappresentazioni sociali (Moscovici, 1961). Sul versante più clinico, contributi significativi provengono dalle ricerche della cosiddetta scuola di Palo Alto (Bateson, 1977) e da quelle di Watzlawitck et al. (1974). A proposito di quest'ultimo autore, infine, voglio ricordare che la sua riflessione, insieme a quella di Kelly e di altri studiosi, nell'ambito del cognitivismo moderno, ha rappresentato quell'orientamento correntemente definito costruttivismo "radicale" (von Glasersfeld, 1999, 1988, 2005; von Glasersfeld, von Foerster, 2001; Watzlawitck, 1988; Lotto, 2017; cfr. anche Varriale, 2009, 2013, 2017; si veda anche capitolo nono).

E veniamo al tema della *metacognizione*; un approccio cognitivista più recente, questo, sia nell'ambito della clinica dei disturbi emotivi, sia nell'ambito della clinica dell'apprendimento, che si è fatto sempre più spazio con l'affermarsi della prospettiva cognitivo-costruttivistica nell'ambito della filosofia della mente e delle neuroscienze. In buona sostanza il concetto si riferisce all'attività della mente che riflette sui propri pensieri; cioè, a quelle attività mentali (rivolte alla conoscenza e al controllo) che hanno per oggetto la mente medesima. Ogni individuo possiede un diverso livello di "attitudine metacognitiva"; cioè, di capacità di monitorare e riflettere sul proprio modo di pensare un certo compito, una certa situazione, il proprio e l'altrui modo di essere. Tale attitudine è "la risultante di più fattori emozionali/motivazionali (desiderio di autoaffermazione, fiducia nelle proprie competenze, intento comunicativo, interesse per i sentimenti altrui, stato di attivazione) e cognitivi, ed è ciò che permette di mobilitare lo sforzo necessario per lo svolgimento di un'attività, specie se nuova. In effetti, l'attitudine metacognitiva aiuta le persone ad integrare le informazioni e le strategie già possedute, anche se non specifiche, per applicarle in modo efficiente e proficuo al nuovo compito" (Cornoldi *et al.*, 2002, p. 173; cfr. anche Sanavio, Cornoldi, 2002).

Nell'ambito della PP, e in particolare nell'ambito dello studio e del trattamento dei disturbi emozionali di personalità – disturbo ossessivo compulsivo (DOC), disturbo d'ansia generalizzato (DAG), depressione, ecc. su cui tornerò più avanti (seconda parte, Capitoli quinto e settimo) –, il paradigma metacognitivo ha dato un forte impulso, ad esempio, a come la mente lavora sulla *preoccupazione* (*worry*), dando origine a quel fenomeno che viene definito "nevrosi compulsiva". La preoccupazione, infatti, "costituisce il nucleo del disturbo d'ansia generalizzato ed è pure presente, alla pari dell'ansia, in forme eccessive in moltissima psicopatologia. Le persone che indulgono a preoccupazione patologica hanno due 'sensazioni' critiche: temono che, se non dessero spazio e ascolto alle preoccupazioni, non sarebbero in grado di fronteggiare la minaccia e se poi le cose andassero male, loro si sentirebbero tremendamente in colpa di non essersi preoccupati abbastanza" (Cornoldi, Sanavio, 2002, p. 10).

Con riferimento a tale orientamento, mi piace ancora segnalare, succintamente, i contributi di Adrian Wells (2002), il quale ha proposto un costrutto esplicativo e di intervento metacognitivo sulla persistenza del disturbo di personalità che definisce *funzione autoregolatoria*. Secondo l'Autore, la sofferenza psicologica sarebbe fortemente associata a un insieme di risposte attentive troppo centrate sul sé, caratterizzate dall'elaborazione *on-line* di convinzioni negative sul proprio valore, dalla preoccupazione-ruminazione sulla presunta minaccia; ciò spingerebbe l'individuo ad implementare particolari modalità di fronteggiamento mentale-comportamentale che interferirebbero significativamente con lo sviluppo di conoscenze e di condotte più adattive. Le attività *autoregolatorie*, così disadattivamente caratterizzate nella persona sofferente, impedirebbero di compiere quegli aggiustamenti cognitivi necessari per tornare ad un funzionamento normale.

Insomma, per dirla con lo stesso Wells, "le attività di elaborazione delle informazioni associate al rimuginare o alla preoccupazione attiva tendono a interferire sia con le operazioni interne del sistema cognitivo superiore – come modificare le priorità di elaborazione o modificare le convinzioni – sia con l'implementazione di strategie di fronteggiamento che richiedono l'attenzione. Inoltre, le persone psicologicamente disturbate attivano spesso strategie sull'attenzione – consistenti nel monitorare la minaccia – che sono coerenti con le loro preoccupazioni personali. In questo modo la persona resta 'bloccata' in attività di elaborazione autocentrata che causano il perpetuare dei disturbi psicologici" (2002, p. 35). Tale autoregolazione disfunzionale e i correlati pensieri ossessivi e le condotte compulsive (rituali, atti ripetitivi, ruminazione, ecc.), pertanto, finirebbero per causare una significativa "perdita di risorse di elaborazione accessibili e dai suoi stessi scopi"; così, il soggetto si verrebbe a trovare "poco attrezzato" per affrontare i veri nodi del disturbo, faticando a ristrutturare la cognizione. Ma ne parleremo ancora nella seconda parte (capitoli quinto e settimo).

Quanto al tema dei processi attribuzionali, cioè dei processi attraverso cui le persone individuano le cause che provocano gli eventi, appare evidente il nesso che lega questi stili esplicativi al normale funzionamento della mente (sia in termini cognitivi che metacognitivi), sul versante sia del senso di controllo, previsione, sicurezza personale sia della facilitazione delle relazioni interpersonali. La letteratura sul tema, fin dagli studi di Heider e di Kelley, si è molto arricchita di contributi empirici (e di modelli teorici) che hanno evidenziato quanto gli individui abbiano bisogno di accertare i nessi causa-effetto delle azioni e degli eventi della vita quotidiana. Anche le persone comuni, infatti, osserva Kelley, come gli scienziati sociali, prendono sistematicamente nota delle relazioni (o correlazioni) tra fatti osservati, cercando di stabilire in che modo covariano e se la causalità dei fatti è *internale* (la responsabilità viene attribuita dalla persona a se stessa) o *esternale* (la responsabilità viene attribuita dalla persona a fattori situazionali esterni). A differenza degli scienziati, però, le persone comuni, nell'effettuare tali inferenze (nel formulare euristiche), commettono svariati "errori fondamentali di attribuzione" (cfr. Girotto, Pievani, Vallortigara, 2008); ad esempio, le persone hanno la tendenza a legare le conseguenze delle azioni ad attributi disposizionali o tratti di personalità. Tale tendenza è talmente forte che spesso si considera un individuo responsabile di eventi del tutto casuali, come una vincita al lotto che certamente lo scommettitore non può aver causato.

In tale direzione, nel corso degli anni Sessanta, si muovono anche i lavori di Julian Rotter (1966), uno psicologo che, influenzato da Adler e dalla teoria dell'apprendimento sociale, riteneva che le persone apprenderebbero un comportamento in virtù dei significati attribuiti all'esperienza, vissuta come rinforzo o come punizione. Egli riteneva che la personalità fosse influenzata da un processo attribuzionale che chiama *locus of control*: un processo, questo, basato sulle aspettative e che assegna all'*esterno* (agli altri, alla sfortuna, ecc.) o all'*interno* (alla propria volontà, capacità, ecc.) le ragioni del proprio successo o insuccesso (Nigro, 1983; Nigro, Galli, 1988).

Infine, negli anni Settanta, altri psicologi cognitivisti (Zuckerman, 1979), in assonanza con i rilievi di Rotter, hanno dimostrato che le euristiche attribuzionali possono contenere anche il cosiddetto "errore al servizio del sé" (*self-serving bias*), in ragione del quale le persone tendono ad attribuire le conseguenze positive a cause interne ("sono stato assunto perché sono molto dotato per questo lavoro e sono bravo"), mentre le conseguenze negative vengono attribuite a cause esterne ("non mi hanno assunto perché erano incapaci di comprendere il valore delle mie competenze").

È legittimo chiedersi, a questo punto, a cosa possano servire processi inferenziali che spesso ci portano a commettere errori valutativi, sia induttivi che deduttivi, su noi stessi e sul mondo, a volte anche gravi. Probabilmente, all'uomo comune, nella vita di tutti i giorni, risultano piuttosto "innaturali", non "spontanee" le strategie della logica razionale adottate dagli scienziati, mentre risultano più utili, più efficaci le logiche approssimative, spesso errate. E questo forse perché le logiche approssimative della quotidianità facilitano maggiormente le decisioni rapide e la comunicazione sociale (in quanto più veloci? più comprensibili? più condivisibili?): l'architettura della mente umana è caratterizzata da vincoli neuro-cognitivi e psicosociali piuttosto forti; vincoli che forse sono stati evoluzionisticamente mantenuti in quanto selettivamente più funzionali al buon adattamento della nostra specie. Sta di fatto, nota giustamente Paolo Legrenzi, che "non sono le regole degli epistemologi o dei logici a guidare i nostri pensieri, ma le convenzioni sociali che permettono una buona comunicazione. Quelli che sono limiti della 'mente logica' sono punti di forza della 'mente sociale'" (1998, p. 24; su queste tematiche consiglio anche la lettura del bel volume di Gary Marcus, *Kluge. L'ingegneria della mente umana*, 2008; cfr. anche Varriale, 2015, pp. 20-22).

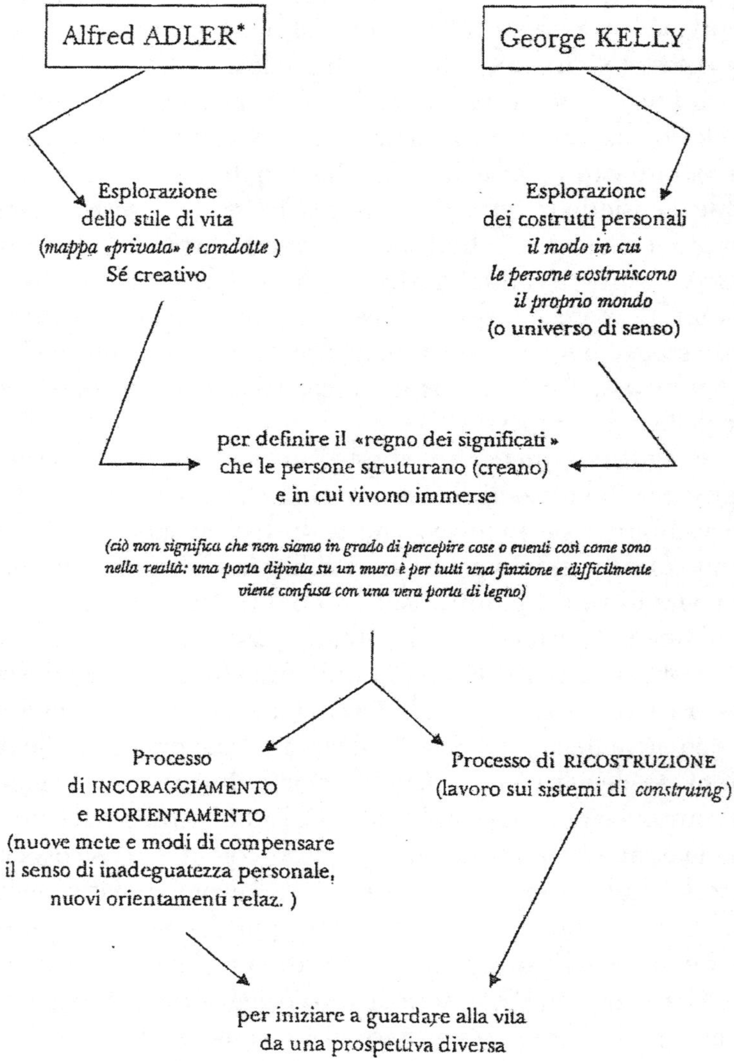

* Lo stesso confronto potrebbe essere fatto con il costruttivista radicale P. Watzlawick (cfr. La realtà inventata).

FIGURA 11

3.3. Autostima, autoefficacia, impotenza appresa, resilienza

Su questi quattro costrutti si sono venuti sviluppando, nell'ultimo quarantennio, numerosi contributi di ricerca e teorie di breve-medio raggio che hanno una connessione con quei processi cognitivi (*schemi del sé, schemi relazionali, modelli attribuzionali*, ecc.) a più forte impatto sull'immagine di sé e, per questa via, sulla costruzione della personalità, dello *Stile di vita*, sia in senso idiografico sia in senso nomotetico.

Come ho già più volte notato, l'interesse della psicologia per i processi autovalutativi e di *self-monitoring* assume spessore sempre maggiore a partire dalla formulazione, negli anni Venti-Trena del XX secolo, del concetto di sentimento/complesso d'inferiorità da parte di Alfred Adler. Sulla base delle riflessioni di quest'ultimo, Allport individua nel concetto di senso di inferiorità un "*tratto generalizzato di personalità*"; tratto che rivestirebbe un tale rilievo che può "*saturare l'atteggiamento di una persona nei confronti della vita in generale*" (1977, p. 115-116; cfr. anche Varriale, 1995).

Dopo un periodo di minor interesse, negli anni '60-'70 si ha una ripresa degli studi sul concetto di autostima (Varriale, 1995; Dweck, 2003), unitamente allo sviluppo del concetto di autoefficacia percepita. Com'è noto, se con il concetto di autostima si designa il grado di autoaccettazione e autoapprezzamento di un individuo che, come la soddisfazione di vita, deriva dalla relazione con le figure significative dell'ambiente di appartenenza, con quello di autoefficacia percepita si designa la convinzione che una persona ha di poter gestire adeguatamente alcuni aspetti specifici del proprio funzionamento psico-sociale e per la realizzazione di scopi collegati a tali aspetti (Bandura, 1997). È appena il caso di ricordare che entrambi i fattori, pur se caratterizzati da aspetti cognitivo-emotivi in parte diversi, hanno un'importanza assai rilevante per il buon adattamento, il successo e il benessere della persona. I soggetti con livelli moderatamente elevati di autostima e dotati di buona autoefficacia, infatti, sono meno vulnerabili all'ansia, alla depressione, godono di una migliore salute, adottano strategie più efficaci per raggiungere i propri obiettivi; sono maggiormente in grado di far fronte con successo agli ostacoli e alle avversità (Caprara, Steca, 2006).

Le persone che dubitano della propria efficacia, ad esempio, nell'eseguire una certa prestazione tendono ad evitare le sfide, ad abbandonare le attività in caso di difficoltà e a sperimentare stati di ansia. "Le convinzioni di autoefficacia influenzano le aspettative rispetto all'esito delle proprie azioni (...) e influenzano l'attribuzione causale. Le persone con elevato senso di autoefficacia tendono ad attribuire gli esiti degli eventi a fattori stabili e controllabili. Quando le persone ricevono un feedback che non è coerente con il proprio senso di autoefficacia, tendono ad attribuirlo a cause esterne piuttosto che interne" (Caprara, Cervone, 2003, p. 391).

Con riguardo a questi temi non posso non fare almeno un cenno alla teoria socio-cognitiva (o "teoria di causazione triadica") di Albert Bandura, anche per quanto dirò nel prossimo capitolo e per le forti assonanze dell'impianto di tale teoria sia con il modello personologico adleriano sia con quello lewiniano. Dopo una prima fase di studi e ricerche ad impronta comportamentista (1977), Bandura si è poi spostato con maggiore determinazione verso l'orientamento cognitivista, pur continuando a sottolineare l'importanza dei fattori apprenditivi, ambientali e situazionali nelle condotte umane e nella strutturazione della personalità. Difatti, in estrema sintesi, il suo modello teoretico postula l'immagine di un soggetto che è costruttore attivo della propria esistenza (è un "agente causale", è "agentico"[17]); egli influenza significativamente il decorso della propria vita. Qualsiasi cosa la persona pensi o desidera porterà ad un comportamento e questo causerà conseguenze sull'ambiente, le quali, a loro volta influen-

[17] Dall'inglese *agentic*. Aggettivo che intende sottolineare il ruolo di protagonista, di agente attivo, svolto dall'individuo nel determinare gli sviluppi della propria esistenza.

zeranno cosa la persona pensa o desidera. La *causazione triadica* pertanto si riferisce alla covariazione circolare di tre fattori: (1) le *caratteristiche della situazione* (ivi compreso l'*influenzamento reciproco* cognitivo-emotivo fra le persone), influenzeranno (2) *le caratteristiche genetico-fisiche e gli stili di pensiero* del soggetto (aspettative, valori, significati attribuiti a se stesso, agli eventi del mondo, ecc.; tutto ciò che concerne l'autoriflessione) e queste caratteristiche influenzeranno (3) *il comportamento*. Gli effetti che si produrranno su quest'ultimo a loro volta retroagiranno e influenzeranno le caratteristiche di pensiero relative alla situazione e al comportamento, in una circolarità schematicamente così rappresentabile:

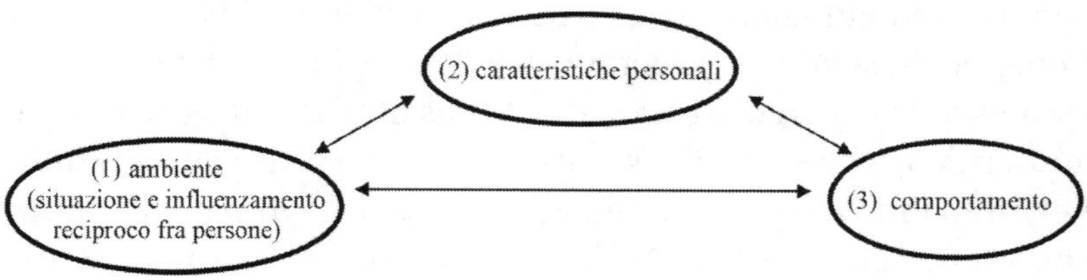

C'è chi si è chiesto, tuttavia, se le teorie su autostima, autoefficacia e natura umana, nell'ambito della ricerca sul sé, non siano espressione del fatto che tali concezioni siano "(...) inevitabilmente costruite da persone che vivono in una data cultura e in un dato momento storico. La domanda quindi è se un teorico può eludere i limiti della propria condizione per fornire una cornice teorica che si applichi a tutte le persone, in tutte le culture e in tutti i contesti storici" (Cervone, Pervin, 2017, p. 248). Un interrogativo cruciale questo, che muove ancora una volta dall'alta variabilità adattativa personologica del *Sapiens* e che potrebbe emergere da un confronto diacronico e geoantropologico fra popolazioni diverse. Alcune ricerche comparative fra soggetti di nazionalità giapponese e soggetti di nazionalità americana, ad esempio, hanno dimostrato che in Giappone più che l'autostima e/o l'autoefficacia, è l'"autocritica" a svolgere un ruolo decisivo nel motivare gli individui al miglioramento di sé; cosa che finisce per produrre un vantaggio sia per il singolo sia per la società (Kitayama, Markus, 1999; Kitayama *et al.*, 1997; Heine, *et al.*, 1999). "Coerentemente con questa visione, le tendenze verso l'autocritica e le esperienze di discrepanza tra il sé reale e il sé ideale in Nord America sono predittive di un disturbo depressivo, mentre in Giappone mostrano una relazione molto più debole con la depressione" (Cervone, Pervin, 2017, p. 251).

Mi piace però sommessamente aggiungere che, volendo vedere la questione da un punto di vista adleriano ed evoluzionistico, autostima, autoefficacia, autocritica, in Giappone o in Nord America, sembrano comunque rappresentare il "carburante" che alimenta in positivo il sé e l'istanza basica umana secondo l'Individualpsicologia: quella di spingere l'individuo a muovere dalla stasi al superamento degli ostacoli, dallo scoraggiamento al coraggio di agire dal *minus* al *plus*; un agire (anche autocritico) che se produce esiti positivi retroagisce inducendo nell'individuo un senso di più alto valore. Una dinamica questa che, come abbiamo visto, Adler individuava nel binomio "sentimento di inferiorità"/"aspirazione alla superiorità". Insomma, i tre costrutti sembrano essere il "carburante" che alimenta il motore psicodinamico cruciale: l'istanza primaria di superamento ed elevazione; che motiva ad agire in direzione dell'"autorelizzazione", come direbbe Rogers. Un motore psicodinamico che, come vedremo meglio nella terza parte del volume, svolge un cruciale ruolo evoluzionistico: superare i problemi che si presentano al singolo e alla comunità, favorendo così il miglior adattamento nei diversi habitat d'insediamento umano.

Di non minor interesse per le nostra disciplina mi sembra la teoria socio-costruttivista di Willem Doise, che però si inscrive nel solco del classico cognitivismo europeo interazionistico e rappresentazionale (intra e intergruppo) di Eiser, Moscovici, Tajfel e altri, piuttosto critico verso il cognitivismo individualistico di matrice americana. Sulla scia delle più ampie riflessioni relative alla relazione funzionamento individuale-interdipendenza sociale, le sue ricerche su lavoro collettivo e sviluppo cognitivo (Doise, Deschamps, Mugny, 1980, pp. 359-377), ad esempio, hanno dimostrato che l'imparare in un contesto relazionale produce dei notevoli mutamenti nelle strategie cognitivo-apprenditive. L'Autore, in particolare, si è concentrato sul ruolo che le interazioni fra bambini svolgono nel *problem solving*. Il modello socio-costruttivista di Doise, peraltro, va oltre le teorizzazioni di Piaget (in cui l'apprendimento veniva studiato essenzialmente in una dimensione individualistica), evidenziando che quando un bambino lavora in collaborazione con altri coetanei (ad esempio, come avviene a scuola quando vengono applicate le metodiche del *Cooperative learning*; cfr. Varriale *et al.*, 1997) il suo modo di pensare e di agire cambia significativamente: tiene assai più in conto i contributi provenienti dal collettivo. Le strategie apprenditive si intrecciano e rendono inevitabile un lavoro d'insieme, che provoca necessariamente una revisione delle posizioni individuali di partenza e la costruzione di una conoscenza più ampia e cooperativa (cfr. Doise, 2010, pp. 51-53).

Dunque, gli stili di pensiero – cioè, quei processi che complessivamente si possono anche definire *disposizioni cognitive intenzionali e apprese di adattamento e sviluppo* –, unitamente ai fattori autovalutativi, situazionali e d'influenzamento reciproco, sembrano avere un significativo impatto positivo o negativo sul nostro sistema personologico e comportamentale. In tali *disposizioni cognitive intenzionali e apprese* rientrerebbero anche quei processi che nel loro insieme vengono definiti da Martin Seligman *impotenza appresa* (1996; cfr. anche 2003, 2006) e che sarebbero il contesto eziologico dei disturbi depressivi. Per questo autore, infatti, ognuno di noi diventa momentaneamente impotente a seguito di un fallimento. Alcune persone si riprendono in tempi brevi, altre restano impotenti per settimane o, se il fallimento è abbastanza grave, per diversi mesi. L'elemento chiave che per questo autore distingue la breve demoralizzazione dal grave scoraggiamento e dall'episodio depressivo è lo *stile esplicativo pessimistico*.

Il fattore cruciale di questo processo, secondo Seligman, è la *speranza* o *l'assenza di speranza*. Lo stile esplicativo pessimistico genera un certo tipo di spiegazione degli eventi negativi, che si proietta nel futuro, ossia una spiegazione colpevolizzante e pessimistica di tipo *personale* ("è colpa mia"), *permanente* ("durerà per sempre"), *pervasiva* ("sta mettendo a repentaglio tutta la mia vita" oppure "adesso fallirò anche nelle altre situazioni"). È da sottolineare che se il fattore di spiegazione *personale*, rispetto agli altri due, è molto marcato ("non sono una persona piacevole o attenta"), ciò può provocare anche un più o meno forte declino dell'autostima. Inoltre il protrarsi dell'impotenza appresa può successivamente condurre a cadute del tono dell'umore più o meno gravi.

La predizione centrale che si ricava da ciò è che "di fronte ad eventi negativi le persone che hanno uno stile esplicativo pessimistico diventeranno probabilmente depresse. Se questo è vero, il pessimismo è un fattore di rischio per la depressione esattamente come il fumo lo è per il tumore e l'impulsività e l'ostilità lo è per l'infarto" (Seligman, 1996, p. 37). L'Autore, che è anche un clinico ed esponente di quella recente corrente di pensiero definita *psicologia positiva*[18], tuttavia, ritiene che sia possibile inoculare nelle persone, in funzione preventiva, l'*ottimismo flessibile*, insegnando loro come cambiare il pensiero. In particolare, egli ritiene possibile sottrarsi più facilmente alla "tirannia del pessimismo" attraverso un diverso modo di articolare il dialogo interiore, di parlare a se stessi: ad esempio, imparando a cercare *le prove* reali a favore di una certa credenza ne-

[18] In estrema sintesi, la *psicologia positiva* ritiene che per migliorare la capacità di fare prevenzione e promozione del benessere fra le persone e di strutturare terapie più efficaci, oltre che allo studio delle caratteristiche dei soggetti con psicopatologie conclamate, come si è fatto esclusivamente sino a qualche tempo fa, sia necessario dedicarsi con maggiore impegno anche allo studio del funzionamento delle persone sane e di come queste riescano a fronteggiare situazioni molto difficili e a forte impatto stressogeno senza ammalarsi (al riguardo, cfr. anche Varriale, Limongelli, 2017).

gativa; a cercare *alternative di pensiero* a quella credenza, che non siano personali, permanenti, pervasive; ad esaminare in profondità *le implicazioni* di tali alternative; e a valutarne *le utilità*, cioè a chiedersi "quanto è vantaggioso per me pensare se ciò è giusto, adesso?".

In campo clinico – come per l'approccio metacognitivo di Wells ai disturbi dell'umore, visti in precedenza, e con cui, mi sembra, il modello dell'*impotenza appresa* abbia diversi punti di convergenza –, nei confronti dei soggetti con psicopatologie conclamate, Seligman propone anche l'applicazione del cosiddetto metodo A.B.C.D.E. (*Adversity*, *Belief*, *Conseguences*, *Discussion*, *Energization*)[19]. Un metodo, questo, in buona misura mutuato dalla prassi clinico-cognitivista e razionale-emotiva di Beck (1988, 1996) e di Ellis (1989, 1993, 1996), di cui dirò nella seconda parte del volume con riferimento alla diagnosi e al trattamento in chiave metacognitiva di alcuni disturbi d'ansia.

Mi piace sintetizzare i presupposti teoretico-prassici e valoriali della *psicologia positiva* attraverso la seguente, significativa riflessione di Seligman: "Molte cose nella vita sfuggono al controllo: il colore degli occhi, la razza, la siccità nelle campagne vicine...Tuttavia, c'è un vasto campo d'azione sul quale possiamo esercitare il nostro controllo, oppure cederlo agli altri o al fato. Si tratta del modo di condurre la vita, di gestire le relazioni interpersonali, di guadagnarsi da vivere: tutti aspetti dell'esistenza per i quali esiste una concreta possibilità di scelta. Il modo in cui pensiamo a questi ambiti della vita può indebolire o potenziare il controllo che abbiamo su di essi. I nostri pensieri non sono solo semplici reazioni agli eventi. Essi cambiano il corso degli eventi stessi. Per esempio, pensare di essere impotenti può influire sullo sviluppo dei nostri figli, inducendoli alla

[19] Segnalo che Seligman è anche autore di un "Test dello stile esplicativo", le cui modalità applicative e di *scoring* sono illustrate nel suo più conosciuto manuale divulgativo del modello psicologico proposto: *Imparare l'ottimismo. Come cambiare la vita cambiando il pensiero* (1996).

passività in molte situazioni della vita. Il pensiero 'Tutto ciò che faccio non ha valore' impedisce l'azione e, per esempio nel caso del lavoro, può portare a cedere il controllo delle cose e delle situazioni ai colleghi e alle circostanze. Quando sopravvalutiamo la nostra impotenza, altre forze assumono il controllo ed agiscono sul futuro delle nostra vita. (...) Le profezie dei pessimisti si autoadempiono" (1996, p. 9). Meditate gente, meditate!

Da ultimo le ampie tematiche della personalità resiliente[20]. Farò solo un accenno alla questione, rinviando il lettore al mio già citato volume *Resilienze*, contenente riferimenti teorici ed empirici molto più ampi. In estrema sintesi, il nucleo della discussione è: esiste una personalità resiliente, con caratteri nomotetici stabili nel tempo? Nel suddetto volume, sulla base della letteratura esistente sembrerebbe di sì: l'individuo resiliente sarebbe dotato di alcuni, specifici tratti bio-temperamentali, da bambino sarebbe vissuto in un ambiente caratterizzato da efficaci fattori di protezione, sarebbe provvisto di significative competenze di *coping*, ecc. Tuttavia, considerando i rilievi empirici della ricerca dell'Istituto Adler di Napoli, cui ho fatto cenno (si veda la prima parte del volume *Resilienze*), per lo sviluppo di tale capacità mi sembra abbiano un ruolo particolarmente significativo, oltre allo stile metacognitivo nel fronteggiamento dell'ansia (per il ruolo del C.A.S.[21], cfr. più avanti capitolo setti-

[20] È utile precisare che i concetti di *resistenza* e di *resilienza*, pur sovrapponendosi in parte, vanno distinti: mentre il primo rinvia alla capacità di sopportare il peso di un evento negativo, con pochi danni o perdite, quindi rinvia a qualità piuttosto statiche come la robustezza, l'inalterabilità, ecc., il concetto di resilienza rinvia alla capacità di superare un evento negativo modificando il proprio stato psico-fisico, riformandosi e rigenerandosi; quindi presuppone qualità dinamiche soggettive come la flessibilità, la duttilità, la riformabilità, ecc.

[21] A proposito del C.A.S. (*Cognitive Attentional Syndrome*), va rilevato che, come ha osservato al riguardo lo stesso Adrian Wells, "per la maggior parte di noi, i pensieri e le emozioni negative sono solamente fenomeni transitori: il CAS, se si attiva, viene riportato rapidamente sotto il controllo consapevole e vengono messe in atto strategie di coping alternative e maggiormente adattive. I disturbi psicologici implicano un insuccesso nel riportare il CAS

mo), anche gli schemi del sé, le vicende biografiche, i vissuti e le narrative, le adleriane "mappe di significato", gli stili attribuzionali della persona. Insomma, cruciale mi sembra ancora una volta quell'idiograficità, quella soggettività (unica, irripetibile e unitaria), nell'interpretazione della realtà, quella più ampia visione del mondo, che si costruisce lentamente nel corso della vita, attraverso cui la persona valuta e gestisce metacognitivamente gli eventi traumatici e stressogeni. Eventi che lo mettono momentaneamente in ginocchio, ma da cui si riprenderà, magari più forte di prima, se farà tesoro dell'esperienza vissuta. Non a caso ho voluto intitolare il suddetto volume *Resilienze*, per alludere al fatto che ogni individuo si costruisce *agenticamente* la propria "strada" a questa capacità positiva di adattamento alle difficoltà e ai dolori della vita.

sotto il controllo dell'individuo e una scarsa flessibilità nel mettere in atto modalità di pensiero e di stili di risposta alternativi. Esso si attiva per cercare di gestire i pensieri, le emozioni e le discrepanze percepite; la flessibilità cognitiva ne risulta compromessa sia a causa delle credenze metacognitive, sia perché c'è una scarsa consapevolezza metacognitiva di questa attività. È particolarmente importante notare come la persona vulnerabile rimanga 'intrappolata' nel CAS a causa di una combinazione di credenze metacognitive positive (del tipo 'Devo preoccuparmi per cercare di evitare il pericolo') e negative (come 'Non ho alcun controllo sul rimuginio'). Le metacognizioni positive incoraggiano all'uso – frequente e persistente – dello stile cognitivo maladattivo, ovvero del rimuginio e della ruminazione, mentre quelle negative impediscono di esercitare un controllo efficace su questo processo e fanno percepire gli eventi interni come se fossero minacciosi (provocando ulteriore distress)" (2012, p. 266; su questi temi cfr. anche Lotto, 2017, pp. 145 e sgg.).

4. Due questioni di rilievo per chiudere la prima parte: il comportamento è determinato dagli attributi di personalità e/o dai fattori situazionali? Come si configura il futuro della PP?

La psicologia si occupa del comportamento degli esseri viventi e sotto questo aspetto è confrontabile con la biologia (...) ma per lo psicologo assume particolare importanza un aspetto speciale del comportamento, quello che il linguaggio comune chiama mentale. (...) Se la psicologia riuscirà a indicare il punto d'incontro tra scienza e vita, se sarà in grado di porre le basi di un sistema conoscitivo che abbracci il comportamento tanto di un singolo atomo, quanto quello di un'ameba, di un topo bianco, di uno scimpanzé e di un essere umano (...), varrà certamente la pena di conoscer(lo) e saremo ripagati del tempo e degli sforzi dedicati a tale acquisizione.

K. Koffka (1970), *Principi di psicologia della forma*

Nella vita dell'uomo, la meta diviene il principio governante, la sua *causa finalis*. È in questo che troviamo la radice della personalità unitaria: l'individualità. Non ha importanza quale possa essere stata la fonte delle sue energie, infatti il carattere individuale non è dato dall'origine, ma dal loro fine, cioè dalla meta ultima.

A. Adler (1923), *Fondamenti e progressi della Psicologia Individuale*

È una chiara imprudenza supporre che la scienza possa fornire una conoscenza certa della verità su una cosa qualsiasi. Quest'affermazione dovrebbe essere considerata però un'esortazione alla prudenza e un monito contro l'arroganza intellettuale: l'arroganza dello scientismo.

D. Oldroyd (1993), *Storia della filosofia della scienza*

1. *La controversia persona-situazione*

La prima importante e ancora attuale questione che mi preme affrontare in chiusura di questa prima parte del volume è la seguente: che peso hanno i fattori strutturali di personalità e i fattori legati a certe situazioni concrete (al loro "potere" condizionante), in cui ci possiamo trovare coinvolti, nel determinismo dei nostri comportamenti? Una questione che in qualche modo è anche un po' la sintesi dello stato della disciplina in questo momento e delle prospettive di sviluppo che si vanno aprendo davanti ad essa. Una controversia (*persona-situazione*) che muove da una serie di ricerche degli ultimi decenni le quali hanno fornito significative prove che i fattori di personalità interagiscono fortemente con i fattori situazionali-ambientali, con le situazioni contingenti concrete. Di qui lo sviluppo in PP di orientamenti teorico-applicativi di matrice più "radicale", definiti *situazionisti*, e quelli più "conciliativi", definiti *interazionisti*.

Questi orientamenti e ricerche, peraltro, hanno fornito molte informazioni sulla natura delle situazioni stesse: "sappiamo, per esempio, che contesti situazionali differenti facilitano il raggiungimento di obiettivi diversi e che le credenze e le rappresentazioni cognitive relative alle situazioni strutturano gran parte della nostra vita sociale. Ma che cosa ci dicono delle persone? Come possiamo concepire le persone nel modello interazionista? Quali unità di analisi dobbiamo utilizzare? Le unità globali costituite dai tratti (...) sembrano del tutto inadeguate ad assolvere questo compito, se non altro perché non sono in grado di cogliere le transazioni dinamiche che hanno luogo tra gli individui e gli ambienti socioculturali" (Caprara, Cervone, 2003, p. 126; cfr. anche Mischel, 1986, 1996).

Naturalmente, gli studiosi di formazione analitica e i fautori della teoria dei tratti si sono energicamente opposti alla prospettiva situazionista più "radicale", obiettando che se il nostro comportamento fosse così fortemente condizionato dagli eventi esterni, dal "potere" delle situazioni e degli ambienti in cui possiamo trovarci coinvolti, non potremmo nemmeno parlare di qualcosa di simile alla personalità, poiché questo concetto presuppone che gli individui adottino modelli comportamentali coerenti nelle più diverse situazioni e ciò sarebbe dovuto a caratteristiche personali dinamiche e/o disposizionali-temperamentali sostanzialmente stabili (Brunas-Wastgaff, 1999).

E allora? Andiamo per gradi, cominciando col fare maggiore chiarezza sugli assunti basici dell'approccio oggi chiamato *socio-cognitivo* (qualcuno però preferisce chiamarlo ancora *cognitivo-comportamentale*), in particolare sugli assunti formulati da Albert Bandura e da Walter Mischel agli inizi degli anni Settanta del secolo scorso. Tale approccio, a partire dai contributi lewiniani, da quelli costruttivisti di George Kelly e dai variegati apporti dei neocomportamentisti, muove dal presupposto che la personalità si formi all'interno di una cornice di interazione fra comportamento, eventi bio-psicologici, caratteristiche ambientali, e che l'individuo venga guidato dalle proprie finalità, aspettative, schemi cognitivi e sistemi di autoregolazione, cui ho già fatto riferimento nel capitolo precedente. In tale prospettiva, diventa, allora, cruciale lo studio controllato (soprattutto quello sperimentale) delle *interazioni* fra processi psichici (cognitivi, emotivi, conativi) e situazioni ambientali e dinamiche in cui questi si manifestano; in particolare i processi di rinforzo e identificatori come fattori strutturanti la personalità, i comportamenti ancorati alle convinzioni personali di valore e di autoefficacia (*self-afficacy*)[1].

[1] Come ho riferito in precedenza, attraverso molte ricerche mirate i teorici socio-cognitivi sono giunti alla conclusione che i pilastri della personalità sono: (1) le competenze e le abilità dell'individuo, (2) le sue aspettative e convinzioni, (3) i suoi standard comportamentali acquisiti attraverso l'osservazione di modelli rinforzati (*modelling*), (4) le finalità perseguite dal soggetto. A questi fattori, va aggiunto il ruolo svolto dalla capacità del soggetto di differire la gratificazione e quello di controllare l'attenzione. Le ricerche hanno, infatti, evidenziato non solo che le persone che si distraggono dalle situazioni

L'immagine che se ne ricava, ha sottolineato Walter Mischel (che è stato allievo di Kelly), ponendosi in una prospettiva di integrazione intra e interdisciplinare, è quella di un essere umano "attivo, volto alla consapevole risoluzione dei problemi, capace di trarre beneficio da una vastissima gamma di esperienze e capacità cognitive, con enormi potenzialità dirette tanto al bene quanto al male, impegnato nella interpretazione ed elaborazione potenzialmente creativa della informazione, modificatore del mondo e da esso legittimamente modificato, anche se le leggi che regolano questa reciproca influenza sono difficili da definire e non suscettibili di generalizzazione. La persona è vista come un essere complesso dalle molte sfaccettature, tanto da rifiutare facili classificazioni e confronti su singole dimensioni comuni; influenzato a livello multiplo da un insieme di determinanti, è al tempo stesso organizzato in modo unico sulla base delle esperienze trascorse e delle aspettative future; comunque suscettibile di venir studiato con metodo scientifico, egli è continuamente impegnato a rispondere alle condizioni stimolo secondo modalità dotate di significato. Questa rappresentazione si colloca molto in là rispetto ai primi modelli istintuali fondati sulla riduzione delle pulsioni, rispetto allo statico modello tipologico e a quello meccanico della relazione stimolo-risposta degli esordi. Essa in qualche modo ridimensiona le scorciatoie rappresentate dalle teorie semplicistiche che considerano il comportamento l'esclusivo risultato di un ristretto set di determinanti, e mette invece sul tappeto abitudini, tratti, impulsi, costruzioni, istinti, geni e rinforzi. Tale ipotesi viaggia comunque in direzioni imprevedibili, seguendo l'evolversi delle nostre conoscenze e in conformità con le nostre sempre maggiori capacità di comprendere" (1986, p. 587).

frustranti sono più capaci di controllare gli impulsi e le emozioni negative, ma che la stessa capacità di differire la gratificazione è un fattore notevolmente stabile nel corso dello sviluppo personologico, oltre che un fattore di differenziazione fra gli individui (Cervone, Pervin, 2017).

Sta di fatto che, a partire dalla seconda metà del Ventesimo secolo, alcune assai convincenti e piuttosto sconcertanti ricerche sperimentali – ad esempio, quelle sul ruolo dell'apprendimento sociale (dei processi di "*modellamento*") nelle condotte aggressive (Bandura, 1977, 1978), sull'obbedienza all'autorità (Milgram, 1974), sul conformismo (Asch, 1990), sulla ricerca dell'equilibrio cognitivo (Heider, 1972), sui processi di categorizzazione sociale e sul pregiudizio (Tajfel, 1983), sui processi di deindividuazione e di diffusione della responsabilità o "Effetto spettatore" (Zimbardo, 1984, 2008; Milgram, Hollander, 1964; Darley, Latanè, 1968) –, hanno ampiamente dimostrando che certe situazioni, soprattutto sociali, hanno un impatto di notevole rilievo sulle nostre condotte e che avendo precise informazioni su queste situazioni è anche possibile predire alcuni nostri comportamenti. E, in effetti, i rilievi empirici forniti da tali ricerche hanno evidenziato un'influenza piuttosto ridotta delle differenze individuali e parecchie somiglianze nel comportamento delle persone in situazioni a più alto impatto sociale[2].

Ma, ribattono ancora i critici del situazionismo più radicale, se fosse possibile predire il comportamento sulla base delle sole variabili situazionali allora tutte le persone dovrebbero comportarsi più o meno allo stesso modo, posto che le variabili presenti in una situazione fossero le stesse. È vero, infatti, che in certe situazioni, ad esempio in quelle create dal famoso esperi-

[2] Ad esempio, su questioni drammatiche, anche recenti, quali le pratiche di tortura, i genocidi, ecc. e le relazioni che tali pratiche distruttive possono avere con le dimensioni personali (quali quelle del libero arbitrio, delle disposizioni di personalità, ecc.) è stato ampiamente dimostrato che esiste un "Effetto Lucifero" (Zimbardo, 2008) per il quale le caratteristiche di un sistema e i fattori situazionali che da questo sistema derivano producono effetti devastanti anche su personalità abbastanza equilibrate e non orientate alla violenza e/o a pratiche perverse. In tal senso, il saggio di Clelia Bartoli su *La responsabilità di sistema e le mele marce di Abu Ghraib* (2010) è una lettura che consiglio caldamente a chi volesse saperne di più.

mento sull'obbedienza all'autorità di Stanley Milgram (1974; cfr. anche Varriale, 1985), un'ampia maggioranza dei soggetti (il 65%) ha continuato a somministrare una scarica elettrica, fino a 450 volt, il massimo di intensità possibile, assai dolorosa, ad un finto "allievo" (complice dello sperimentatore), non visibile, ogni volta che questi sbagliava una risposta. Ma è anche vero che il 35% dei soggetti sperimentali (volontari) si è rifiutato di infliggere tale livello di dolore fisico al presunto allievo, ritirandosi dall'esperimento. Pertanto, Blass (1991) ha commentato che, anche in situazioni molto strutturate, come nell'esperimento di Milgram, le differenze individuali (attribuibili alle diverse disposizioni di personalità) evidentemente hanno avuto un significativo rilievo.

"Così, se è vero che la situazione sembra essere il miglior predittore dell'obbedienza, è vero pure che il miglior predittore della disobbedienza sembra essere la disposizione, dato che la situazione era la stessa per tutti i soggetti dell'esperimento. I critici del situazionismo come Blass non affermano che le situazioni non abbiamo importanti effetti sul nostro comportamento; essi affermano che per predire il comportamento dobbiamo scoprire come le caratteristiche della personalità e le situazioni interagiscono, perché nessuno di questi due fattori, da solo, basta a dar conto di come gli individui si comportano in ogni contesto. Tali psicologi sono perciò sostenitori di un approccio interazionista allo studio della personalità. (...) L'interazionismo mette l'accento sul modo in cui le variabili situazionali influenzano (moderano) le variabili disposizionali. In altre parole, si tratta di vedere quali situazioni massimizzano le differenze di personalità e quali situazioni minimizzano tali differenze" (Brunas-Wagstaff, 1999, p. 78-79).

Alla ricerca di risposte in tale direzione, diversi autori hanno notato che sembrano esistere tre tipologie di situazioni che possono ridurre il ruolo degli attributi di personalità o delle disposizioni nel determinare il comportamento (cfr. Blass, 1991):

- le "*situazioni forti*", che minimizzano l'influenza delle differenze individuali in quanto le alternative comportamentali sono limitate (come nel paradigma sperimentale di Milgram, in quanto i soggetti potevano scegliere solo fra due alternative: dare le scariche o abbandonare; ma quando i soggetti possono scegliere fra scariche di intensità differente senza conseguenze le misure dei tratti, ad esempio, dell'aggressività o, viceversa, della tendenza alla condivisione emotiva, permettono di predire il comportamento).
- le "*situazioni imposte*", in cui come sopra l'influenza delle differenze individuali viene minimizzata (ad esempio, sotto la minaccia di un'arma è prevedibile che le persone si comporteranno allo stesso modo, cioè obbediranno alle intimazioni di chi le minaccia);
- le "*situazioni che assorbono*", cioè quelle situazioni in cui una minor autocosapevolezza, una ridotta presenza cosciente, fa sì che i comportamenti divengano più facilmente automatici e, pertanto, possano essere maggiormente influenzati dagli eventi esterni che dalle caratteristiche disposizionali.

Lo sviluppo delle ricerche in questo settore, ma soprattutto la capacità dell'interazionismo di evidenziare la maggiore concretezza/forza delle situazioni reali *versus* l'astrattezza-generalità dei tratti, peraltro, ha finito per spingere molti degli specialisti in campo clinico ad orientarsi verso l'impianto interazionista nella ricerca delle cause del comportamento. Nei *setting* clinici, infatti, gli psicologi si trovano molto spesso a confrontarsi più con le complesse situazioni reali, con quegli articolati e contingenti fattori situazionali-ambientali in cui si sviluppa il disagio, che con dinamiche psicopatologiche endogene, riguardanti il progressivo strutturarsi della personalità.

"Si consideri il caso di uno psicologo clinico che debba aiutare qualcuno a riadattarsi alla vita quotidiana dopo una crisi provocata da un qualche evento della vita. Secondo Bentall, per uno psicologo clinico non è particolarmente utile conoscere il profilo della personalità di un paziente, né sapere se la sua personalità di solito è coerente nelle varie situazioni, perché spesso sono le incoerenze del comportamento quelle che colpiscono di più. In altre parole, quando una persona si rivolge ad uno psicologo clinico di solito è perché si comporta diversamente da come si comportava prima. Dire che un paziente ha un particolare tipo di personalità non sembra particolarmente utile se lo scopo è quello di aiutarlo a cambiare il suo attuale comportamento. L'importante è aiutare i clienti ad adattare il loro comportamento alle nuove situazioni e aiutarli ad affrontare le situazioni che possono incontrare in futuro" (Brunas-Wagstaff, 1999, p. 82). E tali considerazioni, come vedremo più avanti, appaiono particolarmente pertinenti per quelle relazioni d'aiuto, come nel counseling psicologico, non tanto centrate sulla ristrutturazione profonda della personalità del cliente, quanto sulla soluzione di uno specifico problema (della situazione critica contingente) che crea disagio e sull'assunzione di responsabilità per le necessarie, nuove scelte adattative che il cliente medesimo dovrà effettuare.

Altri studiosi (Lombardo, Foschi, 2002), inoltre, hanno suggerito, a mio avviso giustamente, che da un punto di vista metodologico la prospettiva socio-cognitiva e interazionista si caratterizza maggiormente in senso idiografico, mentre la psicologia delle disposizioni e dei tratti è notoriamente più orientata in senso nomotetico. Mischel, ad esempio, ha indirizzato una serie di ricerche proprio verso l'analisi di particolari situazioni e/o contesti psicologici che possono favorire, in uno specifico individuo, uno specifico comportamento. Difatti, le sue indagini – fra le tante, particolarmente significativa appare quella sulle condotte aggressive fra i bambini di un campeggio estivo, svolta in situazione naturalistica attraverso l'impiego dell'osservazione controllata (cfr. Shoda, Mischel, Wright, 1994) – si sono focalizzate sull'individuazione di *pattern* particolari di comportamento che emergono dall'interazione fra le specifiche caratteristiche psicologiche di un certo individuo (idiografiche, appunto) e la concreta situazione in cui questo stesso individuo si viene a trovare.

Le conclusioni più generali (e i moniti) dello stesso Walter Mischel a tale riguardo mi appaiono di notevole interesse, in particolare per gli psicologi alle prime armi che si apprestano ad intraprendere una fra le professioni più delicate e difficili. Dunque, nonostante in apertura di capitolo vi abbia già fatto cenno, mi sembra utile ribadire tali conclusioni in modo più completo in chiusura di questa prima parte giacché, come dicevano i latini, *repetita iuvant*: "L'impatto di particolari situazioni o trattamenti dipende dalle particolari persone che vi sono presenti. Un particolare corso di 'arricchimento' o un programma di azione sociale, una sessione di sviluppo della creatività, e un programma terapeutico possono dimostrarsi validi per alcuni e del tutto inefficaci (a volte dannosi) per altri. È sempre più diffusa l'opinione, nella psicologia e nelle scienze sociali, che i 'trattamenti' possono anche condurre a risultati stabili altamente generalizzati. Il fenomeno della specificità si deve all'ampia gamma di modalità con cui individui differenti possono reagire al 'medesimo' trattamento e reinterpretarlo e dal fatto che l'impatto esercitato dalla maggior parte delle situazioni può solitamente venir modificato da condizioni 'moderatrici' differenti. (...) Il riconoscimento che il comportamento è sempre determinato da numerose variabili e che limitarsi a prestare attenzione ad una sola di esse conduce inevitabilmente a fare predizioni molto limitate e a generalizzazioni non riguarda esclusivamente il settore della psicologia della personalità.

"In conseguenza di ciò, può essere assai difficile giungere a estese ed onnicomprensive generalizzazioni sul comportamento umano; molti elementi qualificatori (moderatori) sono infatti riconducibili alle nostre personali 'leggi' di causa-effetto, che spesso non prevedono eccezioni di sorta. D'altro canto, se la necessità di qualificare le generalizzazioni operate sul comportamento umano complica la vita dei nostri studiosi sociali, questo non li distoglie dallo studiare i fenomeni umani scientificamente: tale necessità ci impone semplicemente il rispetto per la complessità dell'impresa e ci rende edotti dei pericoli insiti nella sovrasemplificazione della natura e delle cause del comportamento. Esiste un eguale pericolo sia che si ricerchino effetti situazionali generalizzati (globali), indipendenti dall'individuo, sia variabili personali generalizzate (globali), indipendenti dalla situazione" (Mischel, 1986, pp. 579-580).

Anche in ambito clinico-psicodinamico, nella teoria della tecnica analitica, si è giunti a conclusioni molto simili: Sandor Ferenczi, ad esempio, che fu prima un seguace di Freud, ma da cui in seguito si distaccò, espresse l'esigenza di applicare metodi diversi a pazienti con personalità e problematiche differenti. Egli fu il primo ad affermare che non bisogna adattare il paziente alle conoscenze dell'analista, ma, viceversa, è il terapeuta che deve capire quali sono i bisogni di ogni individuo che si rivolge a lui. Se è chiaro che il trattamento psicoanalitico avrà scarsa efficacia di fronte al problema del paziente allora dovrà capire quale possa essere il miglior approccio, anche se si dovesse trattare di una tecnica del tutto opposta. Anche lo junghiano Aldo Carotenuto condivide questo approccio; sulla base della sua lunga esperienza clinica, egli infatti nota: "(...) Io ritengo che il modo più entusiasmante di lavorare sia quello di assumersi sulle spalle la responsabilità dell'altro, porsi di fronte a quella persona ed esaminare con lei il problema, decidendo insieme che cosa si può fare. Nessun caso, per quanto inconsueto e difficile possa presentarsi, ci può trovare completamente impreparati, perché il bagaglio di conoscenze che si è acquisito nell'esperienza sul campo non si limita a essere una tecnica circoscritta, ma può invece essere paragonato alla strumentazione che un esploratore porta con sé quando si reca in una terra ostile. Naturalmente egli non ha mai visto quei luoghi prima, ma la sua competenza e i suoi precisi strumenti gli permetteranno di affrontare la situazione inconsueta" (1988, p. 235).

Infine, il modello interazionista di maggiore interesse per il mio orientamento dinamico-evoluzionistico, socio-cognitivo e costruttivista adleriano, mi sembra quello che è stato definito "contestualistico-olistico". Le riflessioni del suo maggiore teorizzatore, lo psicologo svedese David Magnusson (2001, 2003), hanno assunto oggi un tale rilievo in PP che a questo modello è stato dedicato anche un numero monografico dell'*European Psychologist* (AA.VV., 2001)[3]. A differenza dell'interazionismo "classico", un po' troppo statico, l'interazionismo olistico di Magnusson propone un approccio allo sviluppo personologico in cui l'individuo risulta la parte attiva e propositiva del sistema persona-ambiente; un sistema specie-specifico, quest'ultimo, evoluzionisticamente integrato, complesso e adattativo. Nel modello che egli propone, dunque, viene enfatizzato più marcatamente il carattere olistico e dinamico (di "movimento", direbbe Adler) della personalità, per cui lo sviluppo personale è il risultato di una serie continua di interazioni tra componenti mentali, biologiche e comportamentali dell'individuo e componenti fisiche, sociali e culturali dell'ambiente.

Come l'Autore stesso scrive, "una caratteristica fondamentale dei processi di sviluppo è che essi, oltre ad essere dinamici e complessi, risultano adattativi; anzi, nel corso del tempo lo sviluppo dell'individuo interagisce con i processi adattativi. L'intenzionalità, che si lega alle emozioni, ai valori e all'apprendere dall'esperienza, è un elemento cruciale dei processi evolutivi individuali. Ciò non implica che i differenti aspetti della complessità degli individui e dei processi adattativi non siano, in linea di principio, suscettibili di analisi con metodi rigorosi. Semplicemente, rappresenta una sfida allo sviluppo e all'applicazione di metodi efficaci per analizzare i dati a partire dalla consapevolezza della natura particolare dei fenomeni che si vogliono

[3] Nello stesso numero monografico è presente anche il saggio dello stesso Magnusson dal titolo *The Holistic-Interactionist Paradigm: Some Directions for Empirical Empirical Developmental Research* (pp. 153-162), cui rinvio il lettore interessato ad approfondire la conoscenza di tale modello personologico.

studiare" (Magnusson, 2003, p. 226). Seguendo tale paradigma l'Autore ha così sviluppato una serie di poderosi studi a carattere teoretico e metodologico (Magnusson, Stattin, 2006; Magnusson, Stattin, 2007) finalizzati a comprendere come mutano le personalità al mutare del contesto: dal momento che l'ambiente passa attraverso continue dinamiche di cambiamento, altrettanto dinamico è il processo di sviluppo dell'individuo che con esso interagisce costantemente.

Un punto di vista, questo, convincente, che mi sembra, peraltro, assai vicino oltre che a quello adleriano anche a quel paradigma multidisciplinare e "olistico", oggi dominante nell'ambito degli studi di paleoantropologia cognitiva, che cercano di ricostruire le tappe evolutive fisiologiche e mentali che (a partire da 6-7 milioni di anni fa) hanno portato ad uno sviluppo neuro-cognitivo e comportamentale del tutto originale e all'inarrestabile diffusione nel paleolitico medio-superiore dello straordinario primate antropomorfo che ha preso il nome Homo sapiens. E ciò non deve stupire, perché anche per noi che studiamo la personalità "la nostra specie è insolita per molte sue caratteristiche fisiche, oltre che cognitive, ma il modo esclusivo con cui elaboriamo le informazioni è senza dubbio l'elemento che ci rende diversi dagli altri organismi, ed è certamente quello che *ci fa sentire diversi*" (Tattersall, 2013, p. 8).

In conclusione, cosa possiamo dire circa l'influenza esercitata dai fattori genetico-evoluzionistici e da quelli ambientali-culturali sullo sviluppo e lo strutturarsi della personalità? Cervone e Pervin, dopo un articolato esame della recente letteratura nei settori della psicologia evoluzionistica e della genetica comportamentale, offrono una risposta a tale interrogativo; una risposta da me ampiamente condivisa com'è facilmente riscontrabile dalle riflessioni svolte in apertura (si veda il capitolo primo) e in chiusura del volume (capitolo ottavo e nono) e dall'esame di diversi, ampi e specifici lavori di ricerca centrati su questa tematica (cfr. Varriale, 2002, 2013, 2015, 2016a, 2017; Varriale, Limongelli, 2017; Varriale, Rotondo, 2011a): "Gli individui possono essere recettori relativamente passivi di ambienti, possono svolgere un ruolo negli eventi ambientali attraverso le risposte che provocano e possono avere una parte attiva, scegliendo e creando ambienti. Quando si riflette sul concetto di natura e cultura in relazione alla personalità, occorre tenere presente che lo sviluppo della personalità è sempre una funzione dell'interazione tra geni e ambienti, che non esiste natura senza cultura né cultura senza natura. Possiamo separarle per discuterle e analizzarle, ma natura e cultura non agiscono mai indipendentemente l'una dall'altra. (...) La natura fondamentale del materiale genetico, in altri termini, consiste nel creare nuove possibilità per l'organismo che si realizzano solo se l'organismo viene a contatto con ambienti particolari, vale a dire solo se viene alimentato in un determinato modo. Anziché domandarci quanto sia ereditario un tratto, faremmo meglio a chiederci in quali circostanze il contributo genetico di quel tratto viene attivato o soppresso" (2017, p. 370).

2. *Qualche nota conclusiva sul futuro della PP*

In chiusura di questa rassegna dei più importanti orientamenti in Psicologia della personalità, cosa è possibile dire circa gli sviluppi futuri della nostra disciplina? Certamente il lettore a questo punto avrà compreso che la personalità (o *Stile di vita*, come la chiamerebbe Adler), dal mio punto di vista, va considerata un sistema dinamico-teleologico complesso che si costruisce, oltre che sulla base delle determinanti biologiche (e la genetica e le neuroscienze cognitive stanno offrendo al riguardo contributi significativi) e idiografiche di ciascun individuo, anche attraverso i condizionamenti storico-ambientali e situazionali contingenti e passati. La personalità è dunque un fenomeno, contestualmente situato, alla cui strutturazione contribuiscono interattivamente i nostri modi di essere, le modalità di esperire cognitivamente ed emotivamente gli eventi, gli influenzamenti reciproci, il modo (le azioni) attraverso cui affrontiamo adattivamente le situazioni che accadono nell'ambiente esterno in un determinato momento storico e socio-economico. In tal senso la prospettiva interazionista, oggi definita socio-cognitiva, di Bandura, Mischel, Lazarus, Cervone, Pervin, Caprara, ecc., su cui ho ampiamente riferito, ha fornito contributi recenti di notevole interesse. Tuttavia, sulla scia delle formulazioni di questa prospettiva, mi sembra anche di poter affermare che resta ben viva non solo la lezione di Vygotskij (1966; cfr. anche Mecacci, 1983) e della psicologia critica di Holzkamp (1974) e di Sève (1975), ma anche quella di Adler, il cui modello personologico – specialmente se letto in una chiave anticipatrice dei moderni modelli socio-cognitivi e costruttivistici – mi pare particolarmente sintonico con quanto sin qui evidenziato. Ribadisco, il concetto base degli autori che si muovono nella prospettiva socio-cognitiva è che l'intrapsichico dell'individuo si costruisce e si trasforma sotto la pressione di eventi intersoggettivi, sociali e di ordine evoluzionistico-adattativo. Non penso francamente che Adler avrebbe avuto molte difficoltà a sottoscrivere una tale formulazione (seppure con qualche sua precisazione di ordine dinamico-analitico), del resto oggi ampiamente accettata da un numero sempre crescente di ricercatori (cfr. Varriale, 2015, 2016a, 2017; gli interessati possono consultare anche i miei lavori di ricerca in campo psicosociale e di comunità pubblicati nel corso degli anni Ottanta-Novanta del Secolo scorso: cfr. la bibliografia in Varriale, 2005).

Come ha notato lo stesso fondatore della Individualpsicologia, nella fase di maggior stabilizzazione del suo modello personologico (fra il 1925 e il 1937), nella nostra dimensione psichica individuale come in quella sociale, "dobbiamo fare i conti, prima di ogni cosa, con l'aspirazione al superamento di una situazione di *minus*. Partendo da un simile presupposto, arriviamo al concetto ben dimostrato che, tanto nel gruppo quanto nell'individuo, la spinta al superamento degli ostacoli può dar luogo a un numero infinito di rivolgimenti, di esperienze fallite e di tentativi non riusciti" (Adler, "*Mass psychology*", 1937).

"Il secondo principio fondamentale che permea tutta l'evoluzione umana, secondo la psicologia individuale, è il sentimento comunitario che è proprio di ogni società umana. Il suo grado di sviluppo ci dà la misura dei desideri, e più ancora delle azioni, di una persona. Una considerazione analoga vale anche per i gruppi. La storia giudica le azioni umane a seconda del grado di sentimento sociale contenuto e ritiene, senza eccezione, validi e grandi quei fatti che ne siano saturi e che, in virtù di ciò, promuovano il benessere di tutti. La mancanza di questo sentimento, dovuta sempre a un aumentato senso d'inferiorità, conduce l'individuo alla nevrosi o al crimine e i gruppi e le nazioni verso l'abisso dell'autosterminio" (Adler, *Salvaging mankind by psychology*, 1925; trad. it. di entrambi i brani in Ansbacher, Ansbacher, 1997, p. 506-507).

Non meno condivisibili mi sembrano le significative considerazioni fatte da Lucien Sève oltre un quarantennio fa, nel saggio *Psicoanalisi e materialismo storico*: "La personalità umana si sviluppa sulla base di una individualità biologica che non è inizialmente un prodotto storico, ma un dato naturale. (...) Gli individui devono sempre ricominciare dall'animalità originaria dato che l'ominizzazione sociale si compie al di fuori degli organismi. Alla luce del materialismo storico si può capire meglio ciò che ha di straordinario la particolarità biografica che risulta per gli uomini dall'accelerazione sociale della loro essenza: ogni piccolo d'uomo può diventare uomo soltanto riproducendo in seno alla propria esistenza un prodigioso capovolgimento dialettico tra due ordini di realtà (biologico e sociale), capovolgimento che è stato possibile soltanto attraverso un processo storico millenario. Questo capovolgimento non è più naturale nell'individuo di quanto non lo sia stato nello sviluppo dell'umanità: la sua stessa necessità è accentrata – benché si interiorizzi in seguito in numerosi modi – di modo che la personalità non è il prolungamento sociale dell'individualità biologica, ma al contrario una formazione sociale che viene dal di fuori e secondo la propria logica investe l'individualità biologica; da ciò un insieme di processi di interrelazione che la psicologia della personalità ha il compito di sbrogliare" (1975, pp. 237-238).

E allora che cosa dobbiamo aspettarci per il futuro della PP? Come ho anticipato ad inizio di questo volume, credo che il concetto chiave che potrebbe caratterizzare bene lo scenario entro cui sempre più si muoverà la nostra disciplina sia quello di *integrazione*: non solo integrazione fra i contributi derivanti da settori disciplinari diversi (neuroscienze, paleoantropologia fisica e culturale, genetica, etologia, filosofia della mente, sociologia, ecc.) e le metodologie a questi connessi, ma anche integrazione fra settori disciplinari della stessa psicologia (psicologia dei processi cognitivi, sociale, evolutiva, clinica, ecc.), che impiegano sia l'approccio nomotetico sia quello idiografico, magari in una cornice evoluzionistica, come ho cercato di fare anche in questo lavoro (Costanza, 2014; Cardaci, 2012; Fossi, 2005; Bruni, 2017)[4].

Diversi autori che si muovono nell'ambito della prospettiva socio-cognitiva non sottovalutano il contributo che sta fornendo e ancor più fornirà lo straordinario sviluppo delle scienze neuro-biologiche degli ultimi decenni anche per l'avanzamento della PP, ma ritengono che questo contributo, per quanto importante esso sia, non potrà essere risolutivo per un reale avanzamento nella conoscenza su come si struttura e si sviluppa la personalità. Questi autori, come ho già più volte notato, giustamente, hanno dato e danno un ampio rilievo ai fattori situazionali e storico-socio-culturali, di agenticità, di reciprocità inter-

[4] Come ho già notato in apertura di volume (cfr. le considerazioni finali del paragrafo 2), da qualche decennio si va affermando particolarmente negli USA (ma sul finire degli anni Novanta anche nel nostro paese) un settore di studi che prende il nome di *Psicologia evoluzionistica*; un settore che, fra l'altro, anche in campo psicodinamico (Fossi, 2005; Cardaci, 2012; Bruni, 2017), indaga il ruolo che la personalità e le differenze individuali possono aver rivestito per l'affermazione della nostra specie sul pianeta.

personale, di autoriflessione, dell'immagine di sé (della propria autoefficacia e della stima di sé), che riguardano l'individuo, ma soprattutto sottolineano fortemente che "nel funzionamento psicologico quotidiano, *gli individui creano e reagiscono a significati*, costruiscono il significato degli eventi che segnano le oro vite e *le loro esperienze e regolano le loro attività in accordo con tali significati. I processi che presiedono alla costruzione dei significati e di autoriflessione hanno un ruolo centrale in una scienza della persona*. Anche le analisi più sottili dei neuroscienziati riconoscono che i processi tramite i quali le persone creano i significati delle loro vite non si possono ridurre alle più elementari componenti fisiologiche" (Caprara, Cervone, 2003, p. 448; il corsivo è mio).

Bene, di nuovo, come ho fatto in apertura, voglio ribadire che Alfred Adler, quasi un secolo fa, ha usato più o meno le stesse parole per caratterizzare il nucleo portante del suo modello personologico: "*Gli esseri umani vivono nel regno dei significati.* (...) Noi sperimentiamo sempre la realtà attraverso il significato che le diamo: non in se stessa, ma come qualcosa di interpretato. (...) Ci sono tanti significati nella vita quanti sono gli esseri umani. (...) *I significati non sono determinati dalle situazioni, ma siamo noi stessi a determinarci con i significati che attribuiamo alle diverse situazioni.* (...) Il modo di affrontare la vita può essere meglio corretto con l'aiuto di qualcuno che è addestrato a comprendere questi significati, che può unirsi a lui nel cercare di scoprire l'errore originario, e contribuire a suggerirgli un significato più appropriato. *Una volta che si sia riusciti a individuare e comprendere quale significato dà un soggetto alla vita, abbiamo la chiave per comprendere tutta la personalità*" (1931a, tr. it. 1994, pp. 23-37, il corsivo è mio). Confronti adesso il lettore le due suddette citazioni e ne tragga le debite conclusioni!!

Naturalmente lo sviluppo dei vari modelli e costrutti teoretici tesi alla sempre migliore definizione delle implicanze insite nella prospettiva socio-cognitiva e le ormai numerose e molto significative ricerche empiriche che partono da tale cornice teoretica danno conto non soltanto di quanto sia diventato importante tale prospettiva in psicologia della personalità, ma confermano anche che le concettualizzazioni adleriane (Sentimento/Complesso di inferiorità/Aspirazione a superare, Sentimento di comunità, Sé creativo, Stile di vita, Scopo o finalità prevalente, e quant'altro) sono stati fra i più fertili precursori del modello socio-cognitivo in campo personologico, psicoeducativo e clinico-psicodinamico (Varriale, 2005).

Torniamo alla parola chiave che ritengo più rappresentativa di quale potrà essere lo sviluppo futuro della PP: *integrazione* (intra e interdisciplinare). Oltre all'esame dell'approccio integrato (socio-psico-pedagogico e nomotetico-idiografico) impiegato per la nostra ricerca sul ruolo dei processi metacognitivi di fronteggiamento dell'ansia nello sviluppo di personalità resilienti (Varriale, Limongelli, 2017) e per la strutturazione dei percorsi scolastici di prevenzione dei possibili disturbi emotivo-apprenditivi, invito il lettore a documentarsi meglio, anche attraverso i siti specializzati presenti sul web, sulla quantità sempre crescente di studi che si stanno muovendo nella direzione dell'integrazione intradisciplinare. Ad esempio, numerosi dati empirici (anche in ambito neurocognitivo, psicodinamico, psicosociale e clinico-metacognitivo) confermano che le convinzioni di autoefficacia (e di stima di sé) delle persone nel controllo delle emozioni e delle situazioni sociali influenzano sia le convinzioni di autoefficacia nelle condotte interpersonali normali e patologiche sia il benessere individuale e, dunque, per diversi aspetti, l'Adler del binomio "Sentimento di inferiorità/Aspirazione a superare" ancora una volta docet!! A tale riguardo e in estrema sintesi, mi piace illustrare un recente, paradigmatico studio italiano sui temi trattati in questo capitolo.

Il contributo cui alludo esplora la seguente tematica: *La coerenza della personalità da una prospettiva socio-cognitiva: studio sulla variabilità intraindividuale dell'autoefficacia percepita in situazioni sociale* (Calarco, Ferrante, Di Blas, 2015). In accordo con il modello di *assessment* KAPA (Cervone, 2004,

2005) – modello che integra aspetti idiografici e nomotetici nella prospettiva socio-cognitiva[5] –, i risultati di tale contributo mostrano che il senso di autoefficacia (Bandura, 1999, 2000) è tanto maggiore quanto più si crede che le caratteristiche individuali facilitino specifici comportamenti in situazioni sociali, solo però se tali caratteristiche sono centrali nel sistema del sé.

Più in particolare, lo studio, a proposito della coerenza della personalità, "dimostra che il giudizio relazionale di self-efficacy può essere spiegato a partire dalle strutture relativamente stabili intrapersonali, vale a dire da pattern condizionali che ciascun individuo sviluppa legando, in modo distintivo, situazioni a caratteristiche distintive di sé. Suggerisce inoltre che più variabili possono concorrere, indipendentemente le une dalle altre, a spiegare e a prevedere gli appraisal di autoefficacia. Da un lato, infatti, l'importanza percepita covaria, a livello intraindividuale, con il senso di autoefficacia proprio come la rilevanza situazionale; dall'altro, Estroversione e Stabilità emotiva si associano positivamente alle valutazioni di self-efficacy in situazioni sociali" (Calarco, Ferrante, Di Blas, 2015, p. 22).

Ancora una volta mi sembra di poter affermare che questo lavoro di ricerca fornisca ulteriori, articolate conferme empiriche sulla significatività delle intuizioni di Adler circa la natura e le dinamiche di sviluppo della personalità. In particolare, confermi le intuizioni riguardanti sia la centralità psichica del sé, soprattutto in termini di monitoraggi valutativi che l'individuo effettua su se stesso in relazione alla capacità di superare prove e ostacoli valorizzanti (istanza che Adler chiamò *Aspirazione alla superiorità* o "movimento" dal *minus* al *plus*), sia la centralità appercettiva e adattativa, di significazione, per quello stesso in-

[5] Il KAPA (*Knowledge and Appraisal Personality*) offre una cornice teorico-metodologica che, integrando aspetti idiografici e nomotetici, permette di indagare la personalità in modo da elaborare teorie generali sulle differenze individuali, a partire però dalle rappresentazioni soggettive e distintive del singolo individuo.

dividuo degli eventi situazionali-ambientali e socio-affettivi (istanza che lo psicologo viennese definì *Sentimento di comunità*). Inoltre, come ho più volte notato, a partire da tali istanze psicodinamiche, il fondatore della Individualpsicologia, riferendosi al rapporto esistente nell'individuo fra dialogo interiore (metacognitivo e metaemotivo) e azione, elaborò una prima chiave interpretativa personologica su base cognitivo-costruttivistica introducendo i concetti di "Regno dei significati", "Mappa privata" di sé e del mondo e di "Sé creativo" (Varriale, 2017). Tutti concetti che alludono ai processi dinamico-cognitivi alla base dello "Stile di vita" ("sano" o disfunzionale) unico, irripetibile, coerente e unitario per ogni persona. Un costrutto di grande rilievo per Adler, quest'ultimo, sia sul piano dell'architettura del suo modello teorico-personologico sia sul piano della prassi sociale e clinica (si veda capitolo terzo).

Ma c'è di più. Il suddetto studio mi sembra che autorizzi anche un atteggiamento ottimistico circa gli sviluppi futuri della nostra disciplina: possiamo cioè sperare non solo che le conoscenze circa la natura e i percorsi di sviluppo della personalità individuale si precisino sempre meglio e che ciò porti ad una migliore comprensione/predittività dei comportamenti umani, ad una più efficace prevenzione dei disturbi psicologici, ma anche che all'orizzonte si delinei un *paradigma condiviso* sempre più preciso che migliori il lavoro sia nel campo scientifico che in quello sociale. Più in particolare, credo si possa essere ottimisti circa i contributi che ci offriranno congiuntamente sia gli studi a carattere neuro-biologico ed evoluzionistico, sia gli studi che si muovono nella prospettiva socio-cognitiva, centrati su una maggiore definizione di costrutti più circoscritti, sia gli studi a più ampio raggio e a carattere psicodinamico, come ad esempio quelli proposti dal modello clinico-personologico e sociale adleriano.

In tale prospettiva, e anche per ricollegarmi con quanto riferito in apertura di volume circa l'impiego della fRMI per la localizzazione neurologica del Sé (si veda capitolo primo, FIGURA

1), mi piace fare un ultimo esempio, questa volta mutuato dalla più recente ricerca neuroscientifica. Ricerca che può dar conto di quanto sarà cruciale nel prossimo futuro il fattore integrazione, questa volta interdisciplinare, per l'avanzamento della PP. E ciò non solo per comprendere meglio il più grande mistero che avvolge ancora il cervello: come fa la materia biochimica a trasformarsi in "immateriali" pensieri su noi stessi e sul mondo, ma anche per chiarire i fondamenti neuropsicologici della costruzione della nostra personalità, del nostro modo di funzionare e di essere unici e irripetibili. È noto, infatti, che l'attuale grande sfida dei vari, iperfinanziati programmi europei ed americani di ricerca sono orientati alla mappatura del cervello (a livello micro e macro); alla costruzione del cosiddetto *connettoma*, cioè alla messa a punto di un atlante multidimensionale e dinamico del nostro organo per pensare (adattativamente), anch'esso unico e irripetibile per ogni individuo (Seung, 2013).

Le conoscenze accumulate nel corso del XIX e XX secolo e il recente, grande sviluppo delle tecniche di *neuroimaging*, di *calcium imaging* e di *microscopia* delle molecole, dei geni, delle sinapsi che afferiscono alla funzionalità del neurone (ad esempio, il MEA, *Multi-Electrode Array*) hanno dato uno straordinario impulso a tre integrate direttrici di ricerca internazionali: (1) la mappatura delle connessioni neurali (l'architettura connettomica), (2) la raffigurazione dettagliata di quello che viene definito "*traffico nervoso*", (3) la simulazione completa del cervello umano attraverso il computer (come lo *Human Brain Project*, lo Spaun, o il BCI *Brain-Computer Interface* volto alla costruzione di un modello virtuale di cervello).

Insomma, ha notato Javier DeFelipe, "milioni di anni di evoluzione ci hanno dotati di un organo incredibilmente complesso, un immenso mondo microscopico di elaborazione di informazioni ed emissione di segnali che non ha solo il compito di gestire il nostro organismo, ma anche quello di controllare il nostro comportamento, e che ci rende in grado di interagire con altri esseri viventi. Una chiave del successo del cervello umano sta nella sua duttilità, cioè la capacità di modificare e perfezionare la sua attività mentale per adattarsi all'ambiente da un punto di vista sia anatomico sia funzionale. (...) Risulta evidente che, per creare un cervello artificiale, non basta riprodurre ognuna delle sue parti o tutti i suoi sistemi modulari con le relative connessioni, ma è necessario conoscere il funzionamento computazionale di ciascuna di quelle parti separatamente, per poi apprendere in che modo si generano i comportamenti complessi e come questi sistemi si integrano in un'unità, il cervello. A tale scopo sono stati creati modelli per studiare in che modo i compiti computazionali si implementano a livello delle reti neurali e come da queste stesse reti emergano funzioni complesse" (2017, p. 8 e sgg.). E lo stato attuale della tecnologia sembra sia in grado di rendere possibile tale prospettiva, soprattutto spingendo verso la realizzazione di una sofisticata integrazione dei dati derivanti da diversi approcci della ricerca neuroscientifica.

Tutto questo, in un futuro non lontano, ci darà una visione micro e macro sempre più completa della macchina biologica per pensare e ci permetterà di combattere più efficacemente le malattie della mente (sia quelle psicotiche e sia quelle degenerative senili) che hanno una componente di disfunzionalità cerebrale. Ma riuscirà effettivamente a dirci cos'è e come funziona la personalità come insieme olistico, idiografico, e relativamente stabile? Ripeto, certamente ci aiuterà a capire molto meglio l'architettura delle localizzazioni topologiche e connettive, sincroniche e diacroniche, di importanti strutture personologiche: consapevolezza del sé, sistemi identitari, interazioni fra cognizioni ed emozioni, fra disposizioni personali e fattori situazionali e quant'altro. Ma basterà solo questo per spiegare quell'unitarietà dinamica unica e irripetibile della nostra soggettività, nucleo portante della personalità, di cui ho tanto parlato in questa prima parte? Insomma, la personalità è qualcosa di più, di diverso dalla somma delle parti e delle interconnessioni del nostro cervello? Domande legittime, cui mi sembra ancora non ci siano risposte definitive. E non credo di peccare di eccesso di ottimismo nel pensare che le neuroscienze continueranno ad avere bisogno degli apporti empirici e teoretici dei personologi, come questi ultimi avranno bisogno degli apporti conoscitivi della neuroscienza nelle sue varie articolazioni. Dunque, ritorna ancora il tema della prospettiva integrativa intra e interdisciplinare.

Come interpretare, difatti, la personalità dell'uomo che ha scritto la seguente lettera, oltre settanta anni fa, poco prima di essere fucilato?

Babbo adorato, il tuo unico figlio si allontana da te. Non perderti d'animo e accetta quest'ultimo volere di Dio. Ti raccomando la mamma: anche per lei devi essere forte. (...)

Babbo adorato, se la vita fu serena e facile io lo devo a Te, che mi hai guidato con amore, col tuo lavoro, col tuo esempio.

Possa il mio sangue servire per ricostruire l'unità italiana e per riportare la nostra terra a essere onorata e stimata nel mondo intero. Prego i miei di non voler portare il lutto per la mia morte; quando si è dato un figlio alla Patria, comunque esso venga offerto, non lo si deve ricordare nel segno della sventura.

Con la coscienza sicura d'aver sempre voluto servire il mio Paese con lealtà e con onore, mi presento davanti al plotone d'esecuzione col cuore assolutamente tranquillo e a testa alta. Possa il mio grido di 'Viva l'Italia libera' sovrastare e smorzare il crepitio dei moschetti che mi daranno la morte; per il bene e per l'avvenire della nostra Patria e della nostra Bandiera, per le quali muoio felice.

Franco Balbis Torino, 5 aprile, 1944"[6]

[6] L'autore è il capitano Franco Balbis, non faceva politica, ma era salito in montagna per resistere al nazifascismo, per tener fede al proprio onore di militare, di patriota e di amante della libertà. Come precisa Aldo Cazzullo – che cita questa lettera e altre [riprendendole da *Lettere dei condannati a morte della Resistenza italiana* (Einaudi) e da *Generazione ribelle* (Einaudi)] –, nel suo volume *Possa il mio sangue servire. Uomini e donne della Resistenza* (2015, pp. 9-10), Balbis aveva combattuto con coraggio in Africa e in Croazia ed era

Il cervello di quest'uomo è stato un aggregato di sistemi neurochimici interconnessi? Ovviamente sì. Ma basterà avere la mappatura del suo connettoma, la raffigurazione del suo "traffico nervoso", sapere che l'integrazione/allerta del suo sistema neuronale (del suo Φ)[7] era al top per dar conto, sotto il profilo "naturalistico", della stato di coscienza (morale e di sé), degli schemi di significazione che l'hanno spinto a quel sacrificio supremo, tipico di una personalità che definiremmo "con un'alta etica della responsabilità"? Riusciremmo veramente a capire perché questa persona, sana di mente, è andata incontro al dolore della tortura e alla morte e non ha optato per l'evitamento delle sofferenze fisiche e per la vita; non ha fatto cioè prevalere il biologico, primario istinto di sopravvivenza? Perché, come hanno fatto altri compagni di lotta, egli non ha ceduto alla paura del dolore e della morte e collaborato con i torturatori? Cosa ha motivato la condotta di questo individuo, ma anche la condotta di tanti filosofi, scienziati, artisti, religiosi, politici dei secoli passati, i quali, piuttosto che tradire le proprie convinzioni, hanno scelto la morte? È certo che alla base della scelta c'è stato un biomeccanico scambio elettrochimico fra qualche miliardo di neuroni attivato dalla suddetta tragica esperienza soggettiva (o *qualia*) nella *coscienza fenomenica*, e che, attraverso la *coscienza d'accesso*, ha poi spinto il Nostro a morire davanti ad un plotone d'esecuzione. Tuttavia, mi sembra che, come riconoscono gli stessi studiosi della coscienza, in tale affresco neuroscientifico manchino ancora diversi, importanti passi esplicativi da fare.[8]

stato decorato con una medagliad'argento, una di bronzo e con la croce di guerra di prima classe.

[7] A solo titolo esemplificativo, faccio qui riferimento, fra le diverse teorie sulla coscienza, a quella dell'informazione integrata avanzata da Giulio Tononi (2014), secondo la quale Φ è la misura dell'integrazione informativa che al suo valore più alto attiva (allerta) lo stato di coscienza.

[8] Non mancano però interessanti rilievi neuroscientifici circa il ruolo degli "assunti" alla base delle azioni "divergenti", siano esse le più banali o le più

Se per un istante usciamo dal puro schema esplicativo "naturalistico", forse si potrebbe dire, in senso psicodinamico, che coscienza e condotta del martire sono teleologicamente dominate dall'adleriana *causa finalis*, cui facevo riferimento in epigrafe ad apertura di capitolo, oltre che da un forte *senso di comunità*. O, ancora, si potrebbe suggerire che coscienza e condotta sono governate dal *libero arbitrio*. Ma, mentre con riguardo alla *causa finalis* e al *senso di comunità* sappiamo che effettivamente molti dei nostri comportamenti sono governati dal "cervello sociale" e dalle sue finalità, alla base delle dinamiche (più o meno consapevoli) della nostra personalità e delle nostre scelte, per il *libero arbitrio* oggi una parte dei ricercatori tende a negarne l'esistenza. Anzi, tende ad affermare che esso sarebbe una pura illusione; peraltro, scatenando un vivace dibattito interdisciplinare che è ancora molto aperto[9]. Insomma, una volta conosciuta l'articolazione dettagliata del sistema neuronale del nostro combattente per la libertà, veramente riusciremmo a capire fino in fondo la sostanza e il funzionamento della personalità, della coscienza "ribelle" di questo individuo ("ribelle" anche nel senso in cui Damasio usa tale termine; cfr. 2012, pp. 333 e sgg.)[10]? Oppure quella macchina biologica racchiusa nella pro-

impegnative (come quelle eroiche); al riguardo rinvio il lettore al volume di Beau Lotto "*Percezioni. Come la mente costruisce il mondo*" (2017, pp. 145 e sgg.).

[9] Questo è il cosiddetto "*problema difficile*" delle neuroscienze: quello di collegare il mondo fisico e materiale dei neuroni ai processi immateriali, impalpabili e privati che formano la nostra individuale esperienza cosciente. Ma basterà questo per affermare che il libero arbitrio è un'illusione o addirittura che la coscienza stessa è un'illusione, come fa qualcuno? In verità la discussione è ancora molto aperta. Su questi temi cfr. DeRidder, D. *et al.* (2013); Nobili, s.d.; Russo, Varriale, 2016; si veda anche il capitolo settimo ("Libero arbitrio, abitudini, e autocontrolo") del bel volume di Patricia Churchland, *L'Io come cervello* (2014, pp. 171-188).

[10] Anche Damasio, in *Il sé viene alla mente* (2012), si interroga nel merito: "Come si sviluppò la mente indipendente e ribelle? Qui si può soltanto fare qualche speculazione. (...) Quando le menti per la prima volta aggiunsero alla propria dotazione un sé nucleare, ovvero nel momento in cui effettivamente

tettiva scatola ossea buia, da cui scaturisce la sua mente, il suo sé, la sua individualità/identità bio-culturale resterà ancora in qualche misura un mistero – un "problema difficile", direbbe David Chalmers (1999) – da "svelare"? Sta di fatto che, nonostante i notevoli finanziamenti per la ricerca, l'impegno di tanti studiosi di spessore, il forte avanzamento nella conoscenza dei correlati neurologici del nostro pensiero, è un po' triste costatare che l'unica certezza che oggi abbiamo in merito ai processi che danno vita alla coscienza è che ne siamo dotati (Valderas, 2017)[11]. Certo, se un giorno il "disvelamento" del mistero ci sarà in termini neuroscientifici (e ci sarà, è solo questione di tempo), ribadisco, a mio modo di vedere esso potrà scaturire solo nella prospettiva di una sempre più accentuata integrazione fra le pratiche di ricerca nei vari settori delle scienze dell'uomo, biologiche e non biologiche che siano; e, fra questi settori, il ruolo della scienza della personalità sarà ancora molto significativo.

É in questa prospettiva d'integrazione che da diversi anni mi sto muovendo. Uno degli ultimi contributi in tal senso è la

ebbe inizio la coscienza, ci stavamo avvicinando alla meta, senza però averla ancora raggiunta. La presenza di un semplice protagonista fu un chiaro vantaggio, perché generava una connessione stabile fra le esigenze legate alla regolazione dei processi vitali da un lato e, dall'altro, la profusione di immagini mentali formate dal cervello e riferite al mondo circostante. Ma l'indipendenza di cui sto parlando poté affiorare solo una volta che il sé ebbe raggiunto una complessità sufficiente a svelare un quadro più completo della condizione umana: quando gli organismi viventi furono in condizione di capire che erano sì in gioco il dolore e la perdita, ma anche il piacere, la prosperità e la follia; quando vi furono domande da porre sul passato e sul futuro dell'umanità; quando l'immaginazione fu in grado di mostrare il modo in cui era forse possibile ridurre la sofferenza, minimizzare la perdita e rendere più probabili felicità e fantasia. È qui che il ribelle cominciò a guidare l'esistenza umana in nuove direzioni, alcune insubordinate, altre accomodanti, ma tutte basate sulla riflessione attraverso la conoscenza: all'inizio mitica, in seguito scientifica – ma pur sempre conoscenza" (pp. 358-359).

[11] Per una sintetica, ma chiara e completa panoramica sulle attuali teorie e indagini scientifiche sulla coscienza, rinvio il lettore al recente volumetto di J. M. Valderas, *La coscienza. La più enigmatica delle funzioni cerebrali* (2017).

messa a punto di un modello applicativo di relazione d'aiuto: l'A.I.D.C.A.M.-*Approccio Integrato Dinamico Costruttivistico su base Adleriana e Metacognitiva*. Un modello d'intervento, questo, la cui articolazione illustrerò più avanti (cfr. capitolo settimo), specificamente rivolto agli operatori del *counseling* psicologico, educativo e di comunità, ma che per le sue concettualizzazioni teoriche e potenzialità pratiche può essere un utile riferimento anche per gli specialisti in campo psicoterapeutico. Un modello per il quale mi sono avvalso di contributi provenienti dal campo della clinica personologica di matrice cognitivista, dinamico-individualpsicologica e metacognitiva.

PARTE SECONDA

Per l'approfondimento di alcuni temi specifici in Psicologia della personalità: il disagio psicologico e la relazione d'aiuto

L'ansia è qualcosa di molto soggettivo: quello che è molto stressante per una persona può a malapena scalfire un'altra. (...) Ognuno di noi ha un cervello di un certo tipo. Come ho spiegato in *Il Sé sinaptico*, mentre tutti i cervelli umani sono simili per struttura e funzioni generali, a livello *microscopico* sono cablati in modo sottilmente diverso e questo fa di noi degli individui. Queste differenze derivano sia dalla combinazione unica di geni che riceviamo dai nostri genitori, sia dalle esperienze che facciamo nel corso della vita. Natura e cultura collaborano nel plasmare chi siamo, e questa collaborazione avviene nel cervello di ognuno di noi.

J. LeDoux (2016), *L'ansia. Come il cervello ci aiuta a capirla*

La paura della sconfitta è la sola ragione che giustifichi la volontà di fuggire, ma al tempo stesso è anche la più difficile ad essere ammessa. Perciò troviamo frequentemente alcune forme funzionali di ansia che il paziente interpreta in modi diversi, ma sempre non corrispondenti alla verità – mai, cioè, come la semplice paura della sconfitta. Da questo possono originarsi l'agorafobia, la nevrosi ansiosa (...), ma il loro scopo è sempre quello di bloccare la strada a un'ulteriore attività, ottenendo così quanto si desiderava ed evitando che lo stesso soggetto possa prendere consapevolezza dell'odiato sentimento d'inferiorità. Tutti gli altri sintomi nevrotici e i disturbi funzionali, quali le idee compulsive, le crisi, l'astenia, l'insonnia, la nevrosi cardiaca, le cefalee, ecc. si sviluppano per la forte tensione derivante da questo difficilissimo stato di cose.

A. Adler, (1929b), *Problem of neurosis*

5. Personalità, metacognizione e disturbi emozionali. Due sindromi paradigmatiche: il *Disturbo Ossessivo Compulsivo* (D.O.C.) e il *Disturbo d'Ansia Generalizzato* (D.A.G.). Alcune note introduttive

Nel capitolo terzo (si veda in particolare il paragrafo 3.2) ho presentato succintamente alcuni temi caratterizzanti l'approccio metacognitivo allo studio della personalità e al trattamento di alcuni disturbi emotivi (Disturbo Ossessivo Compulsivo o DOC, Disturbo d'Ansia Generalizzato o DAG, Disturbo da Stress Post-Traumatico o DSPT, Depressione, ecc.). Di seguito prenderò in esame solo due di questi disturbi e ciò sia per fornire al lettore alcune preliminari indicazioni esemplificative di come certe forme sintomatologiche acute possono fortemente alterare il funzionamento di una personalità, sia per illustrare come, a partire dal paradigma individualpsicologico e da quello metacognitivo di Adrian Wells, sia possibile efficacemente intervenire clinicamente su di essi.

Comunque, per un maggior approfondimento delle tematiche relative alla relazione d'aiuto su base adleriana, mirata sulle problematiche personologiche non cliniche in ambito scolastico (riguardanti in particolare il *counseling* relazionale, educativo e di comunità) e sul trattamento clinico-specialistico dei suddetti disturbi emotivi (riferito sia al *counseling* psicologico sia alla psicoterapia in chiave adleriana e metacognitiva), rinvio il lettore al prossimo capitolo e all'ultimo (il settimo) di questa seconda parte.

Premetto che il grosso di quanto dirò in questo capitolo è la sintesi estrema di alcuni miei lavori presentati in varie sedi scientifiche (Varriale, 2010, 2011, 2012 *in press*; cfr. anche Varriale, Limongelli, 2017), concernenti la "nevrosi compulsiva" (oggi definita Disturbo Ossessivo Complusivo o D.O.C.), i disturbi d'ansia (e fra questi, il Disturbo d'Ansia Generalizzato o D.A.G.) – disturbi epidemiologicamente piuttosto diffusi, che possono avere diversa intensità sintomatologica e che si presentano a volte associati –, e il loro trattamento in chiave dinamico-adleriana e metacognitiva. In tali lavori, fra l'altro, sottolineavo che il modello clinico individualpsicologico della nevrosi compulsiva e di quella d'ansia – formulato da Adler a partire dagli anni Venti del secolo scorso, ancorché in forma piuttosto semplificata rispetto alle attuali conoscenze eziologiche e diagnostico-terapeutiche (Adler, 1927, 1929c, 1931; cfr. anche Ansbacher, Ansbacher, 1997, capitoli 9-12, pp. 261 e sgg.) – sembra sposarsi sintonicamente con il modello interpretativo del D.O.C. e del D.A.G. nell'attuale formulazione metacognitiva.

Cominciamo con l'esame del Disturbo Ossessivo Compulsivo. Nei manuali diagnostici più recenti e accreditati (APA: DSM IV TR, DSM 5, IC 9/10, Manuale Merck) il D.O.C. viene classificato fra i *Disturbi d'ansia* e individuato, dal punto di vista psicodinamico, come una *Diversione secondaria* (cioè, un processo di pensiero, in buona misura inconsapevole, finalizzato a sviare l'attenzione dal problema principale e concentrarla su un falso bersaglio, per avere una qualche impressione di controllo e di riduzione dell'ansia). L'orientamento attuale, tuttavia, è quello di considerarlo come un'entità nosografica autonoma, con un ben definito nucleo psicopatologico, un decorso, una sintomatologia emotivo-cognitiva peculiare e con dei correlati biologici specifici (una disfunzionalità nella trasmissione serotoninergica).

In estrema sintesi, il disturbo è *ossessivo* (dal latino *obsidere*, assediare, occupare, bloccare) perché il soggetto è preda di pensieri particolari che non riesce ad evitare ed è *compulsivo* perché non riesce ad astenersi da atti ripetitivi-riparativi, da rituali coercitivi diretti a placare l'ansia, ma che invece finiscono per indurre altra ansia. Il D.O.C. si presenta in varie forme, ma è principalmente caratterizzato da *anancasmo* (dal greco *anánkasma-matos*, costrizione), dalla sensazione di dover fare e/o sentire per forza in un certo modo. Cioè, da ideazione e comportamento ripetitivo (ma anche da scrupolo auto/etero controllato e pedantesco, coscienziosità rigida, regolarità puntuale ed eccessi di moralità): ad esempio, controllare molte volte se il gas o la serratura di casa sono ben chiusi, lavarsi svariate volte le mani ogni volta che si tocca qualcosa, controllare se i libri sono perfettamente allineati sullo scaffale, ecc.; ideazioni e comportamenti che se il soggetto non pone in essere sente di non poter riuscire a placare l'ansia e a fare altro.

Come nell'inquadramento olistico-teleologico-costruttivistico adleriano, la letteratura psicodinamica recente concorda nel considerare il D.O.C. una sindrome che – con caratteri di *Diversione secondaria* – per l'individuo dovrebbe avere una funzione protettiva da conflitti e da disgregazioni della personalità, ma che, invece, presenta costi più o meno alti in quanto comporta una forte restrizione (e rigidità) nella libera espressione del sé (restrizione che finisce per attivare altri conflitti e altra ansia).

L'indagine epidemiologica lo classifica come "disturbo piuttosto diffuso": le ossessioni cosiddette normali compaiono nell'80-88% delle persone e sarebbero di contenuto simile a quelle patologiche, anche se non caratterizzate dall'intensa, maniacale ripetitività dei D.O.C. Le stime del tasso di prevalenza del disturbo intenso-maniacale variano, ma, secondo l'*Epidemiological Catcment Area Survey*, la prevalenza del D.O.C. nell'arco della vita sarebbe del 2,5% e il tasso di prevalenza su un periodo di sei mesi sarebbe dell'1,6%; dati che lo collocano al quarto posto dei disturbi psichiatrici per diffusione negli USA.

Dal punto di vista della comorbilità, il D.O.C. può convivere con diverse altre patologie in atto: fobia sociale, depressione, attacchi di panico, altri disturbi d'ansia e altre fobie. Nello sviluppo comportamentale un certo rilievo sembrano assumere la determinante genetica e il ruolo giocato dalle figure di cura nel corso dell'infanzia: i bambini potrebbero assumere temperamenti ansiosi dai genitori e condotte ossessivo-compulsive per via imitativa (*modeling*) da modelli familiari rinforzati. Particolare valenza sembrano assumere anche le figure di genitori assenti e/o iperprotettivi e/o vizianti, nonché le figure educanti insicure. Anche per questa via viene confermato il rilievo che Adler ha inteso assegnare alla costellazione familiare e, più in generale, al ruolo degli caregiver nella formazione di uno *Stile di vita* patologico, ipercompensativo, "dal lato non utile della vita", come egli direbbe (Varriale, 2005, 2009, 2013).

Per il DSM IV TR (APA, 2002), nel nevrotico, il disturbo è caratterizzato da sintomi *egodistonici* (conflittuali per l'individuo), con marcata sofferenza, spreco di tempo (almeno un'ora), da interferenza con le attività quotidiane e sensi di colpa (in soggetti psicotici, nei paranoici, che credono nelle loro costruzioni immaginative-allucinatorie, i sintomi del D.O.C., hanno, invece, carattere *egosintonico*). Altri frequenti correlati sintomatologici sono le superstizioni, il forte misticismo acritico, il pensiero magico, l'ipocondria, le paure di contaminazioni, la bassa autostima, il sonno agitato e/o l'insonnia, l'irritazione e l'intenso caricamento emotivo.

Più precisamente, secondo l'*Associazione Italiana Disturbi Ossessivo Compulsivi* (A.I.D.O.C.) si possono configurare sette tipologie di D.O.C.:

- *Disturbi da contaminazione* (paura di essere contagiati da malattie, da inquinanti, da sporcizia, ecc.);
- *Disturbi da controllo* (controllare ripetutamente per prevenire disgrazie, incidenti, situazioni pericolose, ecc.);
- *Ossessioni pure* (apparizioni di scene, messe in campo di comportamenti indesiderati, pericolosi, sconvenienti, anche a sfondo sessuale);
- *Superstizione eccessiva* (credenza nel potere dei numeri, dei colori, di alcune cose specifiche: carri funebri, gatti neri, ecc.);

- *Ordine e simmetria* (rivolte a libri, penne, oggetti vari allineati e ordinati con criteri rigidi);
- *Accumulo e accaparramento* (raccolta esagerata di oggetti vari, tendenza esasperata a cercare e conservare danaro, ecc.);
- *Compulsioni mentali* (cerimoniali di pensiero, contare fino a..., ripetere frasi, formule, ecc.).

Il trattamento delle forme più acute e ingravescenti del disturbo prevede l'impiego combinato dei farmaci (la *clamipramina*, che sembra ridurre la sintomatologia coattiva, ma non la componente ossessiva di base; gli *Inibitori della Ricaptazione della Serotonina* o *SSRI*, quali *fluoxetina*, *fluoxamina*, *proxetina*, *sertalina*; *non responder*: 30-40%) e della psicoterapia (studi valutativi su pazienti trattati con approcci psicoterapici diversi hanno evidenziato che il modello cognitivo-comportamentale e quello metacognitivo sembrano essere gli approcci che nel tempo fanno registrare migliori e più duraturi risultati positivi).

Passiamo al Disturbo d'Ansia Generalizzato. In breve, secondo il DSM IV TR (APA, 2002) (cfr. anche DSM 5: APA, 2014), il D.A.G. sarebbe caratterizzato da insicurezza, ansia e preoccupazione eccessive riguardo a numerosi eventi o attività, per la maggior parte del tempo e durante un periodo di almeno sei mesi; frequentemente l'ansia e la preoccupazione sono associate a sintomi somatici (tensione muscolare, irritabilità, affaticabilità, difficoltà del sonno, irrequietezza, palpitazioni, difficoltà respiratorie, tendenza a serrare i denti, voce tremante, senso di costrizione). I sintomi del D.A.G. a volte si trovano associati a quelli del D.O.C., come nel caso della "Principessa A.", di cui dirò più avanti. Dal punto di vista neurofisiologico, il disturbo sembrerebbe anche legato all'alterata funzione del sistema serotoninergico e noradrenalinico.

Secondo l'Organizzazione Mondiale della Sanità (OMS) il disturbo interessa il 5% della popolazione mondiale, schiacciata in una condizione di preoccupazione quasi permanente. La letteratura più recente, infatti, descrive i soggetti D.A.G. come impegnati per oltre la metà della giornata a preoccuparsi di eventi che potrebbero accadere loro; e ciò frequentemente comporta anche grosse difficoltà di concentrazione nelle quotidiane attività lavorative o di studio. Sul piano terapeutico, è consigliabile l'abbinamento della terapia farmacologica (antidepressivi di nuova generazione e benzodiazepine) con la terapia psicologica (preferibilmente di tipo metacognitivo, che si è rivelata fra le più efficaci; si veda capitolo settimo). La terapia farmacologia, abbassando il livello della sintomatologia ansiosa, permette un più efficace intervento psicoterapeutico.

Qualche sintetica indicazione preliminare voglio ancora fornire circa l'approccio metacognitivo in campo clinico-diagnostico e psicoterapeutico, con una maggiore focalizzazione sui due disturbi in esame. Come ho già ricordato nella prima parte del volume, da un paio di decenni, con l'affermarsi deciso della prospettiva cognitivo-costruttivistica nell'ambito della filosofia della mente e delle neuroscienze, il concetto di metacognizione si è fatto sempre più spazio nell'indagine e nella prassi psicologica clinica, sociale, educativa. In buona sostanza il concetto si riferisce all'attività della mente che riflette sui propri processi cognitivi; cioè, a quelle attività di pensiero (rivolte alla conoscenza e al controllo) che hanno per oggetto la mente medesima (in breve, il *pensare il proprio pensiero*). Ogni persona possiede un diverso livello di *attitudine metacognitiva*, intesa come la tendenza o la propensione a riflettere sulla propria, o altrui, attività cognitiva in riferimento a un compito o a una situazione che lo richieda. È, questa, una normale modalità di pensiero volta ad aiutare l'individuo ad integrare le informazioni e le strategie già possedute, per applicarle in modo più efficiente e proficuo al compito. Nei soggetti affetti da D.O.C. e D.A.G. (ma anche nei depressi), invece, tale attitudine di supporto, amplificata da una forma ipertrofica di preoccupazione (*worry*), è messa al servizio di un disturbo che finisce per piegarla al proprio scopo (fornire un qualche senso di controllo e di riduzione della paura, dell'angoscia, ecc.), distorcendola in forma disfunzionale.

In particolare per il D.O.C., la ricerca sulla struttura cognitiva di ossessioni e compulsioni ha permesso di identificare un *set* di *domini cognitivi* che possono modulare, nella mente che pensa su se stessa, la vulnerabilità dell'individuo e la prognosi di trattamento. Espressione tipica di questi domini sono "un'ipertrofia della nozione di responsabilità personale nel provocare o prevenire danni ad altri, un sovradimensionamento della probabilità che viene stimata soggettivamente per incidenti a bassa probabilità, un'importanza eccessiva che può venire data ad alcuni prodotti del pensiero o dell'immaginazione, che può sconfinare nelle nozioni classiche di 'pensiero magico' e di 'fusione pensiero-azione'. Si tratta dunque di domini molteplici, che possono giustamente essere rivisitati e riformulati – in tutto o in parte – in un'ottica metacognitiva" (Cornoldi, Sanavio, 2002, p. 10).

All'interno dell'orientamento metacognitivo in campo clinico mi piace ancora segnalare nuovamente il contributo di uno dei massimi studiosi del settore: Adrian Wells (2002), il quale ha proposto un modello esplicativo e d'intervento sul servomeccanismo di rinforzo della persistenza di tale disturbo psicologico e che definisce *funzione autoregolatoria*. Secondo questo autore, la sofferenza psicologica sarebbe fortemente associata ad un insieme di risposte cognitivo-attentive troppo centrate sul sé, caratterizzate dall'elaborazione *on-line* di convinzioni negative sul proprio valore, dalla preoccupazione-ruminazione sulla presunta minaccia; ciò spingerebbe l'individuo ad implementare particolari tipi di fronteggiamento mentale-comportamentale che interferirebbero significativamente con lo sviluppo di conoscenze e di condotte più adattive. Le attività *autoregolatorie*, così disadattivamente caratterizzate nella persona sofferente, impedirebbero di compiere quegli aggiustamenti cognitivi necessari per tornare ad un funzionamento normale, riducendo adeguatamente nel soggetto l'eccesso di apprensione che lo pervade.

In particolare, per Wells, "le attività di elaborazione delle informazioni associate al rimuginare o alla preoccupazione attiva tendono a interferire sia con le operazioni interne del sistema cognitivo superiore – come modificare le priorità di elaborazione o modificare le convinzioni – sia con l'implementazione di strategie di fronteggiamento che richiedono l'impiego dell'attenzione. Inoltre le persone psicologicamente disturbate attivano spesso strategie basate sull'attenzione – consistenti nel monitorare la minaccia – che sono coerenti con le loro preoccupazioni personali. In questo modo la persona resta 'bloccata' in attività di elaborazione autocentrata che causano il perpetuare dei disturbi psicologici" (2002, p. 35). Una tale funzione autoregolativa disfunzionale, insomma, finirebbe per essere limitata "da una significativa perdita di risorse di elaborazione accessibili e dai suoi stessi scopi" (*Ibidem*); così il soggetto si verrebbe a trovare male equipaggiato per affrontare i veri nodi del disturbo, faticando a ristrutturare la cognizione.

Non a caso tale perdita di risorse cognitive (troppo focalizzate su *target* sbagliati) è particolarmente evidente nei disturbi d'ansia molto intensi; ad esempio gli attacchi di panico (in cui il paziente pensando di trovarsi preda di un infarto, canalizza tutte le sue risorse, anche di attenzione, verso l'elaborazione di risposte cardiache), i D.A.G. oppure i D.O.C. (in cui i rituali di pensiero e di azione per ridurre l'ansia, finiscono per attivare altra apprensione e rinforzare il disturbo stesso).

In conclusione, il modello della funzione regolatoria è essenzialmente un modello dei disturbi dinamici nell'elaborazione delle informazioni (autocostruite) e pone l'accento sui diversi piani di pensiero disadattivo come fonte psicopatologica. Poiché scopi e convinzioni su di sé, nota Wells, "guidano le attività di elaborazione come la scelta di strategie ideative (per esempio, il rimuginare e la soluzione dei problemi) e la direzione dell'attenzione (per esempio, il monitoraggio delle sensazioni corporee minacciose), esse svolgono una funzione metacognitiva. Analogamente, l'elaborazione on-line della minaccia e l'esecuzione di risposte di fronteggiamento hanno la conseguenza metacognitiva di modificare o mantenere le convinzioni" (ivi, p. 38).

Non posso in questa sede dar conto esaustivamente dei complessi sviluppi teorici e applicativi cui Wells giunge a partire da tali premesse. Per un quadro più ampio, rinvio il lettore, oltre che ai lavori di Wells (2002, 2012), ad alcuni miei specifici lavori sul tema dei disturbi d'ansia (cfr. soprattutto Varriale, Limongelli, 2017), al capitolo settimo in cui il Modello Quadrifasico Adleriano di Counseling (MQAC) viene riconsiderato alla luce dell'Approccio Integrato Dinamico-Costruttivistico su base Adleriana e Metacognitiva (AIDCAM), da me recentemente formulato. Per un esame più specifico del Disturbo d'Ansia Generalizzato (DAG), rinvio al terzo e al quarto paragrafo, sempre nel capitolo settimo, in cui illustrerò alcune delle linee caratterizzanti il trattamento di *counseling* psicologico-clinico impiegato con una giovane donna (il caso della "Principessa A.") affetta da un principio di D.A.G., con tratti anche ossessivo-compulsivi. Un caso, quest'ultimo, che mi permette, fra l'altro, di mostrare concretamente come, nei soggetti con un disturbo emotivo (DOC, DAG, DPTS, Depressione, ecc.), la "funzione autoregolatoria" comporti, oltre che intensi livelli d'ansia, anche significativi errori valutativi (*biases* e euristiche) che inducono una disfunzionale preoccupazione e ipertrofica attenzione sul sé (che Wells definisce C.A.S.: *Cognitive Attentional Syndrome*). Una preoccupazione e un'attenzione ipertrofiche, come vedremo nel capitolo settimo, attraverso cui il soggetto disturbato pensa di poter fronteggiare la (presunta) minaccia al proprio valore, di poter ridurre il senso di insicurezza e di colpa che gli deriverebbe se non si occupasse abbastanza di tale minaccia (Wells, 2002, 2012)[1]. Una situazione questa che, a mio modo di vedere, se non

[1] Wells precisa al riguardo (inconsapevolmente sottolineando l'importanza dei costrutti adleriani, soprattutto quelli riferiti alla valutazione che il soggetto opera sul proprio sé): "Convinzioni come 'sono vulnerabile' o 'non valgo niente' vengono considerate prodotti dell'esecuzione di particolari routine di elabo-

viene preventivamente rimossa, rischia di far fallire anche l'impianto della migliore relazione d'aiuto, sia essa espletata in un setting di counseling psicologico clinico o non clinico sia espletata in un setting psicoterapeutico.

Ma prima di affrontare più in dettaglio le tematiche della relazione disagio psicologico-metacognizione, mi sembra utile esaminare brevemente alcuni degli aspetti più caratterizzanti l'attività di counseling in chiave adleriana e con particolare riguardo all'attività consiliare in campo educativo e di comunità. Una pratica d'aiuto non solo clinica e specificamente rivolta a soggetti in età evolutiva e frequentemente anche ai loro genitori, questa, ad ampio spettro e particolarmente complessa, di cui si sente sempre maggiore bisogno sotto il profilo preventivo nelle agenzie formative. Una pratica in direzione dell'*empowerment* di soggetti in difficoltà (ma non patologici) cui gli psicologi, ma anche diverse altre figure di *caregiver* professionali (insegnanti, assistenti sociali, medici, mediatori familiari, operatori del volontariato religioso o laico, ecc.) non sempre sono adeguatamente preparati e cui sarebbe bene le istituzioni accademiche e gli ordini professionali ponessero maggiore attenzione nella formulazioni dei loro curricula formativi (Varriale, 2009).

razione. Le conoscenze su di sé che producono tali cognizioni ricorrenti, sono un piano di elaborazione che governa l'attenzione, la ricerca di informazioni, il recupero dalla memoria, la valutazione e il comportamento. Il modello della funzione autoregolativa, quindi, sottolinea il contributo psicopatologico di un genere specifico di conoscenze su di sé, le conoscenze metacognitive, che guidano l'elaborazione di informazioni e le interpretazioni. Le conoscenze metacognitive consistono in piani impliciti che guidano l'elaborazione di informazioni e che funzionano in gran parte al di fuori della coscienza. (...) La funzione autoregolativa accede al magazzino di conoscenze su di sé della memoria a lungo termine (MLT) per ridurre una valutazione della minaccia e per selezionare una strategia di fronteggiamento. Fra tali conoscenze figurano piani generali per la valutazione e il fronteggiamento: l'elaborazione di informazione on-line lavora su di essi per adattarli alla situazione specifica. Ogni piano ha una componente metacognitiva che governa l'elaborazione di informazioni e gli effetti dell'elaborazione sulle convinzioni nella MLT" (2002, pp. 30-31).

6.

Il counseling non clinico per le personalità in età evolutiva: l'intervento nei contesti educativi in chiave adleriana[1]

Gli individui sani sono individui socialmente 'integrati', il che, in senso letterale, significa che hanno conseguito la 'completezza'. Essi 'rinnovano' la loro posizione originaria come parte organica della comunità e si liberano in tal modo delle ansie nevrotiche e delle piccole paure e inibizioni. 'Soltanto chi è consapevole di appartenere al consorzio umano', dice Adler, 'può vivere la vita senza ansie'. (...) Parlando in termini pratici, il *counselor* scoprirà che quanto maggiore è l'integrazione sociale raggiunta dal cliente, tanto più, nell'insieme, egli realizzerà l'individualità unica che gli è propria. Dal terzo principio della personalità, l'integrazione sociale, ricaviamo la seguente regola per il *counseling*: *è compito del counselor aiutare il cliente ad accettare di buon grado la responsabilità sociale, dargli il coraggio che lo libererà dal senso di inferiorità, e aiutarlo a orientare i suoi sforzi verso scopi socialmente costruttivi.*

R. May (1991), *L'arte del counseling*

La psicologia individuale può comunque rivendicare come un suo contributo l'aver rilevato che l'empatia e la capacità di comprensione sono espressione del sentimento sociale e dell'armonia con l'universo. Questo tipo di identificazione o d'empatia dipende sempre dal nostro grado di sentimento comunitario, ne rappresenta un aspetto ed è assolutamente necessario al vivere

[1] Il presente capitolo è stato interamene pensato e scritto dalla dott.ssa Valeria Limongelli (Dirigente Scolastico, psicopedagogista, counselor professionale e socia dell'Istituto "A. Adler" di Napoli).

sociale (*Gemeinschaftsleben*). La comprensione è un modo con cui si esprime l'identificazione.

A. Adler (1928), *Kurze Bemerkungen über Vernunft, Intelligenz und Schwachsinn*

1. *Il counseling non clinico nella cornice individualpsicologica*

L'attività di consulenza in ambito psicologico-educativo, o attività di *helping*, può svilupparsi lungo due diverse direttrici: come attività di *caring* o come attività di *curing*, a seconda che l'intervento si ponga in una prospettiva volta al sostegno psicologico in funzione della prevenzione e della promozione del benessere o che punti ad una ristrutturazione profonda della personalità attraverso pratiche cliniche di tipo curativo-riparative.

Nel primo caso (*caring*) parleremo di *counseling non clinico* e faremo riferimento a quell'insieme di pratiche di orientamento alla vita e di sostegno alla persona, a gruppi e a sistemi organizzativi (*social caring*), a forte valenza socioeducativa, finalizzato alla soluzione di uno specifico problema e, contemporaneamente, all'autodeterminazione (all'assunzione di responsabilità) e all'emancipazione dell'*helpee* (cioè di colui che richiede l'aiuto) da una situazione problematica che gli impedisce il pieno, soddisfacente controllo della vita. Tale tipologia di *counseling* è aperta a tutte quelle figure professionali che, pur non essendo degli specialisti nella diagnostica clinica e nella psicoterapia, dopo aver acquisito una formazione nella relazione d'aiuto, per il ruolo che rivestono (insegnanti, operatori sociali, psicologi junior, consulenti del lavoro, sacerdoti, ecc.), vengono in contatto e prendono in carico soggetti non patologici, ma comunque a rischio psicologico: adolescenti, adulti in difficoltà nei contesti lavorativi, familiari, ecc.

Nel secondo caso (*curing*) parleremo di *counseling clinico* (riservato a medici, psicologi senior e psicoterapeuti abilitati all'esercizio di tali attività), più vicino alla psicoterapia in quanto muove da una diagnosi e tratta patologie (*curing*), ma che a differenza di questa "punta meno sul recupero delle esperienze passate e più, invece, sul chiarimento dei problemi a livelli non tanto emotivo quanto aggiuntivo, anche se nelle pratica non mancano le sovrapposizioni con le psicoterapie propriamente dette" (Shapiro, 1976, p. 303). Viceversa, come fa notare Cosimo Varriale, la logica che accomuna il *counseling* clinico e il *counseling* non clinico dovrebbe sempre riguardare "il far leva con metodo incoraggiante sulle risorse dell'utente, poche o tante che queste siano, per dare energia motivazionale all'autodeterminazione necessaria al cambiamento delle mete prevalenti, della mappa dei significati e delle condotte che hanno causato alla persona o al gruppo il disagio/disturbo e dato avvio alla richiesta di aiuto" (2009, p. 89).

Resta inteso che il *counseling* clinico come quello non clinico realizzano "prese in carico" continuative (seppure più brevi della psicoterapia), secondo le traiettorie di precise strategie e alla luce di consolidati modelli teorici di riferimento, sostanzialmente simili, in quanto entrambi agiscono l'aiuto psicologico, facendo sì che nella persona resti "una qualche eredità; ossia una probabilità in più di essere da lì in avanti maggiormente efficace nella soluzione dei problemi (interni ed esterni) e, più in generale, vivere in modo soddisfacente le situazioni della vita" (Folgheraiter, 1989, p. 11).

Risulta chiaro, dunque, che il *counseling* non clinico, pur muovendo da un problema specifico non si limita a favorirne le soluzioni, ma si propone di aiutare l'utente (individuo, gruppo, comunità, struttura organizzativa) a fronteggiare più efficacemente le criticità in una prospettiva di *empowerment* individuale e sociale. Il successo della consulenza dipenderà in buona misura dalla qualità della comunicazione e dalla capacità del *counselor* di assumere uno stile non direttivo che favorisca l'assunzione di responsabilità da parte dell'*helpee*, nella consapevolezza che "nessun intervento deve spingersi più oltre di ciò che è necessario (nemmeno per un malinteso spirito di servizio) ma nessun intervento deve allo stesso modo, fermarsi prima del necessario (neanche in nome del benemerito principio di non invasività)" (Mucchielli, 1987, p. 15).

In buona misura, molto dipenderà dalla capacità del *counselor-helper* di motivare il soggetto alla piena collaborazione, in quanto, come faceva già notare Alfred Adler, il consulente può solo segnalare gli errori, l'*helpee* "deve dar vita alla verità" e lo farà solo se si "fida incondizionatamente" del consulente medesimo (cfr. Adler, 1929c, 1931, 1933). Questo "lavoro in comune", cooperativo ed emotivamente compartecipativo, è cruciale in quanto dovrebbe costituire, anche nell'ambito dell'attività di *counseling* non clinico, come sottolinea ancora Adler, un tentativo, scientificamente intrapreso, di sviluppare un Sentimento sociale carente (*ibidem*; cfr. anche Varriale, 2009, 2013).

Un "lavoro in comune" fatto di empatia, ascolto attivo, incoraggiamento e condivisione, che, peraltro, può trovare in un *setting* gruppale un potente amplificatore, grazie all'instaurarsi di un campo mentale in cui unicità e coesione, contemporaneità e reciprocità, sono espressione di una *weness* (di una "noità"), di una interdipendenza psicologica, che è una realtà nuova e diversa, molto di più dell'apporto che viene dai singoli "Io". Nel gruppo l'osservazione reciproca, il rispecchiamento, l'empatia emotiva e cognitiva, il rispetto per le differenze, l'autenticità, costituiscono momenti importantissimi per la crescita personale in direzione di *una nuova consapevolezza Io-resiliente* (Varriale, Limongelli, 2017).

Lo scambio interpersonale, continuativo e proficuo può, come ha sottolineato anche Rogers, indurre a "(...) modificare il concetto di sé in misura chiaramente avvertibile, quando si esplorano i sentimenti in un clima accogliente che offre un affettuoso e vigoroso feedback ai membri del gruppo. Le persone cominciano a rendersi maggiormente conto del loro potenziale e a realizzarlo più compiutamente sia nel gruppo sia successivamente" (1976, p. 73).

Nella dimensione gruppale (che, non dimentichiamolo, costituisce il contesto naturale dell'essere umano), la persona trova terreno fertile per imparare a riconoscere emozioni e sentimenti e, quindi, attraverso di essi a dare ascolto e cittadinanza a bisogni esistenziali mai individuati o sottaciuti. Ciò è possibile, in quanto nella dinamica di un gruppo psicologico le narrazioni possono diventare co-narrazioni e molto spesso ri-narrazioni, ovvero nuovi modi di raccontarsi, di vedere se stessi e la vita, meno svalutanti, più ottimistici, rivolti verso "il lato utile della vita" (Adler); sorretti dalla consapevolezza che "l'unica condizione di 'perfezione' da perseguire consiste nell'accettazione e nel coraggio della propria 'imperfezione'" (Adler), che è espressione autentica "della propria originalità, della propria unicità e irripetibilità (come se si trattasse di un'impronta digitale), cercando di essere il più possibile se stessi" (Varriale, 2009, p. 53).

2. *"Coraggio dell'imperfezione" e ottimismo adleriano: la Psicologia positiva*

Ho già sottolineato che nel *setting* clinico e in quello non clinico è compito dell'*helper* attivare un processo d'incoraggiamento capace di sostenere il dolore e il lavoro di interpretazione, progettazione e riprogettazione dello stile di vita del paziente.

L'incoraggiamento, difatti, è uno degli elementi più caratterizzanti dell'operatore-*helper* di formazione adleriana (Dinkmeyer, Dreikurs, 1974; Dinkmeyer, Dinkmeyer, Sperry, 1987; Varriale, 1989, 2009, 2013), il quale, proprio nella misura in cui applica i nove principi individualpsicologici dell'incoraggiamento, di seguito riportati, "non impersona una figura iniziatica e distante, ma, in sintonia con l'adleriano sentimento sociale, offre solidarietà e compartecipazione emotiva all'*helpee*" (Varriale, 2005, p. 104). E ciò vale sia quando si lavora nell'ambito del counseling individuale (di tipo duale, "faccia a faccia") sia quando si lavora nell'ambito di *setting* gruppali.

I nove principi individualpsicologici dell'incoraggiamento

1. *Puntare ad ottenere un miglioramento, anche minimo, non la perfezione.*
2. *Valorizzare di più l'impegno che i risultati conseguiti.*
3. *Dimostrare fiducia.*
4. *Non considerare mai gli errori come se fossero degli insuccessi.*
5. *Stimolare il soggetto, ma non spingerlo oltre le sue possibilità.*
6. *La lode non ha lo stesso valore dell'incoraggiamento.*
7. *Aiutare l'individuo ad accettare di non essere perfetto e a comprendere la sua unicità e irripetibilità.*
8. *Ricordare che lo scoraggiamento è contagioso.*
9. *Vincere il pessimismo e tendere ad un approccio ottimistico con la vita (alimentare la speranza), perché l'ottimismo non incoraggia solamente noi, ma tutti coloro che ci sono vicini.*

Il processo di incoraggiamento mira non solo a sviluppare coraggio (dell'imperfezione), senso di responsabilità e operosità, ma anche ad incrementare nell'individuo l'interesse sociale, la volontà e la capacità di fornire il proprio contributo alla vita della comunità. Il concetto adleriano di incoraggiamento, insomma, si articola sul piano individuale come su quello sociale e di comunità, e in ciò anticipa il costrutto di *empowerment* nella formulazione di J. Rappaport (cfr. Varriale, 2005).

Il *counseling* di scuola adleriana si caratterizza, infine, per l'ottimismo terapeutico ed educativo; un orientamento che, come l'intero impianto adleriano, trova importanti affinità con le moderne concettualizzazioni della "Psicologia positiva" (Seligman, 1996): ottimismo realistico e focalizzazione sulle risorse-potenzialità che possono rendere una persona più resiliente, *empowered* e integrata socialmente (Varriale, Limongelli, 2017).

3. *Il Modello Quadrifasico Adleriano di Counseling (M.Q.A.C.)*

Il *counseling* su base adleriana opera in una prospettiva emancipante e preventiva che si sviluppa lungo due direttrici ugualmente importanti per il successo dell'intervento: una diretta all'esplorazione dell'universo di significati che caratterizzano lo Stile di vita dell'*helpee* e ne orientano le condotte dal "lato utile" o dal "lato non utile della vita" (Adler); l'altra diretta a risolvere problemi contingenti e a eliminare i fattori ambientali di stress attraverso azioni personali, sociali e politiche che tengano nel giusto conto il bisogno di condivisione e di compartecipazione emotiva tipicamente umano.

Del resto, come si è già ricordato in apertura della dispensa, la Psicologia individuale di Alfred Adler focalizza "sulla relazione dell'individuo con i problemi del mondo"; relazione che egli creativamente intesse alla luce della personale interpretazione delle esperienze agite. La Psicologia individuale, è bene ripeterlo, è una psicologia olistica e come tale non scinde pensiero ed azione, considera l'individuo in tutte le sue componenti affettive, emotive, conative a livello tanto personale quanto sociale.

In tale cornice, il *Modello Quadrifasico Adleriano di Counseling* (M.Q.A.C.), una procedura di *helping* elaborata da Cosimo Varriale (2000, 2005, 2009, 2013; Varriale, Parlato, 2000) in sintonia con i principi psicologici adleriani, che propongo in queste pagine in estrema sintesi, può costituire un modello teorico-applicativo, uno schema procedurale, in grado di guidare con ordine e razionalità il *counselor* sia nei *setting* individuali che in quelli gruppali, sia nei *setting* clinici che in quelli non clinici.

Infine, prima di descrivere brevemente le quattro fasi operative lungo cui si sviluppa il modello, mi preme precisare che nella relazione d'aiuto non esistono "ricette sicure", in quanto l'essere umano, pur mettendo in campo cognizioni, emozioni ed azioni nomotetiche, è pur sempre dotato di una personalità unitaria, unica e irripetibile (idiografica), in grado di mettere in crisi qualsiasi pur valido modello psicoterapeutico o di *counse-*

ling. Starà perciò al consulente evitare, con la necessaria duttilità e umiltà, scorciatoie e semplificazioni, buone per ogni situazione, mantenendosi flessibile nella complessità di un tracciato fatto di osservazione paziente, empatia, competenza professionale e aderenza alla specificità del caso (dello Stile di vita) in trattamento.

Senza alcuna pretesa di esaustività, ma rinviando al volume *Aiutare le persone ad aiutarsi* (Varriale, 2009) quanti fossero interessati all'approfondimento degli aspetti teorico-prassici inerenti la relazione di aiuto sia in termini di *caring* che di *curing*, si può sinteticamente definire il M.Q.A.C. una sistematica di consultazione articolata in *quattro fasi procedurali* (1. *Simmetria Empatica*, 2. *Incoraggiamento Esplorativo*, 3. *Riorientamento Motivazionale*, 4. *Iniziativa Trasformativa*) e *tre funzioni operative* (definite CI.RA.SO.), connesse con l'ascolto empatico e la comunicazione efficace; cioè, connesse con la capacità del consulente di CIrcoscrivere il problema (focalizzando e definendo bene i termini cruciali della problematica), RAccogliere più dati possibili (arricchenti la conoscenza della problematica in oggetto e dello Stile di vita dell'*helpee*), SOstenere e incoraggiare adlerianamente il cambiamento.

Nella Prima fase procedurale, di *Simmetria Empatica* (SE), il *counselor* pone le premesse per la buona riuscita dell'azione di *helping* e struttura un *setting* caratterizzato da un ascolto accogliente ed emotivamente intenso e da cifre tangibili di solidarietà e compartecipazione (con messaggi che riflettono "a specchio" l'empatia per il dolore dell'*helpee*, come direbbe Rogers). È quest'ultimo un aspetto già fortemente caratterizzante il pensiero e la prassi clinica di Alfred Adler, come appare evidente dal commento di Heinz e Rowena Ansbacher agli scritti di Adler sulla comprensione e il trattamento del paziente, qui di seguito riportato: "Il rafforzamento del senso sociale deve partire da un qualsiasi rudimento ancora presente, entrarvi in contatto, rafforzarlo, fornendo l'esperienza di un 'amico' e della cooperazione nel compito comune della terapia; successivamente l'analista dovrà far confluire il sentimento sociale, nuovamente ridestato, anche verso gli altri. Adler considera questo procedere come la tardiva assunzione della funzione materna" (in Ansbacher, Ansbacher, 1997, p. 363). Un procedere che, comunque, deve riguardare, oltre il setting psicoterapeutico, anche la relazione d'aiuto non clinica qual è quella del *counseling* psicosociale, educativo e di comunità.

Un clima rassicurante, accogliente, insomma, in cui l'*helpee* deve potersi raccontare senza temere di essere giudicato, per aprirsi alla fiducia e consentire al consulente, nella Seconda fase, di *Incoraggiamento Esplorativo* (IE), di promuovere esplorazioni più approfondite e mirate degli aspetti emotivi, cognitivi, conativi, in chiave dinamico-costruttivistica (Varriale, 2009, 2013), che sostengono quel determinato Stile di vita e che connotano il problema su cui il richiedente aiuto è bloccata.

Anche in questa fase l'*helper* di formazione adleriana non ricercherà l'asepsi emotiva del *setting*, in quanto sa bene che l'*insight* dal quale muovere per formulare le prime ipotesi conoscitive e le linee progettuali per attuare il cambiamento, "è facilitato da un'empatia artistica e intuitiva con la natura essenziale del soggetto. (...) Il terapeuta fa il paragone fra sé e il paziente, fra i diversi atteggiamenti dello stesso paziente, o fra atteggiamenti simili di pazienti diversi" (Ansbacher, Ansbacher, 1997, p. 365). A distanza di quasi ottant'anni, riconosciamo tutta la modernità e la genialità del pensiero di Alfred Adler nelle parole di Claudio Foti; quest'ultimo così descrive il modus operandi dell'helper e il clima affettivo-emotivo della relazione d'aiuto: "Occorre un movimento esplorativo verso me stesso, verso le reazioni e gli atteggiamenti mentali che l'altro induce in me e verso le esperienze e le situazioni che risultano simili a quelli altrui e mi consentono di comprendere l'altro e, parallelamente e contestualmente, un movimento esplorativo per tentare di capire colui che è diverso da me, ma che non posso ascoltare e comprendere se non trovo dentro di me esperienze e situazioni che mi possono consentire d'identificarmi con lui. Ecco perché l'empatia può essere definita introspezione vicariante; conosco l'altro attraverso ciò che mi accomuna a lui" (2003, p. 80).

Le tre funzioni CI.RA.SO., pur presenti già dalle prime fasi del colloquio, trovano la loro massima espansione nella fase appena descritta (IE) e in quella seguente del *Riorientamento Motivazionale* (RM). Infatti, nel momento in cui l'*helper* ritiene di aver CIrcoscritto il problema e di aver RAccolto tutti i dati necessari alla comprensione degli aspetti cognitivo-emotivi fondativi della personalità e del comportamento dell'*helpee* (finalità più o meno nascoste, doverizzazioni, sentimenti di scoraggiamento e di impotenza, sensi di colpa, autosvalutazioni, ecc.), SOstiene e incoraggia il consultante ad investire nel cambiamento. In questa fase l'*helper* aiuta, infatti, il consultante (*helpee*) a riesaminare il problema in una nuova cornice esplicativa, che metta a nudo le costruzioni di senso, le chiavi interpretative, le "mappe private" del mondo e gli scopi che reggono le sue emozioni, cognizioni e comportamenti "dal lato non utile della vita". Lo aiuta cioè a vedersi per come è, nei suoi punti di forza e nelle sue fragilità, a vedere le cose in altre prospettive, ed avvia un processo di *empowerment* che consenta di aprirsi a nuovi "possibili", con atteggiamento ottimistico, ma anche con il coraggio della propria imperfezione (Varriale, 2005, 2009).

Infine, la quarta fase, di *Iniziativa Trasformativa* (IT), prevede l'elaborazione da parte dell'*helpee* di un piano di cambiamento che coinvolga sia i pensieri che le condotte e cui fa seguito un prima valutazione degli esiti della procedura di *helping* e, ove necessario, la "riaccensione" del processo (la ripresa della procedura prevista dal MQAC), a partire da una della quattro fasi che lo costituiscono.

4. *Il disagio nella seconda infanzia e in adolescenza e counseling psicosociale, educativo e di comunità*

Negli ultimi cinquant'anni si è assistito ad un crescente disimpegno delle generazioni adulte nell'educare, nel trasmettere, anche solo con l'esempio, modelli credibili e consolidati di comportamento e idealità per le quali valga la pena, non dico di morire, ma certamente di vivere. Nessuno insegna più nulla, nessuno tramanda più nulla e si assume la responsabilità di indicare, autorevolmente, un modus vivendi che non si limiti al "qui e ora". Essere genitore significa sentirsi impegnati nel mestiere più difficile del mondo e spesso ciò determina dubbi e incertezze, ma anche in questo caso la via per ricercare efficacia ed *empowerment* non può che muovere dal coraggio della propria imperfezione, dal fatto di essere *Educatori sanamente imperfetti, ma non troppo!*, come avevamo già intitolato significativamente, qualche anno fa, un volume da noi curato con il patrocinio dell'Istituto "A. Adler" di Napoli, e rivolto a genitori e insegnanti in difficoltà (Varriale, Limongelli, Orlando, 2006).

Nell'attività di *counseling* capita spesso di imbattersi nella difficoltà genitoriale, nel disorientamento di padri e madri (ma sempre più spesso anche di insegnanti) incapaci di offrire ancoraggi sicuri, limiti e regole, di essere autorevoli e accoglienti ad un tempo. E ciò tanto che si tratti di figli (o alunni) bambini oppure si tratti di (alunni) preadolescenti e adolescenti; l'inadeguatezza degli adulti nei confronti delle attuali sfide educative rappresenta una vera e propria emergenza; un'emergenza di cui è chiamato ad occuparsi tanto il *counselor* non clinico, quando ancora è possibile un'azione di prevenzione e promozione del benessere nelle relazioni familiari (e scolastiche), quanto lo psicoterapeuta, nel momento in cui si è già di fronte a patologie conclamate, alla necessità di operare profonde ristrutturazioni della personalità.

Frequentemente il *counselor* è chiamato a svolgere essenzialmente un ruolo formativo e di contenimento, attraverso azioni di sostegno alla famiglia nel suo complesso per aiutarla a fronteggiare le inevitabili situazioni di stress derivanti dal comportamento problematico di uno dei suoi componenti, con interventi sulla coppia diretti ad affinarne le competenze genitoriali e gli interventi di tipo educativo con i figli, soprattutto se adolescenti, per responsabilizzarli e orientarli alla vita nell'ottica dell'*empowerment*.

Lo scopo, come ho notato, è quello della prevenzione, in quanto "qualunque cosa pur ottima noi possiamo insegnare ai singoli in vista del cambiamento, verrà persa se le loro famiglie non sono parte integrante dell'intero processo di cambiamento. La prevenzione consiste di qualsiasi approccio, procedura e metodo inteso e orientato a migliorare la competenza interpersonale e il funzionamento come persone, come partner nelle relazioni intime e come genitori" (L'Abate, 1986, p. 129).

Il *counseling* in età evolutiva dovrà tener conto che molto spesso non esiste tanto il bambino/adolescente-problema quanto una famiglia disfunzionale (invischiata o disimpegnata) o una famiglia che in una determinata fase del suo ciclo vitale vive una situazione di impasse che si scarica come sintomo su uno (o più) dei suoi membri. La famiglia è un sistema relazionale aperto: le unità che la compongono sono legate da regole di comportamento e funzioni dinamiche, in costante interazione fra loro e in continuo interscambio con il mondo esterno e, pertanto, qualsiasi mutamento in uno dei suoi membri ha ricadute sull'intero sistema.

Secondo il modello di Salvador Minuchin (Minuchin *et al.*, 2009), può essere descritta come una struttura nella quale sono rintracciabili sottosistemi (quello coniugale, quello genitoriale, quello dei figli, quello dei fratelli, quello dei nonni, ecc.) demarcati da confini generazionali e gerarchici. Tali confini sono l'espressione delle regole familiari che definiscono il ruolo di ognuno, l'invisibile insieme di aspettative che determina il comportamento di ogni membro all'interno del sistema stesso.

Il *counseling* familiare sarà, pertanto, orientato all'esplorazione del tipo di interazioni e confini che caratterizzano il nucleo familiare e al ri-orientamento dei suoi membri (in particolare della coppia genitoriale) verso una migliore definizione delle funzioni di ciascuno e del sistema-famiglia nel suo insieme. Qualora il *counselor* si dovesse accorgere di trovarsi al cospetto di una famiglia dai confini sfocati e confusi (invischiata) o di una famiglia dai confini troppo rigidi, in cui cioè mancano il senso di appartenenza e di interdipendenza, o di una famiglia incapace di dare sostegno e fornire aiuto agli altri membri del nucleo (disimpegnata), dovrebbe formulare un piano di lavoro, sia individuale sia sistemico, suggerendo ai consultanti, e discutendone con essi, le necessarie modifiche comunicazionali-comportamentali da porre in essere, magari impiegando gli *step* processuali previsti dal MQAC, di cui ho detto sopra. Di fronte alle sempre possibili, forti resistenze al cambiamento, se i risultati dovessero scarseggiare e/o i problemi dovessero aggravarsi, è opportuno che il *counselor* inviti (convinca) la famiglia a rivolgersi ad un clinico (magari specialista proprio nella psicoterapia familiare).

Molto spesso, insomma, voglio ripeterlo, non esiste tanto il bambino/adolescente-problema quanto una famiglia disfunzionale (invischiata, rigida o disimpegnata) o una famiglia che in una determinata fase del suo ciclo vitale vive una situazione di impasse, di difficoltà che si scarica su uno (o più) dei suoi membri.

Il caso di Maurizio, di cui mi sono occupata e che riporto sinteticamente nella finestra che segue, costituisce un esempio di come un comportamento problematico in età evolutiva possa richiedere, per la sua comprensione e soluzione, un intervento di *counseling* individuale, familiare e di comunità.

Maurizio

Quando il sintomo parla della crisi del sistema famiglia

Maurizio è un bambino intelligente e sensibile, ha dieci anni e frequenta la quinta elementare. Quando nacque, primo figlio e primo nipote, fu subito al centro delle attenzioni dell'intera famiglia.

Il bambino era andato sempre volentieri a scuola, si era inserito bene e aveva buoni voti. A scuola lo accompagnava il papà (Leo), in quanto Teresa (la mamma) doveva sempre attendere che si facessero le nove per ricevere l'agognata telefonata di convocazione per un'eventuale supplenza breve.

A Leo non pesava accompagnare il figlio, anche perché quella passeggiata del mattino costituiva per entrambi un raro momento di intimità al quale nessuno dei due avrebbe mai rinunciato. Oddio, a Maurizio avrebbe fatto piacere andare a scuola da solo, come facevano tanti suoi compagni che come lui abitavano in zona, ma ciò non era possibile, perché, come aveva detto la mamma, era troppo pericoloso: "c'è tanta gente cattiva in giro e poi non ce n'è bisogno, papà ti può accompagnare, almeno questo lo può fare!!".

Per la verità, negli ultimi tempi la donna si mostrava piuttosto tesa e sgarbata un po' con tutti; sicuramente aveva le sue ragioni per essere così nervosa. "Lasciala stare la mamma", aveva detto la nonna al bambino, "è preoccupata per il lavoro, non vedi che ogni mattina aspetta quella benedetta telefonata, che non arriva mai? Fai il bravo".

Anche il papà in quel periodo aveva tanti impegni che sovente lo portavano a far tardi la sera e al rientro era molto stanco. Spesso litigava con la moglie anche per cose poco importanti. Il clima familiare si era fatto così piuttosto cupo.

Poco prima di Natale, colpevole una fastidiosa influenza, Maurizio fu costretto a rimanere a casa. Un virus di tipo gastro-intestinale gli provocava vomito e dolori allo stomaco. Mamma era così preoccupata che per qualche giorno dimenticò il concorso e le supplenze e si dedicò completamente a lui. In compenso Maurizio faceva di tutto per dimostrarle il suo affetto ed era felice delle premure che la famiglia gli riservava. Persino papà aveva ripreso a stare più tempo a casa.

Passata l'influenza, Maurizio riprese ad andare a scuola. Il nonno lo accompagnò e volle parlare con le maestre per giustificare l'assenza del nipotino e per chiedere una particolare attenzione nei suoi confronti. "Sa", disse, "stiamo attraversando un periodo un po' particolare... no, no niente di grave... comunque se Maurizio non si dovesse sentire bene mi chiami per favore...".

Nel corso della mattinata Maurizio lamentò un po' di mal di stomaco, ma le insegnanti non ritennero opportuno chiamare il nonno e la mattinata di scuola si concluse regolarmente.

Nei giorni successivi, però, Maurizio non andò a scuola. Il dolore allo stomaco era insistente e il medico di famiglia consigliò una serie di accertamenti, compresa la gastroscopia che, fortunatamente, non evidenziò nulla di anomalo.

Pian piano anche il dolore sembrò attenuarsi e si decise di far riprendere la frequenza scolastica. Maurizio non voleva tornare a scuola, aveva paura che gli potesse tornare il dolore. Scongiurò la mamma perché non ve lo portasse e quando giunse fuori scuola le si avvinghiò addosso piangendo disperatamente.

Tornarono a casa dove ebbe luogo un violento litigio in cui urlavano tutti. Il papà diceva che era colpa della mamma e del nonno; la mamma che era colpa del papà, che non c'era mai, e che "era meglio seee!!"; la nonna piangeva e cercava di tirarsi via il nonno e Maurizio.

Il giorno successivo furono i nonni ad accompagnare Maurizio. Lungo il tragitto la nonna gli fece mille promesse e mille raccomandazioni, ma si ripeté la stessa scena del giorno precedente. Musi e litigi compresi.

La mamma il mattino successivo ottenne dalla preside il permesso di accompagnare Maurizio in classe per qualche giorno, viste le difficoltà che il bambino mostrava a seguito dei seri problemi di salute che lo avevano afflitto. Il nonno all'insaputa della preside, cominciò a fermarsi fuori dell'aula per tutto il tempo delle lezioni, aspettando l'uscita degli alunni seduto accanto al collaboratore scolastico.

Era trascorso circa un mese quando la "DIRETTRICE", come i bambini chiamavano la preside, entrò in classe e chiese all'insegnante di far uscire Maurizio. Dietro di lei vi era il nonno. Entrambi erano scuri in volto.

Una volta in presidenza, ella si rivolse a Maurizio. Spiegò che il permesso dato alla mamma non prevedeva di certo che un suo familiare potesse stazionare stabilmente fuori alla porta dell'aula, seduto affianco al collaboratore scolastico del piano, per tutte le ore di lezione, così come stava facendo nonno Giovanni; peraltro, ingannando maestre e collaboratori con un falso permesso.

Maurizio comprese subito che stava per perdere quel privilegio di cui aveva goduto e si strinse al nonno con le lacrime agli occhi. Il nonno si scusò e implorò la preside perché comprendesse la situazione.

"Se non resto", disse, "Maurizio non viene più a scuola! Ha sofferto con lo stomaco e teme che gli possa ritornare il dolore. Se ci sono io, o la mamma, quando io non posso, lui si sente più tranquillo...Dottoressa, lei è mamma?! Abbia un po' di compassione!".

Maurizio iniziò a piangere e il nonno cominciò a spazientirsi davanti all'irremovibilità della direttrice che, come ribadiva, non poteva consentire la presenza di persone estranee all'interno della scuola. D'altro canto, era anche convinta che non era quello il modo per aiutare Maurizio a superare il momento di difficoltà che il bambino stava vivendo.

"Vuol dire", sbottò l'uomo, "che se lei non ci dà il permesso di stare a scuola col bambino, lo mettiamo in un'altra scuola... Magari in una scuola privata!".

"Non ho alcun problema a darvi il nulla osta, se volete cambiare scuola", ribatté la preside; poi rivolgendosi a Maurizio lo invitò a riflettere: "Sei qui con noi da cinque anni, eri un bimbetto quando sei arrivato. Le maestre ti vogliono bene ed anche io sono a tua disposizione, per qualsiasi cosa. Rifletti bene prima di cambiare scuola. Forse in una scuola privata sarebbero più disposti a chiudere un occhio nel far restare nonno o mamma fuori la porta dell'aula, anche tutta la mattinata. Ma è proprio questo di cui hai bisogno? E quando fra qualche mese andrai alle medie, come farai?".

"In ogni caso", continuò la preside, "domani voglio parlare con i tuoi genitori e, comunque, sappi che non permetterò il protrarsi di una situazione irregolare e che ritengo dannosa per te. Finiresti per fare un passo indietro, per ritornare a quando eri piccolo e totalmente dipendente da mamma, da papà, da nonno, ecc.; invece devi crescere, devi diventare sempre più coraggioso e autonomo. Comunque, come ti ho già detto, in questa scuola tutti ti vogliono bene e in qualsiasi momento dovessi avere ancora dolore allo stomaco, puoi anche venire da me e, se è il caso, telefoneremo a casa, stai tranquillo...".

Il giorno successivo il collaboratore annunciò alla preside che c'era... "la mamma di quel bambino... che il nonno sta fuori la porta".

In presidenza entrarono una mamma stanca e preoccupata e un bambino avvinghiato a lei, recalcitrante e prossimo al pianto.

La signora Teresa si scusò per i problemi che si erano creati; capiva bene che quella non era una soluzione; che, come aveva detto la preside, il rimedio trovato, probabilmente, accentuava il problema e acuiva l'ansia di Maurizio piuttosto che risolverla; che ci sono delle necessarie regole scolastiche da rispettare; che Maurizio è un bambino sostanzialmente sano e, pertanto, non è giustificabile la presenza fissa di un familiare. Ma, "... il vero problema e che non sappiamo più da che parte prenderlo", concluse la donna, con la voce rotta dal pianto.

Parlarono ancora un po', poi la mamma chiese di accompagnare il bambino in classe, promettendo alla preside e ribadendo a suo figlio che sarebbe andata via subito.

Maurizio iniziò a piangere e a nulla valsero le parole e le implorazioni di sua madre.

La situazione era in una fase di stallo, quando la preside con fermezza si rivolse a Maurizio: "Adesso basta! Decidi cosa vuoi fare: se vuoi rimanere in questa scuola, con i tuoi compagni e le tue maestre, vi faccio accompagnare in aula dal collaboratore e subito dopo la mamma va via! Se, invece, vuoi cambiare scuola pur di avere il nonno fuori la porta dell'aula, preparo il nulla osta. Sei un bambino intelligente, rifletti su quello che ci siamo detti, parlane con mamma e fatemi sapere".

Dopo qualche minuto mamma Teresa bussò alla porta della direzione: "... preside, Maurizio vuole andare in classe, lo accompagno e poi passo a salutarla".

Quella di Maurizio è un po' la storia dei tanti bambini - "cartine al tornasole", la cui salute psico-fisica spesso risente degli stati d'animo della famiglia, delle tensioni sistemiche fra i genitori; in particolare, delle frequenti "triangolazioni" operate dalla coppia in crisi. È la storia di quei bambini ipersensibili e/o già provati da altre problematiche che pagano i prezzi psicologici più alti (soprattutto in termini di disturbi dell'umore) di un clima familiare non sereno, denso di silenzi rancorosi, di rimbrotti e accuse formulati più o meno apertamente e aspramente, di sbattute di porta e improbabili mal di testa.

Comprensibilmente, i bambini sentono e vedono molto più di quanto non lascino intravvedere. Fin dai primi mesi di vita possono avvertire le tensioni che attraversano e modificano il clima familiare e, attanagliati dalla paura di perdere la "base sicura", dall'insicurezza, possono essere indotti a "costruire" mappe catastrofiche di senso circa il mondo che li circonda e sviluppare delle risposte psicosomatiche, delle condotte dirette a richiamare l'attenzione (Varriale, 2013), che vanno dalla semplice inquietudine e irritabilità, a un'eccessiva ansia prestazionale, all'inappetenza, ai disturbi gastro-intestinali, come nel caso di Maurizio.

Quando una coppia genitoriale entra in crisi, si è soliti ritenere che non sia necessario o addirittura che possa essere dannoso dare spiegazioni ai figli, a meno che questi ultimi non siano ritenuti abbastanza grandi da capire (ma spesso neanche questa situazione viene presa in considerazione dai genitori). In realtà sono proprio i bambini ad avere più bisogno di chiarezza o quanto meno di autenticità da parte dei genitori. Mentre, infatti, un adolescente riesce, in buona misura, a leggere la realtà anche andando oltre i silenzi e le bugie dei genitori, un bambino avverte il disagio, ma non riesce a comprendere i motivi che ne sono la causa e ciò può alimentare ansia, sensi di impotenza e di colpa, soprattutto se, come nel caso di Maurizio, gli si continua a ripetere che va tutto bene e che lui deve capire e "... fare il bravo" (Francescato, 1992, 1994; Pietropolli Charmet, Cirillo, 2012).

Questi bambini, con i loro "capricci" e i loro malanni, rischiano di diventare il "problema", il presunto "paziente designato"; in realtà costituisce il finto bersaglio, il "paravento" familiare di cui occuparsi e che, per qualche tempo, riesce a coagulare l'attenzione della coppia, magari distogliendola dall'agire sul vero nucleo problematico della crisi e scagionando gli adulti dalle responsabilità in ordine ad un rapporto che non funziona, ma che non si ha il coraggio di affrontare e mettere in discussione apertamente.

Il quadro può diventare più complesso con il passare del tempo. La preoccupazione dei familiari, frequentemente accompagnata da sensi di colpa, comporta, spesso, atteggiamenti iperprotettivi e vicarianti che possono favorire nel bambino comportamenti regressivi che a loro volta possono indurre a ulteriori iperprotezioni e viziature, in un *loop* del disagio che ininterrottamente alimenta se stesso.

È quanto stava accadendo a Maurizio, prima che la madre fosse invitata ad affrontare adeguatamente i problemi di ansia di suo figlio, semmai parlandogli e dandogli la possibilità di parlare, ascoltando il suo disagio e aiutandolo a comprendere una realtà finora nascosta, e mistificata. Magari avvalendosi di una guida professionale, di un *helper*, all'altezza della complessità dei problemi che invischiano adulti e bambino. Perché, com'è noto, le crisi possono anche essere delle occasioni di crescita!!

In tale prospettiva e nell'ambito della prevenzione primaria, il lavoro di *counseling* per la coppia in crisi dovrebbe puntare a: 1) individuare e arricchire il "potenziale coniugale" ovvero le qualità positive (risorse) che la coppia possiede e che potrebbe utilizzare, ma di cui, per varie ragioni, non pensa di poter disporre; 2) consentire alla coppia di uscire dal proprio autocentramento individualistico per aprirsi al confronto costruttivo con l'altro, utilizzando modalità comunicative nuove; 3) trasferire agli *helpee* competenze di *coping* nella gestione dello stress derivante dallo stato conflittuale e di attivazione emotiva di coppia. È questo il *coping diadico* (o di coppia) (Scabini, Rossi, 2006); esso può essere rivolto alle emozioni (comprensione e contenimento) e/o a più circoscritti problemi (comprensione e risoluzione del problema stressogeno), come illustrato sinteticamente di seguito.

Tipologie di coping diadico

Il coping diadico può essere di tipo:

1. Condiviso, *quando entrambi i partner sono invitati a gestire il problema e lo stress conseguente, in quanto:*
   - *lo stress riguarda entrambi e deriva da eventi esterni;*
   - *entrambi sono in condizione di gestire lo stress;*
   - *vi sono ancora obiettivi condivisi;*
   - *vi è una sufficiente motivazione come coppia.*
2. Supportivo, *quando lo stress e/o il problema riguarda un solo partner che viene supportato dall'altro, che di solito dispone di maggiori risorse, come:*
   - *nei casi in cui c'è la difficoltà ad accettare la fine di un rapporto;*
   - *nei casi di malattia di uno dei due coniugi;*
   - *nei casi di perdita del lavoro.*

3. Delegato, *quando vi è la richiesta esplicita al partner di farsi carico del proprio stress. Si ha quando:*
   - *un partner è esaurito dallo stress e l'altro dispone di risorse;*
   - *la causa è esterna o involontariamente causata dal partner;*
   - *il partner che assume il carico è motivato al coping.*

"Da un matrimonio infelice – scriveva Alfred Adler – ne deriva una situazione piena di pericoli per i bambini perché la madre può non essere capace di includere il marito nella vita familiare e desiderare di tenere i figli completamente per sé. Se essi avvertono che i genitori non vanno d'accordo divengono molto abili nel metterli l'uno contro l'altro. Inoltre, la prima forma di cooperazione tra persone diverse da sé che il fanciullo esperimenta è proprio quella tra i suoi genitori, e se questa è modesta egli non sarà in grado di apprenderla e di svilupparla. Infine, dal loro matrimonio, il bambino si fa anche la prima idea dei rapporti sociali tra le persone" (1931a; tr. it.: 1994, p. 76).

L'attenzione che la psicologia individuale riconosce alla prevenzione primaria e secondaria fa sì che il *counselor* adleriano sia particolarmente attento a tutti i luoghi in cui il bambino e poi l'adolescente può vivere situazioni di disagio che in qualche misura possono incidere nel tempo sul suo benessere psicologico: la famiglia, la scuola, il gruppo dei pari, le comunità per minori a rischio, ecc. Luoghi istituzionali e non nei quali le pratiche di *helping* risultano particolarmente efficaci se operazionalizzate nell'ottica dell'*empowerment* individuale, gruppale e di comunità; luoghi, cioè, in cui l'*helper* svolge il delicato compito di tutore di resilienza e favorisce, in un circuito virtuoso, la nascita di un gruppo psicosociale resiliente che sorregge e alimenta la capacità di resilienza del singolo (Varriale, Limongelli, 2017; cfr. anche Cyrulnik, Malaguti, 2005).

L'approccio autobiografico, utilissimo anche nella pratica del *counseling* individuale, nelle situazioni di gruppo esprime appieno il suo potenziale trasformativo in quanto permette, attraverso la comunicazione/narrazione, di verbalizzare il proprio disagio, condividerlo, governarlo, storicizzarlo, renderlo comprensibile, attribuirgli un senso. La narrazione diventa co-narrazione, trova accoglienza e rispecchiamento in un contesto empaticamente connotato, in cui è possibile imparare a ri-narrare il problema/trauma o anche soltanto a ri-narrare se stessi con parole nuove meno svalutanti, più compassionevoli nei confronti delle personali e altrui imperfezioni, più responsabilmente fiduciose nel futuro. In breve, *permette di vedere la vita con occhi e "cuore" nuovi e agire condotte positive, "dal lato utile della vita"!!*

7.

Una modalità di trattamento dei disturbi d'ansia nel counseling psicologico: l'Approccio Integrato Dinamico-Costuttivistico su base Adleriana e Metacognitiva (A.I.D.C.A.M.)

1. *Introduzione*

> Le intuizioni senza concetto sono cieche e i concetti senza intuizioni sono vuoti. (...) Noi delle cose non conosciamo a priori, se non quello che noi stessi vi mettiamo.
>
> I. Kant (2013), *Critica della ragion pura*

> Le particolari capacità di cui è dotato l'organo psichico, che hanno un ruolo fondamentale nel costruire la nostra visione del mondo, sono accomunate dal fatto che la loro selettività, acutezza ed effetto derivano dal fine ultimo perseguito dall'individuo. Questo è il motivo per cui ognuno riesce a cogliere solo determinati aspetti di un evento. L'uomo, in definitiva, assegna importanza a ciò che si accorda con il suo obiettivo e, dunque, per comprendere un processo percettivo è indispensabile conoscere la meta nascosta di una persona, perché è proprio questa a dirigere il suo comportamento.
>
> A. Adler (1927), *Psicologia individuale e conoscenza dell'uomo*

Come accennato in precedenza, nel sintetico percorso in cui state per entrare presento un approccio integrato al counseling psicologico in cui – oltre a tener conto dei costrutti basici del modello personologico adleriano e delle sue applicazioni nella relazione d'aiuto – ho recepito alcune delle più recenti acquisizioni della ricerca neurocognitiva. In particolare, ho inteso introdurre il concetto "composito" di metacognizione, che, a cavallo del XX e XXI secolo, si è ritagliato un significativo spazio in ambito clinico-riabilitativo.

Il concetto di metacognizione, secondo Adrian Wells, "abbraccia conoscenze (convinzioni), processi e strategie che valutano, monitorano o controllano la cognizione (...). La maggioranza delle attività cognitive dipendono infatti da fattori metacognitivi, che le monitorano e le controllano" (2002, p. 21). Tali fattori di monitoraggio (del flusso di informazioni, emozionali e non, e delle strategie a queste connesse) hanno lo scopo di regolare una gamma di funzioni cognitive superiori: la distribuzione dell'attenzione, il monitoraggio, il controllo, la pianificazione e la rilevazione degli errori nella prestazione. Wells e Matthews (1994), inoltre, hanno correlato i disturbi emozionali (DAG, DOC, Depressione, ecc.) proprio all'erronea strategia di monitoraggio: soprattutto all'eccessivo mantenimento dell'attenzione sulle fonti interne o esterne di pericolo.

Le emozioni, dunque, sono fattori di forte incidenza metacognitiva. Esse, "sono dati interni che influiscono sulle motivazioni e sul comportamento. In effetti, è possibile che l'emozione sia qualcosa di più primordiale della cognizione e alcuni dati empirici suggeriscono che le emozioni sono controllate da strutture cerebrali sottocorticali. È un fatto appurato che le emozioni possono influire su una gamma di processi cognitivi, fra cui l'attenzione, la memoria, i giudizi e le decisioni" (Wells, 2002, p. 22). A partire da tali considerazioni, l'Autore illustra una serie di critiche alle teorie cognitivo-comportamentali; in particolare, a quella degli *schemi*, "che si concentra quasi esclusivamente sul contenuto della valutazione e delle convinzioni nei disturbi emozionali" (ivi, p. 15). Critiche che in una certa misura, come vedremo, possono estendersi anche alle teorizzazioni e alle applicazioni cliniche, dinamico/cognitivo-costruttivistiche della Psicologia individuale.

Si aggiunga a ciò che, per gli Ansbacher (1997, p. 363), Adler riteneva importante che il terapeuta spiegasse al paziente come è arrivato a certi errori valutativi, alle attuali mappe di senso problematiche e alla situazione di sofferenza in cui si trova. Inoltre, il fondatore della PI pensava che "lo schema appercettivo del paziente valuta tutte le impressioni come se fossero argomenti fondamentali e le dicotomie intenzionalmente in alto-basso, vincitore-vinto, maschile-femminile, nulla-tutto, e così via (...). Il nevrotico, quasi come un sonnambulo, è così coinvolto nel mondo creatosi durante l'infanzia da aver bisogno dell'aiuto che i colloqui (...) possono dare, consentendogli di conoscersi a sufficienza per accrescere la sua capacità di cooperazione. La cura e il riorientamento sono portati avanti da una correzione dell'erronea visione del mondo e da un'accettazione inequivocabile di una matura visione di essa" (Adler, 1936; in Ansbacher, Ansbacher, 1997, pp. 370-371).

Ma viene da chiedersi: e se il *counselee/helpee*[1] (il cliente) è «sequestrato» da un maladattivo processo metacognitivo di tipo autoregolatorio (ad esempio, dal *Cognitive Attentional Syndrome* (CAS)? Se, come vedremo, egli è bloccato da un processo attentivo, eccessivamente centrato sulla "preoccupazione" e sulla "minaccia" percepita, con un'attività di ruminazione e/o di rimuginio oltre misura, che lo paralizza e ne risucchia le risorse psicofisiche? Come farà questo soggetto a lavorare sugli schemi derivanti dall'"erronea visione del mondo" al fine di riorientarla "dal lato utile della vita"? I counselor e i terapeuti adleriani (e non solo questi), mi pare che oggi non possano più ignorare le tante, solide evidenze emergenti dalla letteratura nazionale e internazionale sulle modalità, funzionali e disfunzionali, del tutto autoreferenziali, di gestione della cognizione; evidenze che, peraltro, mi sembrano non poco sintoniche con il modello psicodinamico cui

[1] In questa sede impiegherò i concetti di *counselor/helper* (chi aiuta) e di *counselee/helpee* (chi richiede l'aiuto) per designare le figure protagoniste, nel counseling psicologico, della relazione d'aiuto (*caring*); impiegherò i concetti di *terapeuta* e *paziente* per designare le figure della relazione d'aiuto in ambito clinico-psicoterapeutico (*curing*) (Varriale, 2005, 2009, 2013; Varriale, Parlato, 2000).

mi ispiro; e senza che ciò ne snaturi l'originaria architettura teoretica e applicativa.

Aggiungo che come studioso e docente di psicologia della personalità – oltre che come psicologo, counselor professionale e formatore di operatori della relazione d'aiuto, con quasi quarant'anni di attività in questi settori –, ho maturato una serie di convinzioni che di seguito vorrei brevemente illustrare facendo ricorso alle considerazioni epistemologiche di Aldo Carotenuto relativamente alla psicologia e alla psicoterapia (analitica e non). Considerazioni (invero piuttosto lunghe, cosa di cui mi scuso in anticipo) per le quali chiedo l'intensa attenzione del lettore.

Nel volume *La nostalgia della memoria. Il paziente e l'analista* (1988), Carotenuto (che è stato uno dei maggiori studiosi di psicologia della personalità e analisti junghiani, ma che ha sempre mostrato forte interesse per Adler) scrive:

"Ogni autore crea una teoria leggendo in se stesso, pertanto le metapsicologie hanno un evidente carattere proiettivo; nascono da una raffinata elaborazione dei propri disagi psicologici. (...) Molte voci sono nate in questo campo della conoscenza, emancipandosi magari dalla posizione di adepti; di fronte al vastissimo quadro dei modelli teorici esistenti si può solo prendere atto di questa molteplicità. Il nostro impegno di psicologi moderni non è combattere competitivamente per affermare le differenze, ma è quello di relativizzare la nostra conoscenza e riconoscere in ogni autore un seme di verità con cui confrontarsi (...). Per quanti punti di riferimento si possono avere, si dovrebbe essere sempre pronti a confrontare l'esperienza passata con qualcosa di completamente nuovo. Occorre partire dal presupposto che i problemi sono tuttora aperti, tutti da discutere, da criticare, da risolvere, tutti ancora da affrontare, sapendo che il dogma, l'ortodossia, servono a imporre all'esperienza quanto già si conosce".

"Chi ha bisogno di certezze non può rivolgere il proprio interesse al campo della psicologia, poiché in tal caso l'oggetto di studio non si piegherà alle nostre pretese di oggettività e di chiarezza. Mentre un atteggiamento del genere ben si addice, anzi è assolutamente indispensabile, nell'ambito delle cosiddette scienze esatte. In psicologia è necessario non ricercare la verità e la certezza definitiva, ma indagare continuamente, approfondendo la conoscenza e lasciando tutte le domande aperte: (Per Jung) 'Una verità psicologica è valida solo se si può anche capovolgere'.

"Chi sceglie di intraprendere lo studio della psicologia dinamica va incontro – proprio per l'assenza, in questa disciplina, di solide certezze e di indiscussi punti di riferimento – a una vita intellettuale mobile e fertile, contrariamente a quanti si dedicano ad altre scienze, quelle cosiddette oggettive, dove esistono alcuni fatti sperimentali sui quali è costruito l'intero apparato concettuale. (...) Nella psicologia del profondo non è possibile far conto su alcun nesso oggettivo di questo genere, perché qui sono di fronte due persone, l'analista e il paziente, in una relazione particolare e singolarissima che non è possibile circoscrivere in una legge precisa.

"Il senso critico dovrebbe infonderci sempre il coraggio dell'innovazione e indurci ad agire nella pratica non secondo quello che ci hanno insegnato ma secondo ciò che è necessario fare in una particolare circostanza. È indispensabile confrontare diversi filoni di pensiero contemporaneamente perché soltanto la comparazione delle idee accresce la dimensione umana, lì dove la costrizione all'interno di un unico modello porta il pensiero all'inaridimento, alla sterilità.

"Le teorie psicologiche sono astrazioni in rapporto metaforico con la realtà del fenomeno cui alludono. Quali sono i pericoli in cui incorriamo? Il primo è quello di sposare un modello e di identificarci con esso come se fosse direttamente dettato da Gesù Cristo. In questo caso si cade in un pregiudizio teorico e si deve lottare contro la tentazione di chiudersi in una mentalità dogmatica. (...) Per contro, la tendenza opposta, il rifiuto cioè di qualsiasi punto di riferimento teorico, adombra il pericolo dello spontaneismo. Si ha solo fiducia in se stessi, nelle proprie capacità 'naturali', abbandonandosi all'improvvisazione e al pragmatismo. Il punto di mediazione fra queste due tendenze estreme è rappresentato dalla 'capacità negativa' di stare nel dubbio e in un costante atteggiamento di attesa e di ascolto, senza precipitarsi in opzioni di fede, da un lato, e senza cedere al sentimento onnipotente di poter fare a meno di qualsiasi conoscenza, dall'altro" (Carotenuto, 1988, pp. 38-40).

In tale cornice, che in alcun modo deve essere considerata come un elogio dell'ecclettismo teorico-applicativo in psicologia, l'approccio integrato che di seguito propongo (AIDCAM) intende rendere più efficace il lavoro di helping nei diversi settori operativi, continuando a mantenere duttilmente sullo sfondo dell'intervento sul disagio i costrutti basici della Individualpsicologia. Consapevole della necessità di ulteriori riflessioni e verifiche teoriche e applicative, affido questa mia fatica al dibattito specialistico, fiducioso che i feed-back critici ed empirici che nel tempo potranno derivarne comunque saranno un arricchimento per questo lavoro.

2. *Alfred Adler precursore dei modelli personologici dinamico-cognitivo-costruttivistici*

L'Approccio Integrato Dinamico Costruttivistico su base Adleriana e Metacognitiva (AIDCAM) e il Modello Quadrifasico Adleriano di Counseling (MQAC)

Come notavo in apertura, ho messo a punto l'AIDCAM con lo scopo di arricchire sia la riflessione teorica circa i caratteri cognitivo-costruttivistici della Psicologia Individuale (PI) sia l'efficacia applicativa del MQAC *[in particolare della II^a FASE (IE-Incoraggiamento Esplorativo), della III^a FASE (RM-Riorientamento Motivazionale) e della IV^a FASE (IT-Iniziativa Trasformativa)].*

Tornerò più avanti sul contributo che l'AIDCAM può fornire alle modalità procedurali del MQAC, per ora mi pare più opportuno delineare un sintetico quadro degli antecedenti all'*Approc-*

cio Dinamico-Costruttivistico su base Adleriana e Metacognitiva (AIDCAM).

Cominciamo col dire che, a mio modo di vedere, i principali costrutti del sistema psicologico ideato da Alfred Adler più di un secolo fa, nel loro insieme, mantengono ancora oggi un'alta capacità euristica. Ci permettono, cioè, sia di formulare convincenti ipotesi interpretative sul funzionamento di una personalità (patologica e non), con un alto grado di approssimazione alla realtà, sia di fornire coerenti basi alla teoria della tecnica per il counseling e la psicoterapia.

Ciò perché la Psicologia individuale nasce, oltre che con una marcata impronta analitica centrata sul Sé, anche con quei forti tratti che oggi definiamo cognitivo/costruttivistici; basti pensare all'importanza che Adler ha dato ai concetti di "Sé creativo", di "potere creativo", di "forza creatrice di significati" della mente umana per averne contezza (Varriale, Rotondo, 2011a, 2011b; Varriale, Limongelli, 2017; al riguardo si veda anche il capitolo terzo e la prossima, terza parte del volume).

Secondo Adler oltre che dalle influenze biosistemiche e da quelle ecosistemiche *il comportamento è determinato da un terzo cruciale fattore: il potere creativo (o forza creatrice) della mente*: dalla capacità di valutare e dare senso a se stesso e agli eventi del mondo attraverso "*mappe di significato*" che, orientate dallo "*scopo prevalente*" a carattere "finzionale" e in parte inconscio (di elevazione/superamento/sicurezza/prestigio (dal *minus* al *plus*), guida in modo idiografico (soggettivante) e unitario pensieri e comportamenti, con gli inevitabili, connessi *bias* ed *euristiche* che connotano il pensiero di ogni individuo.

Un *Potere creativo* della mente *centrato sul sé* ("*percezione tendenziosa*" del "*Sé creativo*") cui la psicoanalisi freudiana [con il suo riduzionismo fisiologico pansessualistico del periodo 1901-1922 (Ansbacher, H. L., 1997, pp. 526-552)] dette scarso rilievo e il comportamentismo watsoniano negò del tutto; non a caso *Adler tenne in particolare conto gli orientamenti teorico-applicativi della GESTALT* (cfr. Varriale, 2017 e, più avanti, capitolo nono).

E in effetti anche le neuroscienze oggi sottolineano l'importanza della percezione nell'attribuzione di significato alla realtà, nelle costruzioni di senso volte a fare previsioni e piani di azione in funzione adattativa (cfr. Lotto, 2017).

Insomma, per Adler, *è l'individuo che, sulla base della sua storia passata, delle influenze sociali e culturali, nonché degli scopi che si pone, attraverso il Sé creativo, costruisce significati, priorità, pone attenzione agli eventi che gli accadono e al valore/sentimento che, rispetto a tali eventi, egli attribuisce a se stesso.* Da questo modo di pensare se stesso e il mondo – ma anche dal modo di «pensare i propri pensieri» (metacognitivamente, appunto) – scaturisce *l'unitarietà, l'unicità e l'irripetibilità di ogni individuo*, del suo olistico e idiografico *Stile di vita* (*cognitivo, emotivo, conativo*).

Siamo, dunque, ben 100 anni fa, ad una prima, significativa (seppure ancora *in abbozzo*) visione costruttivistica del funzionamento della mente, della personalità. Pertanto *l'inserimento nel corpo teorico e applicativo della P.I. di quanto ha prodotto negli ultimi 50 anni la ricerca cognitivista (cfr. anche il BOX 1) non deve sembrare una mera, sincretistica giustapposizione* dei costrutti metacognitivi di Wells all'impianto teoretico e prassico adleriano.

BOX 1

Non è questa la sede per un'articolata disamina del contributo che studiosi come Piaget, Neisser, Kelly, Rotter, Tajfel, von Glasersfeld, Ellis, Back, Lazarus, Wells (solo per fare qualche nome di rilievo degli ultimi 50 anni) hanno fornito allo sviluppo del moderno cognitivismo costruttivistico, in ambito clinico e sperimentale. Alcuni di tali autori sono stati influenzati da Adler; senza contare l'influenza di quest'ultimo anche su studiosi esistenzialisti e della "*Terza Forza*" quali Rogers, Maslow, May, Frankel, ecc.

Mi limito a ricordare solo che la psicologia cognitiva si occupa di specifici fenomeni interni come la percezione, la memoria, il pensiero, il linguaggio, "senza implicare nulla per quanto riguarda l'approccio teorico con cui sono studiati" (Parisi, Castelfranchi, 1978, p. 64).

Essa, tuttavia, intende offrire modelli dei processi capaci "di fornire una descrizione analitica delle fasi attraverso le quali l'organismo raggiunge un determinato 'stato', produce una particolare risposta e così via" (Flores D'arcais, 1983, p. 103). Inoltre, i cognitivisti ritengono che "le azioni intenzionali di una persona sono caratterizzate come l'esecuzione di un *piano* che ha uno scopo particolare. Quando cioè, una data motivazione o scopo assume la massima priorità, la persona sceglie dalla memoria un piano di comportamento che, date le circostanze, dovrebbe realizzare questo scopo" (Bower, 1983, p. 35).

Va, peraltro, notato che autori come Neisser pensano "che fra cognitivismo e psicologia dinamica esista una chiara analogia di impostazione. Allo stesso modo in cui gli psicoanalisti si interessano di quei motivi del comportamento che nascono all'interno, e delle intricate elaborazioni e riformulazioni che i motivi subiscono nel decorso della vita psichica, i cognitivisti si interessano delle informazioni che giungono al sistema uomo dall'esterno, e delle loro innumerevoli trasformazioni all'interno del sistema: elaborazione, immagazzinamento, recupero, utilizzazione, ecc." (Vicario, 1978, p. 114). Così, alla fine degli anni '70 è stato finalmente notato che, rispetto a quella comportamentista, appare "più plausibile l'idea che i processi cognitivi e la stessa condotta siano attività fondamentalmente '*costruttive*'; (...) i cognitivisti scoprono di aver avuto dei precursori nei gestaltisti, che avevano posto gli stessi problemi e avevano sostenuto che essi erano cruciali per ogni teoria psicologica" (Kanizsa, Legrenzi, 1978, p. 10). Per una visione più articolata sui temi del BOX cfr. anche Legrenzi, 2002, 2008).

In tale cornice, pertanto, non sorprende che Shulman e Watts (in «Journal of Cognitive Psychotherapy», *1997*, n. 3*)* abbiano notato che "*Adlerian and Constructivist theories share common ground regarding their epistemological root*". Di seguito si vedano, nel *BOX 2*, alcuni significativi esempi di brani adleriani rappresentativi della *condivisione con il costruttivismo* *delle suddette «comuni radici epistemologiche»*. Per ulteriori riferimenti alla questione si vedano: Varriale, 2005, 2009, 2013, 2017; Varriale, Limongelli, 2017.

BOX 2

Il cognitivismo costruttivistico che c'era già nel modello psicologico adleriano...

"Nessuna esperienza è causa di successo o di insuccesso: non sono le situazioni-shock, i cosiddetti traumi, ad arrecarci danno. Essi, più semplicemente, forniscono il materiale da cui attingere solo ciò che è in accordo con gli scopi prestabiliti. Sono i significati che conferiamo alle nostre esperienze a condizionarci e, probabilmente, si commette sempre un errore ad assumere qualcuna di queste come base della propria vita futura. Non sono le situazioni ad avere un significato, ma i valori che noi assegniamo loro e sulla cui base ci determiniamo" (*Cosa la vita dovrebbe significare per voi,* 1931a; tr. it. Ansbacher, Ansbacher, *La psicologia individuale di Alfred Adler,* Martinelli, Firenze, 1997, p. 227).

"La percezione non può mai essere paragonata a una semplice macchina fotografica perché conserva in sé sempre qualcosa della soggettività dell'individuo. (...) Ciò che un soggetto percepisce e il modo con cui percepisce costituiscono la sua particolare unicità. La percezione è qualcosa di più di un semplice processo fisico, è una funzione psichica e dalla specificità che la contraddistingue è possibile cogliere indicazioni relative al sé" (*La conoscenza dell'uomo,* 1927; tr. it.: Ansbacher, Ansbacher, ivi, p. 229).

"Le influenze educative sono probabilmente accettate solo quando sembrano contenere una promessa di successo per lo stile di vita dell'individuo. Questo fatto si deve considerare un'obiezione al comportamentismo e alla riflessologia. Probabilmente, non sarà mai possibile produrre dei riflessi condizionati che conducano a un sentimento di sconfitta" (*Prevention of neurosis,* 1929b; tr. it.: Ansbacher, Ansbacher, 1997, p. 231).

"(L'individuo, *N.d.R.*) vede tutti i suoi problemi con una prospettiva che egli stesso ha creato; vede le influenze dell'ambiente con la stessa prospettiva creata da sé e, in accordo a ciò, ne cambia i risultati per il meglio o per il peggio ("*I concetti" fondamentali della psicologia individuale*, 1935; tr. it.: in «Rivista di Psicologia Individuale», n. 33, pp. 5-9, 1993).

3. *Il modello clinico-metacognitivo di Adrian Wells: quadro sintetico dei principali costrutti teorici e applicativi*

L'AIDCAM, I PROCESSI PSICODINAMICI (secondo la PI) E LA METACOGNIZIONE

Ho già suggerito che, l'integrazione nella Psicologia individuale di alcuni contributi della più recente ricerca neurocognitiva mi appare sintonica. Qui in particolare, mi riferirò ai contributi che *la ricerca sulla "metacognizione"* («*il pensiero che pensa se stesso*») può offrire al nostro modello dinamico-personologico, sia sul piano teorico che applicativo[2].

[2] Al riguardo, e per completezza dei riferimenti alle fonti, mi sembra opportuno ricordare che non lontano dai modelli metacognitivi è il modello clinico-psicologico cosiddetto *Terapia breve strategica* (Watzlawick, Nardone, 1997). Una prassi clinica, questa, che affonda le radici epistemologiche nel costruttivismo "radicale" di autori quali von Glaserfeld, von Foerster, Watzlawick, ecc., e le basi operative nel costrutto di "*tentata soluzione che alimenta il problema*". Il costrutto, elaborato presso il Mental Research Institute di Palo Alto in California, nei primi anni Settanta, dal gruppo di ricercatori raccolti attorno a Paul Watzlawick (1974) e in Italia attorno a Giorgio Nardone (Watzlawick, Nardone, 1997; Nardone, 2014, 2015; Nardone, Watzlawick, 2010), identifica tutto ciò che è posto in essere dall'individuo (cioè costruito mentalmente) per gestire una qualche difficoltà psicologica e che, reiterato nel tempo, mantiene e alimenta la difficoltà medesima, conducendo alla strutturazione di disturbi emozionali quali quelli esaminati brevemente nel capitolo 5. La Terapia breve strategica (che prevede non più di dieci incontri) non considera la patologia come un disturbo biologico, ma come una disfunzionalità dell'equilibrio psichico, da contrastare operando manovre tecniche finalizzate ad interrompere i circoli viziosi di pensiero controproducenti; in

Fra i modelli metacognitivi, quello elaborato da ADRIAN WELLS, per le ragioni che vedremo, mi è sembrato il più adatto all'innesto armonico nel corpo della PI, senza snaturarne le fondamenta teoretiche, anche nei vari setting operativi. Rinvio ai CAP. 2 e 3 del volume *Resilienze* (Varriale, Limongelli, 2017) per un'ampia sintesi di tale modello.

Mi basta per ora ricordare che *i costrutti principali* su cui Wells fonda la sua teoria metacognitiva e le sue procedure terapeutiche (*M.C.T./Metacognitive Therapy*) sono due:

- La *Funzione autoregolatoria* [da cui deriva il *Self Regulatory Executive Function Model* (S-REF)].
- La *Sindrome Attenzionale Cognitiva* (CAS/*Cognitive Attentional Syndrome).*

Il suo *Modello di Terapia Metacognitiva (*MCT), infatti, "si basa sul presupposto che la metacognizione sia di vitale importanza per comprendere come opera la cognizione e come questa generi l'esperienza cosciente che abbiamo di noi e della realtà che ci circonda. La metacognizione è responsabile di quello a cui prestiamo attenzione e di quello che giunge alla coscienza; dà forma alle nostre valutazioni e determina le strategie che usiamo per regolare i pensieri e le emozioni, la tonalità emotiva, normale o anormale che sia" (Wells, 2012, p. 2).

Per ciò che riguarda la "*funzione autoregolatoria*" (Wells, 2002), essa si presenta su tre livelli di cognizione:

- *Una rete di unità di elaborazione di livello inferiore* guidata dallo stimolo, inconscia, sebbene i suoi prodotti possano diventare consci. Il livello inferiore elabora le informazioni indipendentemente dalle risorse cognitive ed in gran parte in modo riflesso.

effetti, non molto diversamente dall'impianto teorico-applicativo del modello di psicoterapia metacognitiva (MCT) di Adrian Wells.

- *Un livello di elaborazione controllata on-line* che partecipa alla valutazione cosciente degli eventi e al controllo dell'azione e del pensiero.
- *Un magazzino di conoscenze/convinzioni su di sé,* nella memoria a lungo termine, che ha una componente metacognitiva e consiste, almeno in parte, in piani di elaborazione.

Il livello inferiore o di base è automatico: l'elaborazione non viene percepita consciamente e le richieste di attenzione sono minime. *Il livello intermedio, di elaborazione on-line, prevede l'attivazione delle risposte attentive per l'esecuzione dell'elaborazione delle informazioni* e le sue attività vengono percepite in maniera cosciente. L'elaborazione a tale livello è volontaria e dipende dall'accesso alle conoscenze/convinzioni su di sé [cfr. Varriale, 2017, p. 53 e sgg., in: Varriale, C., Limongelli, V. (a cura di), 2017)]. *Da tali concettualizzazioni Wells fa derivare* il MODELLO DI AUTOREGOLAZIONE DELLE FUNZIONI ESECUTIVE (S-REF - *Self-Regulatory Executive Function*), come dalla FIGURA 1 che segue.

Il Modello dell'*Autoregolazione delle Funzioni Esecutive* (S-REF) di Wells descrive i fattori cognitivi e metacognitivi che sono coinvolti nel *controllo e nel mantenimento dei disturbi emotivi*. In FIGURA 1 i processi cognitivi si sviluppano su tre livelli tra loro integrati:

- Il livello *a* dell'elaborazione di base degli *input: profondi, automatici e riflessivi* (e provenienti dal c.d. «*inconscio cognitivo*»;
- Il livello conscio *b* che comprende *un sistema di conoscenze* (credenze e piani, *anche riguardanti il sé*) immagazzinate nella memoria a lungo termine, *di natura metacognitiva*. Sviluppa una rappresentazione consapevole dell'elaborazione ordinaria e guida quest'ultima in base all'attivazione dei propri piani cognitivi.

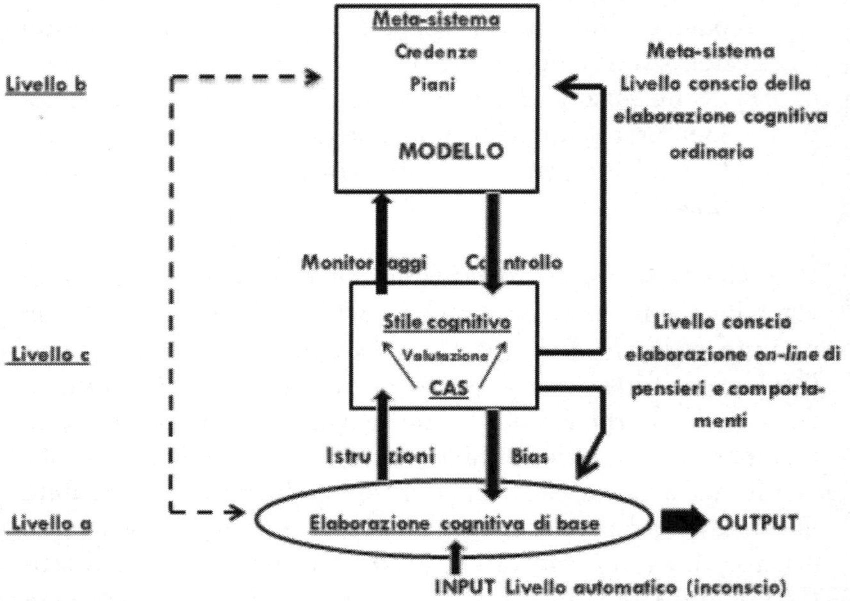

FIGURA 1 – *Il modello S-REF dei disturbi psicologici con le metacognizioni in evidenza (Wells, Matthews, 1994; modificato da Wells, 2012, p. 10).*

- Il livello *c* effettua un'elaborazione *on-line* dei pensieri e dei comportamenti a livello conscio, denominato *stile cognitivo*.

Il secondo importante costrutto base della MCT è il CAS (*Sindrome Attenzionale Cognitiva*); cioè un particolare *stile di pensiero dannoso*. Come nota Wells, "per la maggior parte delle persone, infatti, i periodi permeati di emozioni e valutazioni negative (come tristezza, ansia, paura, sensazione di essere un fallimento, ecc.) hanno carattere isolato e limitato nel tempo; il CAS, invece, ha un effetto tale per cui le persone rimangono 'incastrate' nella spirale di questi disturbi in maniera durevole e ripetitiva. Il CAS si contraddistingue per uno stile di pensiero perseverante che si esprime con rimuginio o ruminazione, focalizzazione dell'attenzione sulla minaccia, comportamenti di coping inefficaci e disfunzionali (come, ad es., la soppressione del pensiero, l'evitamento, l'abuso di sostanze). Ciò fa sì che l'emozione si mantenga e le idee negative vengano rinforzate; in generale, quindi, il CAS perpetua un senso generale di minaccia. Un esempio degli effetti del CAS si nota nello sviluppo del Disturbo di panico: gli attacchi di panico spontanei sono una cosa abbastanza comune e diverse persone possono averne uno nel corso della propria vita. Continuare a preoccuparsi dei possibili attacchi futuri (effetto CAS), però, finisce con il prolungare lo stato d'ansia (...). La persona che è incline ad attivare pattern di risposta cognitivo-attentiva, quindi, sarà più soggetta ad attacchi di panico ripetuti e nel contempo penserà che l'ansia abbia conseguenze pericolose e incontrollabili" (2012, p. 11).

Insomma, il CAS, mantenendo centrata l'attenzione oltre misura sulla preoccupazione-minaccia percepita, contribuisce anche al mantenimento di un certo tipo di convinzioni autocentrate: ad esempio, la convinzione che il *ruminare* e/o il *rimuginare* [secondo il Dizionario Treccani, il *ruminare* è il "meditare e il rimeditare, con l'dea di lenta e ripetuta ponderazione", mentre il *rimuginare* è l'"agitare nella mente e nel cuore, pensare molto a lungo sopra una cosa, quasi rivolgendola in tutti i versi"] siano strategie di fronteggiamento efficaci e desiderabili contro la minaccia. Come nota Wells, ad esempio, "le attività di elaborazione delle informazioni associate al rimuginare o alla preoccupazione attiva tendono a interferire sia con le operazioni interne del sistema cognitivo superiore – come modificare le priorità di elaborazione o modificare le convinzioni – sia con l'implementazione di strategie di fronteggiamento basate sull'attenzione (consistenti nel monitorare la minaccia) che sono coerenti con le loro preoccupazioni personali. In questo modo la persona resta 'bloccata' in attività autocentrate che causano il perpetuarsi dei disturbi psicologici" (2002, p. 35).

È facile notare, a questo punto, quanto i due processi metacognitivi (S-REF e CAS) siano importanti in campo clinico e psicoterapeutico. Infatti, nel modello teorico e operativo di Wells, il CAS è caratterizzato da *due rilevanti tipi di credenze metacognitive*:

1. *Quelle positive*: riguardanti la necessità di concentrare l'attenzione su specifici aspetti del CAS (ad esempio quello del controllo: "Se mi preoccupo molto dei miei sintomi, saprò meglio controllarli").
2. *Quelle negative*: relative all'incontrollabilità, la pericolosità, o l'importanza dei pensieri e delle emozioni (ad esempio: "Non ho il controllo della mia mente; la mia ansia può farmi impazzire").

Quali sono *gli effetti dannosi del* CAS? "rimuginio e ruminazione sono inevitabilmente dei fenomeni controproducenti, che portano la persona a focalizzarsi principalmente sulle informazioni negative in suo possesso: il risultato è che si avrà una impressione distorta sia di se stessi, sia della realtà che ci circonda (...). Il rimuginio e la ruminazione, inoltre contribuiscono ad innescare e mantenere attivo un senso di minaccia tale per cui ansia e depressione, anziché essere transitorie, persistono. Questi processi consumano preziose risorse attentive e possono indebolire la capacità di pensare e di prendere una decisione chiara e ponderata in condizioni stressanti. Il fatto di rimuginare e ruminare spesso incrementa l'abitudine ad adoperare questo tipo di strategie, al punto che la persona non sia accorge di impiegarle" (Wells, 2012, p. 15).

In base agli assunti del modello metacognitivo, dunque, *non è solo importante cambiare i contenuti del pensiero* – gli «*schemi*» tipici della terapia cognitivo-comportamentale e anche del lavoro clinico adleriano e le "*mappe di significato*" tipiche dell'impianto adleriano – ma occorre *cambiare anzitutto «il modo»* attraverso cui viene elaborato il pensiero. Per Wells, Infatti, le persone spesso *non* considerano le loro credenze come eventi interni separati dal sé e dalla realtà, ma confondono le loro credenze con la realtà ("*modo oggetto*"). È invece importante portarle a lavorare secondo il "*modo metacognitivo*", grazie al quale i propri pensieri possono essere osservati a livello cosciente e con un certo distacco; quindi, *possono essere vissuti come eventi interni separati dal sé e dal mondo*. È questo un *modo alternativo* di relazionarsi con le visioni interiori e di fronteggiare più efficacemente gli effetti negativi del CAS; ma *si riesce ad acquisire tale capacità solo con l'allenamento, con training costruiti ad hoc*.

Per l'acquisizione delle suddette capacità di fronteggiamento da parte del soggetto "sequestrato" dal CAS, Adrian Wells ha messo a punto due complementari *training* – il TRAINING ATTENTIVO (ATT), il DETACHED MINDFULNESS (DM) – che rientrano nell'ambito delle tecniche previste dalla Terapia Metacognitiva (MCT). Inoltre, il suo modello d'intervento terapeutico prevede anche uno *protocollo* (il P.E.T.S – *Preparazione, Esposizione, Test, Sintesi*) – che di solito viene impiegato nell'ambito della terapia cognitivo-comportamentale – ma che nell'MCT ha lo scopo di "testare meglio le credenze metacognitive, come ad esempio che la ruminazione sia incontrollabile, che alcuni pensieri siano pericolosi e che la preoccupazione possa essere utile" (Wells, 2012, p. 56).

4. *Il counseling psicologico in chiave adleriana (MQAC) con il supporto dell'impianto metacognitivo di Wells: l'AIDCAM (Approccio Integrato Dinamico-Costruttivistico su base Adleriana e Metacognitiva)*

Il contrubuto della metacognizione al modello quadrifasico adleriano di counseling

In apertura di questo percorso ho ricordato che il contributo che l'approccio metacognitivo può offrire per rendere più efficace l'applicazione delle varie fasi del MODELLO QUADRIFASICO ADLERIANO DI COUNSELING (MQAC) è rilevante. Come rilevante potrebbe esserlo anche nei vari *setting* clinico-terapeutici adleriani e non adleriani.

In particolare, il MQAC mi sembra possa beneficiarne nelle fasi RM e IT. Prima di motivare questo orientamento, tuttavia, è utile disegnare un sintetico quadro del MQAC, da me proposto una ventina di anni fa, con varie messe a punto successive (Varriale, 2000, 2005, 2009, 2010, 2011, 2014, 2013; Varriale, Parlato, 2000) ed esaminabile in estrema sintesi nella FIGURA 2 (al riguardo si veda il precedente capitolo sesto; cfr. anche Varriale, 2005, 2009, 2013; Varriale, Parlato, 2000).

FIGURA 2 – *Il Modello Quadrifasico Adleriano di Counseling (MQAC)e l'impianto metacognitivo AIDCAM nelle varie fasi operative*

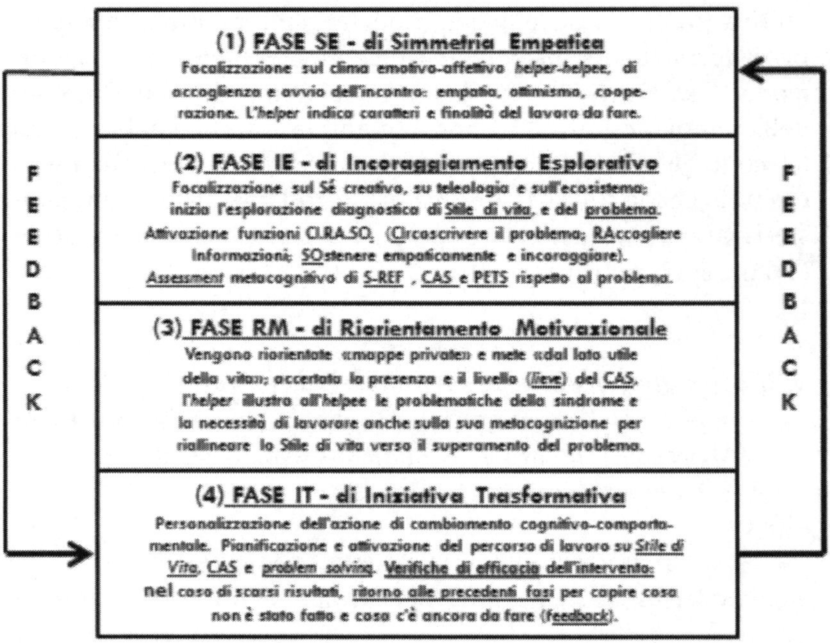

Non è il caso qui di illustrare in dettaglio le caratteristiche procedurali del MQAC; oltre che nel capitolo precedente, ho già speso molte pagine in altri scritti, per cui ritengo basti qui rinviare il lettore, in particolare, a questi miei lavori e alle bibliografie ivi contenute. Mi sembra più utile, in questa sede, articolare meglio il contributo che gli assunti e le tecniche del modello metacognitivo di Wells possono offrire all'efficacia dell'impianto di *counseling* (ma anche di quello psicoterapico) adleriano.

Come si può vedere dalla FIGURA 2, già nella fase IE è importante avviare – unitamente all'esplorazione accurata dello Stile di vita dell'*helpee* e del suo problema –, l'*assessment* metacognitivo dell'S-REF e del CAS. *Assessment* che va condotto con gli strumenti indicati da Wells nelle sue due opere più sistematiche (2002, 2012) al fine di accertare i caratteri e i livelli di problematicità di S-REF e CAS nell'*helpee*.

Ricordo ancora che anche quello di Wells è sostanzialmente un modello cognitivo-costruttivistico, in cui il cervello è considerato un elaboratore adattativo di informazioni che induce i soggetti non solo a costruire significati sul mondo, sugli eventi che gli accadono e sul ruolo attoriale che in questi egli assume, ma anche la modalità (il "modo") con cui egli tratta (monitorizza) cognitivamente ed emotivamente gli input associati a tali significati (cfr. S-REF e CAS in FIGURA 1); ivi compresi euristiche e bias che da tali input e modalità di trattamento derivano.

Anche Adler aveva molto insistito sulle operazioni costruttivistiche che l'"organo psichico" continuamente effettua:

"*L'opinione che ogni essere umano ha di se stesso e del mondo che lo circonda può essere meglio dedotta dal senso che egli dà alla vita e alla propria vita in particolare*. Da ciò può affiorare in modo comprensibile una dissonanza rispetto a un sentimento sociale ideale. *Attribuiamo grande importanza all'acquisizione di qualche elemento sul senso della vita* e siamo preparati ad avvertire modi individuali diversi di elaborare un tale senso. (...) Se esiste, almeno in parte, un senso della vita indipendente dalla soggettività, potremo rilevarne il contrasto con le elaborazioni personali che lo contraddicono" (*Il senso della vita*, 1933, ed. it., 1990, p. 15; il corsivo è mio).

In un altro suo volume, Adler precisa ancora meglio: "*Gli esseri umani vivono nel regno dei significati.* (...) Noi sperimentiamo sempre la realtà attraverso il significato che le diamo: non in se stessa, ma come qualcosa di interpretato. (...) Ci sono tanti significati nella vita quanti sono gli esseri umani. (...) *I significati non sono determinati dalle situazioni, ma siamo noi stessi a determinarci con i significati che attribuiamo alle diverse situazioni.* (...) La nota che distingue tutti i veri significati della vita è il loro essere significati comuni, significati cioè che gli altri possono considerare validi. (...) Il modo di affrontare la vita può essere meglio corretto con l'aiuto di qualcuno che è addestrato a comprendere questi significati, che può unirsi a lui nel cercare di scoprire l'errore originario, e contribuire a suggerirgli un significato più appropriato. Una volta che si sia riusciti a individuare e comprendere quale significato dà un soggetto alla vita, abbiamo la chiave per comprendere tutta la personalità" (*Cosa la vita dovrebbe significare per voi*, 1931; ed. it.: 1994, pp. 23-37; il corsivo è mio).

In tale cornice appaiono pienamente condivisibili le considerazioni che i coniugi Ansbacher suggeriscono relativamente all'architettura psicodinamica del modello personologico adleriano, secondo le quali la Individualpsicologia è "una psicologia della personalità che aderisce al principio del determinismo relativo. Nonostante l'accento posto sul Sé creativo come variabile interveniente, Adler non trascurò il significato delle condizioni oggettive nel determinare le probabilità, dando importanti contributi alla loro descrizione. Ad esempio, per quanto riguarda l'ereditarietà e le determinanti fisiche, sottolineò l'importanza delle inferiorità e, per quello che concerne l'ambiente, l'importanza dell'ordine di nascita. (...) Tale posizione fu compresa meno bene ai tempi di Adler di quanto non avvenga oggi, perché allora si riteneva che egli accentuasse troppo sia i fatti biologici che quelli ambientali, e spesso si criticava anche l'importanza attribuita a un terzo elemento: la creatività dell'individuo vista come variabile interveniente" (in Ansbacher, Ansbacher, *La psicologia individuale di Alfred Adler*, 1957; tr. it. 1997, p. 222-223).

Certo, Adler aveva formulato tali concettualizzazioni varie decine di anni prima dei cognitivisti moderni: Ellis, Beck, Lazarus, ecc.; resta il fatto che egli, molto prima di questi clinici, pur avendo visto giusto sul costruttivismo/teleologico della mente (sull'importanza delle «mappe di significato» nel guidare le condotte), *probabilmente, come loro, non aveva dato il giusto peso alle possibili perturbazioni indotte dalla funzione autoregolatoria, in particolare alla possibile influenza del CAS sull'eziologia dei disturbi dell'umore e sulle resistenze del cliente nel corso della relazione d'aiuto*.

D'altro canto, ho già notato che anche la nostra recente indagine sulla personalità resiliente, condotta dalla Commissione ricerca dell'Istituto "Alfred Adler" di Napoli su un campione di 177 soggetti (Varriale, Limongelli, 2017), ha evidenziato l'esistenza di una stretta correlazione (negativa) fra capacità di rialzarsi dopo aver subito un trauma (di fronteggiare efficacemente ansia e stress derivanti da gravi *life events*), appunto di essere resilienti, e le modalità di gestione metacognitiva dell'ansia: cioè, quanto più un soggetto, sia maschio che femmina, è "sequestrato" dall'ansia (come nel caso del *Disturbo d'Ansia Generalizzato* o D.A.G.), tanto meno è resiliente e viceversa, come evidenziano i due grafici a dispersione e relative rete di regressione (A, B) che seguono (per maggiori dettagli sui dati empirici della ricerca, vedere: Varriale, Limongelli, 2017, pp. 81-95).

Sulla base delle sue critiche all'approccio cognitivo-comportamentale, Adrian Wells riconsidera i modelli teorici ed operativi della scuola clinico-cognitivista; in particolare riformula il modello ABC di Albert Ellis: cfr. di seguito le FIGURE 3a e 3b. Come nota Wells, "la MTC riformula il classico ABC ponendo al centro del modello le credenze metacognitive (M) e sostituendo l'evento attivante con un'esperienza interna, che può essere un pensiero negativo o una credenza comune. Questo modello, denominato A-M-C, è rappresentato nella FIGURA 3b". Inizia a valle del modello ABC classico, dato che qui l'antecedente è rappresentato da un evento cognitivo interno piutto-

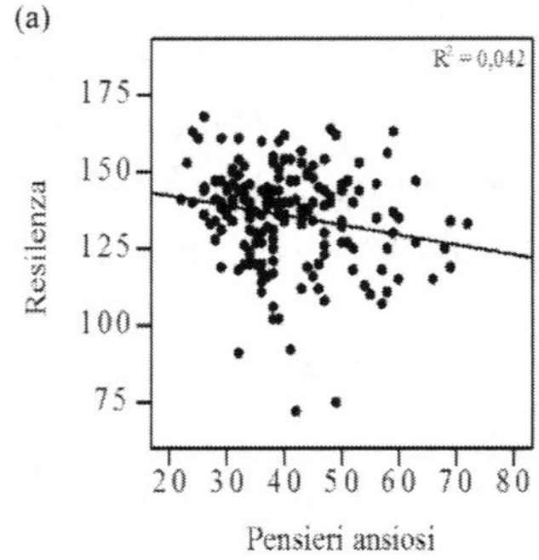

Grafico a dispersione con relativa retta di Regressione del fattore Resilienza x Pensieri ansiosi

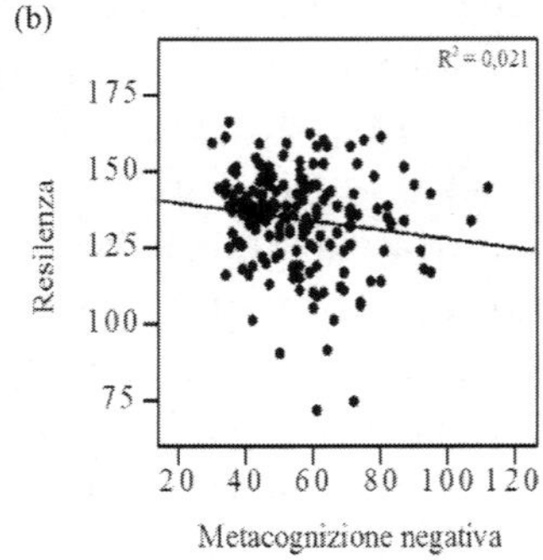

Grafico a dispersione con relativa retta di Regressione del fattore Resilienza x Metacognizione negativa

sto che da un evento esterno. La componente M è costituita dalle credenze metacognitive e dal CAS. I pensieri automatici negativi, così come le credenze comuni (B), sono sia valutati, che influenzati dai processi metacognitivi" (2012, p. 19; cfr. anche il caso della donna depressa di 30 anni).

A mio modo di vedere, Adler aveva visto giusto anche relativamente alle due potenti istanze dinamiche e psicosomatiche (evoluzionisticamente fondate; si vedano più avanti i capitoli nove e dieci): il binomio Sentimento d'inferiorità/Aspirazione a superare e il Sentimento di comunità, che orientano finalisticamente il nostro pensiero e le nostre condotte, il nostro Sé e la nostra personalità (che guidano il "movimento" dello Stile di vita "dal lato utile" o "non utile della vita"). Certo, ai suoi tempi, poco si sapeva del funzionamento del cervello, dell'autoconsapevolezza e della metacognizione. Tuttavia ritengo che le intuizioni adleriane, l'impianto del suo modello, possano solo migliorare le loro già notevoli potenzialità euristiche, teoriche e applicative, se supportate dai costrutti e dalle tecniche di Wells (cfr, Varriale. 2010, 2011, 2012).

A partire da tali considerazioni mi è sembrato utile proporre a coloro che operano nel campo della relazione d'aiuto (coun-

Sulla base delle critiche all'approccio cognitivo/comportamentale, Wells riconsidera i modelli teorici ed operativi di tale scuola, in particolare riformula il modello ABC di Albert Ellis.

FIGURA 3a – *Dal classico modello Razionale-emotivo di Ellis...*

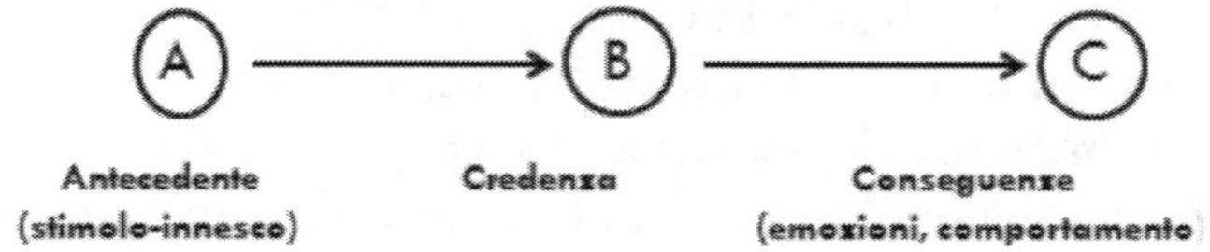

FIGURA 3b - *Al modello MCT (MetaCognitive Therapy) di Wells*

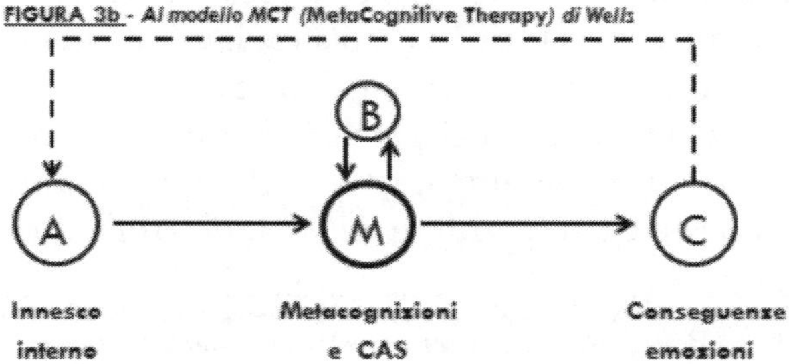

seling e psicoterapia) l'Approccio Integrato Dinamico Costruttivistico su base Adleriana e Metacognitiva (AIDCAM), schematizzato di seguito in FIGURA 4. Come si evince da tale figura, *se il CAS è attivo* ed è piuttosto intenso (lato destro in figura), la prima e la seconda istanza della PI possono venirne più o meno negativamente influenzate, orientando lo Stile di vita "dal *lato non utile della vita*", rallentando o bloccando nel soggetto il normale fluire del *movimento* dal *minus* al *plus* e la socialità. Soprattutto il CAS può vanificare il lavoro di incoraggiamento e rendere difficile, se non impossibile, il fronteggiamento degli schemi negativi di pensiero, il riorientamento cognitivo-emotivo verso più positive e costruttive visioni di se stesso e della vita; una dinamica questa che può anche associarsi a sindromi più o meno gravi.

Pertanto, è sempre necessario effettuare un preliminare *assessment*, dei costrutti adleriani, dei dinamismi a questi legati, del CAS e degli altri aspetti metacognitivi della funzione autoregolatoria (S-REF e PETS). In particolare, *quando il CAS è attivo*, è importante *accertare l'intensità/tipologia del disturbo indotto dal CAS* medesimo: *il disagio è lieve o è intenso? C'è un disturbo severo? È DOC, DAG, PTSD, Depressione o altro?*

Al riguardo Wells propone alcuni *self-report* (Scala *AnTi, MCQ, TCQ, ecc.*) impiegabili per avere un quadro delle modalità di funzionamento metacognitivo del soggetto e uno specifico strumento di misura del CAS. Nella cornice qui disegnata, ritengo che tali strumenti possono essere anche impiegati per indirizzare l'intervento verso il counseling psicologico (se il CAS è attivo, ma in forma lieve) o verso la psicoterapia (se il CAS è intenso ed è associato a disturbi molto severi); nell'un caso o nell'altro, comunque, suggerisco l'impiego dei percorsi di fronteggiamento degli effetti del CAS (*Training attentivo*, *Detached Mindfulness*) e dei disturbi a questi legati (il tutto scaricabile da Wells, 2002, 2012).

FIGURA 4 – *Modello metacognitivo di Wells e Modello Individualpsicologico: una schematica proposta d'integrazione teorico-applicativa fra i modelli (AIDCAM)*

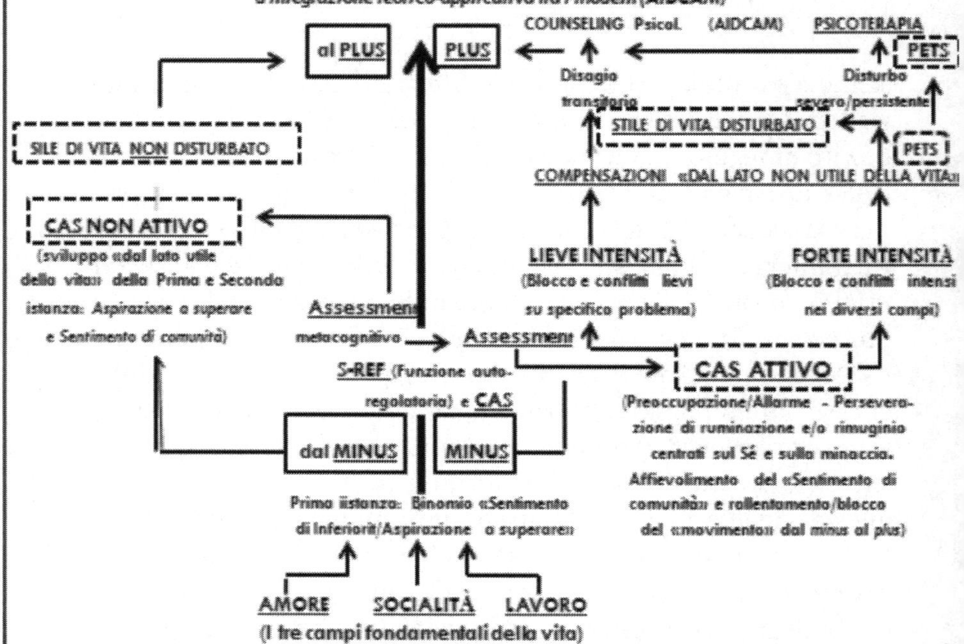

Ribadisco, una volta compreso perché il problema su cui è bloccato l'*helpee* è vissuto come una minaccia, e questa ha attivato il CAS, ne va valutata l'intensità (Wells, 2012). Se il "*sequestro*" metacognitivo del CAS è di *lieve intensità* (*sotto soglia*), *e non ci sono psicopatologie severe in corso*, il counselor (in questo caso con abilitazione all'esercizio della professione di psicologo) può attivare un ciclo di incontri che in prima battuta abbia lo scopo di rimuovere il CAS medesimo [*impiegando gli esercizi di allenamento per acquisire il necessario* coping *antiCAS*: 1. *Training Attentivo* (ATT), 2. *Detached Mindfulness*_(DM); cfr. Wells, 2012, pp. 77 e sgg.], per poi lavorare alla soluzione del problema su cui l'helpee è invischiato. Se il CAS è di *forte intensità* e ci sono implicazioni psicopatologiche severe (cfr. FIGURA 4) il counselor deve consigliare all'*helpee* una psicoterapia adleriana (o di altro tipo, possibilmente metacognitiva), ma che preveda l'impiego del trattamento di Wells per il CAS (nella forma *completa* centrata sul disturbo specifico o nella forma *standard/transdiagnostica*; cfr. Wells, 2012, p. 268 e sgg.).

Dunque, rimosso il CAS di *lieve intensità*, il counselor può tornare alle procedure del MQAC (Fasi IE/RM/IT), *lavorando alla soluzione del problema specifico* (se questo non è stato già risolto, una volta superato l'effetto CAS) e sulla connessione che i costrutti basici della PI hanno con il problema medesimo; in particolare con gli *scopi*, più o meno consapevoli, con le *mappe di significato* alla base dei pensieri e delle condotte dello *Stile di vita* dell'*Helpee* (Varriale, 2013).

5. *Un caso di counseling psicologico con trattamento AIDCAM*

IL CASO DELLA "PRINCIPESSA A."

(Sintesi dal poster presentato al XXIII Congresso della Società Italiana di Psicologia Individuale - SIPI - Milano, 20-22 Aprile, 2012; cfr. Varriale, 2014)

Il disagio della "Principessa A." (così la chiama ironicamente la madre), 26 anni, bella presenza, laureanda in Medicina, sembra originare dal tirocinio che sta effettuando al Policlinico (forse l'evento precipitante). La mamma, insegnante cinquantenne, mi contatta al termine di un corso di formazione sui rischi adolescenziali da me tenuto nella sua scuola. Mi confida che è in forte pena per l'unica figlia A., "diventata intrattabile, tirannica, dipendente da facebook, sempre più insicura, ansiosa, aggressiva, perfezionista e isolata". Fissiamo un incontro allo sportello di *counseling* dell'Istituto Adler di Napoli per una prima esplorazione del clima familiare e dello Stile di vita di genitori e figlia. Il quadro che ne ricavo è quello di una famiglia tesa, con genitori che iperproteggono la giovane, esaudendone ogni desiderio, ma che pure si lamentano di quanto A. sia "viziata e insofferente ai pur rari e lievi rimproveri".

Decido di incontrare A. per un primo colloquio volto sia ad innescare un clima di fiducia e di Simmetria Empatica sia ad impostare le successive sessioni di *testing* caratteriologico e sintomatologico (impiegando sia gli strumenti diagnostici di Adrian Wells, sia altri strumenti psicometrici e proiettivi). Il quadro che emerge conferma elevati livelli d'ansia, irritabilità, preoccupazione, forte minaccia percepita e senso di colpa per la sua insicurezza e per l'attuale situazione del tirocinio (cfr. criteri diagnostici A, B, C, per il DAG, del DSM VI TR, APA, 2002; Scale GAD e CAS in Wells, 2012).

Quando A. è particolarmente tesa, balbetta vistosamente, cui seguono lunghi silenzi, arrossisce, si chiude in se stessa; la preoccupazione per gli esami la porta a uno studio maniacale e a ridurre i già rari contatti con i pochi amici. Richiede al mondo esterno, quasi sempre su *face-book*, continue rassicurazioni sulla sua avvenenza e perspicacia; peraltro, incontrando in rete (che frequenta con notevole assiduità) e talvolta anche fuori da questa, personaggi assai poco raccomandabili. Dunque, la "Principessa A." appare bloccata da un significativo sentimento d'inferiorità (sia in termini di autostima che di autoefficacia), che le procura forte insicurezza, con un CAS, lievemente attivo (misura ottenuta con l'impiego del CAS-I; cfr. Wells, 2012) e qualche primo sintomo di un DAG in via di strutturazione.

Diversi, più recenti episodi vengono fuori dai colloqui successivi; episodi vissuti come "minacce", che hanno accresciuto il gravame dei fattori basici di disagio preesistenti al disturbo (preoccupazione e dubbi per la scelta professionale, incertezze derivanti dal forte sentimento d'inferiorità e paura della sconfitta) e che forse fanno precipitare la crisi. Anzitutto il parere di un conoscente, docente nello stesso Policlinico, che le consiglia, a pochi esami dalla laurea e con tono svalutante, di lasciar perdere Medicina in quanto, "per come sei fatta tu, in questo ambiente ti umilieranno e ti faranno fare lavori da inserviente". Parole che la feriscono in profondità, che vengono rinforzate dal peso dello studio (sempre più perfezionistico) e da difficoltà nel superamento degli ultimi esami. A tale episodio fa seguito il tentativo di approfittare fisicamente di lei da parte di un collega, che prima la porta a cena e poi, in auto, vista l'indisponibilità a concedersi della ragazza, prende sgarbatamente le distanze. Infine, la conflittuale vacanza estiva a Ischia con un'amica di vecchia data (un'"invidiosa", "a caccia solo di sesso") che si conclude con una rabbiosa rottura del sodalizio.

La situazione si aggrava ulteriormente quando la docente che la segue nel tirocinio, che è anche la relatrice della sua tesi, un giorno, in reparto, le confida che quel professore che le aveva consigliato di lasciar perdere Medicina le aveva parlato di lei. Da quel momento il tirocinio, già vissuto come molto ansiogeno ("*mi blocco anche se devo telefonare per servizio a qualche medico o collega*", "*non sono mai rilassata come gli altri*", "*mi sento sempre sotto esame e osservata*", sono alcuni commenti della "Principessa" al riguardo), diventa per la giovane una sorta di "bagno penale", di inferno pieno di paure e di desideri di fuga. Al punto che, all'acme della crisi, nonostante sia molto interessata all'attuale settore clinico, pensa di cambiare sia il reparto del tirocinio sia la specializzazione che aveva deciso di intraprendere. Insomma, un marasma in cui la suddetta *funzione autoregolatoria* della "Principessa" – e il *movimento* del suo stile di vita –, attraverso euristiche e *bias* interpretativi (attraverso finzioni negative), effettua un disperato tentativo di preservazione del sé e di riduzione dell'ansia; un tentativo che, appunto, finisce per generare altra ansia e incertezza, abbassamento *dell'autostima*, dell'autoefficacia percepita *e* del tono dell'umore, aumentando lo scoraggiamento, la pena psichica e il desiderio di fuga.

Decido di effettuare una serie di incontri, seguendo la procedura del *Modello Adleriano Quadrifasico di Counseling* (secondo l'AIDCAM) in un clima di fiducia, empatia, incoraggiamento e di disponibilità alla cooperazione che nel frattempo si era venuto instaurando fra *helper* ed *helpee*. Avvio un intenso lavoro metacognitivo sul CAS (impiegando i training ATT e DM) per facilitare il "Riorientamento Motivazionale" (fase RM); cui faccio seguire una graduale "Iniziativa Trasformativa" (fase IT), al fine di operazionalizzare *dal lato utile della vita* la *causa finalis* (la meta prevalente e le secondarie: evitare il più possibile confronti svalorizzanti, evitare prove e sfide vissute come "pericolose", ecc.) nonché le connesse mappe "private" di senso, le "percezioni tendenziose" e le condotte di evitamento. Decido altresì di avvalermi del metodo A-B-C di Ellis, secondo la revisione operata da Wells (A-M-C) per la riformulazione di piani e scopi maladattivi sottesi ai disturbi d'ansia, concentrando l'attacco sulle euristiche (sulle finzioni compensative dannose) tipiche dello Stile di vita della "Principessa A." e indicando a quest'ultima le modalità metacognitive alternative per rapportarsi diversamente ai propri pensieri: flessibilità nel *controllo dell'attenzione*, capacità di *astenersi da ruminazione, da rimuginio* e dalla *preoccupazione attiva*...; e come muoversi nell'ottica dell'adleriano "*CORAGGIO DELL'IMPERFEZIONE*"; peraltro, rimodulando l'uso che la giovane fa dei social e di Internet; tutto ciò anche operando in collaborazione con i genitori.

Già a qualche mese dall'inizio del trattamento, il miglioramento compiuto dalla "Principessa" è stato davvero incoraggiante: frequenta più serena il tirocinio al Policlinico, è più rilassata nelle scelte di studio e in quelle relazionali, ha abbandonato l'idea di cambiare specializzazione, ha raggiunto una maggiore "*consapevolezza distaccata*" circa le sue trappole metacognitive e pseudocompensative, vivendo in modo più adattivo imprevisti, errori, insufficienze che, come è naturale, continueranno a collaudare la sua vita. E, tuttavia, anche se sembra aver compreso il senso dell'invito al "coraggio dell'imperfezione" ed appare più *empowered* e resiliente, credo ci restino ancora diverse cose da fare. Così, anche se con ridotta periodicità, abbiamo deciso di continuare gli incontri, la comune riflessione sul senso della vita, sulle finalità comportamentali più o meno consapevoli, su come relazionarsi con gli amici e i colleghi, oltre che con i genitori (ma anche di questi ultimi con la figlia a fronte dei capricci e della "viziatura" cui l'hanno abituata) e sulle future decisioni professionali che l'attendono.

Tutto ciò avendo, tuttavia, costantemente presente l'avvertimento di Adler: "senza dubbio il nevrotico soffre, ma preferisce le proprie sofferenze a quelle, maggiori, che conoscerebbe se dovesse uscire sconfitto dall'affrontare i suoi problemi. Egli sopporta queste sofferenze piuttosto che vedere svelata la propria mancanza di prestigio. Potrà anche persistere nel dire: 'Voglio tornare a star bene, voglio liberarmi del sintomo', magari consulterà anche un terapeuta, ma non avrà consapevolezza che qualcos'altro, cioè la dimostrazione che è privo di valore, lo potrebbe far soffrire ancora di più. Infatti la nevrosi è un tentativo di evitare un male maggiore, di mantenere una stima apparente a ogni costo pagandone, naturalmente, un prezzo; anche se, al contempo, al nevrotico piacerebbe raggiungere la sua meta senza dover pagare nulla" (in Ansbacher, Ansbacher, 1997, pp. 292-293). Ma l'esistenza di questo pericolo è stato ampiamente messo in chiaro nel lavoro con la Principessa e, al momento, sembra sotto controllo.

6. *Qualche considerazione conclusiva sul tema: personalità e relazione d'aiuto professionale*

Il disegno che ho riportato più avanti mi sembra rappresenti molto efficacemente la metafora della relazione d'aiuto professionale; in questo caso di un *setting* tipico del *counseling* psicologico "faccia a faccia". È stato realizzato e donato da un'adolescente, sedicenne, inviatami dai suoi genitori qualche tempo fa, e sintetizza bene, da un lato, la pena psichica di un soggetto con una personalità confusa e tormentata, alla ricerca di un senso e al lavoro per una più chiara definizione dei propri confini identitari e, dall'altro, la rappresentazione che questa giovane donna si è fatta della relazione d'aiuto (del prendersi cura), nel setting consiliare, così come oggi la sta vivendo cognitivamente ed emotivamente. L'*Helper*, sulla destra nel disegno, infatti, è stato ritratto come colui che dipana un'intricata matassa scura che circonda e nasconde la testa dell'*helpee* (la cliente) e che ritesse con lo stesso filo una nuova tela con una trama diversa, con un nuova immagine della sua esperienza psichica, del suo profilo biografico-identitario, dal significato più leggibile e chiaro.

In estrema sintesi, il disagio di questa giovane (una primogenita, liceale, profondamente interessata alle tematiche dell'astrofisica e più in generale delle scienze della natura) nasce dal sentirsi "diversa" e "sola" di fronte alla "banalità" (ma anche alla complessità-indecifrabilità) del mondo che la circonda e al disinteresse per quanto, invece, seduce i suoi coetanei nell'epoca delle "passioni tristi" (Benasayag, Schmit, 2004): l'ultimo modello di telefonino, il locale più alla moda dove andarsi a "sballare" il sabato, il jeans o le scarpe più trendy sul mercato, l'ultimo videogioco di grido, ecc. Ha solo un paio di amici ed è una lettrice onnivora e accanita, ma privilegia i libri e i siti Internet che si occupano di scienza, ed è dotata di un'intelligenza speculativa di alto livello. Altre sue passioni sono il disegno e la musica. La scuola l'annoia ("mi deprime e non riesce ad interessarmi quasi in nulla"), pur eccellendo in diverse discipline. I genitori, divorziati, per ragioni lavorative possono dedicarle poco tempo e tuttavia sono presenti e attenti ai suoi bisogni emotivo-affettivi, culturali e logistici.

Il disagio, l'insoddisfazione, la portano, saltuariamente, a procurarsi dei tagli e ad avere un tono dell'umore basso e con ideazioni suicidarie. Non è questa, però, la sede per un esame dettagliato delle valutazioni diagnostiche e del percorso di cura che è stato intrapreso. Quello che tuttavia qui mi preme sottolineare è l'importanza che in questo caso, come in tutte le relazioni d'aiuto professionali, deve rivestire il clima di accoglienza (fatto di pazienza, apertura, empatia, ascolto, incoraggiamento, fiducia), nella fase iniziale del rapporto, su cui mi intratterrò brevemente di seguito. Un clima di forte sintonia empatica, di caldo e lungo dialogo e di affidamento, quello instauratosi da subito con l'adolescente del disegno e che ha reso ben presto il nostro percorso di lavoro lineare e fruttuoso.

E in effetti già nel precedente capitolo sesto e in quest'ultimo, ho sottolineato quanto importante sia – particolarmente nei primi *step* delle procedure del *Modello Quadrifasico Adleriano di Counseling* (M.Q.A.C.) e nell'applicazione delle funzioni CI.RA.SO – l'attivazione di un'intensa Simmetria Empatica

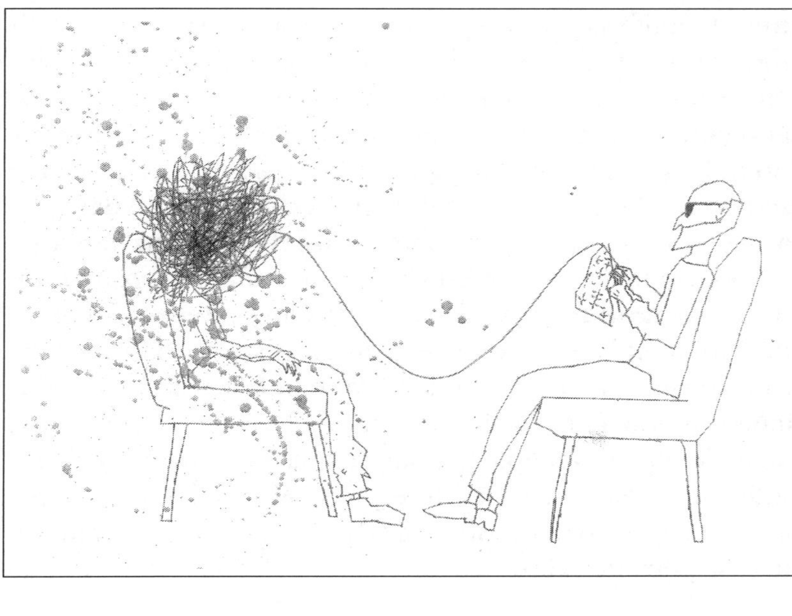

(fase SI), pertanto non ci tornerò (cfr. anche Varriale, 2009). Tuttavia, un aspetto significativo della teoria della tecnica d'aiuto va ancora evidenziato: non è raro che il giovane *counselor*, psicologo o terapeuta alle prime armi spesso si aggrappi troppo schematicamente alle impostazioni formali (rigida assunzione delle procedure di diagnosi e cura, arredamento dello studio, ecc.) cui, comprensibilmente, ogni scuola, a seconda delle diverse impostazioni teoretiche e dei *training* applicativi, addestra i propri allievi. Quando ciò si verifica, è perché il giovane e inesperto *helper* cerca spesso di ridurre l'ansia prestazionale, di dominare l'insicurezza derivante da un viaggio in un universo sconosciuto e complesso qual è la personalità e la sofferenza del cliente che gli si è affidato. Così, un po' come in tutte le professioni, attenendosi strettamente alle indicazioni tecnico-metodologiche prescrittegli in fase formativa, egli si sente più sicuro, al riparo dal rischio di sbagliare e di sentirsi inadeguato rispetto al compito.

Il professionista dell'aiuto (counselor, psicoterapeuta, ecc.) deve sempre ricordare che chi gli siede di fronte rappresenta un'entità unitaria, unica e irripetibile (come un'impronta digitale o un fiocco di neve); incarna un'individualità con una biografia complessa, con schemi cognitivi complessi, una "mappa dei significati" e una visione della vita originali, un Sé creativo e uno Stile di vita il cui "movimento" (Adler) è dinamicamente influenzato da istanze e scopi di cui il cliente non è del tutto consapevole, ma che gli procurano conflitti e pena psichica. L'*helpee* è dunque anzitutto una persona sofferente, con un intenso bisogno di essere accolto, compreso e contenuto sul piano emotivo-affettivo e poi di essere aiutato a capire, ad uscire dal suo malessere per ritrovare un nuovo equilibrio psicologico, una rinnovata fiducia nella vita, una sua autonomia; per ritrovare, come direbbe Alfred Adler, la via personale al "coraggio dell'imperfezione". Perciò l'*helper* deve porre attenzione al fatto che egli non è l'amico del cuore o la signora della porta accanto (il cui sostegno affettuoso e comprensivo, per quanto discontinuo e ingenuo, è pur sempre utile), ma è uno specialista dell'accoglienza calda e continuativa, dello scioglimento tecnico dei nuclei problematici e conflittuali e che in tale ruolo viene caricato dal cliente di significative aspettative di benessere e di rilevanti investimenti emotivi. Del resto, come ha notato anche Carl Gustav Jung, è la personalità di chi aiuta, del professionista, "(...) il suo modo di essere, la sua consapevolezza che permettono quel *rapport*, il rapporto di fiducia dal quale dipende in ultima analisi il successo del trattamento" (1951, tr. it. p. 127; su questi temi rinvio anche al volume del 2005 di Edoardo Giusti e Randa Romero: *L'accoglienza*).

Una volta costruito un solido rapporto di fiducia, di reciproco affidamento e di cooperazione (quasi di "complicità" nella lotta al disagio), diventa allora meno faticoso il percorso esplorativo dei vissuti e dei problemi della persona che richiede l'aiuto; in particolare, diventa più semplice per il *counselor* superare le resistenze dell'*helpee* e, come ci ricorda Rollo May, "assistere il cliente nella ricerca del suo vero sé e poi di aiutarlo a trovare il coraggio di essere quel sé" (1991, p. 22).

PARTE TERZA

Tre contributi di riflessione personologica intorno all'attualità del pensiero adleriano[1]

[1] I tre contributi che compongono questa terza parte del volume (capitoli ottavo, nono e decimo), sono parziali rielaborazioni di miei recenti articoli pubblicati su alcune riviste italiane.

Alfred Adler e la moglie Raissa Timofejevna (intellettuale e militante femminista dell'epoca) da cui ebbe quattro figli. 1930

8.

Miseria del lavoro e lavoro della miseria: il "sistema del sudore" dei sarti a fine Ottocento nella denuncia medica e psico-sociale di Alfred Adler[1]

L'economia politica occulta l'alienazione ch'è nell'essenza del lavoro. (...) Certamente il lavoro produce meraviglie per i ricchi, ma produce lo spogliamento dell'operaio. Produce palazzi, ma caverne per l'operaio. Produce bellezza, ma deformità per l'operaio. Esso sostituisce il lavoro con le macchine, ma respinge una parte dei lavoratori ad un lavoro barbarico, e riduce a macchine l'altra parte. Produce spiritualità, e produce l'imbecillità, il cretinismo dell'operaio.

K, Marx (1844), *Manoscritti economico-filosofici del 1844*

Quando un artigiano si dedica solo e unicamente alla fabbricazione di un solo oggetto, finisce per svolgere questo lavoro con destrezza tutta particolare. Ma egli perde, allo stesso tempo, la facoltà generale di applicare la propria intelligenza alla direzione del lavoro. Egli diviene ogni giorno più abile e meno industrioso, e si può dire che in lui l'uomo si degrada nella stessa misura in cui l'operaio si perfeziona. Cosa dobbiamo aspettarci da un uomo che ha impiegato venti anni a fare teste di spilli? A cosa ormai può applicarsi presso di lui questa possente intelligenza umana, che spesso ha rivoluzionato il mondo, se non a ricercare il miglior modo di fare teste di spillo.

A. De Tocqueville (1835), *La democrazia in America*

[1] Pubblicato in «Dialoghi Adleriani», Rivista *on-line* dell'Istituto "Alfred Adler" di Milano, a. III, n. 6, pp. 115 e sgg., 2016.

Il cambiamento è come un demone: crea, ma in pari tempo distrugge; e le vittime della Rivoluzione industriale si contano a centinaia di migliaia se non a milioni.

D. S. Landes (1978), *Prometeo liberato. Trasformazioni tecnologiche e sviluppo nell'Europa occidentale dal 1750 ai giorni nostri*

Per capire una persona, è necessario considerare il suo atteggiamento verso i propri simili. I rapporti reciproci tra gli uomini esistono in parte naturalmente e, come tali, sono soggetti ai cambiamenti; in parte assumono, invece, la forma di relazioni istituzionalizzate che nascono da quelle naturali. Esse sono rilevabili soprattutto nella vita delle nazioni, nella formazione degli stati e nelle relazioni della comunità. La vita psichica dell'uomo non può essere compresa senza un esame simultaneo di tutto questo.

Adler (1927), *Psicologia individuale e conoscenza dell'uomo*

1. *Introduzione*

Quanti, come lo scrivente, per molti anni si sono occupati di prevenzione in Psicologia della salute e in Psicologia di comunità (Varriale, 1996, 2000, 2002, 2005, 2009, 2017; Varriale, Marengo, 1994; Varriale, Salierno, 1997; Varriale *et al.*, 1997; Varriale, Parlato, 2000; Varriale, Rotondo, 2011a), anche se non orientati in senso adleriano, non possono non plaudire alla meritoria iniziativa della rivista "Dialoghi Adleriani" che ha finalmente permesso ad un più vasto pubblico italiano di accedere alla traduzione completa di uno tra i più citati, ma di assai difficile reperibilità, lavori prepsicoanalitici di Alfred Adler: una monografia pubblicata nel 1898, ricca di dati empirici e di riflessioni scientifiche, in cui l'Autore denunciava la medicina accademica di quei tempi che, in buona sostanza, ignorava l'esistenza stessa della medicina sociale. Fino ad oggi, infatti, il *Manuale per la salute dei sarti* era conosciuto nel nostro paese pressoché esclusivamente per alcuni brevi brani e per una altrettanto breve sintesi del panphlet contenuti nella traduzione italiana del secondo volume della storia della psichiatria dinamica di Henri Ellenberger (cfr. *La scoperta dell'inconscio*, 1976, pp. 687-693). Una storia, quest'ultima, che, com'è noto, dedica uno spazio di rilievo alle vicende biobibliografiche di Adler e ai tratti salienti del suo modello psicologico.

Al riguardo voglio segnalare che, come ha opportunamente precisato lo stesso Ellenberger, "prima di partecipare al gruppo che faceva capo a Freud, Adler aveva concepito ed espresso idee originali nel campo della medicina sociale. La sua successiva elaborazione della psicologia individuale non può essere correttamente intesa senza tenere conto dei concetti che egli formulò nel suo periodo prepsicoanalitico. Nel 1898 Golebiewski, uno specialista berlinese di malattie professionali, acconsentì a pubblicare, come quinto volume di una serie di monografie dedicate a quel tema, l'opera di un autore fino allora sconosciuto, Alfred Adler, con il titolo *Gesundheitsbuch für das Schneidergewerbe*[2]. Questo libretto di trentun pagine è diventato così raro che perfino tra i cultori di psicologia individuale sono stati espressi dubbi circa la sua stessa esistenza. Nella prefazione l'autore spiega di voler mostrare il rapporto esistente tra situazione economica e malattia in un dato campo dell'attività produttiva, e di voler quindi mettere in luce i danni che ne derivano per la salute pubblica. Ciò permette di provare che la malattia può essere un prodotto della società, il che allarga l'indagine sulle cause di malattia, ampliando i presupposti comunemente accettati negli ambienti medici" (*ibidem*)[3].

[2] Si veda la copia originale dell'opera, in gotico antico, all'interno del lavoro di Giuseppe Ferrigno, *Manuale per la salute dei sarti": storia bio-bibliografica della monografia e riflessioni*, in «Dialoghi Adleriani», rivista online dell'Istituto Adler di Milano, n. 6, 2016, pp. 3-57.

[3] Nel lungo saggio biografico su Adler scritto da Carl Furtmüller, pubblicato nell'antologia di Ansbacher H. L. e Ansbacher R. R., *Aspirazione alla superiorità e sentimento comunitario* (Edizioni Universitarie Romane, 2008, pp. 335-395), l'Autore (amico e più vicino collaboratore di Adler), ricorda che nel 1902, quando lo psicologo viennese "si unì al gruppo [quello del mercoledì sera

Io stesso, del resto, sulla base dei brani tratti dal *Manuale per la salute dei sarti* e citati nella Storia di Ellenberger e di altri articoli di Adler sulla funzione sociale e psicopedagogica del medico, di cui dirò più avanti, ho arricchito la prima parte di un mio corposo volume, pubblicato a Milano nel 2005 e che ho voluto intitolare *Alfred Adler psicologo di comunità* (*Attualità del modello etico e psicologico adleriano nella prospettiva dell'empowerment*). E ciò proprio per rimarcare l'importante orientamento non solo clinico-psicoterapeutico, "riparativo", ma anche preventivo, di promozione della salute, ampiamente psicosociale della Individualpsicologia. Un volume, questo, in cui, fra le altre ardite anticipazioni teoriche e precorritrici applicazioni di Adler (cfr. anche Varriale, 2013, 2016; Varriale, Rotondo, 2011b), ricordavo l'implementazione delle numerose "Cliniche di orientamento infantile" (una sorta di proto-consultori per genitori e insegnanti alle prese con "bambini-problema", annessi alle scuole della "Vienna rossa" degli anni Venti del secolo scorso), la fondazione della Scuola superiore sperimentale ad indirizzo adleriano per ragazzi a rischio, le frequenti conferenze di Adler rivolte ad una vasto pubblico di educatori presso l'Istituto Pedagogico della capitale austriaca (cfr. Varriale, 2005, pp. 46 e sgg.).

Insomma, un volume in cui, fra l'altro, ho cercato di dimostrare che, diversamente da quanto solitamente si ritiene, la Psicologia di comunità nasce ben prima del Convegno di Swampscott (Boston) del 1965 – convegno che viene da sempre

in casa Freud, *NdR*.] era già un pensatore indipendente sulla via di importanti scoperte e sedersi ai piedi del maestro non era un atteggiamento che uno si poteva aspettare da lui. Ancor meno era capace o disposto di *Jurare in verba magistri*" (ivi, p. 343). Peraltro, come hanno precisato in nota i coniugi Sodini, traduttori e curatori dell'edizione italiana del suddetto volume degli Ansbacher, Adler nel 1899 già si occupava di malattie nervose ed ebbe un primo contatto epistolare con Freud, come sembra testimoniare una cartolina inviata da Freud ad Adler, composta da cinque frasi e datata 27 febbraio 1899, "presumibilmente scritta in risposta a una richiesta di parere diagnostico per una paziente che Adler aveva in trattamento" (ivi, p. 341, n. 162).

indicato come l'atto di fondazione della Psicologia di comunità quale autonomo settore scientifico e applicativo –, ma nasce a Vienna, ancorché in forme ancora embrionali, ad opera di Alfred Adler e dei collaboratori della sua Associazione di psicologia individuale. Associazione cui, peraltro, in quel momento aderivano (o con cui simpatizzavano) giovani studiosi del calibro di Viktor Frankl, Carl Popper, Rudolf Dreikurs, Carl Furtmüller.

Mi piace ancora segnalare qualche altra paradigmatica concettualizzazione prepsicoanalitica di Adler, quale ulteriore testimonianza delle idealità di fondo che permearono sempre la sua forte autonomia intellettuale e il suo orientamento positivistico e di comunità, da convinto socialista democratico e umanista, nell'elaborazione teoretica e nella prassi professionale. Non appaia superfluo ripeterlo, concettualizzazioni e orientamenti già chiari prima dell'incontro del Nostro con Freud, ma che mantenne ben saldi durante la sua permanenza nell'Associazione psicoanalitica viennese e negli anni di messa a punto definitiva del suo modello psicologico e della sua Associazione di psicologia individuale; a conferma di ciò riporto di seguito alcuni brani dell'importante articolo *Il medico come educatore*, scritto da Adler sei anni dopo la pubblicazione del *Manuale per la salute dei sarti*:

"La forza educatrice dei medici e della scienza medica è immensa. Nel campo della profilassi scava imperiture tracce e muove i migliori del popolo per la quotidiana collaborazione. Noi rappresentiamo le prime file nella lotta contro l'alcoolismo e contro le malattie infettive. È partito dai medici il grido d'allarme contro l'aggressione alla forza del popolo da parte delle malattie veneree. L'assalto della tubercolosi troverà resistenza solo nei continui insegnamenti e nelle esortazioni dei medici finché non si abbia concreto aiuto. La terribile mortalità neonatale, per secoli sacro assassinio e barbarie, è stata illuminata dai raggi di luce della scienza divenendo uno degli obiettivi primari di ogni lotta per la salute" (1904; tr. it.: 2003, pp. 16-17).

L'articolo si concludeva con le seguenti notazioni, le quali, per gli eventi che segneranno in Europa e negli USA la sua personale e famigliare biografia e per i costrutti che caratterizzeranno il futuro sviluppo del suo modello psicologico, più sintoniche e anticipatrici non potevano essere: "*Il bambino deve essere educato per la comunità (Gemeinschaft)*. La famiglia e la scuola si orientano automaticamente, anche se spesso con resistenza, secondo queste richieste. Ogni deviazione da questa linea è, per il bambino, una futura minaccia di difficoltà di adattamento nella professione, nell'amore e nella società. Per il ruolo di educatore sono adatte, perciò, soltanto persone che possiedono loro stesse uno sviluppato sentimento sociale (*Gemeinschaftsgefül*). Teste balzane, individualisti, egoisti, fatalisti, soprattutto se credono all'ereditarietà inestirpabile, generano soltanto danni uguali a quelli creati da teorici unilaterali che vogliono educare secondo i loro schemi e non secondo le reali esigenze di un'efficiente società" (ivi, p. 23; corsivo di Adler).

Alla luce di queste premesse, prima di passare all'esame più accurato della monografia sulla salute dei sarti, mi pare utile effettuare una disamina dei precursori epistemici, storici e politico-sociali che hanno fertilizzato le idee del Nostro e lo hanno portato non solo a formulare il succitato attacco alla medicina accademica dell'epoca, ma anche a porre alcuni cruciali pilastri concettuali di un sistema psicologico che a Sydney Longford (1995) non è sembrato eccessivo identificare come "*La rivoluzione copernicana di Alfred Adler*".

2. *La cornice storico-politica, ideale e scientifica in cui nasce la monografia sulla salute dei sarti*

> Quando fu scritto *Il temperamento nervoso*, le idee guida non erano quelle di Marx ma di Alfred Adler. Esse erano radicate profondamente nel terreno di Adler, ma poterono uscir fuori solo perché quel terreno fu fertilizzato da Marx.
>
> C. Furtmüller (2008), *Alfred Adler: un saggio biografico*

È accertato che già nel corso degli anni dell'Università

(1888-1895) Adler, oltre a coltivare interessi artistici e frequentare ambienti culturali di vario genere, partecipò al dibattito politico che si veniva svolgendo nei circoli socialisti della capitale, senza tuttavia impegnarsi in attività organizzative di militanza attiva. È altresì accertato, come ho già notato, che le risonanze del dibattito teorico interno al marxismo di fine secolo influenzarono anche gli sviluppi successivi del suo sistema personologico e della sua pratica professionale (Adler K., 1997). Non meno sicura, infine, come vedremo, fu l'influenza esercitata dalle teorie adleriane sul pensiero di alcuni importanti pensatori socialisti dell'epoca.

A cavallo dei secoli XIX e XX, in Austria, la corrente prevalente nel dibattito ideologico socialdemocratico – corrente denominata "austromarxismo" per le sue peculiarità nel panorama del socialismo mitteleuropeo – era guidata da pensatori e organizzatori politici di grande spessore intellettuale che erano omonimi del fondatore della Psicologia individuale: Viktor e Frederich Adler (padre e figlio) e Max Adler; i quali non avevano alcun legame di parentela con Alfred, ma condividevano con il Nostro l'origine ebraica dei rispettivi nuclei famigliari.

Il Partito socialista austriaco con cui Adler entrò in contatto ebbe nella Seconda Internazionale una posizione di notevole prestigio; ma la vita dei suoi militanti non fu affatto facile: il clima politico-culturale dell'Impero austro-ungarico non era mai stato favorevole alle lotte per l'affermazione dei diritti della classe operaia e del suffragio universale. Ancora agli inizi del Novecento in Austria vi erano ampie limitazioni al diritto di sciopero e il diritto di voto era garantito solo ai maschi di alto censo. Nonostante ciò il Partito, diretto dal medico e psichiatra Viktor Adler, divenne un'organizzazione democratica modello: era pervaso di entusiasmo e insieme di disciplina, i suoi rapporti con i sindacati erano soddisfacenti e non erano turbati da fazioni dissidenti di destra o di sinistra, pur avendo qualche difficoltà riguardo al problema delle nazionalità (Merhav, 1980, vol. III[1]).

Considerando che Alfred Adler fu un pacifista e uno strenuo propugnatore di un sentimento universale di fraterna solidarietà fra persone e popoli, appare significativo notare che i socialisti del suo Paese con cui egli si accompagnò sentivano in modo particolarmente intenso questo umanesimo cosmico ed erano molto fieri del loro internazionalismo. Essi amavano definire il loro partito già una compiuta "piccola Internazionale" all'interno della più grande Internazionale socialista cui era collegata; e sottolineavano con compiacimento i successi conseguiti dalla loro organizzazione nel mantenere uniti i militanti di tutte le nazionalità appartenenti all'Impero austro-ungarico. Nel partito, infatti, militavano tedeschi, cechi, slovacchi, polacchi, italiani, ruteni, un'avanguardia rappresentante il crogiolo di popoli soggetti al dominio della "Grande Austria"; ed ogni gruppo aveva diritto alla propria organizzazione nazionale nell'ambito della più ampia unità del Partito.

In tale cornice, appare allora comprensibile perché i socialisti austriaci si vantassero di essere internazionalisti quasi "per istinto naturale" (Cole, 1972): mentre diverse organizzazioni socialiste di altri paesi dovevano ancora superare le loro tendenze nazionalistiche, essi avevano già introiettato il concetto di internazionalismo nella lotta quotidiana del proletariato industriale e rurale. Così come non deve stupire, ripeto, l'influenza che questo speciale, marcato contesto valoriale e culturale (oltre che i successivi, e ben più tragici insegnamenti che Adler trasse dalla sua partecipazione, in qualità di medico, alla Prima Guerra Mondiale) esercitò sulla formazione del giovane Alfred e sul futuro sviluppo del concetto di Sentimento di comunità.

Come in Germania, i socialisti austriaci nel dopoguerra approntarono un vasto programma di riforme riguardante la legislazione sociale e del lavoro, a completamento del loro più ampio programma generale che puntava alla conquista del potere politico e alla trasformazione democratica dello Stato. La battaglia principale fu condotta per l'introduzione del Suffragio universale e solo dopo il 1905, quando entrò in vigore la nuova Legge elettorale, con l'aumento del numero dei loro rappresentanti in Parlamento, i socialisti si trovarono in una posizione più favorevole per avanzare le loro richieste dirette a far uscire il Paese dal sistema semifeudale in cui si trovava. Tuttavia, diversamente dalla Germania, essi dovettero fronteggiare non solo la continua offensiva degli apparati repressivi statali, ma anche la concorrenza di un temibile avversario politico: il forte movimento sociale cattolico, di impronta reazionaria e con ampi legami con gli ambienti più conservatori dell'amministrazione statale centrale e della grande proprietà agraria e industriale.

In merito, G.D.H. Cole, nella sua monumentale *Storia del pensiero socialista*, ha suggerito che "non vi era in Austria un *Kulturkampf* che potesse fare del movimento cattolico, in qualsiasi momento, una forza anche potenzialmente positiva. Il cosiddetto socialismo cristiano, quale si sviluppò in Austria, era strettamente legato all'antisemitismo e del tutto privo di quelle tendenze liberali che erano emerse in Germania sotto l'influenza di von Ketteler e dei suoi seguaci. A Vienna in particolare la lotta fra il movimento socialista, in cui gli ebrei avevano una parte di primo piano, e il movimento cristiano-sociale, fortemente infetto di antisemitismo, era molto aspra. I cristiano-sociali, guidati da Karl Lueger, conquistarono il comune di Vienna e fecero rapidi progressi anche nelle zone rurali di lingua tedesca. Proprio questa situazione aiutò a conferire al socialismo viennese un forte tono culturale. Persino più che in Germania il socialismo divenne, specialmente a Vienna, un *modo di vivere*, e sviluppò proprie istituzioni culturali sia nel campo intellettuale che in quello artistico" (1972, Vol. III2, pp. 30-31).

Questo *modo di vivere* fu il brodo di coltura entro cui maturarono l'esperienza politica e la riflessione intellettuale di Adler. Un modo di vivere, come già accennato, che affondava le radici anche in quella peculiare corrente revisionista e riformista che venne caratterizzandosi, sul finire del XIX secolo, nel dibattito marxista internazionale, con il nome di *austromarxismo*. Gli ideologi che fertilizzarono questo orientamento (Frederich e Max Adler, Rudolf Hilferding, Gustav Eckstein) costituivano un gruppo di pensatori molto colto, pragmatico e di notevole intelligenza che, partendo da una generale accettazione del marxismo, tentò di applicare le teorie del materialismo scientifico ad una serie di problemi concreti che, secondo questi studiosi, Marx e molti marxisti o non avevano considerato o non avevano risolto. Secondo lo storico del socialismo Perez Merhav (1980, vol. III[1]), inoltre, questi ideologi, pur in un'ottica internazionalista, "erano molto sensibili all'unità del paese ad ogni costo" e quindi contrari al disfacimento repentino dello Stato austro-ungarico come conseguenza di una rivoluzione e di una dittatura del proletariato. Insomma, erano degli umanisti repubblicani, interessati anche alle concrete condizioni di vita e alla dimensione soggettiva, psicologica degli individui (D'Abbiero, 1983); erano realisticamente molto attenti a preservare gli spazi di libertà faticosamente conquistati (entro cui solo era possibile un miglioramento dello stato del proletariato attraverso le lotte sociali e le battaglie parlamentari) in una cornice di graduale e ordinato sviluppo democratico dell'Austria. Per un uomo come Adler, idealista sul piano dei valori, ma anche concreto analista della realtà, con una personalità insofferente a qualsiasi imposizione autoritaria e concezione dogmatica, questi tratti del socialismo austriaco non potevano non rappresentare elementi di forte attrazione.

Infatti, ha significativamente notato Lewis Way, ad Adler, "il settarismo dei rivoluzionari sembrava isolazionistico e limitante; con tutte le sue forze avrebbe voluto combattere i sistemi di violenza, di coercizione e di autorità usati per raggiungere i loro scopi. A tutti quelli che affermavano, secondo le teorie di Marx, che era necessario un cambiamento economico perché si potesse sviluppare il sentimento sociale, egli replicava domandando: 'Chi, se non il popolo, che ha già in sé questo sentimento sociale, può riuscire a risolvere i problemi sociali? Tutti gli altri, qualsiasi dottrina o ideale professino, mirano solo al proprio successo personale'. Sostenne che, per sviluppare un vero sentimento sociale, nessun partito politico deve mettersi apertamente contro la società, ma preoccuparsi piuttosto del benessere di essa. "Molto spesso, in politica come negli affari privati dobbiamo ricordarci di quella donna che amava la sua gallina ma che gettò un vaso di fiori in testa a suo marito. I partiti politici non devono essere giudicati dalla loro devozione verso le loro galline, ma, cosa ben più importante, dai loro rapporti con la società e, inoltre, non dalle loro parole e dai loro sentimenti, ma dalle loro azioni". Adler fu sempre pronto, indipendentemente da qualsiasi programma, ad affiancarsi a quel movimento che si proponesse il benessere di tutta l'umanità" (1969, p. 40)[4].

Alla luce di queste riflessioni, appaiono comprensibili le aspre critiche del Nostro ai propugnatori di un socialismo autoritario di Stato – come quello auspicato dal nascente bolscevismo rivoluzionario in Russia e da altre fazioni marxiste radicali europee –, irrigiditosi, nei decenni successivi, in un burocratico e assai poco libertario ed efficiente sistema economico-sociale, esclusivamente volto al culto della personalità e alla conservazione di se stesso attraverso la violenza, le deportazioni, i muri e i gulag, del tutto incapace di rispondere ai bisogni più elementari delle popolazioni. Critiche di Adler che, peraltro, sembrarono anche prefigurare il triste destino cui sono andati incontro i cosiddetti regimi di "socialismo reale" (URSS e paesi satelliti) alla fine degli anni Ottanta, sotto l'irrefrenabile spinta espansiva del bisogno di libertà nell'epoca della globalizzazione e delle grandi trasformazioni tecnologiche e informazionali.

[4] Relativamente alle critiche di Adler al bolscevismo e all'analisi del terreno comune tra Adler e Marx, per ulteriori informazioni, rinvio il lettore al saggio: Adler, A. (1918), *Bolshewismus und Seelenkunde* (tr. it: *Bolscevismo e psicologia*, in «Rivista di Psicologia Individuale» 47, 2000, 7-14); Ansbacher H. L., Ansbacher R. R., *Aspirazione alla superiorità e sentimento comunitario*, Roma, Edizioni Universitarie Romane, 2008; cfr. in particolare la Parte VI del volume: *Introduzione* ad "Alfred Adler: un saggio biografico", pp. 315-334).

Tali considerazioni aiutano anche a capire perché, a loro volta, l'autonomia intellettuale e le teorie psicologiche di Adler, non meno di quelle di Freud, esercitarono una significativa influenza su diversi pensatori marxisti. Nel nostro Paese è stata la storica della filosofia Marcella D'Abbiero che, in un bel saggio dedicato al rapporto soggettività-socialismo, ha voluto sottolineare, fra l'altro, "l'importante funzione di mediazione fra la psicoanalisi e il marxismo" (1983, p. 161) svolta dalle dottrine di Alfred Adler. In particolare, la studiosa ha sottolineato l'influenza diretta che il fondatore della Psicologia individuale esercitò su Max Adler, esponente socialdemocratico di spicco e noto studioso di Kant, e su altri intellettuali social-comunisti, in quanto i concetti adleriani apparivano come "più facilmente conciliabili con la *Weltanschauung* del marxismo" (*ibidem*; cfr. su queste tematiche anche Coccioli, 1984; Ruberti, 1976).

Già nel 1907, ad esempio, sulla rivista «Der Kampf», Josef Strasser aveva individuato nella "teoria adleriana della inferiorità" la genesi della forma di pensiero più opportuna per il riscatto del proletariato; e ciò, proprio perché i proletari non trovano nella realtà alcuna soddisfazione per i loro bisogni, finisce per rafforzare in loro la voglia di lottare, la fantasia creatrice, "in breve quella superiorità psichica di cui essi hanno bisogno per la battaglia vittoriosa contro la borghesia" (1907-1908, p. 138). Più tardi, in un ampio saggio apparso sempre su *Der Kampf*, Alexander Neuer (1926) evidenzierà ancora meglio le concettualizzazioni chiave secondo le quali l'*Individualpsychologie* è, a suo giudizio, un modello psicologico più adatto della psicoanalisi freudiana per la costruzione di una teoria psicosociale e psicopedagogica socialista. In estrema sintesi, gli aspetti cruciali dell'adlerismo sono, per Neuer, il *finalismo*, che rende la psicologia individuale un sistema adatto a comprendere il senso dell'azione e l'importanza della volontà umana; l'*universalismo*, che dota la psiche di un fondamento sociale; l'*ottimismo*, che mostra come, se non ci sono troppi intoppi, la psiche è naturalmente portata a incentivare il senso di comunità tipico del genere umano. Anche

Walter Fischer, che pure muove alcune severe obiezioni al modello psicologico di Alfred Adler, in un articolo del 1928, pubblicato ancora dalla rivista «Der Kampf», considererà un significativo passo avanti la potente critica mossa dall'Individualpsicologia alla concezione freudiana dei conflitti sessuologici.

Infine, prima che lo stalinismo ponesse definitivamente fine ad ogni ricerca sulla relazione psicoanalisi-marxismo, anche diversi studiosi di orientamento comunista tentarono un'integrazione fra le teorie freudiane e quelle adleriane e i principi del materialismo dialettico (Varga, 1920; Rühle, 1970). Tuttavia, nonostante l'Individualpsicologia si prestasse meglio a flessibilizzare nei comunisti la rigida dialettica struttura-sovrastruttura, anche Adler ricevette da diversi redattori pre-stalinisti della rivista «Kommunismus» violente opposizioni: ogni accenno all'importanza della realtà psichica dell'individuo, della sua soggettività, veniva considerato un cedimento piccolo-borghese, profondamente reazionario; qualsiasi tema non immediatamente collegato ai temi del centralismo statuale, della vita economica e dell'organizzazione del lavoro doveva essere rifiutato (D'Abbiero, 1983, pp. 166 e sgg.).

Comunque, la sintonia di Adler con le posizioni dell'austromarxismo a cavallo del XIX e XX secolo appare davvero molto intensa; basta leggere, oltre al qui in esame *Manuale per la salute dei sarti*, qualcuno dei suoi numerosi articoli di fondo su tematiche di medicina sociale e di psicopedagogia pubblicati in tale periodo su l'*Arbeiter Zeitung* (forse il più importante giornale socialdemocratico austriaco dell'epoca) per averne contezza (Varriale, 2005, p. 37 e sgg.). Non a caso il figlio dello psicologo viennese, Kurt Adler, ha voluto rimarcare tale sintonia in un articolato contributo (presentato al XIX Congresso Internazionale di Psicologia Individuale, svoltosi a Budapest nell'agosto del 1993) e pubblicato in Italia dalla «Rivista di Psicologia Individuale» nel 1997.

In linea con le idee di Marx, nota l'Autore di tale contributo, "Adler fu promotore di scuole più democratiche e introdusse il concetto di *Gemeinschaftsgefül* come condizione necessaria per l'umanità. *Gemeinschaftsghefül* significa sentirsi parte di una comunità di uomini. In modo abbastanza appropriato esso fu tradotto molto più tardi in inglese con l'espressione *social interest* (interesse sociale). Dico 'in modo abbastanza appropriato' perché nel loro libro *The Holy Family* Marx ed Engels scrissero: 'Se correttamente compreso, l'*interesse* è alla base di tutta la moralità'. Il fine è far sì che il proprio interesse privato coincida o sia in armonia con l'interesse sociale e dell'umanità" (1997, p. 44). E ancora, riprendendo le stesse parole del padre, l'Autore ricorda come Adler abbia sottolineato che "per molti socialisti, il più importante punto del bolscevismo, cioè l'affermazione del socialismo con la forza, apparve come un pensiero auto-evidente. Il potere sembra il modo più semplice per creare ogni buona cosa e promettere la felicità. Ma dove, nella vita degli esseri umani o nella storia dell'umanità, tale progetto si è attuato? Per quanto noi possiamo vedere, anche il ricorso accennato al potere fa sorgere una resistenza persino dove si presume l'inoffensività dell'oppresso. Il sistema patriarcale e l'assolutismo illuminato ne costituiscono spaventosi esempi. Se conduciamo una o più persone nella sfera del potere di qualcun altro, la resistenza si agiterà immediatamente, apertamente o meno, e non scomparirà fino a quando tutte le catene saranno cadute. (...) Qualunque potere imposto avrà a che fare con la volontà di potenza dell'individuo, nonostante le eccellenti intenzioni e i migliori scopi" (in Adler, K., 1997, pp. 53-54).

Un essere umano, dunque, quello che emerge dalla prospettiva critica adleriana, attento ai propri dinamismi psichici come a quelli socio-politici dell'intera comunità umana. Un'attenzione non aristocratico-intellettualistica, ma intesa anche come assunzione di responsabilità sociali caratterizzate dal rispetto delle diversità e dallo spirito di servizio verso la comunità. Un'attenzione, frutto di una "cultura del positivo" (Varriale, 2002), che renda l'uomo capace di trasformarsi psicologicamente e di trasformare rapporti di produzione e di potere ingiusti attraverso metodi democratici. Al riguardo, anche il grande filosofo Remo Cantoni, affascinato dal pensiero dello psicologo viennese, ha voluto sottolineare che "mentre l'uomo di Freud ci appare preda di forze sconosciute e guarda continuamente indietro, l'uomo di Adler guarda soprattutto al futuro e sembra fiducioso di poter modificare il proprio destino biologico e psichico" (1978, p. 7).

Grazie alle confluenze con i principi libertari del socialismo, all'ispirazione ottimistica e alla carica anticonformistica del suo sistema teorico, l'adlerismo mantiene oggi inalterati l'attualità ed il fascino del suo messaggio. Com'è noto, Alfred Adler soleva ricordare a coloro che si avvicinavano alla sua scuola di pensiero: "I nostri schemi, le nostre interpretazioni della vita non sono mai in completa armonia con la tradizione sociale che ci è stata trasmessa. In tempi lontani si considerava la tradizione sociale come qualcosa di sacro; oggigiorno, invece, noi tutti ci siamo resi conto che le istituzioni sociali non hanno nulla di sacro e di immutabile. Esse attraversano tutto un processo di trasformazione e il potente motivo che agisce in questo processo è la lotta dei singoli individui nell'interno delle società. [...] La salvezza dell'individuo sta sicuramente nel possesso di una mentalità sociale, ma il sentimento comunitario non implica l'adattamento forzato dell'individuo ad un ideale procusteano di società) (1927; tr. it.: 1975, pp. 20-21).

Egli era talmente convinto del valore dell'antidogmatismo, dell'anticonformismo costruttivo, della critica propositiva, per il miglioramento della società in generale e delle scienze psicosociali in particolare, che, riferendosi al suo stesso insegnamento, soleva incitare allievi e collaboratori a mettere in discussione le sue stesse parole, a dialettizzare, a mettere in problema anche i costrutti individualpsicologici. A disporsi sempre con mente aperta, transculturale, duttile e divergente in ascolto dei contributi che altre culture, altre discipline, altri modelli psicologici possono offrire in vista del miglioramento della capacità euristica del sistema personologico di Scuola. L'amara esperienza fatta a fianco di Sigmund Freud l'aveva segnato profondamente, sperava così che nessuno si venisse a trovare in un'analoga situazione.

È nell'ambito della cornice storico-culturale e politica che ho sopra brevemente delineato che nasce la monografia dedicata da Adler alla triste condizione fisica e psicologica di una categoria di lavoratori che a fine Ottocento forse rappresentava in Austria la più umile fra le umili categorie sfruttate; la meno tutelata delle fasce del proletariato e sottoproletariato urbano: quella vasta schiera di lavoratori sartoriali che operavano "nella misera abitazione o a domicilio di un piccolo mastro e che vive, mangia, beve, dorme e muore al tavolo di lavoro, tra i propri attrezzi" (Adler, 1898; tr. it. p. 3).

3. *Il "Manuale per la salute dei sarti": un classico che attraversa il tempo e ancora oggi ci invita a riflettere*

> La medicina è una scienza sociale e la politica non è altro che medicina su vasta scala.
>
> R. Vierkow (1848), *Social Policy as Health Policy*

Certo, se alla luce degli odierni, complessi e drammatici scenari economico-finanziari, tecnologici, psicosociali e politici un lettore non addetto ai lavori esaminasse la monografia adleriana, di primo acchito potrebbe avere l'impressione di un trattatello, indubbiamente ben fatto, ma ormai del tutto fuori tempo e piuttosto ideologico – di una sorta di reperto archeologico-letterario della storia del movimento operaio –, scarsamente utile per la comprensione dell'attualità e dei possibili sviluppi futuri della condizione umana. In realtà, appena il medesimo lettore dovesse far mente locale sui continui, allarmati appelli di specialisti di scienze dell'uomo, di statisti di rango, di autorità morali e religiose che chiedono a voce alta di metter mano al mondo dell'economia politica – oggi dominato da uno spietato capitale finanziario-speculativo, dalle sempre più ampie disparità di ricchezza e da condizioni di lavoro inumane (che riguardano oltre tre miliardi di persone!!) –, per riportarlo alla funzione originaria, cioè quella di dare dignità all'uomo e soddisfare i suoi bisogni basici, allora le denunce contenute nel *Manuale per la salute dei sarti* mostrano tutta la loro straordinaria forza e attualità.

Tanto per fare qualche esempio, pensi quel lettore al richiamo sempre più frequente che oggi in Italia (e non solo in Italia) si fa alla lezione di Adriano Olivetti e alla carica di umanesimo sociale contenuta nella sua visione economico-tecnologica e politica e alle sue concrete realizzazioni di "comunità" a favore delle maestranze di Ivrea (in cui, peraltro, anche attraverso le consulenze di Cesare Musatti[5], venne posto il giusto accento sui temi della soggettività del lavoratore e del suo benessere psico-fisico). Di più, nelle considerazioni che seguono, scritte nel 1949 e volte a disegnare i principi ispiratori del nascente *Movimento comunità*, diretta derivazione del suo "comunitarismo radicale" (Rodotà, 2013)[6], appaiono davvero significative le con-

[5] Significativo, al riguardo, è un ricordo di questo psicoanalista sul tema dell'alienazione negli stabilimenti Olivetti. Un tema quest'ultimo che sottotraccia è presente anche nella monografia di Adler: "Io, uomo di altri tempi, mi azzardai una volta a porre ai dirigenti della fabbrica Olivetti questo problema dell'alienazione. 'Ma tutta questa gente (anche se ora è diminuita) costruisce cose, ignorando del tutto quello che sta fabbricando. Alcune nozioni di elettronica, a questi operai, capitecnici, capireparto, gliele dovete pur dare'. Ci fu un tentativo; ma risultò che una percentuale notevole di dipendenti era analfabeta (magari di un analfabetismo di ritorno, per non aver conservato dopo le scuole l'abitudine del leggere e dello scrivere). (...) Chiesi allora ai colleghi psicologi che lavoravano in fabbrica, se loro almeno conoscevano qualche cosa dell'elettronica, e feci organizzare per loro e per me stesso (che mi reputavo altrettanto ignorante) un corso per apprendere i primi rudimenti di quella elettronica su cui l'informatica si fonda. Avevo passato gli ottant'anni, è vero, e confesso che feci gran fatica e appresi poco. Mi ero fidato troppo di me stesso" (Musatti, 1987, pp. 250-251).

[6] Analizzando l'insieme di principi e valori sottostanti questo orienta-

vergenze del pensiero olivettiano con quello di Alfred Adler, così come delineato nel precedente paragrafo: "Qualunque sistema, qualunque dottrina politica che non tenesse conto dell'uomo e della sua vera natura, non potrebbe portare che al fallimento di quella teoria e di quei movimenti che per avventura la sostenessero. Ma vogliamo semplicemente, per una diversa disposizione delle cose, consegnare il potere ai giusti, esaltare le tendenze più elevate, rendere inoffensive quelle deteriori, aprire infine la via alle forze creatrici dello spirito. L'idea fondamentale della nostra società è di creare un comune interesse morale e materiale tra gli uomini che svolgono la loro vita sociale ed economica nello spazio di una comunità" (Olivetti, 1949; ristampa del 2013, p. 65).

Sul piano planetario, non meno sintoniche con le considerazioni di Adler sono le riflessioni di Amartya Sen (2010), premio Nobel per l'economia nel 1993, sulla felicità e sul destino degli abusati e malati sui luoghi di lavoro, che egli chiama "schiavi felici", cui rinvio ancora il lettore. Riflessioni che, come ha recentemente suggerito Lamberto Maffei (2016), andrebbero stampate e affisse alle pareti di ogni istituzione che si occupa di economia, di sviluppo umano, di lotta all'indigenza.

E che dire delle recentissime dichiarazioni di Papa Bergoglio sulla funzione dell'economia e sulla condizione dei più diseredati della terra: "Chi accumula ricchezze con lo sfruttamento, il lavoro nero, i contratti ingiusti è una sanguisuga che rende schiava la gente. (...) Il sangue di chi è sfruttato è un grido di

mento politico-sociale olivettiano, Stefano Rodotà scrive: "Incontriamo l''eterno principio dell'eguaglianza fondamentale degli uomini', 'l'esercizio della solidarietà e della fratellanza', 'il rispetto della dignità e della vocazione della persona'. Quest'ultimo, in particolare, coglie non tanto un dato suggerito dalla tradizione, quanto piuttosto l'indicazione più forte che proprio il nuovo costituzionalismo metterà accanto ai principi del 1789, con quella rivoluzione della dignità che ha le sue radici nelle nuove costituzioni dell'immediato dopoguerra, quella italiana del 1948 e quella tedesca del 1949, dunque appunto degli anni in cui Olivetti scrive" (2013, pp. 15-16).

giustizia al Signore. Lo sfruttamento del lavoro, nuova schiavitù, è un peccato mortale" (19/5/2016). Nonché delle sue chiare, coraggiose denunce relative alla condizione lavorativa delle donne, "troppe volte licenziate perché incinte e vittime di una scandalosa disparità di retribuzione" (1° Maggio 2016).

È proprio grazie alle lotte dei tanti movimenti di massa, sia socialisti sia cristiano-sociali, delle loro organizzazioni sindacali, presenti in numerosi paesi del mondo, e dai cui principi di libertà, giustizia, solidarietà lo stesso *Manuale per la salute dei sarti* prese ispirazione, che le condizioni delle plebi urbane e rurali dei due terzi dell'umanità ha potuto vedere garantite migliori condizioni di vita e aprire il cuore alla speranza di un futuro più giusto, senza nuove e vecchie schiavitù, senza nuovi e vecchi colonialismi. Naturalmente, come ho notato sopra, molto c'è ancora da fare, ma le analisi di fondo avanzate, fra gli altri, da Alfred Adler sin dal 1898, restano ancora pienamente valide; restano, appunto, *un classico senza tempo*, un paradigma umanistico cui ancora oggi far riferimento se ci si vuole occupare, sui vari versanti scientifico-disciplinari e di governo delle politiche economiche, del miglioramento globale della condizione umana. Vale, pertanto, in chiusura di queste note, farne una breve disamina che ci aiuti anche a fornire il giusto rilievo alle ardite e profetiche visioni scientifiche e ideali del fondatore della Individualpsicologia.

Come ho notato nell'introduzione, la medicina dell'epoca, soprattutto quella accademica, sostanzialmente ignorava la medicina sociale. In Austria, e solo a partire dalla seconda metà dell'Ottocento in poi, qualche medico specialista dell'Ospedale di Vienna (Skoda, von Rokitansky), mostrava un certo interesse per i fattori di rischio connessi all'igiene del lavoro. Era come se la medicina "ufficiale" galleggiasse in una sorta di "vuoto sociale" in cui i fattori ambientali rivestissero un ruolo del tutto marginale nell'eziologia delle malattie. Alfred Adler, non diversamente dall'impegno di altri medici di orientamento socialista, prende di petto il problema e, scegliendo un comparto particolarmente esposto ai rischi di malattie professionali, quello sartoriale, parte all'attacco delle disastrose condizioni lavorative di alcune sacche di maestranze artigianali assai poco rappresentate politicamente e organizzate sindacalmente.

Nella lucida prefazione alla monografia, infatti, lo psicologo viennese disegna un'ampia cornice riguardante sia i vantaggi economici che la diffusione della grande fabbrica meccanizzata può avere per il suo Paese, sia i vantaggi che tale diffusione può avere sotto il profilo del miglioramento delle condizioni di vita dei lavoratori. Come egli stesso scrive in queste pagine d'apertura, "Lo sviluppo industriale ha cambiato molte cose anche nel mestiere del sarto. Non esiste più il gracile ometto che in tempi remoti lavorava a giornata dalle persone per confezionare abiti su misura o che all'epoca delle corporazioni cuciva per il fabbisogno locale lavorando il tessuto fornito dal cliente. La tendenza uniformante della grande azienda si è imposta anche nella sartoria, nella scelta del mestiere sono oggi determinanti, oltre alla tradizione familiare, migliaia di casualità e come in tutte le aziende il debole lavora di fianco al forte; i connotati della categoria sono ormai indistinti, soppiantati dall'habitus generale del settore manifatturiero.

"Dove la macchina avanza vittoriosa, il lavoro si organizza in grandi laboratori aziendali, in grandi stabilimenti. Questa forma avanzata di produzione offre al legislatore la possibilità di intervenire a favore del lavoratore dipendente con norme uniformi. L'accessibilità degli stabilimenti, la concentrazione della forza lavoro rendono possibile il controllo da parte di organi statali. D'altra parte le istituzioni statali riconoscono già ora, in alcuni punti fondamentali, il loro obbligo di imporre gli standard igienici dell'industria in minima parte anche nelle piccole aziende. Ci sono però aziende il cui sviluppo percorre altre vie. Anche di queste si impadronisce il grande capitale, ma per ora ad esse manca la possibilità di potenziare i mezzi tecnici e così non ci sono nemmeno i grandi opifici dove il lavoro è tutelato dalla legge e dove viene dato spazio alle organizzazioni dei lavoratori. La preoccupazione comune per il proprio bene dei lavoratori isolati e sparsi, la loro aspirazione a migliori condizioni di vita si paralizza sempre di nuovo. In simili aziende la produzione si svolge nel modo più sregolato, le merci vengono lanciate sul mercato di tanto in tanto e a caso e la sovrapproduzione endemica schiaccia il piccolo produttore. In mancanza di ogni incentivo, l'imprenditore non costruisce grandi opifici aziendali e il lavoratore opera nella sua misera abitazione o a domicilio di un piccolo mastro; vive, mangia, beve, dorme e muore al tavolo di lavoro, tra i propri attrezzi" (1898; trad. it. p. 3).

Via via che la monografia procede, l'Autore si concentra sempre più sul "*sistema del sudore*"[7]; sulla misera condizione della bottega dei sarti "mastri cottimisti", in cui, spesso, questi ultimi – spregiativamente definiti nell'ambiente professionale "dilettanti" o "guastamestieri" – lavorano a casa propria con moglie e figli. Una casa/bottega in cui la miseria è acuita dalla presenza di altri collaboratori o apprendisti che non sono coperti dalla mutua. Questi aiutanti – che nella stagione di più intensa produzione lavorano anche 16-18 ore al giorno e spesso anche di notte –, peraltro, anche se hanno portato a termine il percorso di apprendistato, non possono ricoprire il ruolo più avanzato di "garzone" o "lavorante"; né sono tutelati dalle associazioni di categoria[8] né dalle specifiche disposizioni penali che dovrebbero

[7] A mio modo di vedere è del tutto plausibile ipotizzare che il concetto di "*sistema del sudore*" che Adler impiegò nel suo *Manuale* potrebbe essere stato mutuato dal concetto "*laboratori del sudore*" che Karl Marx impiegò ne "Il Capitale" per descrivere quelle infernali botteghe londinesi e di molte altre cittadine inglesi – in cui migliaia di donne, bambini e adolescenti lavoravano e morivano, per bassissimi salari, sottoposti a ritmi e a condizioni igieniche terribili – che hanno potentemente contribuito, all'alba della rivoluzione industriale, all'accumulazione originale del capitale attraverso la produzione di un enormi plusvalenze (cfr. in particolare il Capitolo XXIV "La cosiddetta accumulazione originaria", in Marx, K., *Das Kapital*, 1864; trad. it. 1964).

[8] Associazioni che Adler nella monografia definisce "cooperative di cate-

controllare e perseguire quelli che Adler chiama "i guastatori" dell'attività sartoriale.

Riprendiamo ancora qualche brano delle considerazioni più significative che il Nostro svolge su questo tema: "Con una tale debacle dell'intero settore, la battaglia per il certificato di abilitazione e per la riforma della cooperativa di categoria non andrà lontano. Quella che viene condotta qui è la continua lotta arroventata per i primari mezzi di sussistenza. La continua, spesso vana preoccupazione per il guadagno mina la salute. Le abitazioni, in contempo laboratori, si trovano nei quartieri più poveri e malsani delle città, le stanze sono piccole, basse, spesso umide, buie e sovraffollate. A ciò si aggiunga la sporcizia, dato che i lavori domestici vengono trascurati in favore dell'attività artigianale, la ventilazione insufficiente e il surriscaldamento che favoriscono grandemente la proliferazione di agenti patogeni. L'orario di lavoro troppo lungo fa il resto. La convivenza di sani e malati in uno spazio ridotto porta al diffondersi delle grandi malattie sociali e trasforma, durante un'epidemia, questi luoghi di produzione in focolai di infezione.

"Con il capo confezionato escono dal laboratorio, dove il mastro o la sua famiglia sono a letto per una malattia infettiva tra gli operai che lavorano, anche gli agenti patogeni. Il cliente ignaro si porta poi a casa, con la merce acquistata a poco prezzo, la sostanza infettiva. Da quando questa situazione è sotto esame e ormai di dominio pubblico, governo e parlamento se ne occupano costantemente. Tuttavia, a prescindere, da alcuni stati nordamericani, finora nessun paese ha seriamente posto sotto controllo, o per lo meno assoggettato alla legge sulle fabbriche, l'industria domiciliare e le sue orribili escrescenze. Da mezze misure non c'è da spettarsi nulla e l'igiene si imporrà soltanto se

goria", ma che in realtà sarebbe più corretto identificare come "Società di mutuo soccorso", del tipo di quelle che a partire dal 1870 e fino al 1920, quando vennero brutalmente soppresse dal fascismo, segnarono la nascita del movimento socialista operaio organizzato nel nostro paese (Romano, 1966).

la figura del lavoratore a domicilio scomparirà in favore degli opifici aziendali" (ivi, pp. 6-7).

Non sembra al lettore di scorgere in queste considerazioni adleriane di oltre un secolo fa la rappresentazione speculare che si potrebbe fare dei laboratori, prevalentemente clandestini, in cui oggi lavorano stipati centinaia e centinaia di "dannati della terra" del cosiddetto "Sud del mondo", con retribuzioni da fame e orari pesantissimi, presenti in numerose grandi città dell'India, della Tailandia, della Corea, della Cina, della Nigeria, del Congo, del Brasile, del Venezuela, ecc.? Laboratori che producono a ritmi forsennati abiti, scarpe, borse, attrezzi sportivi, farmaci, prodotti elettronici, armi e quant'altro su commissione di grandi gruppi multinazionali che lucrano profitti ingentissimi (quasi soltanto per l'Occidente) e a costi elevatissimi, in termini di malattie professionali, di incidenti sul lavoro e di morti (solo per l'Oriente, l'Africa e l'America latina). Ma, si badi bene, per chi vive nel sud dell'Italia, come chi sta scrivendo, non c'è tanto da stare allegri: scenari simili sono frequenti anche negli stretti vicoli del centro storico e/o nelle periferie degradate delle grandi "città d'arte" (Napoli, Bari, Palermo, ecc.), spesso a vantaggio, fra gli altri committenti più o meno occulti, di prestigiose *griffe* della moda nazionali e internazionali[9].

Ma torniamo alla monografia adleriana e concludiamone il sintetico esame ricordando il quadro d'assieme delle più frequenti malattie professionali dei sarti che in essa viene disegnato: patologie polmonari/respiratorie (tubercolosi, tisi polmonare, tracheiti, enfisema, per lo più causate dalla polvere che si sprigiona dai tessuti), della pelle (infezioni, callosità, pa-

[9] Per non parlare della condizione dei lavoratori di quei paesi dell'Europa dell'est che da qualche anno si sono liberati dei regimi del "socialismo di stato", poliziesco, inefficiente e immiserito; paesi in cui sempre più spesso vengono delocalizzate produzioni a rischio ambientale e in cui la mano d'opera si accontenta di salari assai più bassi di quelli delle maestranze delle ricche democrazie centroeuropee.

terecci, scabbia, eczemi e pruriti, ecc.) del sistema osseo (scoliosi, gobba, callosità sottostante la borsa mucosa di entrambi i malleoli esterni, reumatismi, ecc.), del sistema circolatorio (difficoltà nel deflusso del sangue venoso verso il cuore, dovuta alla posizione, flebectasie nei piedi, vene varicose, emorroidi), di quello gastrointestinale, di quello muscolare e dentario; senza contare le frequenti ferite e le infezioni causate da forbici, coltelli e aghi. Infine, con l'ausilio di numerose evidenze empiriche, ordinate in diverse tabelle allegate al testo, lo psicologo viennese propone una serie di interventi sia sul versante sanitario che su quello della legislazione sociale. Saltando diversi ampi passaggi esplicativi, mi sembra giusto sia lo stesso Adler a trarre le più dure conclusioni dalle analisi condotte nella sua monografia:

"I progressi della legislazione sociale hanno procurato ai sarti l'assicurazione contro le malattie obbligatoria, ma la mancata iscrizione dei lavoratori da parte dei mastri e la frequente disoccupazione tolgono molti da questa benefica istituzione. *È necessario avvertire che nella sua configurazione attuale l'istituto dei medici non è sufficiente a fronteggiare le grandi malattie sociali. Una lotta efficace contro la tubercolosi per esempio è impensabile, se il raggio d'azione del medico si limita all'individuo malato, se il paziente ottiene la diagnosi, riceve un medicinale e ritorna nel luogo dove la morte sta in agguato.* Dall'assicurazione contro gli infortuni, che riguarda solo le aziende con almeno 20 lavoratori, la stragrande maggioranza dei sarti resta esclusa (...). Anche del beneficio delle ispezioni di fabbrica si avvantaggiano solo le grandi aziende. Tuttavia sarebbe molto più necessario ispezionare i piccoli laboratori. La mancanza o l'esiguità della pensione per la vecchiaia, infine, comporta la triste alternativa: la morte prematura o una vecchiaia di stenti [...].

Ogni richiesta di riforma della salute pubblica, orientata a migliorare la situazione del comparto sartoriale in favore di lavoranti e apprendisti, incontra la dura resistenza delle piccole aziende. (...) Non si può continuare a mettere a repentaglio la salute dei lavoratori per salvare un tipo di impresa arretrato e ormai deviato su una cattiva strada. Per questo motivo tutte le organizzazioni di lavoranti mettono in cima alle loro richieste la creazione di laboratori sartoriali indipendenti, separati dall'abitazione del mastro. Questo significherebbe anche la fine dei lavoranti a domicilio e avrebbe inizio l'attacco contro il 'sistema del sudore'. Dal punto di vista della igiene pubblica queste pretese devono essere accettate per intero. Non meno importante è l'introduzione del giorno lavorativo normale, l'estensione dell'ispezione di fabbrica a tutte le aziende, la diffusione dell'assicurazione contro gli infortuni nel comparto sartoriale, come la creazione dell'assicurazione contro la disoccupazione e una pensione di vecchiaia sufficiente [...].

Ispettori di fabbrica con una formazione medica – ce ne saranno pure in un prossimo futuro – dovrebbero revisionare i laboratori di produzione per imporvi i principi igienici. Non dovrebbero essere osservate delle norme generiche la cui interpretazione è affidata al fabbricante e all'igienista dilettante, ma precise richieste dettate dall'igiene, per liberare il mestiere del sarto dai suoi numerosi svantaggi igienici. Con una cubatura sufficiente e una buona aereazione, mediante la creazione di un'illuminazione adeguata, attraverso il regolamento dell'orario di lavoro e con l'istruzione dei lavoratori riguardo ai pericoli del mestiere e alla loro prevenzione, il nemico in laboratorio potrebbe essere combattuto con successo. In realtà il male è più profondo. Le abitazioni dei lavoranti e in gran parte anche dei mastri sono tra le peggiori, si trovano in quartieri malsani e sporchi, sono sovraffollate e serbano innumeri agenti patogeni. (...) Lo stato e i comuni dovrebbero favorire in tutti i modi la costruzione di case per lavoratori, al fine di alleviare la miseria abitativa [...].

La stessa attenzione è richiesta riguardo all'alimentazione. Il basso salario costringe la maggioranza dei sarti a risparmiare sul mangiare, (...) diventa fatale per il lavoratore, quando è costretto a cibarsi di alimenti spesso contraffatti e avariati che speculatori senza scrupoli vendono ai più poveri dei poveri. (...) E anche qui vediamo un compito importante per i medici: l'eliminazione dei mali nell'alimentazione del popolo. (...) Il basso costo della forza lavoro garantisce ai padroni dell'industria domiciliare il primato del mercato globale per anni. (...) Chi conosce questa fisionomia darà la preferenza a una politica commerciale che conservi meglio la salute e la forza della popolazione" (ivi; trad. it. pp. 13 e sgg.).

Nel tormentato rapporto decennale con il gruppo dei primi seguaci della psicoanalisi, che portò all'inevitabile rottura con Sigmund Freud e con i membri della sua associazione, e, successivamente, nel personale percorso di esplorazione scientifica della mente umana e di costruzione del suo modello personologico, un umanista libertario come Alfred Adler, tanto indipendente e socialmente appassionato alle vicende della comunità umana, come avrebbe potuto mettere in ombra quel drammatico bagaglio di evidenze empiriche e di riflessioni associate alle quotidiane sofferenze fisiche e psichiche di tanti sventurati individui? Come avrebbe potuto, quel giovane medico idealista, ignorare il disperato grido di dolore che si elevava dalle schiere di diseredati delle città e delle campagne austriache di fine Ottocento e che stava vivendo tanto empaticamente così da vicino, non soltanto attraverso l'esperienza diretta dello zio sarto, ma anche nella concreta temperie della battaglia ideale e politica in cui si sentiva pienamente coinvolto? E infatti, com'è facile rilevare, le considerazioni emergenti dal *Manuale per la salute dei sarti* e dai diversi altri suoi lavori prepsicoanalitici permeeranno, neanche troppo sottotraccia, tutta la sua successiva costruzione teoretica oltre che la sua prassi professionale (Varriale, 2005).

Hanno ragione gli Ansbacher perciò a sottolineare che la Psicologia individuale, oltre ad essere una "psicologia comprensiva"[10], soggettivante, sia anche "l'originale teorico del 'campo'

[10] Ispirandosi a Jaspers, gli Ansbacher precisano che la psicologia comprensiva "è protesa a considerare come un certo processo psicologico derivi da

nell'ambito della moderna psicologia dinamica"[11] (1997, p. XXXIII). Come ha ragione Gardner Murphy quando, sul finire degli anni Quaranta del secolo scorso, in un suo importante saggio sullo stato della Psicologia della personalità, ha onestamente riconosciuto che "Adler e la sua Scuola ci hanno lasciato una vastissima quantità di dati relativi ai problemi dell'Io, tanto che noi resteremo nei loro confronti in debito per sempre, e in particolare lo saremo per il modo immediato e semplice con il quale hanno descritto tali problemi in un'epoca in cui Adler veniva messo in ridicolo dagli analisti e ignorato dai medici più ottusi. Egli si impegnò, egualmente a fondo, per rendere chiaro il concetto che i problemi dell'Io sono importanti quanto quelli della sessualità o come qualsiasi altro, poiché questi sono i problemi più attuali per gli uomini civilizzati" (1947, p. 593; in Ansbacher, Ansbacher, 1997, p. XXXI). A conclusione di questa mia fatica, migliore omaggio ad un grande Maestro della psicologia dinamica, anche di quella dei nostri giorni, non ci potrebbe essere.

un processo psicologico precedente. Così anch'essa dà una spiegazione causale, con l'importante differenza che la causa si trova all'interno e non all'esterno dell'individuo" (1997, p. XXXIV). In buona sostanza, in linea con le moderne concezioni cognitivo-socio-costruttivistiche (cfr. anche Varriale, 2009, 2013, 2016).

[11] Al riguardo, come sottolineano ancora gli Ansbacher, "un aspetto particolare della psicologia della Gestalt è rappresentato dalla teoria del campo di Lewin. Numerose sono le somiglianze con Adler: infatti, si diceva che egli stesso abbia caratterizzato la posizione della psicologia della Gestalt 'come una psicologia che ha confermato sperimentalmente la correttezza dei punti di vista adleriani' (Neumann, 1928), e i suoi studi sul livello di aspirazione ne sono un esempio" (1997, p. XXXII; cfr. anche Varriale, 2005).

9. “Sé creativo”: il costrutto adleriano che meglio focalizza l’aspetto cognitivo ed evoluzionistico “speciale” (ma non eccezionale) della “natura umana”[1]

La genomica, le reti neurali e la plasticità neurale rientrano nel quadro, emerso negli ultimi decenni, di una natura umana complessa. Una natura che, sia chiaro, non è rigidamente programmata, impermeabile all’input, svincolata dalla cultura o corredata di ogni concetto ed emozione fin nei loro minimi dettagli, ma è abbastanza ricca da rispondere alle domande del vedere, del muoversi, del pianificare, del parlare, del dar senso all’ambiente e del negoziare col mondo altrui.

S. Pinker (2006), *Tabula rasa. Perché non è vero che gli uomini nascono tutti uguali*

Una meta di superamento come formulazione astratta è inaccettabile dalla mente umana che, invece, necessita di un’indicazione molto reale. Ciascun individuo, infatti, consegue una meta concreta di superamento attraverso il suo potere creativo. Se comprendiamo correttamente il concetto di meta, ci troviamo di fronte a una grandissima difficoltà dataci dalla consapevolezza di avere a che fare con migliaia di variabili, dal momento che ogni caso è un caso unico con un’unica reale collocazione della meta.

A. Adler (1932b), *Persönalichkeit als geschlossene Einheit*

I fossili non raccontano storie. Siamo noi a farlo.

H. Gee (2016), *La specie imprevista. Fraintendimenti sull’evoluzione umana*

[1] Pubblicato in «Heliopolis» (Culture Civiltà Politica). Rivista online di filosofia e simbolica politica a. XV, n. 2, 2017, pp. 69-102.

1. *Introduzione*

Sfogliando le opere di Alfred Adler è facile notare come quest'ultimo spesso, in alternativa al concetto di "Sé creativo", impiegasse quelli più generici di "potere creativo", "attività creativa", "lotta creativa", "forza creatrice"; frequentemente associandoli ad altri costrutti in linea con il suo più ampio impianto teoretico: "visione soggettiva", "mappa dei significati", "schema privato di appercezione", "interpretazione del mondo", "ideale del Sé", "meta prevalente" o "finzionale", "stile di vita", ecc. Resta il fatto che particolarmente sul concetto di "Sé creativo" si è ormai venuta sedimentando, comprensibilmente, un'ampia letteratura psicologica di Scuola molto caratterizzata in senso analitico-personologico e clinico-psicodinamico. Tuttavia, recenti sviluppi della ricerca neuro-cognitiva, primatologica, paleoantropologica e filosofica sul tema della "natura umana" sembrano aprire altri, interessanti spazi di riflessione sulle precorritrici intuizioni che permeano il modello adleriano e, più specificamente, corroborano il costrutto di "Sé creativo" (associato a quelli di "finzione" e di "sentimento di comunità") con nuove evidenze empiriche a carattere cognitivo-costruttivistico. Una tematica piena di interrogativi, quella relativa alla "natura umana" ("esiste davvero?" e "se esiste, qual è la sua origine" e "cosa la caratterizza in modo speciale?"), come vedremo, solo apparentemente di facile approccio in quanto spesso si intrecciata anche alle complesse risultanze multidisciplinari e interdisciplinari riferite al "salto" cognitivo di *Homo sapiens* nel paleolitico medio-superiore (Varriale, 2014, 2015, 2016; Varriale, Rotondo, 2011a). Tutto questo, ribadisco, sembra porre il concetto di "Sé creativo" in una nuova, più articolata dimensione euristica: quella fornita dalle indagini sulla creatività umana che si vanno conducendo in ambito neuroscientifico, etologico, paleoantropologico (Changeux, 2014; Gallese, 2007; Gee, 2016; Gottshall, 2014; Wallis, 2012, solo per citare qualche studio più recente) e dai settori ultraspecialistici che supportano quest'ultimo campo di ricerca (paleoclimatologia, paleogenetica, paleolinguistica, archeologia cognitiva e sperimentale, ecc.). Meritori, in tal senso e in ambito specificamente adleriano, mi piace qui segnalarlo, sono i contributi che anche Sergio De Dionigi (2016; De Dionigi, Gasperini, 2007) da qualche tempo va producendo.

In effetti, già in alcuni miei precedenti lavori avevo posto in luce vari aspetti significativi delle convergenze intercorrenti fra l'impianto individualpsicologico e i paradigmi evoluzionistici darwiniano e neodarwiniano; in particolare quegli aspetti in connessione con le indagini che da tempo vado realizzando in psicologia della personalità, con riferimento alla lettura dinamico-costruttivistica del pensiero adleriano (Varriale, 2006, 2009, 2010, 2011, 2012, 2013, 2017; Varriale, Rotondo, 2011b; Varriale, Limongelli, 2017) e che in questa sede in parte riprenderò. Nel presente contributo intendo focalizzare i concetti di "Sé creativo" e di "finzione" (i propulsori del "movimento" orientante teleologicamente lo Stile di vita dal "lato utile" e "non utile" della vita), inquadrandoli nel più ampio contesto tematico della creatività del *Sapiens* (come capacità di produrre e comunicare bellezza e innovazione tecnologica) e legando il tutto all'attuale dibattito sul "chi siamo?", "da dove veniamo?", "dove andiamo?". Più precisamente, su quali siano le meccaniche neuropsicologiche e comportamentali, antiche e recenti, che sembrano caratterizzare in modo speciale la "natura umana" (Chuchland, 2014; Damasio, 2012; Eagleman, 2016; Flores D'Arcais, 2016; Gazzaniga, 2009; LeDoux, 2016; Legrenzi, Umiltà, 2014; Maestripieri, 2016; Moro, 2015; Pievani, Suman, 2016; Seung, 2013; Tomasello, 2009, 2010; Tononi, 2014).

Si badi bene, con ciò non intendo ritraghettare in qualche modo il "Sé creativo" (e il finzionalismo soggettivistico a questo legato) nell'ambito di un riduzionismo fisiologico di matrice freudiana (tanto meno nell'ambito del correlato, pervasivo pansessualismo del modello psicoanalitico classico), anche se il tipico rigido biologismo freudiano del "secondo periodo", cui si riferisce Heinz Ansbacher (in Ansbacher, Ansbacher, 1997, *Ap-*

pendice, pp. 526-552), oggi sembra parecchio ridimensionato e molto meglio articolato, ancorandolo a nuove evidenze empiriche neuroscientifiche; come sta facendo, ad esempio, Vittorio Gallese (2007, 2014; Gallese *et al.*, 2006) collegando il paradigma psicoanalitico alla "consonanza intenzionale" e alle meccaniche neurofisiologiche della "simulazione incarnata", dei "neuroni specchio" e dell'intersoggettività. Mi preme soprattutto mostrare come quello che gli Ansbacher (1997) hanno definito il "soggettivismo relativistico" di Adler poggiava solo in parte sulla (freudiana) "solida roccia basilare" della biologia (Freud, 1922) e come sul piano psicodinamico-evoluzionistico, invece, ebbe a spingersi ben oltre il meccanicismo biologistico del fondatore della psicoanalisi e il paradigma ambientalistico-comportamentistico watsoniano. Un "soggettivismo relativistico", quello adleriano (in parte d'ispirazione neokantiana), che introdusse un'innovativa, audace prospettiva dinamico-cognitivo-costruttivistica sintonica con i modelli epistemici interdisciplinari che oggi affermano l'interdipendenza fra processi creativi, genetici e apprenditivi, l'integrazione genetica ed epigenetica, la coevoluzione biologia-cultura, la coevoluzione socio-tecnologica, la causalità reciproca e plurilivello, cui allude Kavin Laland (Laland *et al.*, 2015) quando parla di "*reciprocal causation*". Modelli che ci permettono di incominciare a fare luce sugli albori dell'umanità: a comprendere meglio il ruolo che il linguaggio articolato, l'autocoscienza, la creatività individuale e di gruppo, l'empatia, le funzioni cognitive associate all'impiego di strumenti hanno avuto nel rendere gli esseri umani e la loro evoluzione speciali nel loro genere (Pievani, Suman, 2016).

D'altro canto Alfred Adler – che fu lettore ed estimatore delle opere che hanno caratterizzato la rivoluzione bio-epistemica darwiniana (Varriale, 2016a; Varriale, Rotondo, 2011a), come vedremo nel prossimo capitolo – doveva saper bene che tutti i prodotti della mente, consci e inconsci, hanno essenzialmente funzioni adattative e derivano dalla rete di connessioni elettro-chimiche fra miliardi di neuroni (il "connettoma" di cui tanto si parla; cfr. Rossi, 2015; Seung, 2013) e cui forse egli alludeva, ancorché in forma piuttosto vaga, quando parlava di "organo psichico". Come forse intuiva che la nostra stessa consapevolezza è il frutto di attivazioni sinaptico-corticali di livello superiore che si rappresentano alla coscienza per essere interpretate, dando poi corso a specifici comportamenti (Churchland, 2014; Damasio, 2012; Eagleman, 2016; LeDoux, 2016; Flores D'Arcais, 2016).

Pertanto, a mio avviso, in campo personologico e psicodinamico, e nella prospettiva dello studio del come e perché c'è stata l'emersione improvvisa della mente del *Sapiens*, il focus della questione è: *come e perché il "connettoma", al momento dell'"accensione globale"*[2], 200.000 anni fa circa, *produsse nuove interpretazioni della realtà, certe innovative condotte ed opere dell'ingegno* (Changeaux, 2014; Changeaux, Dehane, 2008; Dehane, 2016; Dehane, Changeaux, 2011; Varriale, 2015, 2017). Insomma, quale antico processo neuropsicologico probabilmente codificava, valutava, selezionava l'afflusso di pensieri più o meno consapevoli del *Sapiens*, riguardanti un determinato oggetto-stimolo (interno/esterno), per poi orientare il comportamento verso una certa finalità? In altre parole, come faceva un insieme di neuroinformazioni (di qualità elettrochimiche, che danno vita ad euristiche, rappresentazioni e auto-etero-narrazioni) a tradursi in tratti più o meno stabili di personalità e in condotte che da questi ultimi derivavano? Con linguaggio adleriano, come faceva l'"organo psichico", nel paleolitico medio-superiore, a tradurre gli input sensoriali e quelli cognitivi ed emotivo-relazionali, in una dinamica di "movimento" che direzionava lo Stile di vita verso la *causa finalis*, a motivare l'individuo

[2] Più precisamente dell'accensione di quello che Jean-Pierre Changeaux e Stanislas Dehaene definiscono *Gnw* (Global neural workspace) (Changeaux, 2014; Changeaux, Dehane, 2008; Dehane, 2016; Dehane, Changeaux, 2011): una rete di neuroni con lunghi assoni fittamente distribuiti nella corteccia prefrontale, parieto-temporale e cingolata.

all'azione? Ritengo che il costrutto di "Sé creativo", così come concepito da Alfred Adler – ancorché in quella inevitabile formulazione sommaria elaborata nel corso dei primi decenni del secolo scorso –, con la sua centralità teoretica e applicativa nell'ambito della Psicologia individuale, possieda ancora oggi la sostanza concreta, la potenza euristica di un'intuizione con solide basi bio-fenomenologiche, costruttivistiche ed evoluzionistiche. Una potenza euristica capace di dar conto in modo unificante sia di quella forte impronta sociale che connota la nostra mente sia di quegli ampi processi creativi umani che affondano le radici nella solida materia neurologica dei flussi circolari *bottom-up/top-down*, come nelle qualità cognitivo-relazionali e culturali del *Sapiens*.

Come cercherò di argomentare meglio più avanti, un costrutto, quello di "Sé creativo", in grado di fornire ancora oggi utili suggestioni volte ad ispirare nuove linee di ricerca e contribuire a dare ulteriori indicazioni esplicative alle suddette problematiche, anche nel già molto significativo panorama di conoscenze che le neuroscienze cognitive oggi ci offrono. Non entrerò tuttavia nel dettaglio dell'attuale dibattito multidisciplinare sui temi della relazione fra modelli mentali, linguaggio, autocoscienza, già molto vivo da oltre quarant'anni[3]. In particolare non mi soffermerò ad esaminare il tema delle corrispondenze fra neuroscienze e struttura del sé (Mattana, 2016; Northoff, Bermpohl, 2004; Northoff, Panksepp, 2008; Northoff *et al.*, 2014). Mi preme in questa sede solo introdurre qualche ulteriore, preliminare precisazione, seppur sintetica, su tre questioni: cosa intendeva Adler quando parlava di "Sé creativo", di "potere creativo", di "lotta creativa" dell'individuo? Cosa dicono oggi i neuroscienziati, i filosofi della mente, gli etologi e i paleoan-

[3] Un tema questo il cui interesse è pari alla sua complessità e su cui la ricerca multidisciplinare sta lavorando molto; per chi volesse saperne di più, tuttavia, consiglio di partire dall'ormai classico lavoro di Philip N. Johnson-Laird (1988).

tropologi quando si confrontano (non di rado anche molto aspramente) circa l'esistenza o meno di un'"eccezionale natura umana" e, qualora ne riconoscano l'esistenza, quale ritengono sia il fattore caratterizzante tale "eccezionalismo"? Infine, siamo in grado di collegare il concetto di "Sé creativo" alle caratteristiche adattative "speciali" (ma, ripeto, a mio avviso e dal punto di vista paleoantropologico e delle neuroscienze comparative, *non eccezionali*[4]; cfr. Gee, 2016) della nostra specie dentro un "cespuglio di specie" (Pievani, 2016; Varriale, 2015, 2017), magari individuando proprio nel costrutto adleriano il fattore maggiormente distintivo della "natura" del *Sapiens*?

2. *Ancora qualche precisazione preliminare*

Relativamente al primo dei suddetti quesiti, mi basta qui, per ora, soltanto qualche breve considerazione orientativa, cominciando dalla definizione di "Sé creativo" – forse il più costruttivistico dei concetti adleriani – che qualche anno fa diedi in un contributo volto a delineare le linee anticipatrici del cognitivismo moderno insite nel modello di personalità proposto dalla Individualpsicologia (Varriale, 2006). Scrissi allora che il costrutto indicava *un insieme di processi neuro-psicologici a ca-*

[4] Voglio segnalare sin dall'inizio che la capacità adattativa umana (la sua intelligenza, socialità, ecc.), confrontata con quella di altre specie animali, *non ha* nulla di eccezionale, "almeno non più di quanta ve ne sia nell'essere un porcellino d'India o un geranio" (Gee, 2016, p. 20). Tornerò sul presunto "eccezionalismo umano" e sulla presunta ineluttabilità del progressivo miglioramento degli *ominini* (vedi oltre, nota 4), fino alla comparsa del "perfetto" *H. Sapiens*; quest'ultimo *non è* "il vertice designato, l'acme, l'alfa e l'omega dell'evoluzione (...). (In realtà) gli schemi che vediamo nella vita sono il prodotto dell'evoluzione e sono contingenti. In sé l'evoluzione non implica alcuna forma di progresso, o di miglioramento. Nessuna, assolutamente. Zero. Nada" (ivi, p. 18). Tuttavia, per come la vedo io, almeno qualcosa di speciale (e vedremo cosa) nel *Sapiens* esiste e come.

rattere descrittivo-valutativo-interpretativo, unitario e coerente, altamente personalizzato in quanto si avvale di specifiche modalità conoscitive (di tipo 'finzionale') derivanti da una prospettiva idiografica che il soggetto stesso ha creato (appercettivamente). Un insieme di processi che fornisce mappe di significato, universi di senso volti ad orientare le condotte verso il perseguimento dell'umana meta prevalente: l'attuazione delle richieste del Sentimento di sicurezza/ prestigio/elevazione (o 'Aspirazione al superamento') e del 'Sentimento di comunità' (cooperativo ed emotivamente compartecipativo). In altri, successivi lavori (Varriale, 2014, 2015, 2017; Varriale, Rotondo, 2011a), peraltro, misi a fuoco – proprio a partire dalle suddette, cruciali istanze psichiche di elevazione (dal *minus* al *plus*) e di socialità, concettualizzate da Adler – gli aspetti evoluzionistici filogenetici ed ontogenetici, rivolti alla *fitness*, della speciale cognizione di *H. sapiens*.

Al riguardo, mi piace ancora notare, seguendo l'esegesi degli Ansbacher, che per Adler tutti i processi psicologici, fisici, sociali divengono strumenti creativi al servizio del Sé; sono subordinati a uno "Stile di vita" unico e irripetibile; così l'intera architettura dinamica del suo modello configura "una psicologia della personalità che aderisce al principio del determinismo relativo. Nonostante l'accento posto sul Sé creativo come varabile interveniente, Adler non trascurò il significato delle condizioni oggettive nel determinare le probabilità, dando importanti contributi alla loro descrizione. Ad esempio, per quanto riguarda l'ereditarietà e le determinanti fisiche, sottolineò l'importanza delle inferiorità organiche e, per quello che concerne l'ambiente, l'importanza dell'ordine di nascita. (...) Tale posizione fu compresa meno bene ai tempi di Adler di quanto non avvenga oggi, perché allora si riteneva che egli accentuasse troppo sia i fatti biologici che quelli ambientali, e spesso si criticava anche l'importanza attribuita a un terzo elemento: la creatività dell'individuo vista come variabile interveniente" (1997, pp. 222-223).

Mi sembra ancora importante ricordare la chiarezza e la perentorietà in senso cognitivo-costruttivistico e teleologico del pensiero definitivo del Nostro, limitandomi qui solo a citare alcune sue considerazioni tratte da *Il senso della vita*: "L'opinione che ogni essere umano ha di se stesso e del mondo che lo circonda può essere meglio dedotta dal senso che egli dà alla vita e alla propria vita in particolare. Da ciò può affiorare in modo comprensibile una dissonanza rispetto a un sentimento sociale ideale. Attribuiamo grande importanza all'acquisizione di qualche elemento sul senso della vita e siamo preparati ad avvertire modi individuali diversi di elaborare un tale senso. (...) Se esiste, almeno in parte, un senso della vita indipendente dalla soggettività, potremo rilevarne il contrasto con le elaborazioni personali che lo contraddicono" (Adler, 1933; tr. it: p. 15)[5]. In tale cornice, come ho ricordato nel capitolo settimo, non deve meravigliare che Bernard Shulman e Richard Watts, riprendendo alcu-

[5] Per Gian Giacomo Rovera coloro che nell'infanzia non hanno avuto una buona maturazione psicosociale attraverso un'equilibrata interazione fra sentimento di comunità e aspirazione al superamento/prestigio personale potranno andare incontro più facilmente a conflitti, traumi psicologici e psicopatologie serie. "La crisi dell'autostima dovuta all'insuccesso dell'immagine idealizzata del Sé (*finzione guida*), nello scontro con l'Altro e con la realtà, equivale ad un'esperienza di fallimento, in cui il coinvolgimento complessivo raggiunge un altissimo grado di intensità. L'individuo è costretto a elaborare degli *espedienti di salvaguardia* che cancelleranno, eviteranno, negheranno la sconfitta; diminuiranno o aboliranno l'angoscia di rivelare a se stesso e agli altri il 'tetro segreto della propria inadeguatezza'" (1999; cfr. ristampa, 2016, p. 68). Tale soggetto, per ridurre i conflitti intrapsichici, potrebbe sostituire la sconfitta, mascherando il disastro all'ideale del Sé, con la costruzione di autonarrazioni (autoinganni) e/o eteronarrazioni di false vittorie, di esami non superati per la cattiveria dei professori (spostamento/attribuzione di responsabilità all'esterno), ecc. Gli *espedienti di salvaguardia* adleriani, però, precisa Rovera, "non corrispondono ai meccanismi di difesa freudiani: dal momento che si presume che questi ultimi difendano l'individuo contro le pulsioni, mentre i primi lo salvaguarderebbero da una perdita reale o immaginaria dell'autostima e del prestigio, nel suo scontro con la realtà (interna ed esterna)" (*ibidem*).

ne considerazioni di Neimeyer, affermino: "Adlerian and Constructivist theories clearly share common groud regarding their epistemological root" (in «Journal of Cognitive Psychotherapy», 1997, p. 182). Ma tornerò ancora su questi temi.

E veniamo alla seconda questione relativa al tema della "natura umana": Anzitutto, esiste? E, se esiste, in cosa si sostanzia? E quale relazione ci può essere fra questa "natura", ritenuta esclusivamente nostra, il costrutto di "Sé creativo" e, più in generale, il tema della creatività del *Sapiens*? Pur senza alcuna pretesa di esaustività, per dare qualche risposta a tali interrogativi abbiamo ancora diversi passaggi da fare circa le origini e le caratteristiche qualitative e quantitative "speciali" della nostra cognizione, e questa sarà materia del prossimo paragrafo. Per ora mi limiterò a qualche breve cenno relativo al dibattito interdisciplinare sulla "natura umana", notando, peraltro, che nel nostro Paese, da qualche tempo, tale dibattito si è venuto assai intensificando; al punto che, due anni fa, la rivista "*MicroMega*" (*Almanacco della scienza*) ha chiamato a raccolta esperti nazionali e internazionali in campo etologico, neurologico, paleogenetico, paleolinguistico, archeologico-cognitivo, filosofico per contribuire ad un numero monografico dedicato proprio al tema del *Chi siamo?* (AA.VV., 2016).

È noto che la riflessione sulla "natura umana" è di antica data: se ne sono occupati, solo per citare alcuni fra i più eminenti studiosi del passato, Spinoza, Locke, Hobbes, Rousseau, Kant, Hegel, Marx, Nietzsche, Jonas; oltre, ovviamente, a Darwin e Wallace. Non dovrebbe sorprendere, dunque, che un tema estremamente complesso come questo abbia dato luogo a controversie infinite in ogni epoca; un tema che negli ultimi decenni, con l'ingresso sulla scena di nuove discipline "forti" (genetica, sociobiologia, primatologia, neuroscienze, ecc.), ha ulteriormente complessificato e reso cocente il dibattito (e ancora più aspre le controversie). Va infatti tenuto conto che la delicatezza della questione implica, come ha fatto notare Stiven Pinker, "che ogni ipotesi al riguardo venga sottoposta ad attento esame, che alle sue eventuali falle logiche ed empiriche venga dato il giusto rilievo come si fa con qualunque ipotesi scientifica. Ma la critica contro le nuove scienze della natura umana è andata ben oltre le usuali dispute fra studiosi ed è scivolata nella soperchieria, nella calunnia, nel travisamento intenzionale, nella manipolazione delle citazioni e, recentemente, nella diffamazione" (2006, *versione e-book, s. p.*).

Parole forti quelle di Pinker, che evidenziano anche l'inalterata centralità della tematica che sto trattando. E, in effetti, se il lettore vuole farsi un'idea più precisa delle dure controversie che attraversano questo campo, oltre all'importante lavoro del succitato autore, può prendere in esame l'andamento dell'asperrimo e ormai classico dibattito che ci fu nel 1971, a Eindhoven, fra Noam Chomsky e Michel Foucault, i cui atti, curati dagli stessi due protagonisti, sono disponibili nella nostra lingua in un bel volume del 2005. Basti qui per il momento l'ampia definizione di "natura umana" che Dario Maestripieri, dell'Università di Chicago – una delle massime autorità mondiali in campo primatologico e nello studio della mente e del comportamento umano –, ha recentemente fornito e su cui c'è un ampio accordo: "Il concetto di natura umana si riferisce all'idea secondo la quale esistono aspetti del funzionamento della mente e del comportamento umano che sono comuni a tutti (o quasi tutti) gli individui della nostra specie. La natura umana comprende caratteristiche psicologico-comportamentali sia generali sia specifiche. Tra le prime, si annoverano la capacità di formulare il pensiero conscio e astratto, la capacità di provare ed esprimere determinate emozioni, quella di apprendere e utilizzare il linguaggio, nonché la propensione a svolgere attività legate alla sopravvivenza, quali la sessualità, l'amicizia, la collaborazione, la competizione e la cura dei figli. Quanto alle seconde, si pensi a particolari predisposizioni percettive e cognitive, o a particolari tendenze comportamentali espresse da alcuni individui in determinate situazioni, come la reazione dei bambini che vengono separati dai genitori o l'eccitazione sessuale e il corteggiamento maschile in presenza di potenziali partner. Il concetto di natura umana si fonda sulla convinzione che questi caratteri psicologici e comportamentali comuni a tutti gli esseri umani siano almeno in parte determinati geneticamente e significativi dal punto di vista funzionale" (2016, pp. 152-153).

Riprenderò questa definizione più avanti, in quanto il contributo dell'Autore – la cui risposta alla domanda se la "natura umana" esiste o meno è "*un Sì forte e chiaro*" (*ibidem*) –, secondo Paolo Flores D'Arcais, "è un utilissimo indicatore per capire tentativi e limiti, risultati e contraddizioni, prospettive e ritardi, di una ricerca scientifica sulla morale, che insieme alla capacità cognitiva e alla coscienza, alla produzione di strumenti e al linguaggio (tutti ambiti nei quali lo studio scientifico ha accumulato interessantissimi risultati), costituisce la specificità inaudita dell'animale *H. sapiens* rispetto agli altri: la sua *natura*" (2016, p. 159). Un contributo che, peraltro, come ho già notato, ci aiuta a mettere a punto un quadro circostanziato del rapporto intercorrente fra il costrutto adleriano di "Sé creativo" (unitamente a quello di finzione e a quello più ampio di creatività/capacità innovativa in cui comunque il costrutto medesimo si inscrive) e quello di "natura umana". Di come, in ultima analisi, il costrutto adleriano, rappresentando a mio modo di vedere una significativa sintesi di tutte le qualità umane elencate da Maestripieri, possa forse proporsi, fra l'altro, come il miglior candidato a qualificare come "speciale" la natura del *Sapiens*; e, in tale prospettiva, possa anche essere considerato, in campo psicologico, la più geniale fra le varie, importanti anticipazioni del fondatore della Psicologia Individuale.

Prima di formulare più specifiche notazioni riguardo a questa mia ipotesi di lavoro, non posso tralasciare un pur breve cenno alle forti obiezioni che Henry Gee (2016) – attualmente *Senior editor* nel settore delle scienze biologiche per la rivista «Nature» – ha sollevato sia in merito all'esistenza di una specifica "natura umana", sia in merito ai presunti caratteri "eccezionali" e di progressivo perfezionamento che, secondo alcuni specialisti, *Homo* avrebbe fatto registrare nel corso del suo cammino evolutivo. In sostanza, il volume di Gee – che, sulla base di un ricco repertorio di indagini etologico/paleontologiche, nega l'esistenza di un "eccezionalità" umana (anche se non nega che in noi esista "qualcosa di speciale") – è un tentativo di sistemazione epistemologica della riflessione sull'idea di progresso e sulla nostra collocazione nel processo evolutivo della biosfera. Facendo leva su recenti analisi di fossili ominini (*H. floresiensis*) e su significative evidenze di laboratorio e di campo circa le condotte adattivamente intelligenti di varie specie di uccelli, pesci e mammiferi, egli arriva alla conclusione che "decidere quali caratteri degli organismi siano primitivi e quali avanzati è oggettivamente un compito difficile, soprattutto se non ci si stacca dalla convinzione che la selezione naturale abbia il compito di produrre gradi sempre più elevati di complessità e raffinatezza. Se una creatura può ottenere più compagni, più risorse, più vantaggi a breve termine semplicemente rinunciando a una delle strutture che possiede, lo farà senza alcun problema e lascerà che i posteri provvedano a loro stessi. (...) Le uniche testimonianze dirette del passato evolutivo ci vengono dai fossili. Ma i fossili sono muti. Siamo noi a raccontare la loro storia, al posto loro, e queste storie hanno sostanzialmente le stesse probabilità di rivelarci la realtà o al contrario di cullarci nei nostri pregiudizi. A peggiorare le cose, i fossili sono talmente scarsi che è incredibile come li possiamo usare per dire così tante cose – è probabile che tutto quello che riusciamo ad imparare dai fossili si riveli alla fine provvisorio, così come provvisorie sono le nostre interpretazioni degli stessi fossili" (*ibidem*, pp. 105-106).

Fatte queste precisazioni e messi in problema temi cruciali quali il ruolo del bipedismo, della specificità della cognizione, del linguaggio ecc., nell'evoluzione umana, Gee, attacca frontalmente, e un po' grossolanamente, l'attuale ricerca su uno dei temi cruciali nel campo delle neuroscienze, della paleoantropologia, della filosofia della mente: *la coscienza* (che egli preferisce chiamare autoconsapevolezza, in quanto tale termine si spiegherebbe da sé: abbiamo un senso del 'sé', dell'io, come se fossimo un'entità unica e coesiva che abita il corpo). L'attacco di Gee, in verità, è alla coscienza intesa come "centrale operativa" (o "teatro cartesiano"), perché non esisterebbe alcun centro direttivo della coscienza, basti pensare alla scoperta che una risposta motoria può attivarsi prima che il soggetto ne sia 'cosciente'. Seguendo Daniel Dennet, difatti, l'Autore precisa che "non c'è nessun teatro cartesiano, nessuna centrale operativa, nessun ponte di comando e nessun capitano. La sensazione della presenza dell'io è un'illusione, derivante dall'esistenza di una specie di radiocronaca mentale, un racconto a cose fatte su quanto è già è occorso nel cervello, montata in modo improvvisato dal confuso concorrere di più aree cerebrali diversissime, a proprio uso e beneficio, che il cervello accoglie come se fosse il messaggio di un'emittenza unitaria. Il cervello è facile da ingannare" (ivi, p. 280).

Significative, ma alquanto contraddittorie con le stesse asserzioni contenute nel volume, mi sembrano, infine, le conclusioni di Gee, soprattutto in relazione a quanto più avanti dirò circa il "Sé creativo" e il cosiddetto "istinto di narrare" (Gottshall, 2014). Dopo aver ricordato che circa 4 miliardi di anni fa l'emissione di grandi quantità di ossigeno (fotosintesi ossigenica) ha spinto la biosfera sull'orlo della scomparsa, egli afferma: "Siamo tra i discendenti di quelle terribili forze selettive, siamo tra i discendenti delle creature che riuscirono a sopravvivere a quell'assalto letale e a trarne vantaggio. *Questi scenari vengono qui esposti solo come storie – non possiamo fare diversamente. Esigono una vicenda da narrare, un'assegnazione di ruoli e una morale, anche se tutto si è svolto miliardi di anni fa e i protagonisti erano dei batteri. Le storie sono qualcosa senza cui noi umani non potremmo vivere. Alimentano le forme più comuni di conversazione e indirizzano le nostre più profonde speculazioni. Forse, quindi, è proprio la capacità di raccontare e apprezzare le storie a distinguere gli esseri umani dalla massa*. E tutti vissero felici e contenti. O no?" (Gee, 2016, p. 293; corsivo mio).

Ho già ampiamente illustrato in altre sedi (Varriale, 2014, 2015, 2016a) il quadro in cui sembra inscriversi l'improvviso "salto" bio-culturale, cognitivo-costruttivistico e comportamentale, che ha fatto del *Sapiens*, l'unica specie sopravvissuta fra i numerosi *ominini*[6] che hanno popolato la terra nel paleolitico. Un quadro su sfondo neoevoluzionistico, quello disegnato, in cui ho impiegato un modello esplicativo di matrice neurocognitiva e paleoantropologica che ho definito "*Teoria di Latenza e Innesco-Rivisitata*", che ritengo sia utile riassumere brevemente – anche per quanto dirò nel capitolo successivo, che chiude il volume – prima di dar conto dello stretto legame che, a mio modo di vedere, esiste fra la psicodinamica del "Sé creativo" e la nostra speciale natura.

3. *Il repentino "salto" cognitivo di* Homo sapiens*: il prodotto della coevoluzione geni-cultura*

> Gli scimpanzé possono far vedere ad altri scimpanzé come acchiappano le termiti (...) ma non migliorano la tecnica, non dicono 'facciamolo con un altro tipo di bastoncino'. Si limitano a fare ogni volta la stessa cosa. Gli esseri umani, invece, non hanno questo tipo di limiti. Anzi ogni giorno prendiamo le idee degli altri e le facciamo nostre, aggiun- gendo una modifica dopo l'altra fino ad arrivare a qualcosa di nuovo e e assai complesso. (...) Questi risultati nascono dalle intuizioni creative di intere generazioni di inventori.
>
> H. Pringle (2014), *Le origini della creatività*

Fra 6 e 7 milioni di anni fa – periodo cui si fa risalire l'ulti-

[6] La più recente letteratura preferisce indicare con questo nome la "tribù" (o sotto-sottofamiglia) che include *Homo sapiens* e tutte le forme esistite dopo la separazione dall'antenato comune con gli scimpanzé (genere *Pan*). Ominini, scimpanzé, bonobo e gorilla, unitamente agli oranghi (genere *Pongo*), formano la superfamiglia degli ominidi (*Hominidae*).

mo antenato in comune con lo scimpanzé (genere *Pan*) e i primi esemplari rappresentanti una nuova creatura con andatura bipede ancora incerta (forse *Sahelanthropus tchadensis* o *Orrorin tugenensis* o *Ardipithecus kadabba* o *Ardipithecus ramidus*, (Varriale, 2015) – prende avvio quel processo evolutivo che portò alla comparsa di *Homo sapiens* con i suoi speciali caratteri cognitivo-comportamentali, frutto di un processo coevolutivo geni-cultura (Cavalli Sforza, 2016) che non ha eguali in natura. In particolare, precisano Telmo Pievani e Francesco Suman, "un aspetto fondamentale che distingue le differenti specie umane vissute negli ultimi due milioni di anni dai loro cugini primati e da altre specie sociali di vertebrati consiste nella capacità di accumulare nel tempo i progressi e le innovazioni comportamentali, di trasmetterle attraverso meccanismi affidabili alle generazioni successive, le quali a loro volta le sfruttano senza doverle 'reinventare' da capo a ogni generazione. Questa capacità di apprendimento sociale transgenerazionale è stata definita *evoluzione culturale cumulativa*" (2016, p. 64; cfr. anche Tattersall, 2013; Tomasello, 2009, 2010).

Certo, nella letteratura specialistica più recente sembra che ogni studioso finisca per aderire a qualche "partito", enfatizzando il ruolo svolto da una particolare variabile neuropsicologica e/o comportamentale del nostro processo evolutivo (il linguaggio articolato o le capacità simboliche o la creatività-capacità di innovazione tecnologica o la capacità di cooperare/empatizzare o la plasticità fenotipica del cervello umano e quant'altro), ma credo che oggi nessuno di questi specialisti si sentirebbe di negare il ruolo cruciale svolto da quella che Michael Tomasello e altri autori hanno chiamato *evoluzione culturale cumulativa* (e, su più larga scala, di allontanarsi dalla prospettiva teorica che oggi viene definita *Sintesi neodarwiniana estesa*). Riprenderemo ancora la questione; per ora torniamo alla *Teoria di Latenza e Innesco-Rivisitata*.

Il riferimento pressoché esclusivo che intendo fare ai fattori esplicativi del "salto" cognitivo del *Sapiens*, non deve far dimenticare che quel "salto" di circa 200 mila anni fa fu l'esito di molteplici, pregressi "incidenti" o "esperimenti" evoluzionistici prodottisi nell'arco di 6-7 milioni di anni; della convergenza e dell'intreccio di eventi ambientali del tutto casuali e di vincoli biologico-naturali; fu l'esito di un processo che Jaques Monod (1971) definì come "*il caso e la necessità*" (un processo, cioè, privo di un disegno del tutto e di uno scopo). Fra questi eventi "casuali", forse il più significativo fu la comparsa, nell'Africa orientale subsahariana, della savana; la quale lentamente soppiantò, con areali aperti e secchi, l'intricato habitat caldo-umido della foresta. Una comparsa causata dall'innalzamento, 20-25 milioni di anni fa, di una lunga barriera di alture ripide, anche a carattere vulcanico (che finì per ostacolare l'arrivo delle correnti umide provenienti dall'Oceano Atlantico) e dal prodursi di un'ampia depressione: la *Great Rift Valley*. Due fenomeni, questi, prodottisi a seguito dei movimenti tettonici della Placca Oceanica Indiana.

A questo nuovo ambiente, assai più pericoloso e competitivo della foresta pluviale, i primati rimasti a oriente della *Rift Valley* dovettero progressivamente adattarsi, convivendo con numerose e primordiali specie ominine, sempre più terricole e con andatura bipede (ancora di tipo *facoltativo*): gli *Ardipitechi*, gli *Australopitechi* e i *Parantropi*. Da questi nostri ancestrali antenati, per un mix di complessi eventi genetico-morfologici e geo-climatici, intorno a 2 milioni di anni fa, ebbe origine il genere *Homo*, con postura eretta, andatura bipede (ormai *obbligatoria*[7]) e cervello in espansione; un genere capace di control-

[7] Col passare dei millenni, si erano infatti prodotti, per via genetica e per cooptazione funzionale (o *exaptation*; vedi oltre), quegli adattamenti morfologici e cognitivo-comportamentali alla savana – ristrutturazione dell'apparato scheletrico, linguaggio articolato e simbolico, espansione della massa cerebrale e rinnovata articolazione del cablaggio neuronale (De Salle, Tattersall, 2013), più intensa e complessa vita cooperativa di gruppo, ecc. – che segnarono l'inizio dell'affermazione di *Homo*.

lare sempre meglio il nuovo habitat e di superare con intelligenza le sfide per la sopravvivenza nella savana – anzitutto le sfide con i superspecializzati nella predazione (leoni, ghepardi, iene, ecc.) – che quotidianamente e per molte centinaia di migliaia di anni investirono l'individuo e il suo gruppo di appartenenza (Varriale, 2015).

È appena il caso di ricordare che questa stringata descrizione del nostro cammino evolutivo non riesce a dar conto dei numerosissimi e complicati passaggi ("incidenti" o "esperimenti" più o meno casuali) genetici, cognitivo-comportamentali e culturali che ci hanno fatto diventare quello che siamo. In particolare, non riesce a dar conto di un processo evolutivo che *non* è stato un lineare e inevitabile avanzamento dalle forme più arcaiche e scimmiesche alle leopardiane "magnifiche sorti e progressive" di *H. sapiens*: un susseguirsi di cinque o sei prototipi, da uno stato iniziale di imperfezione, da primate peloso e quadrupede, a quello finale e perfetto del *Sapiens*, totalmente eretto, super-intelligente e senza peli; immagine frequentemente veicolata da una certa vignettistica a carattere umoristico-divulgativo e molto approssimativa. Le cose sono assai più complicate.

Al riguardo, *en passant*, segnalo che alla suddetta vecchia concezione dell'esistenza di un'unica linea evolutiva del *Sapiens* si è venuto sostituendo il paradigma del "*percorso arborizzato*" (o del "*cespuglio*") che caratterizza anche la nostra specie (Pievani, 2011, 2009; Tattersall, 2013). Un paradigma che postula una varietà di forme arcaiche di *Homo* (*Habilis, Erectus/Ergaster, Heidelbergensis, Neanderthal, Denisoviano,* ecc.) fino a quella "moderna" di *Sapiens*. Forme (almeno sette, cui, forse, andrebbe aggiunta anche la recentissima scoperta in Sudafrica di *Homo naledi*, la cui ultima datazione farebbe risalire il *record* a 335-226.000 anni fa [8]) che si sarebbero sì succedute nel tempo,

[8] Per le prime scoperte del *record*, rinvio all'ampio servizio di *National Geografic*, vol. 36, n. 4, ottobre 2015 e ai lavori del paleoantropologo italiano Damiano Marchi (2016a, 2016b) che ha fatto parte del gruppo di ricerca di Lee

ma che hanno spesso convissuto, anche per periodi piuttosto lunghi, negli stessi territori, influenzandosi reciprocamente. Ad esempio, è stato accertato che sulle sponde del fiume Awash e del lago Yardy, nella vallata del Medio Awash (penisola etiopica di Bouri), nell'arco di circa tre milioni di anni, hanno convissuto diverse specie ominine, appartenenti ad almeno a tre generi: *Ardipithecus ramidus*, *Australopithecus afarensis*, *Homo* (Varriale, 2015, pp. 78 e sgg.). È in tale contesto di forme variegate che la selezione naturale ha operato, consegnandoci, alla fine, improvvisamente (o quasi), l'unico sopravvissuto: voi, me e altri miliardi di individui che in qualsiasi parte del pianeta saprebbero dire cos'è l'oggetto che hanno in questo momento davanti agli occhi. Senza contare che le cose sarebbero potute andare anche molto diversamente: secondo gli studiosi del settore, se potessimo di nuovo mandare indietro il film del nostro processo evolutivo, per la complessità e numerosità delle variabili in gioco in tale processo, non ci sarebbe alcuna garanzia che il prodotto finale di tale lungo processo saremmo proprio noi (Manzi, 2013).

Comunque, alla fine della fiera, il *Sapiens* si affermò grazie alla sua variabilità-versatilità, all'adattabilità a contesti eterogenei, alla plasticità, all'apprendimento sociale, alla straordinaria diversità, creatività culturale e capacità di trasmetterla. "Tutti, a modo loro, adattamenti bioculturali, imparentati con la plasticità dell'intelligenza sociale che si nota anche in altri primati" (Pievani, 2014b, p. 195). Ho recentemente dedicato a tale irriducibile complessità un corposo volume (*La conquista della mente moderna. Lo sviluppo neuro-cognitivo umano dal bipede arram-*

Berger. Con riguardo all'ultima datazione del 2017, fatta sui nuovi ritrovamenti nella camera di Lesedi e fissata a 336-226.000 anni fa, va notato che, come ha dichiarato Lee Berger, confermerebbe che *Homo naledi* ha convissuto in Sudafrica con "moderni umani" nella fase conclusiva del pleistocene medio (cfr. Iori, 2017). Un'evidenza, questa, che, se confermata, aggiungerebbe un altro, importante tassello al modello dell'evoluzione arborizzata (a "cespuglio") anche della nostra specie.

picatore al bipede pensante) (Varriale, 2015) cui rinvio il lettore che volesse saperne di più. Un volume, dotato anche di un ricco apparato iconografico, il cui tema cruciale è l'analisi critica della teoria di *Latenza e innesco*, esplicativa dei processi basici del nostro vincente adattamento, e cui di seguito dedicherò un breve resoconto, soprattutto in funzione degli spunti di riflessione che essa suggerisce con riguardo ai fondamenti evoluzionistici e costruttivistici del modello personologico-clinico adleriano, in particolare con riguardo alla successiva analisi comparativa fra i costrutti di "Sé creativo" e di "natura umana" (cfr. anche Varriale, 2014, 2016a; Varriale, Rotondo, 2011a).

La comparsa del *Sapiens*, con le sue innovative capacità di capire l'ambiente e di agire su di esso, fu il frutto della confluenza di diverse nuove configurazioni genetico-morfologiche, di ristrutturazioni-specializzazioni neurologiche[9], avvenute anche attraverso riadattamenti a nuove funzioni di pregresse strutture corporee, cerebrali, psicologiche. Fu "una sorta di sintesi, di quadratura del cerchio. In tutta questa storia, con ogni probabilità, hanno avuto un ruolo importante i meccanismi complessi dell'evoluzione che vanno al di là della sola selezione naturale: fra essi, il fenomeno già noto dell'*exaptation*[10] (cooptazione per nuove funzioni di caratteri già acquisiti)" (Manzi, 2013, p. 357).

[9] Dal punto di vista morfologico e neurologico probabilmente giocarono un ruolo cruciale sia le modifiche dell'apparato fonatorio (abbassamento del *foramen magnum*, della laringe, ecc.), legate alla posizione eretta con bipedismo *obbligatorio*, che permisero un linguaggio molto più articolato (De Salle, Tattersall, 2013), sia le modifiche di alcune aree cerebrali (nel tronco encefalico e nella neocorteccia cerebrale posteriore), che agirono da propulsori nello sviluppo della coscienza.

[10] Il concetto (dal latino *ex aptus*, cioè utile a partire da) si riferisce all'acquisizione di innovazioni da precedenti funzioni morfologiche e psicologiche. Ad esempio, le penne degli uccelli, in origine acquisite come copertura per trattenere il calore e/o come ornamento, sono diventate poi un apparato finalizzato anche volo.

Una confluenza, insomma, che più precisamente deriva da due diversi tipi di ereditarietà alla base di nuove strutture psico-fisiche e sociali: l'ereditarietà genetica e l'ereditarietà culturale. L'interazione di questi due sistemi di ereditarietà viene oggi definita *coevoluzione geni-cultura*. Fra i casi più studiati di interazione tra tali sistemi vi è la diffusione degli alleli responsabili della digestione del lattosio negli adulti. Varie ricerche genetiche hanno infatti dimostrato che "la diffusione di prodotti caseari tra gli agricoltori e allevatori europei di circa 7000 anni fa ha preceduto la fissazione degli alleli responsabili della digestione del lattosio in età adulta. Ciò significa che una pratica culturale, tramandata da generazioni per insegnamento e apprendimento, ha modificato la nicchia ecologica e sociale generando pressioni selettive favorevoli alla diffusione di una determinata variante genetica. Si tratta di un caso tipico di ciò che viene definita *costruzione culturale di nicchia*" (Pievani, Suman, 2016, p. 67 cfr. anche Cavalli Sforza, 2016, pp. 25-32).

Così, circa la comparsa del *Sapiens* in un breve lasso di tempo, intorno ai 200 mila anni fa (assai poco rispetto ai 6-7 milioni di anni dalla separazione dall'antenato comune con lo scimpanzé), dovette verificarsi un rapido concorso interattivo di vari *precursori naturali* e forti potenziamenti in alcuni basici sistemi neuronali e processi cognitivo-comportamentali (su base genetica) e nei bacini culturali: in particolare, in quelli connessi alle funzioni esecutive corticali e alla memoria di lavoro (*intelligenza fluida*), al linguaggio articolato, alla produzione simbolica, alle condotte prosociali e di reciprocità (cooperazione, spartizione di cibi, accudimento della prole, consolazione dello sconfitto, risoluzione di conflitti, ecc.).

Come spiegare tutto ciò? Una delle teorie più accreditate in merito è proprio quella definita di *Latenza e Innesco* (Jerison, 2000, 2007; Toulmin, 1972; cfr. in particolare Pievani, 2013, pp. 12-15). Schematicamente, questa teoria, partendo dalla cornice concettuale gouldiana dell'evoluzione per "*equilibri punteggiati*", afferma che dopo un lungo periodo di trasformazioni genetiche, anatomiche, cognitive e socioculturali (*FATTORI DI LATENZA*), in qualche piccola comunità di *Sapiens* europei (o Cro-Magnon) si sarebbe verificato, intorno ai 40-35 mila anni fa (nel Paleolitico superiore), un processo di ulteriore, repentina riorganizzazione neuronale e cognitivo-comportamentale. Più precisamente, anche in seguito delle pressioni ambientali interglaciali, si sarebbe verificato un processo *coevolutivo*, di *accelerazione reciproca*, fra tre fattori neuropsicologici cruciali: il *linguaggio articolato* (l'emissione di suoni più modulati, con una più ricca sintassi e un simbolismo che permettono una migliore comunicazione e una più precisa analisi e memorizzazione dei significati), l'*autocoscienza* (la capacità introspettiva, simbolica e immaginativa, in connessione con lo sviluppo di più efficienti ed efficaci funzioni esecutive e mnestiche, particolarmente quelle corticali-prefrontali), l'*intersoggettività* (la reciprocità e l'attenzione cosciente, condivisa con i conspecifici; la ricorsività e la capacità metacognitiva di costruire *modelli mentali* e più raffinate *Teorie della mente*, la disponibilità a cooperare e a condividere emotivamente; l'"autoaddomesticazione" attraverso processi educativi, la trasmissione culturale intergenerazionale). Una triade, questa, caratterizzata da un'intensa *interdipendenza funzionale* e *co-accelerativa* e che al raggiungimento di un'elevata soglia di adattatività (di *fitness*), in brevissimo tempo, avrebbe *INNESCATO* un'ulteriore, inarrestabile progressione nel controllo-modifica dell'ambiente e nello sviluppo socio-culturale della nostra specie (FIGURA 1; cfr, anche ALLEGATO 1)[11].

[11] Per un'ampia disamina critica dei suddetti tre fattori d'innesco e del loro processo di covariazione, di accelerazione reciproca, si veda Varriale, 2015, pp. 183-203. In particolare, per ciò che riguarda il ruolo cruciale giocato dallo sviluppo del linguaggio articolato (origini, funzioni, eccetera) e di alcuni assai significativi e recenti sviluppi teorici in chiave evoluzionistica, rinvio agli importanti lavori di Telmo Pievani (2004, 2012, 2014, di Michael Tomasello (2009, 2010) e Andrea Moro (2014); cfr. anche Johnson-Laird, 1988.

Prima di procedere oltre, voglio però precisare che se tale ipotesi esplicativa mi convince molto nell'articolazione processuale che avrebbe reso possibile il nostro "*salto*" cognitivo-comportamentale, non mi convince invece nella collocazione geografica e temporale del "*salto*" medesimo. Come diversi altri autori, anche i propugnatori di questa teoria, infatti, individuano due forme di *Sapiens*: quello cognitivamente "*arcaico*", che evolse in Africa a partire da 200.000 anni fa (Paleolitico medio) e quello "*moderno*" (il *Cro-Magnon*), partito dall'Africa intorno ai 60.000 anni fa e insediatosi in Europa nel Paleolitico superiore, fra i 40 e i 35 mila anni fa (*out of Africa 3*); continente, quest'ultimo, dove le sue capacità intellettivo-adattative avrebbero espresso tutto il loro potenziale creativo-innovativo e di cui le magnifiche produzioni pittoriche rupestri delle Grotte di Lascaux, Chauvet, Altamira, ecc., sarebbero la più tangibile espressione (Varriale, 2015).

In effetti, diverse, recenti evidenze empiriche di carattere paleoantropologico (la scoperta in siti sudafricani, ad esempio a Pinnacle Point Cave, e in altri siti, di reperti fossili e litici che indicano una modernità cognitiva già presente nel *Sapiens* di oltre 100.000 anni fa; cioè nel Paleolitico medio)[12] e genetiche (la variante nel DNA mitocondriale L_3, indicata fra gli altri da Luigi Luca Cavalli Sforza (2016) come già presente in popolazioni sudafricane 60-70 mila anni fa, e oggi presente in tutte le popolazioni terrestri[13]) sembrano indebolire significativamente

[12] I siti sudafricani di Pinnacle Point, Blombos, Sibudu e di diversi altri ancora dimostrano inequivocabilmente che la capacità di pianificare e realizzare complessi strumenti litici e di diverso materiale, con l'impiego di composite tecnologie del fuoco, oltre che varie prime rappresentazioni simboliche (caverna di Blombos), erano già presenti prima di 100.000 anni fa e non certo in Europa o in altri luoghi del pianeta dove *Homo Sapiens* non era ancora arrivato (D'Errico, 2016; Marean, 2014; Shea, 2014); per una visione completa della tematica si veda anche Varriale, 2015, pp. 157-175.

[13] Dunque, prima che i *Sapiens* partissero dall'Africa per l'*ondata finale*, probabilmente gli umani erano in possesso del "pacchetto modernità" (Pieva-

l'idea, assai dura a morire, dell'esistenza di due tipi di *Sapiens*: appunto, quello cognitivamente "arcaico" (in Africa), nel paleolitico medio, con ridotte capacità simbolico-espressive e di produzione tecnologica, e quello cognitivamente "moderno", il *Cro-Magnon* (il *Sapiens* stanziatosi in Europa dai 40-35 mila fa anni in su, nel Paleolitico superiore), con capacità simboliche e creatività tecnologica notevoli, emerse improvvisamente e solo nel nostro continente. In effetti, scavando in diversi siti sudafricani (grotte di Pinnacle Point, Blombos, Border), Francesco D'Errico (paleontologo, direttore di ricerca presso il Centre National de la Recherche Scientifique di Bordeaux), Curtis Marean (della School of Human Evolution and Social Change, Arizona State University), John Shea (della Stony Brook University e research associate al Turkana Basin Institute in Kenya) e altri, sembrano giungere a conclusioni ben diverse, da me condivise ed ampiamente illustrate recentemente, in altra sede (Varriale, 2015): *con molta probabilità nei suddetti siti sudafricani, fra 100 e 60 mila anni fa, dunque ben prima che in Europa, era già stato raggiunto un alto livello di raffinatezza socio-cognitiva, comunicazionale e tecnologica*; era già attivo quel "pacchetto modernità", di cui parla Telmo Pievani (2016). Secondo D'Errico, "il grado di creatività che ha consentito l'affermarsi del nuovo sistema culturale era senza dubbio elevato e basato su continue sperimentazioni e su una pedagogia moderna" (2016, p. 58; cfr. anche Pievani, 2012). Considerazioni queste che riprenderemo ancora più avanti, sempre in relazione ai temi del rapporto "Sé creativo" e "natura umana".

Tornando al suddetto processo di *Latenza e Innesco*, gli specialisti dei vari settori di ricerca ipotizzano che sia stato questo circuito di accelerazione reciproca (FIGURA 1), di coevoluzione geni-cultura (Cavalli Sforza, 2016), fra i tre fattori, con un ruolo di particolare rilievo svolto dalle capacità cooperative, dal-

ni, 2016; Pievani, Suman, 2016), di cui il linguaggio articolato e simbolico doveva essere stato parte importante.

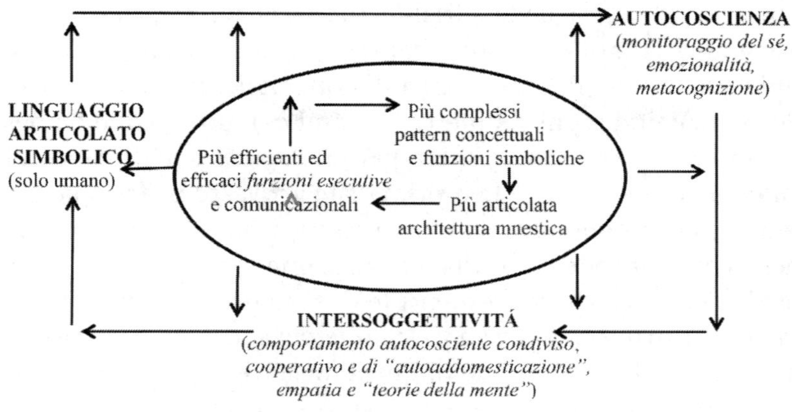

FIGURA 1. *Il processo di covariazione (di accelerazione reciproca) e di interdipendenza funzionale, su base bio-culturale, dei tre fattori neuropsicologici innescanti la creatività/innovazione tecnologica.*

la creatività e dal linguaggio articolato e simbolico, a determinare l'emersione della specie *Homo sapiens*. Come ha notato Telmo Pievani, tale coevoluzione spinta fra geni e cultura "si basa sull'assunto che le specie, soprattutto quelle sociali, modificano e 'costruiscono' le nicchie ecologiche in cui sono immerse. Le popolazioni biologiche non si limitano cioè a subire passivamente una sequenza di problemi preesistenti, posti dall'ambiente, atomizzati, ma modificano attivamente (con il metabolismo, la ricerca di cibo, la costruzione di ripari, gli spostamenti) i parametri ecologici esterni e con essi il quadro delle pressioni selettive che poi retroagiranno su di loro. (...) Da questo punto di vista, il frangente storico dell'emergenza dell'intelligenza simbolica completa – in cui geni e cultura si intrecciano e si trasformano a vicenda – è il punto di contatto saliente fra ecologia, biologia e linguaggio" (2014b, pp. 211-212). Insomma, senza questo intreccio sarebbe stato davvero impossibile produrre una complessa trappola per pesci, una tagliente, leggera e resistente lamella litica immanicata nel legno per farne un'ascia o una punta di freccia (lamella ottenuta dai *Sapiens* di Pinnacle

Point, in Sudafrica, da una friabile roccia, la *silcrete*, che, cotta a 350 gradi e lentamente raffreddata si induriva e acquistava il suo tipico colore ocra), una collana di conchiglie, una placca ocra decorata con disegni geometrici (Blombos), un arpione da pesca in avorio, ecc. Ottenere ciò per un *Sapiens* sudafricano del Paleolitico medio, cioè ben prima che arrivasse in Europa, sarebbe stato impossibile se non avesse già posseduto moderne neurostrutture adeguate alla realizzazione di un progetto complesso, conoscenze concernenti le diverse proprietà fisico-chimiche dei materiali occorrenti, competenze tecnico-processuali necessarie alla costruzione di quegli oggetti, capacità comunicazionali volte a ricevere e/o trasmettere tale *know-how*.

Ripeto, a mio giudizio, questo *Sapiens* doveva essere già in grado, molto probabilmente fra i 100 e 60 mila anni fa e in Africa (D'Errico, 2016; Marean, 2007, 2014; Shea, 2014; Vanhaeren *et al.*, 2013, Varriale, 2015), di ricordare complesse procedure per costruire i manufatti (assemblando nella mente le rappresentazioni delle varie strutture funzionali dell'oggetto, le caratteristiche fisico-chimiche dei materiali da impiegare, le variegate modalità d'uso del fuoco, gli strumenti da utilizzare per costruire l'oggetto), doveva anche sapere dove reperire i materiali occorrenti, oltre che avere ben chiaro come evitare di essere predato nella savana. Avrebbe dovuto, cioè, attivare reti e sistemi neuronali sempre più complessi, specializzati e integrati in grado di rievocare conoscenze pregresse (*memoria retrospettiva*), capacità autoriflessive, automotivanti e ruminative circa l'intenzione di agire (*memoria prospettica*) – magari confrontandosi verbalmente con altri individui più anziani e con qualche esperienza e conoscenza tecnologica in più –, nonché *funzioni esecutive* (attentive, pianificatorie, ecc.) adeguate al compito.

Così, ottenuto il manufatto con fatica e correndo rischi, quell'individuo (o quel gruppo) potrebbe essere stato rinforzato nel suo impegno creativo e nella sua motivazione ad agire dall'aver raggiunto con successo l'obiettivo programmato e dall'aver ottenuto premi appaganti sia in termini materiali sia in termini di autostima/autoefficacia: le lamelle che tagliano davvero bene, la trappola che fornisce molti pesci, la placca ocra d'argilla decorata, la statuina che gratifica il bisogno estetico e quant'altro. Tutto ciò, comportando un miglioramento delle prestazioni intellettuali, tecnologiche e della qualità di vita personale e di gruppo, potrebbe aver incrementato il suo prestigio sociale (e/o il potere), la sua intraprendenza, seduttività e spirito di emulazione, particolarmente fra i giovani membri del clan. Adlerianamente parlando, ciò potrebbe aver molto gratificato e rinforzato le sue, soggettive istanze di "*Aspirazione al superamento*" (di elevazione dal *minus* al *plus*) e il suo "*Sentimento di comunità*".

Non mi resta che ribadire ancora che, tuttavia, nella nostra specie – l'unica dotata di una superiore forma di autocoscienza, di un linguaggio articolato e con una complessa sintassi –, di solito, nessun individuo è in grado di sviluppare da solo una conoscenza tecnologica avanzata; si tratti, appunto, di produrre una lamella litica di *silcrete* risalente a 123 mila anni fa, di una trappola per pesci di qualche decina di migliaia di anni fa o di uno Shuttle dei nostri giorni. Al riguardo Michael Tomasello (2009, 2010) ha parlato di *effetto dente d'arresto*: come quest'ultimo impedisce ad una ruota dentata di tornare indietro, analogamente la cultura umana non torna indietro, non parte ogni volta da zero. Ciò, nota Pringle, implica, in primo luogo, "(...) la capacità di trasmettere conoscenze da un individuo all'altro, o da una generazione a quella successiva, finché qualcuno non trova un'idea di miglioramento" (2014, p. 88; cfr. anche Cavalli Sforza, 2016, pp. 10-12).

Dunque, dicevo, una rivisitazione critica della teoria di *LATENZA E INNESCO*, ancorché molto sintetica, quella che ho sin qui delineato[14], che mi ha condotto a disegnare un modello in-

[14] Rinvio il lettore interessato ad un'esposizione più articolata (anche attraverso ulteriori grafici esemplificativi) di tale teoria rivisitata al mio volume *La conquista della mente moderna* (2015, pp. 155 e sgg.).

terpretativo più articolato e "gradualista" del "*salto*" cognitivo dal *Sapiens* e che considera quest'ultimo come il risultato di una lenta convergenza di *FATTORI LONTANI DI LATENZA* (anche genetici, a partire da 2,5 milioni anni fa) e di *FATTORI PROSSIMALI DI LATENZA* (operanti tra i 500 e 200 mila anni) che ha dato il via all'*INNESCO* 'improvviso' della nostro modo di essere, già a partire da circa 200 mila anni fa (nel paleolitico-medio). Tutto ciò avveniva in Africa, sotto la pressione di intensissime variazioni geo-climatiche (quelle che i paleoclimatologi definiscono *MIS - Marine Isotope Stage*[15]), di un'espansione neuro-cognitiva e di una potente spinta cognitivo-comportamentale e creativa all'innovazione, senza la quale avremmo corso il serio rischio di estinguerci[16]. Da questo momento, *step by step*, cumulando caratteri fenotipici (genetici e storico-culturali) e in modo sempre più accelerato, tale processo ci ha fatto diventare quelli che siamo: oltre che un animale creativo, anche un animale "bipolare" (come del resto sono "bipolari" gli altri primati antropomorfi, nostri cugini stretti), produttore indefesso e raffinato di orrore e di bellezza, di aggressività e spietatezza, ma anche solidale, compassionevole e capace di riconciliazione (Chiodi, 2015); una creatività bipolare, la nostra, va anche sottolineato, senza la quale difficilmente saremmo potuti sopravvivere alle insidie della savana[17] (per maggiori dettagli cfr. ALLEGATO 1, a fine capitolo).

[15] Vale ricordare che la fase *MIS* VI è stata caratterizzata da una notevole espansione dei ghiacciai nel nord del mondo e un fortissima aridità in Africa, proprio nei territori in cui da poco era comparsa la nostra specie (Pievani, 2012).

[16] Abbiamo corso davvero il rischio di estinzione (secondo gli specialisti solo qualche decina di migliaia di *Sapiens* sarebbero sopravvissuti a tale sconvolgimento climatico), se non fosse stato per le nostre straordinarie capacità di movimento e la nostra plasticità neuro-cognitiva e cultural-tecnologica capace di sfruttare creativamente nuove nicchie ecologiche, come quelle offerte da alcune grotte di Mossel Bay, non lontane dal mare; ad esempio, quella di Pinnacle Point Cave (PP13B) in Sudafrica (cfr. Varriale, 2015, pp. 137 e sgg.).

[17] Per un'ampia trattazione su questo tema cfr. Varriale, 2015, pp. 215 e sgg.

4. *Creatività, costruttivismo cognitivo, natura umana*

> Io considero la cognizione umana un varietà della cognizione animale. Non è chiaro nemmeno in che modo sia speciale la nostra cognizione rispetto a una cognizione distribuita su otto arti mobili indipendenti, ognuno dei quali dotato di un proprio apparato neurale, o a una cognizione che permette a un organismo volante di catturare prede mobili captando gli echi dei propri gridi.
>
> F. de Wall (2016), *Siamo così intelligenti da capire l'intelligenza degli animali?*

"Sé creativo", "potere creativo", "lotta creativa", "forza creatrice"... Alludeva Alfred Adler anche alla più generale capacità creativa/d'innovazione come potente motore che caratterizzerebbe la natura umana? Non è facile dare una risposta netta a questa domanda; è però probabile che Adler avesse già intuito, avendo assimilato la lezione darwiniana (Varriale, 2015, 2016a; si veda anche il prossimo capitolo), l'esistenza di un generale e potente fattore cognitivo-costruttivistico che, su base evoluzionistica – oltre a contrassegnare unitariamente la soggettività, l'idiograficità insita nel movimento alimentante lo stile di vita, pilastro centrale del suo impianto dinamico-personologico –, filogeneticamente e ontogeneticamente, potesse caratterizzare in modo particolare la nostra specie. Ci torneremo più avanti. Per ora voglio riprendere le incertezze manifestate dal grande primatologo Frans de Wall nell'epigrafe posta ad apertura del presente paragrafo, ma anche le obiezioni formulate da Henry Gee e brevemente illustrate in apertura. Alla luce delle più recenti evidenze paleoantropologiche e neuropsicologiche e sulla base delle riflessioni sviluppate nel paragrafo precedente, ritengo che qualche elemento conoscitivo in più sul modo in cui potrebbe essere "speciale" la nostra cognizione è possibile presentarlo.

È noto che ogni specie animale (ma anche ogni forma vegetale) sviluppa una sua strategia adattativa cognitivo-comportamentale e se tale strategia le permette di sopravvivere e riprodursi efficacemente nella nicchia ecologica di riferimento ciò significa che la nostra specie non ha nulla di "eccezionale"; e sin qui ci siamo. Ma c'è qualche aspetto della cognizione umana, quando quest'ultima viene comparata ai vincoli biologici e alle relative rigidità cognitivo-comportamentali delle altre creature viventi, che forse ci può autorizzare almeno a parlare di un carattere "speciale" della cognizione del *Sapiens* e, pertanto, anche della "natura umana". Se, infatti, dovessi indicare un concetto chiave da legare a tale nostra particolarità, direi che è quello di *creatività narrazionale*; un tipo di creatività posseduta dalla nostra specie in un grado davvero straordinario e in tutti i sensi. Un concetto chiave, questo, cui, per i processi coevolutivi biologia-cultura e gli assunti neuro-psicologici della *Teoria di Latenza e innesco* esaminati in precedenza, vanno associati diversi altri concetti che caratterizzano il *Sapiens*: plasticità neuro-connettiva, variabilità individuale, di gruppo e di nicchie ecoculturali, socialità, mobilità, divergenza/devianza, capacità linguistico-simbolica, di cooperare, di empatizzare e di trasmettere accuratamente informazioni, di narrare (e narrarsi) storie. È vero, non tutti questi concetti riguardano esclusivamente gli umani, ma la fenomenale potenza creativa del *Sapiens* e quella di trasmettere le proprie creazioni, amplificandole, *certamente sì*.

È vero che anche gli scimpanzé sanno produrre e adoperare con perizia diversi strumenti, ancorché piuttosto rudimentali e scarsamente innovativi, hanno una vita sociale e morale piuttosto complessa (DeWaal, 1996, 2013, 2016; Tattersall, 2014; Tomasello, 2009) anche le zebre, gli elefanti e tanti altri animali della savana hanno una notevole mobilità, ancorché ripetitivamente bioprogrammata; persino le piante, che sono sèssili, cioè bloccate al suolo, si proteggono dalle aggressioni (ad esempio, si difendono dall'attacco degli insetti producendo acido jasmonico, che rende indigeribile la fibra). Tuttavia, è proprio quel così alto "grado" di specialità cognitivo-narrazionale che è propria della nostra natura e cui alludevo sopra, che ci sgancia fortemente dai vincoli biologici e territoriali, ci apre plasticamente e creativamente all'esperienza, facendo della nostra specie l'animale storico-culturale che siamo. Facendo di *H. sapiens* la specie "narratrice" e "camminatrice", autoconsapevole, comunicatrice per eccellenza, non bloccata in un unico, specifico habitat, ma che ha popolato tutto il globo terrestre, qualsiasi siano le condizioni dell'ambiente d'insediamento: dalle torride pianure o dai deserti dell'Africa o dell'Australia, alle foreste caldo-umide dell'America o dell'Oceania, agli altipiani himalaiani del Tibet, alle distese ghiacciate del Polo nord. Peraltro, come ha scritto recentemente Francesco D'Errico, "l'avvento di un alto grado di creatività nel genere *Homo* non è il risultato dell'improvviso emergere di una stirpe di geni. La nostra creatività è invece il risultato di un lungo processo nel corso del quale popolazioni umane di dimensioni diverse, con storie culturali diverse, che hanno vissuto in ambienti diversi e mutevoli, hanno lottato per trovare un equilibrio tra adesione a norme culturali, devianza creativa e accettazione delle innovazioni da esse scaturite. La storia delle origini della creatività deve ancora essere scritta, ma si tratta di un'impresa che adesso è alla nostra portata. Si tratta di documentare, in diverse regioni del pianeta, la comparsa, il mantenimento, la perdita di innovazioni culturali e verificare con tecniche di modellizzazione adeguate in che misura questi fenomeni siano coincisi con la conservazione, l'espansione o la contrazione di nicchie ecoculturali" (2016, p. 59).

Per ovvie ragioni, non posso dare qui maggiore spazio al dibattito sul tema complesso della nostra creatività, su cui le discussioni fervono più accese che mai, anche alla luce di nuovi contributi storiografici, neuropsicologici, paleoantropologici; voglio solo ricordare che, fra i tanti aspetti di grande interesse concernenti il tema in oggetto, uno dei più innovativi e promettenti è quello del rapporto creatività-devianza, affrontato ancora da Francesco D'Errico (2016), e società arcaiche "rilassate" che hanno avuto norme deboli e un'elevata tolleranza verso la devianza. Alla luce di tale distinzione, ha notato l'Autore medesimo, sarà forse più facile dar conto dell'emergere della creatività nel corso della storia della specie umana molto più di quanto fino ad oggi non si sia riusciti a fare considerando la creatività soltanto un'abilità individuale intorno a cui è necessario focalizzare le "cause" genetico-anatomiche per poi spiegarle in termini adattativi.

In una tale prospettiva, per quanto interessante sotto molteplici aspetti, tuttavia, ritengo che nell'analisi dello sviluppo delle nostre capacità creative non si debbano sottostimare i fattori psicodinamici (soggettivi e intersoggettivi), motivazionali, che probabilmente fin dalle origini hanno caratterizzato i processi mentali e comportamentali dell'individuo – in particolare quelli cooperativi, di trasmissione delle conoscenze e di costruzione/creazione finzionale di narrative di ogni genere – volti a superare i tanti, drammatici problemi che i *Sapiens* del paleolitico quotidianamente dovevano risolvere a livello individuale e di gruppo. E qui le intuizioni adleriane, sotto il profilo cognitivo-costruttivistico, diventano ancora più significative: se vogliamo dare maggiore spessore all'ipotesi della creatività (e della connessa socialità condivisa, cooperativa e emotivamente compartecipativa) come pietra angolare della natura umana dobbiamo sì far ricorso, come ha notato anche Gian Giacomo Rovera (2009), a quell'"evoluzionismo emergentista" – che sottolinea il ruolo svolto da programmi geneticamente determinati e che inserisce l'apprendimento nell'ambito di un'evoluzione culturale in rapporto dinamico con i diversi habitat di insediamento umano –, ma occorre anche focalizzare meglio quell'attitudine al finzionalismo, quella modalità simbolico-rappresentazionale che cognitivamente e dinamicamente impregna il modo creativo di funzionare della nostra mente (il nostro connettoma), sia a livello individuale (psicodinamico) sia a livello gruppale (psicosociale). E qui mi si consenta, seppur brevemente, di ritornare ancora alle considerazioni fatte in apertura di questo contributo e concernenti la mia visione del modello individualpsicologico in una cornice evoluzionistica.

Se lo Stile di vita rappresenta l'impronta soggettiva unica e unitaria di ogni individuo ed è la risultante dei suoi tratti comportamentali e delle sue modalità di conoscenza del mondo (della struttura idiografica del pensiero e delle emozioni al servizio della finalità prevalente[18]), la relazione in senso cognitivo-costruttivistico fra "Sé creativo", processi finzionali (i "come se")[19] e Stile di vita non sfugge. Non sfugge la sintonia esistente fra le concettualizzazioni adleriane circa le modalità con cui gli individui *costruiscono* l'universo (le "mappe") di significati (le "finzioni", appunto) che motivano ad agire nella realtà ed i processi neurofisiologici e socio-relazionali all'origine delle produzioni simboliche, degli schemi, delle rappresentazioni, delle narrazioni che raccontiamo e ci raccontiamo, espressioni dei nostri Modelli Mentali, della nostra natura umana. Al riguardo,

[18] Ciò non significa che la mente, quando lavora, non segua anche regole largamente condivise, nomotetiche, basate su abitudini e convenzioni sociali (causative spesso di errori e distorsioni nella percezione e nel ragionamento) e che sono alla base di quella "consapevolezza cognitiva" di cui parla Paolo Legrenzi (1998, 2002, 2008). Basti pensare, tanto per fare un esempio, a quelle patologie (i cosiddetti "virus") del credere religioso da cui si sviluppano alcune, spietate e sanguinarie forme di fondamentalismo monoteista, di cui nei secoli passati, in Europa, abbiamo fatto ampia esperienza e che imperversano oggi nella fascia che dal Medio-oriente e dall'Africa del nord giungono fino alle aree indo-pachistane (ISIS, Al Qaeda; Boco Haram, eccetera),.

[19] De Dionigi e Gasperini, nel ricostruire in chiave dinamico-costruttivistica la storia dell'impiego differenziato che Adler ha fatto del concetto di finzione nelle varie fasi di sviluppo delle sue opere, hanno opportunamente notato che "proprio il concetto di *significato*, con la sua dirompente carica di soggettività, porta insite quelle riflessioni sulla finzione intesa come *interpretazione del mondo* e *rielaborazione dei vissuti di inferiorità*" (2007, p. 45). Inoltre, sempre con riferimento alle radici del costruttivismo adleriano, voglio ricordare che Ernst von Glasersfeld, epistemologo e psicologo, esponente di spicco, assieme a George Kelly, di quell'orientamento che oggi viene definito "costruttivismo radicale", in diverse sue opere ha sottolineato l'importanza che ha avuto per la sua formazione la lettura del volume sulle finzioni di Hans Vaihinger (per ulteriori considerazioni su tali questioni cfr. Varriale, 2009, 2013).

è significativo che anche gli Ansbacher, nel commentare alcuni lavori di Adler sulle tematiche dell'unità della personalità e dell'orientamento verso una meta, notino: "il bambino, per agire ed orientarsi si serve di uno schema generale che trova il suo corrispondente in quella disposizione caratteristica dell'animo umano a far uso di ipotesi e finzioni nel tentativo di afferrare e definire quanto di caotico e di fluido vi sia nel mondo. È la finzione che ci insegna a differenziare, ci dà appoggio e sicurezza, modella e dirige le nostre azioni e spinge la nostra mente a prevedere e perfezionarsi" (1997, pp. 95-96; cfr. anche Oberst, Stewart, 2005).

Insomma, Adler, senza trascurare gli aspetti biologico-evoluzionistici, ha saputo delineare con largo anticipo la concezione di un individuo attivo, ampiamente autoconsapevole, situato socialmente e culturalmente, impegnato a pensare e ad agire per creare dinamicamente il proprio destino. Ha saputo disegnare una pioneristica concezione dell'individuo – implicato in un continuo "movimento" psichico e fisico (*embodied*) (Bruner, *et al.*, 2016; Gallese, 2014; Varriale, 2015) orientato alla meta – e, in ciò, come ho già ricordato in altre sedi, risiede primariamente l'"eresia" adleriana, la "rivoluzione copernicana" dell'individualpsicologia. Un'eresia in cui il Sé si manifesta attraverso la sua azione e auto-etero-narrazione incardinata nel più ampio contesto della comunicazione sociale. Per Adler quello che conta è cercare di far capire che la vita umana, a differenza di quella degli animali, ha la particolarità di non essere una semplice reazione, ma di essere precipuamente una costante, creativa costruzione di senso che motiva all'azione e come tale va studiata. E questo, oltre che sul piano teoretico, ha anche degli importanti risvolti sul piano applicativo: come hanno opportunamente fatto notare De Dionigi e Gasperini, infatti, a fronte di quella che hanno definito la sfida dell'integrazione psicoterapia-costruttivismo, "vogliamo incoraggiare gli psicologi adleriani ad esplorare la visione costruttivistica dell'essere umano e a conoscere le molteplici possibilità di applicare nuovi punti di vista e tecniche terapeutiche innovative da trarre da altri approcci psicoterapeutici costruttivisti. In questo senso incoraggiamo l'indagine relativa ad innesti metateorici per sviluppare tecniche efficaci e innovative"(2006, p. 103). È quello che anch'io, da tempo, sto cercando di fare sviluppando l'analisi delle possibili confluenze fra il modello individualpsicologico e il quadro concettuale e diagnostico-terapeutico impiegato da Adrian Wells (2002, 2012) nel suo impianto per il trattamento metacognitivo dei disturbi emozionali (Varriale, 2010, 2011a, 2012) e, in particolare, della cosiddetta *Cognitive Attentional Syndrome* (CAS) di cui ho parlato nel capitolo settimo.

Anche Umberto Ponziani, qualche anno fa, si è posto su questa strada. Con riguardo ai concetti di Stile di vita e di finzione, riprendendo i temi centrali della *Teoria dei sistemi autopoietici*, ha fatto rilevare che pare possibile inquadrare, senza alcuna forzatura, il modello adleriano nell'ambito delle più recenti prospettive epistemologiche. L'Autore ritiene, infatti, che "alcuni degli elementi speculativi presenti in questo teorizzare siano in qualche modo assimilabili al concetto che dell'uomo ha la Psicologia Individuale e, più in generale, all'epistemologia che la sottende. Altri indirizzi di studio in campo psicologico, ad esempio, i neocognitivisti, hanno già tentato di utilizzare tali nuove prospettive epistemologiche, ma mi pare che proprio il *corpus* teorico adleriano sia quello più vicino a tali posizioni e, quindi, più idoneo a coglierne appieno gli stimoli più fecondi" (1994, p. 53). Difatti, come spiega Ponziani, la Teoria dei sistemi autopoietici nasce nell'ambito delle discipline biologiche e neurofisiologiche, ma, anche sul piano epistemologico, ha lo scopo precipuo di tentare di riuscire a cogliere l'essenza degli esseri viventi. Il concetto centrale di questo modello è quello di autopoiesi che "esprime la convinzione che ogni vivente si distingua da ogni altro essere o macchinario di altra natura, anche se complesso, per il fatto che il suo movimento fondamentale è teso a mantenere esclusivamente la propria organizzazione interna. Scopo di un sistema autopoietico è solo quello di mantenere inalterato se stesso e nient'altro. Gli altri esseri, *macchine*, sono pensati per fare, produrre qualcos'altro: gli esseri viventi *autopoietici*, producono e mantengono autoreferenzialmente se stessi, subordinando qualsiasi perturbazione verificatasi nell'ambiente al mantenimento della propria invariabilità. Perciò lo sviluppo, per così dire, personale dell'unità autopoietica '*è la storia delle trasformazioni di un'unità. Di conseguenza l'ontogenesi di un sistema vivente è la storia della conservazione della sua identità tramite la sua autopoiesi nello spazio fisico*'" (ivi, p. 54; il corsivo è dell'autore e si riferisce alle parole degli stessi Maturana e Varela).

Nella teoria di Maturana e Varela, infine, per Ponziani, significativo appare anche il concetto di "cambiamento non indotto dall'ambiente", nel senso che l'ambiente non fornisce indicazioni-istruzioni sui cambiamenti dell'unità osservata. Sicché, a differenza di quanto fanno di solito i comportamentisti e i cognitivisti (che di solito delineano l'essere umano come sistema *input/output*), da un punto di vista adleriano, invece, "appare consolidato il fondare ogni processo di cambiamento sullo *Stile di vita* personale, che determinerà sempre e comunque i successivi cambiamenti. Ricordiamo l'originale concetto di *Sé creativo*. Centrando, poi, l'attenzione sullo *Stile di vita*, è necessario sottolineare che Adler esprime spesso tale concetto come legato a un incessante, riflessivo, circolare e autoreferenziale occuparsi di sé da parte del bambino" (ivi, p. 57). Così, conclude Ponziani, l'ancoraggio del *corpus* teorico adleriano alla prospettiva epistemologica dell'autopoiesi, "se di fatto pone in crisi molte altre teorizzazioni psicologiche, non solo non intacca, ma addirittura sembra confermare e rafforzare la visione che la Psicologia Individuale ha dell'uomo, del suo essere nel mondo, del suo inimitabile e personalissimo Stile di vita" (ivi, p. 6).

Ursula Oberst e Alan Stewart (2005), invece, hanno proposto un'analisi del sentimento sociale come "finzione sociale condivisa", considerando la psicologia adleriana nel più vasto contesto delle teorie costruttiviste ed umaniste. In particolare, gli

Autori focalizzano l'attenzione sulle confluenze fra individualpsicologia e gli assunti alla base dell'"alterantivismo costruttivistico" di George Kelly, nonché sulle posizioni epistemiche del postmodernismo neopragmatico di Polkinghorne: la conoscenza non è la realtà che si riflette in uno specchio, ma la conoscenza costruita attraverso processi cognitivo-emotivo-relazionali; l'unico criterio valido per accertare una pretesa di conoscenza non è la corrispondenza con un'inaccessibile realtà, ma l'utilità predittiva per guidare le azioni umane verso la realizzazione dei propositi umani attesi. In tale prospettiva, per Oberst e Stewart, "se analizziamo la Psicologia Adleriana in relazione ai criteri della psicologia costruttivista, possiamo affermare che: con l'idea di essere orientati da scopi, radicati nel sociale, proattivi, portati a percezioni tendenziose, dotati di Sé creativo, e soprattutto con la nozione di finzione, la visione dell'essere umano di Adler e la sua visione del mondo possono essere considerate costruttiviste. Per Adler l'individuo ha la possibilità di reagire in modi alternativi alle proprie esperienze (il concetto di Adler di 'opinioni'). Adler afferma in un modo decisamente costruttivista: 'Nessuna esperienza è causa di successo e di fallimento. Non soffriamo per i colpi avversi di ciò che ci accade – i cosiddetti traumi – ma traiamo da essi ciò che serve ai nostri scopi. Ci autodeterminiamo dando significato alle nostre esperienze e, probabilmente, vi è sempre qualcosa di sbagliato quando basiamo la nostra vita futura su un particolare evento accaduto. I significati non sono determinati dalle situazioni; siamo noi che ci orientiamo dando significato agli eventi'" (2005, p. 98).

Infine, De Dionigi, in un recente, lungo e documentato contributo (2015) su sfondo etologico e decisamente neoevoluzionistico, riprende l'intreccio dei vari tipi di linguaggio (anche quello dello schizofrenico) con il sentimento di comunità, esaminandolo dalla prospettiva della savana ("anzi dal fiume", come lui dice con bella immagine) e dalla prospettiva dello studio dello psicoterapeuta. Il lavoro è molto lungo e assai stimolante e non è possibile in questa sede considerarne i numerosi e interessanti spunti di riflessione; tuttavia, su un aspetto voglio brevemente soffermarmi perché ci avvicina alle nostre conclusioni sulla relazione Sé creativo-natura umana e parallelamente, per diversi aspetti, ci riporta alla teoria di *Latenza e Innesco. Rivisitata* illustrata in precedenza. Al riguardo, l'Autore in un passaggio cruciale ricorda che "Pinker ha sviluppato il concetto di nicchia cognitiva, secondo cui la spinta evoluzionistica a costruire e mantenere gruppi in cui si attua la cooperazione ha contribuito all'evoluzione umana tramite le due caratteristiche principali del genere *Homo*, vale a dire il linguaggio e l'intelligenza sociale, che riconoscerebbero una base biologica comune. L'acquisizione di un linguaggio che non si limita a trasferire informazioni pragmatiche, ma anche la capacità di elaborare simboli e metafore, ha consentito la comparsa del pensiero astratto. Ciò ha determinato la comparsa dell'intelligenza Machiavellica, utile a porre in atto comportamenti 'fraudolenti' " (ivi, p. 79).

Per la verità qui io preferisco parlare di comparsa dell'"intelligenza narrazionale" oppure di "Istinto di narrare", come direbbe Jonathan Gottschall (2014), che ingloba anche l'intelligenza machiavellica e l'attitudine a mentire ("a far finta che..."). Perché, nel quadro della *Teoria di Latenza e innesco* (di quel processo di coaccelerazione *linguaggio articolato-autoconsapevolezza-intersoggettività* che ha portato ad una poderosa dilatazione del nostro pensiero astratto e della capacità simbolica), la finzione narrativa (lo *Storytelling*), *introflessa* (ciò che teleo-dinamicamente ci raccontiamo) ed *estroflessa* (ciò che raccontiamo agli altri per le molte ragioni che vedremo), mi sembra diventi il prodotto neuropsicologico-adattativo di specie più eclatante della mente moderna emergente e, in particolare, della mente costruttivistico-sociale del *Sapiens*. La qualcosa, ripeto, rinforza l'idea che la creatività umana (artistica, tecnologica, morale, politico-sociale), cui a livello di dinamismi individuali è legato anche il "Sé creativo" e la sua attività finzionale, sia forse il fenomeno più adatto a caratterizzare in modo esclusivo la nostra natura. La vita umana, sostiene Gottschall, "è avvolta nelle storie a un punto tale che ormai siamo desensibilizzati al loro strano ammaliante potere. Motivo per cui (...) dobbiamo anzitutto indagare quella patina di consuetudine che ci impedisce di notare la straordinarietà di questa assuefazione" (ivi, p. 19). Partirò proprio dall'esame dei caratteri di questo gottschelliano "istinto di narrare", dell'irrefrenabile, eterno bisogno di produrre narrazioni, che parlano anche dello stesso narratore, e di comunicarle agli altri; ciò per cercare di dare risposta a due cruciali interrogativi: come mai siamo diventati animali che raccontano storie? E perché le storie, oltre che a raccontarle agli altri, le raccontiamo a noi stessi?

5. *Finzioni, narrazioni e Sé creativo: "simulatori di volo" e concetti distintivi della natura umana.*

> Agli esseri umani piacciono le storie. Il nostro cervello ha una naturale predisposizione non solo ad amare le narrazioni e imparare da esse ma anche a crearle. Nello stesso modo in cui la nostra mente vede uno schema astratto e vi individua un volto, la nostra immaginazione vede uno schema di eventi e vi individua una storia.
>
> J. Wallis (2007), *Making Games That Make Stories*

Abbiamo sin qui appurato che, per quanto sia vero che è difficile individuare un unico elemento che possa render conto del come e perché siamo diventati quelli che siamo, acquisendo la nostra "natura umana" – si veda al riguardo l'articolata definizione di Dario Maestripieri riferita in apertura – e che abbiamo ampi legami con il mondo biologico da cui traiamo origine, è anche vero che siamo immensamente differenti da quanto si muove su questo pianeta. Come scrive Michael Gazzaniga nel suo prezioso volume *Human. Quel che ci rende umani*, "mentre condividiamo con gli altri animali la maggior parte dei nostri geni e dell'architettura del nostro cervello, possiamo sempre trovare delle differenze. Benché noi siamo in grado di utilizzare strumenti per creare alta gioielleria e gli scimpanzé possano servirsi di pietre per rompere delle noci, le differenze sono abissali. E anche se un cane può sembrarci empatico, nessun animale domestico è in grado di comprendere la differenza tra il dispiacere e la pietà" (2009, p. 4).

Un importante aspetto che, secondo questo autore, ci fa molto diversi dagli altri animali e che caratterizza in modo esclusivo la nostra natura, è la "strana attrazione per l'esperienza della finzione"; per quello che egli chiama il "gioco delle finzioni": "Abbiamo discusso del gioco in termini di pratica per la vita vera, riduzione dello stress e selezione sessuale, ma non in termini di immaginazione. Dall'aver letto il racconto del bambino che gridò al lupo quando eravamo bambini, possiamo ricordarci che cosa gli è accaduto nella storia e non doverlo imparare in modo ben più duro nella vita reale. Quante più storie di finzione ascoltiamo, tante più circostanze ci divengono familiari, senza doverle effettivamente vivere sulla nostra pelle. Se ci imbattiamo effettivamente in situazioni analoghe nella vita reale, allora avremo una gran quantità di informazioni pregresse da attingere" (ivi, p. 281).

In tale prospettiva, potremmo chiamare "finzioni" anche le idee che di solito tendiamo a farci di una qualche persona che conosciamo poco (di quello che pensa, della sua personalità). Come hanno notato Paolo Legrenzi e Carlo Umiltà (si veda anche il capitolo primo), noi siamo in qualche misura sempre consapevoli che non potremo mai veramente sapere cosa pensa, come agisce e come è fatta una certa persona (quale personalità possiede), nonostante ciò, quando le prime volte interagiamo con lui/lei, cerchiamo di farci un'idea (finzionale) di chi può essere: in buona sostanza ci "narriamo una storia" su tale persona. Difatti, "se una persona è pensata come dotata di stati d'animo stabili nel tempo, possiamo immaginarne il comportamento e prevedere i cambiamenti nei suoi modi di agire. Se sappiamo che quella data persona vivrà in futuro all'interno di un ambiente per lei nuovo (per esempio in ospedale o in carcere) e supponiamo di conoscerne la personalità, possiamo immaginarci l'influenza che tale ambiente avrà su di lei. Questa è una delle strategie più potenti per ridurre l'incertezza che avvolge le nostre prospettive di vita: è il futuro del mondo sociale, più che di quello naturale, che ci importa nel corso della vita quotidiana" (2014, p. 18).

Tutto ciò – in connessione con il ruolo che sembra giocare la ricorsività dei processi mentali, una ricorsività che rende gli esseri umani "capaci di comprendere il discorso, di costruire modelli mentali di ciò che è reale e di ciò che è immaginario, e di ragionare manipolando tali modelli" (Johnson-Laird, 1983, p. 28 della ristampa, 2015) – ci rende più flessibili e adattabili. Diversi studi hanno infatti evidenziato che il meccanismo base che permetterebbe di utilizzare tutte le informazioni, anche quelle fittizie, è quello del "disaccoppiamento" (Leslie, 1987); un meccanismo che mette in grado di distinguere la finzione dalla realtà. In effetti, noi possiamo mescolare e associare informazioni provenienti da tempi, luoghi e modalità di assunzione diversi e possiamo fare delle inferenze basandoci sulla loro origine. È proprio la capacità di discriminare ("disaccoppiare") la realtà dalla finzione che ci permette di sapere che una gazzella può essere catturata soltanto in un certo territorio ad alto rischio, in quanto infestato da predatori specializzati e voraci, e non in un paradisiaco territorio immaginario in cui siamo liberi di cacciare senza la concorrenza di belve spietate. Un territorio, quest'ultimo, che però magari ci è piaciuto descrivere in qualche fantastica e umoristica storia tribale, raccontata ai bambini per scopi educativi (insegnare loro la differenza fra la dura realtà della caccia nella savana e l'illusione di facili successi predatori), seduti intorno al fuoco, già centinaia di migliaia di anni fa. Insomma, è la creatività finzionale che ha reso più efficace il processo di apprendimento: gli schemi categoriali insiti nei *modelli mentali* veicolati dalle narrazioni hanno aumentato il nostro potere esplicativo-predittivo, aiutandoci a reagire bene nelle diverse, mutevoli situazioni; e, per questa via, contribuendo alla nostra *fitness*.

La finzione è, dunque, la chiave di volta delle narrazioni, sia di quelle che rivolgiamo a noi stessi – le storie (a volte gli autoinganni) che ci raccontiamo – sia di quelle che rivolgiamo agli altri. Gli studi sul cervello e sulla finzione, infatti, sono in buona misura orientati ad accettare la teoria secondo cui le storie sono simulazioni di problemi. Tali studi suggeriscono che durante la fruizione di una finzione narrativa i nostri neuroni (a cominciare dai neuroni specchio) si attivano nello stesso modo in cui si attiverebbero se davvero dovessimo compiere le scelte che fa il protagonista di un romanzo, di un'opera teatrale o cinematografica. Così le storie – siano esse a sfondo religioso, guerresco, romantico e quant'altro –, attraverso processi empatici ed identificatori con un certo personaggio, ci dotano di un repertorio mentale di situazioni complesse che un giorno potremmo trovarci a dover affrontare e di un archivio di possibili soluzioni operative (Pinker, 2006). Sono una sorta di "*simulatori di volo*", come le chiama la Oatley (2008), volti alla *fitness* degli umani.

Del resto oggi anche le neuroscienze suggeriscono che il 90% della rete neurale lavora a "dare senso", in funzione adattativa e predittiva, all'informazione proveniente dall'esterno. Ciò significa che il nostro cervello è continuamente impegnato a costruire *non* una visione oggettiva della realtà, ma il nostro modello di mondo; una visione/narrazione "simulata" della realtà che nella savana, dove siamo nati, come nelle metropoli di oggi ci consente di sopravvivere e riprodurci (Lotto, 2017).

In conclusione, come opportunamente ha osservato Jonathan Gottshall, "il fatto che le storie siano un universale umano costituisce una forte evidenza di una finalità biologica. Forse è così. Ma è davvero così facile per la selezione naturale prendere di mira i geni che m'inducono a sprecare il mio tempo con *Funny People* e con l'*Amleto*, tempo che potrebbe essere speso per guadagnare denaro, o procreare, o fare qualunque altra cosa che abbia vantaggi evoluzionistici? No. Perché la mia forte attrazione verso la finzione narrativa è profondamente intrecciata con la mia attrazione verso i pettegolezzi, il sesso e le emozioni forti indotte dall'aggressione. In parole povere, sarebbe difficile, in termini evoluzionistici, liberarsi dell'acqua sporca delle storie senza gettare via anche il bambino, senza cioè fare violenza a tendenze psicologiche che sono chiaramente funzionali e importanti" (2014, pp. 48-49).

E tutto ciò che relazione ha con il "Sé creativo"? Certo non può più sfuggire ormai che la nostra stessa attitudine a sviluppare socio-cognitivamente rappresentazioni finzionali, attraverso cui costruiamo modelli mentali e "mappe di significato" volti a dare ordine alle cose e centrare l'azione sulla meta, agisca anche quando cerchiamo risposte ai nostri bisogni personali, alle nostre istanze psicodinamiche. Per Adler l'istanza principale è quella di sfuggire alla sensazione di vivere una condizione di *minus* per proiettarsi verso una sensazione di elevazione, di vivere una condizione di *plus*. L'attitudine a costruire finzioni narrative su noi stessi e sul mondo, non solo estroflesse, ma anche introflesse, appare in tutta la sua evidenza: il "Sé creativo" (con le sue produzioni finzionali) è il "*simulatore di volo*" in cui prepariamo, in modo solo parzialmente consapevole, il "movimento" di elevazione, verso il superamento e il sentimento di valere (la meta prevalente), e che spinge poi ad agire in tale direzione. Insomma, un "*simulatore*" che direziona pensiero e azione (lo Stile di vita), unitariamente e finalisticamente, sin dalla prima infanzia, verso l'autoefficacia e il sentire di valere[20].

Come ha scritto il Maestro, a proposito del "potere creativo", "ammettiamo che ogni bambino nasca con potenzialità dif-

[20] È significativo che anche per Lotto, la mente ci rende "deliranti", cioè capaci di vedere-immaginare-narrare cose che non ci sono, cambiandoci profondamente. Questo "è uno degli scopi della coscienza, se non lo scopo: immaginare esperienze senza il rischio di metterle in atto" (2017, p. 132).

ferenti da quelle di qualsiasi altro, ma gli insegnamenti di coloro che sostengono l'ereditarietà e ogni altra tendenza a sottolineare eccessivamente il ruolo della predisposizione costituzionale, noi obiettiamo che non è tanto importante l'equipaggiamento con cui si nasce, ma l'uso che di questo si fa. Dobbiamo chiederci: 'Chi lo usa?'. Chi può affermare che le stesse influenze ambientali vengano apprese, elaborate, assimilate e determinino analoga risposta in una qualsiasi coppia di individui? Per spiegare questo fatto, troviamo necessario presumere l'esistenza di un'altra forza ancora: il potere creativo dell'individuo. Siamo stati portati ad attribuire al bambino un potere creativo che getta nel movimento tutte le influenze e tutte le sue potenzialità, al fine di superare un ostacolo. Questo movimento è avvertito come un impulso che imprime una certa direzione alla sua lotta" (1932a, tr. it. p. 5).

E in altre sedi Adler precisa: "Il punto di vista finalistico è una necessità assoluta per la nostra capacità di comprendere. In un primo momento, possiamo considerare l'essere umano solo come un individuo autocoerente e quindi come un tutto diretto verso una meta e dotato d'intenzionalità, ma in seguito la vita stessa e i movimenti intenzionali richiedono una completa aderenza a una meta autocoerente. Così la teleologia della vita psicologica nasce dalle necessità immanenti ma, nella sua unicità, è una creazione dell'individuo" (1926, p. 400). "L'essere umano ha una personalità unitaria che egli stesso modella. È, per così dire, sia l'opera che l'artista. Quindi crea la propria personalità, ma, come ogni artista, non è infallibile né tantomeno possiede una completa comprensione della mente e del corpo. In quanto essere umano è debole, estremamente fallibile e imperfetto" (1930a, p. 5).

La creazione di una sottile lamella di *silcrete*, ottenuta manovrando abilmente diverse temperature del fuoco nella grotta di Pinnacle Point, la creazione di una collana di conchiglie forate in altre grotte africane, le straordinarie figure rupestri della "Sala dei tori" nella grotta di Lascaux in Francia, fino agli attuali prodotti della tecnologia aereospaziale, come prodotti della mente moderna emergente dal paleolitico, da quel processo co-accelerativo illustrato nel terzo paragrafo, dovrebbero a questo punto render conto del fatto che sono le capacità creative del *Sapiens* che hanno dotato la nostra specie di una natura umana esclusiva. Ripeto, a queste stesse straordinarie capacità creative, a questo enorme "potere creativo", per dirla con Adler, con molta probabilità è associato anche il processo dinamico e sociale di costruzione della nostra individualità. La nostra unicità e irripetibilità cognitivo-comportamentale è frutto di due forze creative motivanti all'azione: quella evoluzionistica, adattativa, specie-specifica, e quella soggettiva, costruttrice di universi di senso, di mondi possibili in cui superare i propri, contingenti limiti ed elevare se stesso verso la "perfezione" (naturalmente irraggiungibile). A suggellare da adleriano queste riflessioni, mi piace riprendere le stesse parole del fondatore della Individualpsicologia, tratte dall'opera che meglio rappresenta il suo pensiero più maturo: "La psicologia individuale si mantiene sul terreno solido dell'evoluzione, alla luce della quale considera ogni sforzo umano come una ricerca di perfezione. Lo slancio vitale è legato fisicamente e psichicamente a questa tendenza. Ogni manifestazione psichica, a nostro parere, si propone come un movimento che conduce da una situazione inferiore a una situazione superiore. Lo slancio vitale, la legge dinamica che ogni individuo si costruisce con relativa libertà all'inizio della vita, utilizzando le sue attitudini e i suoi difetti innati, così come le prime impressioni del mondo esterno, variano in ogni soggetto per quanto riguarda la misura, il ritmo, la direzione. Con un continuo riferimento alla perfezione irrealizzabile, l'individuo acquisisce un sentimento di inferiorità ed è da questo stimolato. Possiamo concludere che commetteremmo un errore considerando ogni legge dinamica *sub specie aeternitatis* e dal punto di vista fittizio di una perfezione assoluta" (1933, p. 31).

Lo stesso "slancio vitale", la stessa "legge dinamica", di "movimento" verso la (impossibile, finzionale) "perfezione assoluta" che, in un qualsiasi giorno di 17.000 anni fa, forse spinse un individuo ad avventurarsi nelle grotte di Lascaux e lasciare sulle pareti l'impronta della propria mano o tracciare i contorni di un bisonte muschiato o di un cervo dall'enorme palco che aveva catturato e divorato il giorno prima: un'incontenibile bisogno di superamento, di elevazione, di espressività che, associandosi all'"istinto di narrare", ci donò quelle pitture rupestri che ci stupiscono ancora oggi. Le straordinarie potenzialità immaginative, creative, finzionali-narrazionali di quel *Sapiens*, cui erano legati anche il suo "Sé creativo" e il suo sentimento sociale, connotarono in modo definitivo la "natura umana" e gli sviluppi artistici e tecnologico-scientifici dei millenni successivi. Tali processi cognitivi e psicodinamici sono stati felicemente concettualizzati dal critico d'arte Jean-Luc Nancy in seguito alla sua visita a Lascaux, all'esame del calco della mano e dei magnifici policromi dipinti che quel *Sapiens* vi ha lasciato. Chiudo nella speranza che le mie riflessioni e quelle di Nancy possano dare ulteriore slancio alle indagini sulle tematiche trattate, anche fuori dai nostri talvolta troppo circoscritti, ultraspecialistici sodalizi professionali:

> L'uomo ha cominciato con l'estraneità dalla propria umanità o con l'umanità della propria estraneità, è in essa che si è presentato, se l'è presentata o figurata. Fu questo il sapere dell'uomo, che la sua presenza fosse quella di un estraneo mostruosamente simile; il simile aveva il sopravvento sul sé. Fu questo il suo primo sapere, la sua abilità, la destrezza con cui strappò il segreto all'estraneità stessa della sua natura, non penetrando il segreto ma essendone penetrato e presentandosi egli stesso come segreto. Lo schema dell'uomo è l'atto del mostrare questo prodigio; sé fuori di sé, il fuori che ha valore di sé, lui sorpreso davanti a sé. La pittura dipinge questa sorpresa, racconta questa sorpresa che è pittura (citato in Masiero, 2012, p. 42).

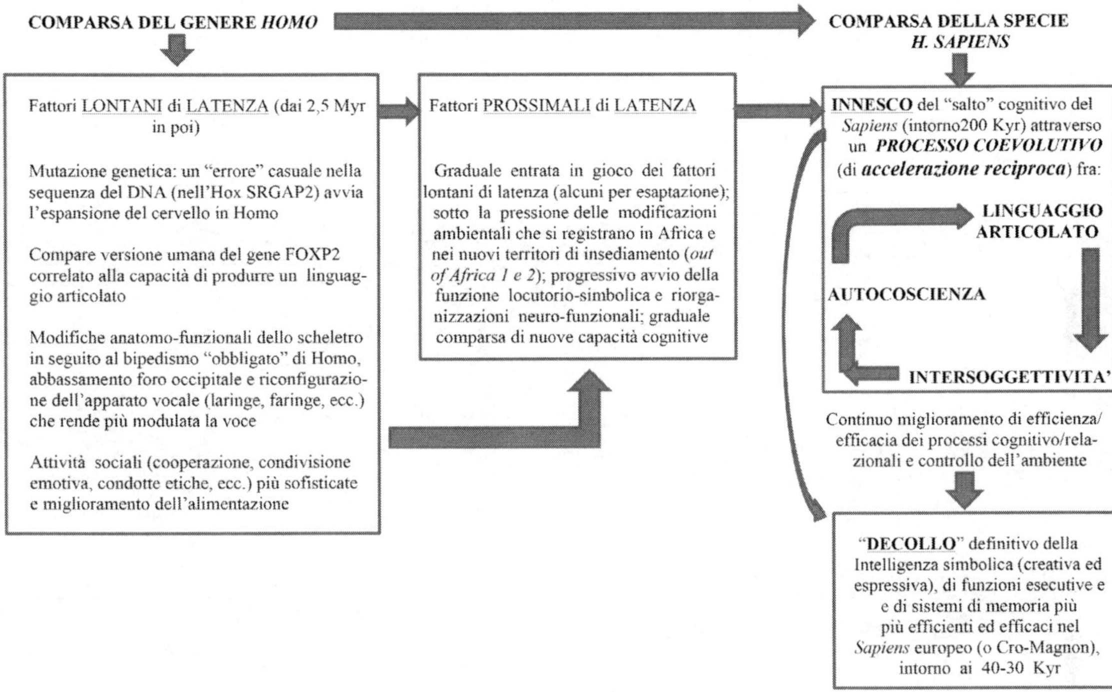

ALLEGATO 1. *Il modello interpretativo del "salto" cognitivo del* Sapiens *a partire dalla teoria di "Laenza e Innesco".*

10.

I Costrutti basici della Individualpsicologia: una lettura a partire da un frame-work paleoantropologico-evoluzionistico[1]

Per adesso, più che una certezza, l'equivalenza degli stati mentali/cerebrali dovrebbe essere considerata alla stregua di un'utile ipotesi. Occorrerà continuare a raccogliere evidenze che la sostengano, e per farlo dovremo avvalerci di un'ulteriore prospettiva, informata dalle evidenze offerte dalla neurobiologia evolutiva unite a quelle fornite dalle neuroscienze.

A. Damasio (2012), *Il sé viene alla mente. La costruzione del cervello cosciente*

Il darwinismo è l'unica teoria nota che è in grado di spiegare certi aspetti della vita. Se ho ragione io ciò significa che, quand'anche non ci fosse alcuna prova reale a favore della teoria darwiniana (ma ovviamente ce ne sono), avremmo ancora delle buone ragioni per preferirla a tutte le altre.

R. Dawkins (2003), *L'orologiaio cieco*.

L'origine dell'umanità e l'inizio di ogni nuova vita infantile si possono caratterizzare con questa espressione: "Ottieni! Innalzati! E conquista!" [...] La ricerca continua della verità, la ricerca mai appagata di una soluzione ai problemi della vita appartiene a questo desiderio di perfezione.

A. Adler (1930b), "Individual Psychology", in C. Murchison (ed.), *Psychologies of 1930*

[1] Pubblicato in «Dialoghi Adleriani», rivista on-line dell'Istituto "A. Adler" di Milano, a. III, n. 5, pp. 74-93, 2016.

1. *Introduzione*

Sempre più intenso, nell'ambito delle neuroscienze, della psicologia dei processi cognitivi e di quella della personalità, si va facendo il ricorso alle evidenze teorico-empiriche della prospettiva evoluzionistica (Cardaci, 2012; Damasio, 2012; De Beni et al., 2008; Gennaro, Scagliarini, 2014; Tartabini, 2012; Varriale, 2014, 2015; Varriale, Rotondo, 2011b). I più recenti contributi della paleoantropologia morfologica, della genetica molecolare, dell'etologia (in quest'ambito, particolarmente quelli primatologici), della paleoclimatologia, della geologia, della demografia, stanno assumendo un ruolo sempre maggiore, ad esempio, per ciò che concerne la funzione dei cosiddetti *precursori naturali*[2] nella genesi dei processi neurofisiologici della cognizione umana (Legrenzi, 1998, 2002, 2008; Pievani, 2014), dei vincoli biologici e culturali all'origine delle condotte etico-morali e socio-relazionali dei primati antropomorfi come del *Sapiens* (de Waal, 1997, 2013; Tomasello, 2009; Varriale, 2002). Si pensi, solo per fare qualche altro significativo esempio di casa nostra, alle indagini sui neuroni specchio (Rizzolatti, Sinigaglia, 2006), sulla bellezza nel cervello (Gallese, 2014), sulle ancestrali conoscenze *ingenue* (Girotto, Pievani, Vallortigara, 2008), sulle origini del linguaggio articolato e l'intreccio evolutivo natura-cultura (Cavalli Sforza, 1996, 2010; Cavalli Sforza, 2016; Cavalli Sforza, Pievani, 2011; Moro, 2013; Pievani, 2014).

[2] Mi riferisco qui, in estrema sintesi, a quei vincoli evolutivi alla base delle competenze, predisposizioni, attitudini, concernenti conoscenze "ingenue" (psicologiche, fisico-matematiche, ecc.), di cui siamo innativamente equipaggiati sin dalla nascita, senza bisogno di apprendimenti specifici iniziali: nozioni di aritmetica, competenze spazio-temporali e concernenti i rapporti di causa-effetto; nonché alle capacità induttive generali volte a far tesoro pragmaticamente dell'esperienza di vita. "Si tratta di dotazioni che *Homo sapiens* condivide con una vastissima schiera di animali, dai mammiferi agli insetti, e che pertanto non solo non sono specie-specifici ma non sono nemmeno adattamenti alla vita tutto sommato recente dei cacciatori-raccoglitori pleistocenici" (Pievani, 2014, p. 161).

Già da qualche anno anche la riflessione di chi scrive nel campo della Psicologia della personalità va muovendosi in questa direzione: fra l'altro, inserendo in un quadro evoluzionistico i classici temi personologici concernenti l'intreccio tra natura e cultura, tra dinamiche temperamentali e caratteriali, nonché le reciproche influenze fra i fattori soggettivi (gli attributi cognitivo-emotivi e stabili di personalità) e quelli situazionali nelle concrete condotte umane (secondo la prospettiva epistemica *interazionista*). Segnalo, al riguardo, gli ampi contributi sulle complesse tematiche riguardanti il cosiddetto *salto cognitivo* del *Sapiens* nel Paleolitico medio-superiore (Varriale, 2002, 2014, 2015) e sulle connessioni di tale "salto" con la significativa impronta evoluzionistica e costruttivistica insita nelle concettualizzazioni del modello personologico adleriano; in particolare, sui caratteri strutturali e sulle dinamiche di sviluppo e diagnostico-valutative dello *Stile di vita* individuale, unitario, unico e irripetibile, come un'impronta digitale (Varriale, 2005, 2006, 2009, 2013; Varriale, Rotondo, 2011a, 2011b). Contributi cui rinvio il lettore che desideri farsi un quadro più articolato delle problematiche in questione, che in questa sede ho dovuto necessariamente trattare in maniera piuttosto sintetica.

Due vaste aree tematiche, quelle sopra evidenziate, entrambe ampiamente caratterizzate in senso multidisciplinare e interdisciplinare, che ritengo possano fruttuosamente essere poste in relazione, considerando quanto i costrutti adleriani di *Sentimento di comunità* e di *movimento dal minus al plus* siano, a mio modo di vedere, filogeneticamente e ontogeneticamente intrinseci al processo adattativo umano (ma anche a quello degli altri primati antropomorfi, seppure con tempi e forme diverse) e di emersione della mente moderna. Intrinseci a quel *salto cognitivo-comportamentale*[3] che, intorno ai 200.000 anni fa, un

[3] Tale *salto* è stato talmente radicale, sia in termini di morfologia dell'architettura cranica e cerebrale sia in termini cognitivo-comportamentali, che qualche autore (cfr. ad esempio Manzi, 2013, pp. 355 e sgg.) ha persino parlato

piccolo gruppo di individui appartenenti alla nostra specie (forse fra i pochi sopravvissuti ad una terribile glaciazione) fece registrare. Un "salto" che – molto probabilmente partendo dal Corso d'Africa e/o dal Sudafrica, dopo aver corso il rischio di estinguersi intorno ai 120.000 anni fa, proprio a seguito del cambiamento climatico *MIS-6*[4] – portò all'inarrestabile espansione del *Sapiens* (70-80.000 anni fa) in ogni angolo del pianeta (la cosiddetta *out of Africa 3*) e alla scomparsa di tutte le altre specie umane (almeno cinque) che avevano popolato la terra in precedenza e anche convissuto per un certo tempo con i *Sapiens* medesimi (Tattersall, 2009, 2013; Cavalli Sforza, Pievani, 2011; Pievani, 2014; Varriale, 2014, 2015; cfr. anche capitolo nono).

È proprio l'intreccio di tali fattori biosistemici, storico-culturali e psicodinamici individuali e di gruppo che, peraltro, può meglio dar conto del perché siamo diventati quel che siamo: allora come oggi siamo scimmie bipolari, ancorché iperpotenziate su vari piani, con *tratti vestigiali* (fisici e cognitivo-comportamentali) ambivalenti: molto mobili, curiosi, etici ed empatici, creativi e cooperativi, oblativi e compassionevoli, con la bellezza nel cervello (Changeux, 2014; Gallese, 2014), ma anche individualisti, scaltri e opportunisti, rissosi, aggressivi (non di rado fino al limite del cinismo, della spietatezza, dell'orrore), proiet-

di *rivoluzione ontogenetica*. Una rivoluzione nella quale "il patrimonio genetico controlla un nuovo modello di accrescimento e sviluppo, per cui si raggiunge una più efficiente armonia tra espansione encefalica e ossificazione del cranio" (*Ivi*, p. 356).

[4] *Marine Isotope Stages* (Fasi Isotopiche Marine; cfr. Manzi, 2013; Tattersall, 2013). Negli ultimi vent'anni i contributi dei paleoclimatologi, insieme a quelli dei genetisti molecolari e dei neuroscienziati, stanno fortemente contribuendo al rinnovamento dei modelli interpretativi del nostro cammino evolutivo, in particolare alla più precisa sistematizzazione tassonomica del *record* paleoarcheologico, alla migliore definizione delle fasi temporali di sviluppo del popoloso "cespuglio" ominino che ha preceduto la comparsa del *Sapiens*, oltre che ad un più chiaro quadro delle dinamiche di sviluppo del nostro cervello quale "sistema dei sistemi" (Damasio, 2012) duttile e generalista.

tati anzitutto al superamento delle assai difficili condizioni della savana (a cominciare dal rischio continuo di essere predati da ben più attrezzati *competitors* a quattro zampe o accoppati da co-specifici), non meno che a primeggiare (talvolta anche attraverso gesti altruistici) e a cercare valorizzazioni psicologiche e posizioni di potere nel proprio gruppo di appartenenza. Motivati da quell'ancestrale dinamica psichica individuale volta a superare, ad andare oltre gli ostacoli e alla nostra minorità – dinamica che il nostro Maestro viennese volle definire *Aspirazione alla superiorità* – e orientati, *dal lato utile o non utile della vita,* da un più o meno equilibrato *Sentimento comunitario* (o *Senso di comunità,* come oggi si preferisce definirlo in psicologia sociale), che funziona da "barometro" della normalità (cfr. prima parte, capitolo terzo). La storia del secolo appena trascorso (non meno di quella dei secoli più lontani), la numerosità e le atrocità delle guerre in corso (spesso ipocritamente definite "a bassa intensità"), la persistenza di certi modelli culturali e di stili di pensiero ancestrali, con le drammatiche risultanze di alcune arcaiche patologie del credere (integralismo religioso e non, pregiudizi razziali, ecc.) nel secolo appena iniziato (ISIS, Boco Haram, muri che vengono eretti da ogni parte e quant'altro), mi sembra lo dimostrino ampiamente (però va pure detto che "fa più rumore un albero che cade, che mille che crescono"; per fortuna nei sistemi sociali, compresi quelli più tribali, il buono è maggioritario, anche se è silente e spesso fa fatica a emergere).

In effetti, in tale cornice, la prospettiva che sembra oggi prevalere in campo evoluzionistico ritiene che per gli umani "non tutto è adattamento, la storia conta" (Pievani, 2014b, p. 142). La storia naturale della nostra mente è una cruciale chiave esplicativa, ma non tutto è cadenzato da processi biopsichici modulati da ambienti adattativi ancestrali; i processi storico-conoscitivi (molto veloci), hanno svolto e svolgono, sin dalla nostra comparsa, un ruolo di accelerazione assai significativo rispetto ai vincoli biologici (molto più lenti). Ciò significa che i fattori genetici, come la nostra succitata ambivalenza individuale e di specie, sono appunto inestricabilmente intrecciati alle nostre vicende storicamente e culturalmente contingenti (conflitti, scarsità di risorse geo-ambientali, avanzamento nelle conoscenze scientifiche e tecnologiche, ecc.). Pertanto, appaiono di particolare interesse – anche per i cultori della Psicologia individuale comparata, sempre attenti, come ha insegnato Alfred Adler, alla circolarità processuale fra individuo e società, agli aspetti psicodinamici delle contraddittorie vicende storico-politiche e culturali umane – le più recenti, ampie riflessioni che Edward Wilson (2013) e Samuel Bowles (2012), nei rispettivi domini scientifici, hanno inteso dedicare alla radicale ambivalenza caratterizzante la nostra specie e cui rinvio per una più articolata disamina della questione.

Insomma, come ha opportunamente suggerito Telmo Pievani, possiamo dire che "forse il nocciolo duro della natura umana non è intrinsecamente empatico e solidale, né intrinsecamente brutale e amorale. Potrebbe essere ambiguo, e proprio per questo sprigionare la necessità di una gamma di elaborati (e pur sempre fallibili) codici morali. O forse non ci sono nemmeno un nocciolo duro e una superficie, ma un generale impasto di impulsi contraddittori. È un suggerimento forte della biologia evoluzionistica di oggi: la competizione è "naturale" tanto quanto la cooperazione, dipende dalle circostanze ecologiche, dalla disponibilità e distribuzione delle risorse, dalla struttura della popolazione. Secondo Mark Pagel, proprio lo sviluppo della cultura avrebbe incentivato fortemente questa ambivalenza. Sono gli stessi etologi a dirci che il mondo sociale degli scimpanzé non è quello delle scimmie assassine hobbesiane né un paradisiaco stato di natura, bensì una miscela di spietatezza e aggressività, di gerarchie di dominanza e di affetto, empatia, soccorso reciproco, solidarietà in comunità socialmente coese" (2014b, pp. 154-155).

Per non parlare della tanto enfatizzata, giornalistica contrapposizione fra i litigiosi scimpanzé e i pacifici bonobo. In realtà, in questi ultimi è stata accertata la presenza di un'aggressività per predazione (e talvolta anche fra individui dello stesso gruppo) con una multifunzionalità sociale del sesso che è del tutto peculiare. Pertanto è difficile capire a quali di questi nostri cugini (con cui condividiamo oltre il 98% del DNA) siamo più simili. Forse non è fuori luogo ipotizzare un nostra "terza via" evolutiva: scimmie bipolari, un po' bonobo, un po' scimpanzé (de Waal, 2013). Una scimmia bipolare in cui le condotte, normali e patologiche, sono essenzialmente modulate da potenti sistemi neuronali e forze ambientali produttori di rappresentazioni-costruzioni di significato degli eventi; a dirla con Amerio (1987) e Damasio (2012), da *ri-costruzioni* di senso dell'oggetto/fatto (immagine) entro il proprio dominio mentale. Dove, forse, l'interdipendenza funzionale fra linguaggio articolato (esclusivamente umano) e capacità simboliche, autocoscienza, intersoggettività, come vedremo meglio più avanti, hanno fatto la differenza.

Tutto questo ci riporta, per diversi aspetti, ai costrutti del modello psicodinamico unificato adleriano. Infatti, il riferimento alla prospettiva cognitivo-costruttivistica in ambito psicodinamico e psicosociale muove essenzialmente da due assunti interdipendenti: 1) l'essere umano – nell'ultima versione evolutivamente "sapiente", sopravvissuta all'estinzione di tutte le varianti del "cespuglio" fenotipico che l'ha preceduto (fra cui il *Neanderthal*) – pur esistendo in un mondo di fatti e di eventi 'oggettivi' (fisici, biologici, sociali) agisce fondamentalmente in base ad un mondo di simboli e di significati; 2) tali significati sono costruiti dalla relazione tra l'uomo e il mondo esterno nel contesto sociale dell'esperienza individuale e collettiva. Sicché il concetto di conoscenza-azione, qualificante l'umano legame tra il mentale e il sociale, implica che si riconosca, come presto aveva intuito Adler (Ansbacher, Ansbacher, 1997, 2008; Varriale 2013; Varriale, Rotondo, 2011b), un uguale carattere di 'realtà' sia al mondo materiale esterno sia al mondo delle rappresentazioni e delle 'teorie ingenue' (Amerio, 1987; Arcuri, Castelli, 2000; Heider, 1958; Kelly, 2004). Queste ultime probabilmente alimentate dal *pattern* cognitivo-emotivo delle immagini neurostrutturali; seguendo l'ipotesi esplicativa di Damasio (2012), prodotte con valore biologico di sopravvivenza e con modalità *bottom-up/top-down/bottom-up...*, dal circuito riverberante *proto-Sé* → *Sé nucleare* → *Sé autobiografico* → *proto-Sé*, ecc. – e delle rappresentazioni sociali (Bianca, 2005; Galli, 2006). Un *pattern* cognitivo-emotivo, neurostrutturale e sociale, che, come abbiamo visto, può anche essere, adlerianamente[5] e costruttivisticamente (von Glasersfeld, 1988, 1999, 2005, Lotto, 2017), identificato come *finzione*; cioè come un prodotto teleologico del *Sé creativo* che, nel quadro sopra delineato, va ad assumere un'alta funzione biologico-adattativa, di sopravvivenza individuale e di gruppo[6] (De Dionigi, Gasparini, 2006; Varriale, Rotondo, 2011a, 2011b). Sono, infatti, le *finzioni* (come prodotto epigenetico della plasticità-versatilità del cervello umano) che vanno ad implementare continuamente le *mappe di significato* (assunti ed euristiche) che l'individuo produce e impiega per orientarsi nel mondo, per cercare di pre-figurarsi gli eventi e controllare l'ambiente.

Tali prodotti finzionali, e le correlate mappe di significato, com'è noto, anche per Adler sono ampiamente modulate sul piano dinamico dalle individuali e basiche istanze legate al Sé corporeo e autobiografico; quest'ultimo appunto inteso come l'insieme dei bisogni materiali immanenti e dei bisogni identitari autoreferenziali di elevazione-attualizzazione, più o meno consapevoli, volti al superamento delle concrete contingenze situazionali-ambientali e di integrazione socio-affettiva in vi-

[5] Com'è noto la fonte principale della teoria delle finzioni di Adler fu il filosofo neokantiano Hans Vaihinger (1911); ed è significativo che questo autore abbia ispirato anche l'opera del massimo studioso del costruttivismo "radicale" moderno Ernest von Glasersfeld.

[6] Non stupisce, dunque, se proprio recentemente un importante studioso del settore (Gottshall, 2014), a proposito della finzione narrativa (anche nelle arti), ha parlato di un insopprimibile e ancestrale *istinto del narrare*, quale cruciale elemento bio-evolutivo distintivo (individuale e socio-relazionale specie-specifico) del *Sapiens*.

sta del perseguimento di un senso di sicurezza, accettazione e valorizzazione personale.

A partire da tale quadro critico – e facendo sempre riferimento ai processi evoluzionistici che hanno caratterizzato la nostra specie, delineati brevemente nel capitolo precedente – chiuderò il contributo con alcune riflessioni centrate sulle radici bio-evoluzionistiche del nostro modello personologico che, a mio modo di vedere, ancorano saldamente la teoria interpretativa e la prassi professionale di Alfred Adler alla concretezza non solo del più lontano passato, ma anche del presente e del futuro di un'umanità non sempre *Sapiens*.

2. *Darwin e Adler: significative convergenze*

La breve carrellata disegnata nel capitolo nono, circa i più accreditati e recenti orientamenti evoluzionistici relativi allo sviluppo della nostra specie, mi permette di focalizzare meglio la forte sintonia che mi sembra leghi le cornici concettuali darwiniane e neodarwiniane ai principali costrutti adleriani: la tematica cui dedicherò la parte conclusiva del presente lavoro. Mi permette, in buona sostanza, di mostrare come i capisaldi del modello individualpsicologico continuino ad avere un significativo ancoraggio anche nelle solide evidenze empiriche che le scienze della natura e quelle dell'uomo hanno prodotto in questi ultimi decenni relativamente ai caratteri e al significato del funzionamento biopsichico, filogenetico e ontogenetico, dell'uomo nel contesto più ampio dell'"*Origine delle specie*".

Cominciamo col dire che Alfred Adler "era più un idealista positivista che un idealista trascendentale" (Ansbacher, Ansbacher, 1997, p. 134); un positivista che dovette leggere le opere di Darwin sia nel corso della sua prima formazione giovanile sia nella fase più matura della costruzione del suo modello personologico, non solo con riferimento alle problematiche interpretative bio-sociali e clinico-psicopatologiche, ma anche a quelle più generali storico-politiche e filosofico-esistenziali, del senso della vita e del destino dell'umanità.

Non è un caso, infatti, se il Nostro aveva ripreso la riflessione sulle opere del biologo inglese a partire dalle tematiche dell'*inferiorità d'organo*; una tematica, questa, che aveva affrontato non solo nel corso delle discussioni del "mercoledì sera" di casa Freud (Nunberg, Federn, 1973, vol. 1, pp. 60-70; cfr. anche Ferrigno *et al.*, 2006)[7], ma anche qualche anno dopo in seguito ad un chiarimento, formulato nel volume *Heilen und Bilden* (Adler, Furtmüller, 1914), sulle posizioni di Lamarck e Darwin relativamente a quale potesse essere il motore che aveva dato avvio allo sviluppo degli esseri viventi[8]. Come ha opportunamente notato Josef Rattner nella biografia di Adler, pubblicata nel 1970 e da poco tradotta anche in italiano[9], "Darwin trova la

[7] Sullo stesso tema si vedano anche (Ansbacher, Ansbacher, 1997, pp. 9 e sgg. e Ansbacher, Ansbacher, 2008, pp. 344-345). Per ragioni di spazio non tratto qui le interessanti considerazioni a sfondo evoluzionistico sulla "*pulsione aggressiva*" fatte da Adler in contrapposizione a Freud nel 1908 nel corso degli incontri del circolo freudiano (Nunberg, Feder, 1973) e in altre pubblicazioni; su questa tematica rinvio il lettore alle due suddette antologie del pensiero adleriano curate dai coniugi Ansbacher (meritoriamente tradotte da Ugo Sodini e Anna Maria Teglia Sodini; ed. it.: 1997, 2008). L'antologia del 1964 contiene anche due biografie dello psicologo viennese scritte da Carl Furtmüller (2008, pp. 335-389) e dagli Ansbacher (2008, pp. 317-334); in esse, tra l'altro, vengono sviluppate considerazioni sulle varie fasi del rapporto Adler-socialismo marxista (si veda capitolo ottavo; in particolare su positivismo e materialismo storico; su questi temi anche Varriale, 2005, 2009, 2013).

[8] In uno scritto del 1933, letto da Adler nel corso di una conferenza alla Società Medica Viennese, il tema dello sviluppo umano in chiave evoluzionistica viene ancora ripreso; in particolare, partendo dalle linee di indagine tracciate da Darwin e Lamarck, l'Autore, nel considerare i fondamenti evolutivi dell'*aspirazione a superare,* nota che "ciò che questi ricercatori ingegnosi videro con l'occhio della mente, possiamo affermare che vivere significa sviluppo" in Ansbacher, Ansbacher, 2008, p. 75).

[9] La traduzione è opera del collega e amico Ferdano Pierucci (J. Rattner, *Alfred Adler*; tr. it.: EMMEBI edizioni, Firenze, 2011), personale conoscente di Rattner e ottimo conoscitore della lingua e della cultura tedesca.

risposta nella dimostrazione della casuale modifica della materia biologica che dà buona prova di sé nelle condizioni di lotta per l'esistenza. L'organismo meglio attrezzato ha sicuramente più probabilità di sopravvivere alle comuni difficoltà naturali, alle aggressioni dei nemici e nelle competizioni con i suoi simili. Questo avviene anche nella 'selezione delle specie' in cui l'essere vivente più abile ha più chance nella riproduzione. Da qui deriva l'evoluzione degli esseri viventi.

"Secondo Lamarck invece lo sviluppo si attua a seguito di un impegno finalizzato da parte degli organismi che allenano i propri organi in relazione all'ambiente sino a soddisfare ciò che la sopravvivenza richiede. Nel corso dei millenni si sono verificati, in organismi modificati, cambiamenti funzionali avendo ereditato nuovi ruoli. La vita ha infatti un'innegabile spinta verso un sempre maggiore sviluppo.

"L'adattamento ha sempre in sé il significato di crescita, differenziazione e mutazione di organi e funzioni. Adler unificò la posizione di Darwin e Lamarck in una sintesi integrale, applicando poi questi concetti alla prassi medico-psicologica" (Rattner, 2011, p. 35).

In varie altre opere lo psicologo viennese riprese ancora esplicitamente i richiami alle teorie di Charles Darwin, con particolare riferimento allo scopo ultimo dello sviluppo umano, al binomio sentimento d'inferiorità-aspirazione alla superiorità e al sentimento comunitario. Ecco al riguardo qualche sua paradigmatica considerazione:

> Essere in disaccordo con il principio di autoconservazione appare più difficile poiché esso, da un lato si accorda con i principi teleologici ausiliari e dall'altro con la teoria biologica della selezione naturale di Darwin. In ogni istante possiamo però vedere che si agisce in violazione a tutto ciò. Inoltre, una certa arbitrarietà ci consente di innalzare o abbassare le nostre valutazioni nei confronti dell'autoconservazione, come accadere nel caso del piacere e, a volte, rinunciamo parzialmente o in modo completo a essa fino a desiderare anche la morte, se il piacere o il dolore

> vengono compromessi. D'altra parte, spesso, valutiamo più utile abbandonare la ricerca del piacere se il Sé e l'autostima vengono minacciati (*Il temperamento nervoso*, 1912; brano citato in Ansbacher, Ansbacher, 1997, p. 125)[10].

> L'evoluzione creativa di tutto ciò che è vivente ci può insegnare che ogni specie persegue uno scopo ideale di perfezione e di adattamento attivo alle esigenze cosmiche. Questo è l'indirizzo in cui dobbiamo impegnarci per capire in quale senso proceda la vita. Dobbiamo ricordarci che si tratta di qualcosa di primordiale, inerente alla vita dalla sua origine, di una supremazia da acquisire per la conservazione dell'individuo e della razza umana. Perciò è necessario che si stabilisca una relazione favorevole fra l'individuo e il mondo che lo circonda. [...] Si tratta di un adattamento sub specie aeternitatis, poiché lo sviluppo organico e psichico è significativo solo quando è in funzione dell'avvenire più lontano. Questa nozione implica un trionfo sui vantaggi e sugli inconvenienti che il cosmo ci impone (ivi, pp. 107-108).

> La psicologia individuale si mantiene sul terreno solido dell'evoluzione, alla luce della quale considera ogni sforzo umano come una ricerca di perfezione. Lo slancio vitale è legato fisicamente e psichicamente a questa tendenza (*Il senso della vita*, 1933; brano citato in Ansbacher, Ansbacher, 1997, p. 107).

[10] Per questa citazione, come per quelle che seguono, ho preferito adottare le traduzioni effettuate da Ugo Sodini e Annamaria Teglia Sodini per l'edizione italiana della selezione commentata degli scritti adleriani operata dai coniugi Ansbacher ne *La psicologia individuale di Alfred Adler* (1956; ed. it.: 1997); dunque, le pagine nella nostra lingua riguardanti le citazioni medesime vanno riferite a quelle di tale volume. Questa mia scelta è motivata dalla non sempre filologicamente ineccepibile traduzione delle opere adleriane effettuata nel tempo da alcune case editrici italiane. Segnalo, al riguardo, che i traduttori dei brani di Adler citati nell'antologia degli Ansbacher, invece, non soltanto sono accreditati analisti adleriani, ma anche riconosciuti studiosi dell'Individualpsicologia; i Sodini, peraltro, ogni volta che si sono presentati dubbi e perplessità nel corso del loro lavoro, si sono avvalsi del costante confronto epistolare con il Prof. Heinz L. Ansbacher e con quello di altri studiosi italiani, ivi compreso lo scrivente (cfr. *Nota dei traduttori*, p. X del suddetto volume).

Per Adler lo stesso “senso di inferiorità”, com’è noto, uno dei costrutti più importanti del suo sistema psicologico, non è una manifestazione transitoria e accidentale della nostra natura. La nostra condizione in natura è sempre stata quella di “insufficienza”, privi come siamo di strutture fisiche che possono permetterci di competere alla pari con gli animali predatori specializzati. Una parte significativa della riflessione dello psicologo viennese è centrata su questo aspetto determinante delle dinamiche cognitivo-relazionali dell’individuo. Cultura e socialità, per Adler, narrano la storia del darsi da fare dell’uomo per giungere ad essere “il padrone e il signore” dei propri limiti e imperfezioni: egli è un essere insufficiente che deve procacciarsi con fatica e ingegno i prodotti che gli permetteranno di sopravvivere. “Non sarebbe mai riuscito ad intraprendere la marcia trionfale del suo sviluppo tecnico e scientifico, se nel suo animo non avesse albergato il perenne pungolo dell’insufficienza delle proprie attrezzature fisiche” (Rattner, 2011, p. 40).

In tale cornice la permanente “aspirazione a superare” le avversità di un ambiente sempre in mutazione deve essere riconosciuta come principale “movimento” psichico-adattativo volto al superamento dell’umana ansia esistenziale, della sensazione di inferiorità-inadeguatezza; da qui sono derivate le più mirabili opere alla base del nostro sviluppo. Al riguardo Adler propone la seguente considerazione:

> Chi può seriamente dubitare che un essere umano verso cui la natura è stata matrigna, assegnandogli come viatico un forte senso di inferiorità, non vada poi alla ricerca di condizioni più vantaggiose, di sicurezza e di dominio? [...] Da tempo ho ormai constatato che essere uomo vuol dire sentirsi inferiore. [...] Il sentimento di inferiorità domina la vita interiore ed è facile rivelarlo osservando il senso di imperfezione e di incompletezza, nonché l’incessante aspirazione a realizzarsi dell’individuo e dell’umanità (*Cosa la vita dovrebbe significare per voi*, 1931; brano citato in Ansbacher, Ansbache, 1997, pp. 119 e sgg.).

Peraltro, tale "aspirazione a realizzarsi", a superare, per il Nostro è un "movimento" che ha sia una dimensione cognitivo-affettiva individuale (soggettiva) sia una dimensione sociale e affettiva (intersoggetiva). Se queste due istanze dell'unitaria dinamica psichica dell'uomo, unitamente alla straordinaria plasticità adattativo-relazionale del suo cervello, vengono collegate alla *Teoria di Latenza e Innesco*, esplicativa del "*salto*" cognitivo del *Sapiens* (si veda capitolo nono), risulterà chiaro quanto le concettualizzazioni individualpsicologiche siano sintoniche con il modello bio-culturale di co-variazione accelerativa proposto nel precedente capitolo. Scrive ancora Adler nel 1927, con riguardo a tali problematiche, da evoluzionista convinto:

> Già Darwin affermava che non esistono animali deboli in grado di vivere isolati e, fra questi, includeva anche l'uomo, perché non ha forze sufficienti per affrontare da solo la propria esistenza. Egli, infatti, non può far fronte alle richieste della natura se non in modo limitato e ha bisogno di aiuto per preservarsi e condurre la propria vita. A tal proposito, si pensi alla situazione di un individuo costretto a vivere da solo, in una foresta vergine, privo di sostegno della comunità. Egli si troverebbe in uno stato di pericolo molto più accentuato di quanto potrebbe accadere a qualsiasi individuo appartenente ad un'altra specie animale, poiché è dotato di modesta velocità e forza muscolare, non ha i denti caratteristici dei predatori ed è sprovvisto di un udito fine e di una vista acuta (*La conoscenza dell'uomo*, 1927; brano citato in Ansbacher, Ansbacher, 1997, p. 134).
>
> È allora facile comprendere come la sopravvivenza dell'uomo sia dipesa dalla capacità di ottenere condizioni di vita molto favorevoli. Questo obiettivo è stato conseguito proprio grazie alla vita comunitaria divenuta così una necessità. Essa, infatti, con la divisione del lavoro, ha consentito ai suoi membri di affrontare e superare quelle situazioni precluse al singolo individuo. In questo modo l'uomo ha potuto procurarsi quei mezzi di sopravvivenza, offensivi e difensivi, che noi oggi includiamo nel concetto di cultura (ivi, p. 135).

> Dal punto di vista della natura l'inferiorità dell'uomo è innegabile. Essa, è presente sin dalla nascita, viene avvertita come limitazione e fattore d'insicurezza ma, in realtà, rappresenta uno stimolo continuo, che spinge a compensare gli svantaggi e a cercare una soluzione per garantire un adattamento alla vita. È l'organo psichico che consente la realizzazione dell'adattamento e della sicurezza. Poiché la società ha avuto un ruolo fondamentale nella genesi dell'adattamento, era inevitabile che l'organo psichico costituisse, sin dall'inizio, un fattore condizionante dell'organizzazione comunitaria. Così ogni forma di pensiero doveva possedere le caratteristiche necessarie per adeguarsi a essa (*ibidem*).

Precisando, più avanti e sempre nella stessa opera, a proposito della funzione del linguaggio, della cognizione logica, del senso di comunità, con un intuito da far invidia ad un paleolinguista e ad un paleoantropologo evoluzionista dei nostri giorni, che

> Il pensiero logico è possibile solo presumendo l'esistenza del linguaggio e, pertanto, il linguaggio ha un ruolo fondamentale per lo sviluppo della vita psichica dell'uomo. Esso rende possibile la formazione dei concetti consentendo di fare distinzioni di elaborare idee che possono divenire patrimonio comune. I nostri pensieri e i nostri sentimenti divengono comprensibili solo quando ne presupponiamo una validità generale. Siamo in grado di gioire della bellezza soltanto se comprendiamo che l'apprezzamento e la valutazione di ciò che è bello e di ciò che è buono devono essere condivisi da tutti. Così, si giunge alla conclusione che i concetti di ragione, logica, etica ed estetica non possono che aver tratto origine dalla vita comunitaria e che sono anche, al tempo stesso, l'elemento coesivo che protegge la cultura dalla disgregazione (*ibidem*).

È appena il caso di ricordare che gli studiosi del settore ad orientamento evoluzionistico hanno ormai raggiunto la granitica convinzione, cui quella di Adler, come si è visto, non appare molto lontana, che "vita sociale, cognizione e linguaggio co-evolvono. (...) Adattamenti ed *exaptations* biologici non escludono l'integrazione co-evolutiva di adattamenti culturali. Darwin ipotizzò che parole e pensieri si fossero evoluti insieme, ristrutturandosi a vicenda. In effetti questi studi consolidano l'idea che l'evoluzione del linguaggio articolato e l'evoluzione del cervello siano strettamente intrecciate e che entrambi siano insiemi coordinati di caratteri derivati recentemente nel genere *Homo*. Piccoli gruppi e diversità culturali sono state le nostre strategie di sopravvivenza e di successo. Come ha notato Mark Pagel, forse proprio il linguaggio articolato è stato l''arma segreta' che ha permesso la nostra diffusione in ogni angolo del globo, facendoci percorrere in solitudine l'ultimo miglio dell'evoluzione umana grazie alla nostra loquace invasività" (Pievani, 2014b, pp. 213-214).

Ma la nostra "loquacità invasiva" e ricorsiva, narrazionale e finalistica, come ho già ricordato in apertura e nel capitolo nono, è anche connessa ad un aspetto intrinseco al modo di funzionare in senso cognitivo-costruttivistico del *Sapiens*; al modo in cui si è evoluto sin dall'inizio il nostro cervello. Tale modalità è parte di quell'"istinto del narrare" (Gottshall, 2014[11]), di costruire storie,

[11] Scrive al riguardo questo autore, mostrando un'inconsapevole e significativa sintonia con la concezione teleologico-finzionale ed evolutiva-costruttivistica adleriana del *Sé creativo*: "al di sotto della superficie di tutta la più disparata varietà di storie raccontate c'è una struttura comune. Pensiamo a questa struttura come a uno scheletro osseo che raramente notiamo sotto l'imbottitura di muscoli e abiti colorati. Questo scheletro è per certi versi cartilaginoso: ha un margine di flessibilità. Ma è una flessibilità relativa, e l'ossatura impone che le storie possano essere raccontate soltanto in una quantità limitata di modi. (...) Praticamente tutte le storie – comiche, tragiche, romantiche – sono incentrate sugli sforzi di un o una protagonista per ottenere, di solito a qualunque costo ciò che desidera. *Storia = Personaggio + situazione difficile/Problema + Tentativo di superamento*, è la formula di base delle storie (...). La finzione narrativa è considerata pressoché unanimemente una forma d'arte altamente creativa. Ma ciò denota solo quanta creatività sia possibile entro le mura di una prigione. Quasi tutti gli autori di storie lavorano entro rigidi confini della struttura incentrata sul problema, che ne siano consapevo-

prodotte dalla nostra specie-specifica attitudine ad esperire soggettivamente gli eventi del mondo – attraverso il *Sé creativo* e in un quadro teleologico-finzionale, direbbe Adler –, a raccontare e raccontarsi l'ambiente interno ed esterno, interpretandolo. Insomma, a costruire la realtà, attraverso le proprie unitarie, finalistiche, uniche e irripetibili "mappe di significato", rappresentazioni sociali, teorie ingenue, "*costrutti personali*" (Kelly, 1955). E ciò per dar corso alla fondamentale funzione cui è deputata la nostra potente macchina per pensare: fare previsioni, controllare gli eventi e pianificare azioni più o meno coscienti, il più possibile adattativamente efficaci. Quelle che Antonio Damasio ha chiamato "*narrazioni implicite*" (2010, p. 365), hanno creato e creano il nostro sé, e da quest'ultimo vengono continuamente ri-prodotte; nella loro cruciale funzione di fattori di omeostasi biologica e socio-culturale si alimentano di autoreferenziali "*attribuzioni di significato*", di *processi autoregolativi* di tipo metacognitivo (Varriale, 2010, 2011), modulati e modificati dalla nostra esperienza individuale, intersoggettiva e sociale[12].

In estrema sintesi, come ha recentemente notato Lamberto Maffei, con accenti inconsapevolmente adleriani e a coronamento di una vita dedicata allo studio della plasticità cerebrale in funzione della *fitness*: "Cervelli diversi vedono cose diverse e capiscono cose diverse anche quando il messaggio in arrivo è lo stesso. La cultura fa parte della percezione. Imparare significa modificarsi e cambiare il mondo che ci circonda. (...) Tutto quello che sappiamo del mondo proviene dal nostro cervello, che non è un trasduttore passivo della realtà ma piuttosto un creato-

li o meno. Scrivono storie intorno ad uno schema di complicazione, crisi e soluzione" (Gottshall, 2014, pp. 69-70).

[12] Interessanti considerazioni in questa direzione anche in Oberst, Stewart (2005), in De Dionigi, Gasperini (2006); si veda anche il contributo di Umberto Ponziani (1994) sulle significative convergenze fra il pensiero adleriano e le concettualizzazioni di Maturana e Varela relativamente al tema della relazione tra "autopoiesi e cognizione". Al riguardo si veda capitolo nono.

re di essa. Dall'imperfetta e limitata informazione che riceve dai sensi il cervello fa inferenze e ipotesi e crea la sua realtà. Talvolta queste ipotesi sono errate e l'errore è la dimostrazione del processo creativo e niente affatto passivo della conoscenza del reale" (2011, pp. 23-39).

In tale cornice e avviandomi alle conclusioni, appare dunque utile ancora segnalare che Adler aveva da subito intuito il ruolo centrale, di regolatore basico dei processi vitali che hanno le "interpretazioni soggettive" e i significati degli eventi (quelle che oggi vengono correntemente chiamate *euristiche*) per la nostra dinamica psichica individuale e associativa, patologica e non patologica, sin dal momento dell'affermazione della specie *Homo sapiens* sull'intero pianeta. Non stupisce pertanto che il Nostro, com'è noto, nel 1912, pose ad epigrafe del volume "*Il temperamento nervoso*", con cui presentò il suo impianto teorico-applicativo al mondo, il motto di Seneca *Omnia ex opinione suspensa sunt*. Mi piace allora chiudere questo lavoro con due ultime considerazioni, ben conosciute e già citate nei capitoli precedenti, del fondatore della Individualpsicologia; considerazioni da moderno psicologo cognitivo-costruttivista "radicale", alla von Glasersfeld e alla Kelly, per capirci:

> L'individuo non si rapporta al mondo esterno in modo predeterminato, come spesso si afferma. Egli si pone in relazione sempre in conformità con l'interpretazione che dà di se stesso e delle sue preoccupazioni attuali. Non sono né l'eredità né l'ambiente che determinano la sua relazione con il mondo esterno. L'eredità gli assegna solo alcune doti, l'ambiente gli fornisce solo alcune impressioni. Queste doti e queste impressioni e la maniera con cui egli ne fa 'esperienza' – cioè l'interpretazione che egli dà di queste esperienze – sono i mattoni che egli usa, nelle sue specifiche modalità 'creative', per costruire il proprio atteggiamento verso la vita (*I concetti fondamentali della psicologia individuale*, 1935b; tr. it.: 1993, p. 5).

> Nessuna esperienza è causa di un successo o di un insuccesso: non sono le situazioni-shock, i cosiddetti traumi ad arrecarci

danno. Essi, più semplicemente forniscono il materiale da cui attingere. Solo ciò che è in accordo con gli scopi prestabiliti. Sono i significati che conferiamo alle nostre esperienze e, probabilmente, si commette sempre un errore ad assumere qualcuna di queste come base della propria vita futura. Non sono le situazioni ad avere un significato, ma i valori che noi assegniamo loro e sulla cui base ci determiniamo (*Cosa la vita dovrebbe significare per voi*, 1931; brano citato in Ansbacher, Ansbacher, 1956; tr. it.: 1997, p. 227).

Un evoluzionista convinto e un costruttivista "radicale" *ante litteram*, il fondatore della Individualpsicologia, come ho cercato di dimostrare in questa terza parte del volume; un coraggioso precursore, la cui formidabile sintesi teorica – considerata, come ho già notato, da Longford (1995) una vera "rivoluzione copernicana" in campo psicologico – ha ancora oggi molto da dirci, ma che probabilmente, mi piace riaffermarlo un'ultima volta, era troppo avanti per essere compresa in profondità dai suoi contemporanei, fatte salve alcune meritorie eccezioni[13].

Chiudo questo volume con il significativo omaggio che Albert Ellis, uno dei più importanti clinici e studiosi cognitivisti, ha voluto tributare nel 1962 al Nostro; sperando che tale omaggio funga da stimolo ad ulteriori approfondimenti delle proble-

[13] Una disamina più accurata delle fonti filosofiche del pensiero di Adler (Kant, Marx, Waihinger, Jaspers, ecc.), di quelle neuropsicologiche (la scuola berlinese della Gestalt, W. James, ecc.), nonché delle sue forti sintonie – e/o delle influenze, più o meno dichiarate esplicitamente – con gli psicologi ad orientamento umanistico ed esistenzialistico (Rogers, Maslow, May, Frankl, ecc.), con gli psicologi cognitivisti contemporanei (Rotter, Ellis, Back, Seligman, Wells, ecc.) e con quelli ad orientamento costruttivistico (von Glasersfeld, Kelly, von Foerster, Watzlawitck, ecc.), come ho suggerito nella prima e seconda parte di questo volume, la si può trovare nei miei lavori degli ultimi vent'anni (qui in parte citati in bibliografia, oltre che nelle opere già citate dei coniugi Ansbacher). Lavori in cui, nel tempo, ho anche cercato di delineare una visione più marcatamente cognitivo-costruttivista della psicologia individuale.

matiche riguardanti la scienza della personalità e, fra queste, anche di quelle qui trattate nella prospettiva della *Psicologia individuale*: "Alfred Adler, ha affermato, con mezzo secolo di anticipo, alcuni dei principali elementi di una teoria della personalità e della psicoterapia derivata, in modo indipendente da un contesto di riferimento e da una differente prospettiva; ciò è un tributo rimarchevole alla sua perspicacia e al suo giudizio clinico" (in Ansbacher, Ansbacher, 2008, p. 57; cfr. anche Ellis, 1989).

Riferimenti bibliografici e sitografici

(Tranne che per le opere di Alfred Adler e per alcuni lavori di Charles Darwin, Sigmund Freud, Carl Gustav Jung, Karl Marx per tutti gli altri autori stranieri citati, quando esistono loro opere stampate nella nostra lingua, ho indicato la data di pubblicazione e la casa editrice italiane; solo per pochi classici del passato ho indicato anche la data originale del lavoro).

AA.VV. (1980), *Storia del marxismo*, Torino, Einaudi.

AA.VV. (2001), *Sul moderno interazionismo*, in «European Psychologist», vol. 6, n. 3.

AA.VV. (2009), *Psiche. Dizionario storico di psicologia, psichiatria, psicoanalisi, neuroscienze*, Einaudi, Torino.

AA.VV. (2013), *Essere umani*, in «L'Ateo», UAAR, n. 1.

AA.VV. (2014), *Il cammino dell'uomo*, Le Scienze (Le frontiere della scienza), Roma.

AA.VV. (2016), *Chi siamo*, in «MicroMega» (Fascicolo monografico), n. 6.

ADENZATO M., MEINI C. (a cura di) (2006), *Psicologia evoluzionistica*, Bollati Boringhieri, Torino.

ADLER, A. (1898), *"Gesundheitsbuch für das Schneidergewerbe"*, Carl Heymanns, Berlin, tr. ing. *"Health Manual for the Tailoring Trade"*, in H. T. Stein (ed.). (2012), *The Collected Clinical Works of Alfred Adler* (pp. 1-17), *Volume 2: Journal articles, 1898-1909*, Bellingham WA, Classical Adlerian Translation Project, tr. it. *Manuale per la salute dei sarti*, in «Dialoghi Adleriani», n. 6, pp. 72-88, 2016.

ID. (1904), "Der Arzt als Erzieher", in Adler, A, Furtmüller, C., (1922). *Heilen und Bilden*, Bergmann, Munchen, tr. it. *Il medico come educatore*, in «Rivista di Psicologia Individuale», n. 53, pp. 15-23, 2003.

ID. (1907). *Studie* über *Minderwertigkeit von Organen*, Urban & Schwarzenberg, Berlino-Vienna.

ID. (1908), Der Aggressionentrieb im Leben und in der Neurose, in *«Fortschritte der Medizin», n. 26,* 577-584, tr. it. *La pulsione aggres-*

siva nella vita e nella nevrosi, in «Rivista di Psicologia Individuale», n. 46, pp. 5-14, 1999.

Id. (1912), *Il temperamento nervoso*, Astrolabio, Roma.

Id. (1918). Bolshewismus und Seelenkunde, in «Internationale Rundschau», n. 4, pp. 597-600, tr. it. *Bolscevismo e psicologia*, in «Rivista di Psicologia Individuale», n. 47, pp. 7-14, 2000.

Id. (1923), *Fondamenti e progressi della Psicologia individuale*, tr. it. in «Rivista di Psicologia Individuale», n. 37, pp. 11-24, 1995.

Id. (1925), *Salvaging mankind by psychology*, in «The New York Times», September 20, p. 12.

Id. (1926), "Individualpsychologie", in E. Saupe (a cura di), *Einführung in die neuere Psychologie*, W. Zickfeldt, Osterwieck-Harz, 399-407 (4 e 5 ed. 1931).

Id. (1927), *Psicologia individuale e conoscenza dell'uomo*, tr. it. Newton Compton, Roma, 1975.

Id. (1928), *Kurze Bemerkungen über Vernunft, Intelligenz und Schwachsinn*, in «International Zeitschrift Individual Psychologie», n. 6, pp. 267-272.

Id. (1929a), *La scienza del vivere*, Edizioni Universitarie Romane, Roma, 2012.

Id. (1929b), "Prevention of neurosis", tr. it. in H.L. Ansbacher, R. Ansbacher (1997), *La Psicologia individuale di Alfred Adler*, Martinelli, Firenze, p. 335.

Id. (1029c), *La nevrosi e le sue problematiche*, Edizioni Universitarie Romane, Roma, 2014.

Id. (1930a), *Psicologia dell'educazione*, Newton Compton, Roma, 1975.

Id. (1930b), *Individual Psychology*, in C. Murchison (ed.), *Psychologies of 1930*, Clark University Press, Worcester, pp. 395-405.

Id. (1931a), *Cosa la vita dovrebbe significare per voi*, Newton Compton, Roma, 1994.

Id. (1931b), *Zwangsneurose*, tr. ing. *Compulsion neurosis*, in «International Journal of Individual Psychology», nn. 2-4, pp. 3-22, 1936.

Id. (1932a), *Der Aufbau der Neurose*, in «International Zeitschrift Individual Psychologie», n. 10, pp. 321-328, tr. ing. *The Structure of Neurosis*, in «International Journal of Individual Psychology», nn. 1, 2, pp. 3-12, 1935).

Id. (1932b), *Persönlichkeit als geschlossene Einheit*, in «International Zeitschrift Individual Psychologie», n. 10, pp. 81-89.

ID. (1933), *Il senso della vita*, De Agostini, Novara, 1990.
ID. (1935), *I concetti fondamentali della psicologia individuale*, in «Rivista di psicologia Individuale», 1993, n. 33, pp. 5-9.
ID. (1936), *The neurotic's picture of the world*, in «International Journal of Individual Psychology», nn. 2-3, pp. 3-13.
ID. (1937), *Mass psychology*, in «International Journal of Individual Psychology», n. 3, pp. 111-120.
ADLER, A., FURTMÜLLER, C. (eds.). (1914), *Heilen und Bilden*, Reinhardt, Monaco.
ADLER, K. (1994). Socialist Influences on Adlerian Psychology, in «*Individual Psychology News* Letter», n. 39, pp. 8-15, tr. it. L'influenza esercitata dal pensiero socialista sulla psicologia *adleriana*, in «Rivista di Psicologia Individuale», n. 42, pp. 43-56, 1997.
ADLER, R. (2011), *I dibattiti della società per la libera ricerca psicoanalitica*, tr. it.: Sodini U., Teglia Sodini, A., in «λeùssein» (Edizioni Universitarie Romane), vol. IV, nn. 2-3, pp. 141-145.
AINSWORTH M. D. (2006), *Modelli di attaccamento e di sviluppo della personalità*, Cortina, Milano.
ALLPORT, G. (1937), *Personality: a Psychological Interpretation*, Holt, New York.
ID. (1963), *Divenire. Fondamenti di una psicologia della personalità*, Giunti, Barbera Firenze, ed. or. 1955
ID. (1968), "The Historical Background of Modern Social Psychology", in G. Lindzey, E. Aronson (eds.), *The Handbook of Social Psychology*, Reading, Addison-Wesley Publishing Company, n, 1, 1968, pp. 1-80.
ID. (1977), *Psicologia della personalità*, LAS - Libreria Ateneo Salesiano, Roma, ed. or. 1965.
AMERIO, P. (1982), *Teorie in psicologia sociale*, Il Mulino, Bologna.
ID. (1987), "Un punto di vista cognitivo-costruttivistico in psicologia sociale: lineamenti di percorsi di ricerca", in Masucco Costa, P., Peirone, P. (a cura di). *Psicologia oggi: paradigmi, ricerche e applicazioni*, Angeli, Milano, 129-147.
ANASTASI, A. (1981), *I test psicologici*, Angeli, Milano.
ANCONA, L. (1989), "Modalità collusive e difensive del colloquio diagnostico", in G. Trentini (a cura di), *Teoria e prassi del colloquio e dell'intervista*, La Nuova Italia, Roma, pp. 75-89.
ANSBACHER, H. L. (1997), "Adler e lo sviluppo del pensiero di Freud", in

H. L. Ansbacher, R. R. Ansbacher (a cura di), *La psicologia individuale di Alfred Adler*, Martinelli, Firenze, pp. 526-548.

Id. (1998), *L'influenza di Alfred Adler sui tre principali fondatori della psicologia umanistica*, in «Attualità in Psicologia» (Edizioni Universitarie Romane), vol. XII, n. 1, pp. 41-47 (tr. it. e cura di U. Sodini).

Ansbacher, L. H., Ansbacher, R. R. (a cura di) (1997), *La psicologia individuale di Alfred Adler,* Martinelli, Firenze, ed. or. 1956.

Idd. (a cura di) (2001), *Alfred Adler. La cooperazione fra i sessi*, Edizioni Universitarie Romane, ed. or. 1982.

Idd. (a cura di) (2008), *Aspirazione alla superiorità e sentimento comunitario,* Edizioni Universitarie Romane, Roma, ed. or. 1962.

APA, American Psychiatric Association (2002), *DSM VI-TR*, Elsevier, Milano.

APA, American Psychiatric Association (2914), *DSM* 5, Cortina, Milano.

Arcuri, L., Castelli, L. (2000), *La cognizione sociale. Strutture e processi di rappresentazione,* Laterza, Roma-Bari.

Arlow, J. A. (1996), "Psicoanalisi", in R. J. Corsini, D. Wedding (a cura di), *Psicoterapia. Teorie, tecniche, casi*, Guerini, Milano, pp. 57-112.

Asch, S. (1990), *Psicologia sociale*, SEI, Torino, ed. or. 1952.

Aschton, M. C. *et al.* (2002), *What is the central feature of extraversion? Social attention versus reward sensitivity*, in «Journal of Personality and Social Psychology», n. 77, pp. 815-832.

Atkinson, J. W. (1973), *La motivazione*, Il Mulino, Bologna, ed. or. 1964.

Attili, G. (2000), *Introduzione alla psicologia sociale*, SEAM, Fornello (RM).

Ashton, M. C., Lee. K., Vernon, P. A., Jang, K. L. (2000), *Fluid Intelligence, Crystallized Intelligence, and the Openness/Intellect factor*, in «Journal of Research in Personality», n. 34, pp. 197-207.

Bandura, A. (1977), *Social Learning Theory*, Prentice Hall, Englewood (NJ).

Id. (1978), *Social Learning Theory of Aggression*, in «Journal of Communication», vol. 28, pp. 12-29.

Id. (2000), *Autoefficacia*, Erickson, Trento, ed. or. 1997.

Id. (1999), "A social cognitive theory of personality", in L. Pervin, O. John (eds.), *Handbook of personality: Theory and research*, The Guilford Press, New York, pp. 154-196.

ID. (2001), *Social cognitive theory: An agentic perspective*, in «Annual Review of Psychology», n. 52, pp. 1-26.

BARKOW, J., COSMIDES, L., TOOBY, J. (eds.) (1992), *The Adapted Mind*, Oxford University Press, Oxford-New York.

BARTOLI, C. (2010), *La responsabilità di Sistema e le mele marce di Abu Ghraib*, in «Diritto e Questioni pubbliche» (Palermo), n. 10, pp. 255-276.

BATESON, G. (1977), *Verso un'ecologia della mente*, Adelphi, Milano, ed. or. 1972.

BAZANA, P., STELMACK R. (2002), *Intelligence and Information Processing during an Auditory Discrimination Task with Backward Masking: an Event-related Potential Analysis*, in «Journal of Personality and Social Psychology», n. 83, pp. 998-1008.

BECK, A. T., EMERY, G. (1988), *L'ansia e le fobie*, Astrolabio, Roma.

BECK, A. T., WEISHAAR, M. E. (1996), "Terapia cognitiva", in R.J. Corsini, D. Wedding (a cura di), *Psicoterapia*, Guerini Studio, Milano, pp. 391-438.

BEM, D. J. (1983), *Constructing a Theory of the Triple Typology: Some (second) Thoughts on Nomothetic and Idiografic Approach to Personality*, in «Journal of Personality», n. 51, pp. 566-577.

BENASAYAG, M., SCMITH, G. (2004), *L'epoca delle passioni tristi*, Feltrinelli, Milano.

BIANCA, M. L. (2005), *Rappresentazioni mentali e conoscenza*, Angeli, Milano.

BLASS, T. (1991), *Understanding Behaviour in the Milgram Obbedience Experiment: the Role of Personality, situations and their Interaction*, in «Journal of Personality and Social Psychology», n. 3, pp. 398-313.

BLOCK, J. (1993), "Studying Personality the Long Way", in Funder, D. C., Parke, R. D., Tamlison-Keasey, C., Widaman, K. (eds.), *Studying Lives Through Time: Personality and Development*. APA Science Volumes, American Psychological Association, DC, pp. 187-215.

BONICHINI, S. (a cura di) (2017), *La valutazione psicologica dello sviluppo*, Carocci, Roma.

BOWER, G. H. (1983), "La psicologia cognitivista: un'introduzione", in N. Caramelli (a cura di), *La psicologia cognitivista*, Il Mulino, Bologna, pp. 31-87.

Bowlby, J. (1972), *Attaccamento e perdita*, vol. 1 (*L'attaccamento alla madre*), vol. 2 (*La Separazione*), Boringhieri, Torino.

Id. (1983), *Attaccamento e perdita*, vol. 3 (*La perdita della madre)*, Boringhieri, Torino.

Id. (1989), *Una base sicura*, Cortina, Milano.

Bowles, S. (2014), Homo sapiens ostile e solidale, in «MicroMega», n. 2, pp. 28-37.

Brandimonte, M. A. (1991), *Ricordare il futuro*, in «Giornale Italiano di Psicologia», n. 3, pp. 351-364.

Brenner, C. (1976), *Breve corso di psicoanalisi*, Martinelli, Firenze.

Brentano, F. (1997), *Psicologia dal punto di vista empirico*, Laterza, Roma-Bari, ed. or. 1874

Brunas-Wagstaff, J. (1999), *La personalità*, Il Mulino, Bologna.

Bruner, J. (1992), *La ricerca del significato*, Bollati Boringhieri, Torino.

Bruner, E., *et al.* (2016), *Digito ergo sum: cervello, corpo, ambiente*, in «MicroMega» (Almanacco delle scienze), n. 6, pp. 27-49.

Bruni, D. (2017), *Psicologia evoluzionistica*, Carocci, Roma.

Buss, D. M. (1984), *Evolutionary biology and personality. Toward a conception of human nature and individual differences*, in «American Psychologist», n. 39, pp. 1135-1147.

Calarco, D., Ferrante, D., Di Blas, L. (2015), *La coerenza della personalità da una prospettiva socio-cognitiva: uno studio sulla variabilità intraindividuale dell'autoefficacia percepita in situazioni sociali*, in «Giornale Italiano di Psicologia», n. 4, pp. 829-852.

Camaioni, L. (2001), *Psicologia dello sviluppo del linguaggio*, Il Mulino, Bologna.

Cantoni, R. (1978), Adler l'eretico, in «*Rivista di Psicologia Individuale*», n. 9, pp. 5-7.

Caprara, G. V., Luccio, R. (a cura di) (1986), *Teorie della personalità*, Il Mulino, Bologna.

Caprara, G. V., Barbaranelli, C., Borgogni, L. (1993), *BFQ. Big Five Questionnaire*, O.S. Organizzazioni Speciali, Firenze.

Caprara, G. V., Cervone, D. (2003), *Personalità. determinanti, dinamiche, potenzialità*, Cortina, Milano.

Caprara, G. V., Gennaro, A. (1994), *Psicologia della personalità*, Il Mulino, Bologna.

Caprara, G. V., Steca, P. (2006), *Voglia di felicità*, in «Psicologia contemporanea», n. 198, pp. 62-69.

CARAMELLI, N. (a cura di) (1983), *La psicologia cognitivista*, Il Mulino, Bologna.
CARDACI, M. (2012), *Psicologia evoluzionistica e cognizione umana*, Il Mulino, Bologna.
CAROTENUTO, A. (1982), *Discorso sulla metapsicologia*, Boringhieri, Torino.
ID. (1988), *La nostalgia della memoria. Il paziente e l'analista*. Bompiani. Milano.
ID. (1991), *Trattato di psicologia della personalità*, Cortina, Milano.
ID. (1999), *Breve storia della psicoanalisi*, Bompiani, Milano.
ID. (2004), *Oltre la terapia psicologica*, Bompiani, Milano.
CARROLL, J. B. (1993), *Human cognitive abilities*, Cambridge University Press, New York.
CATTEL, R. B. (1978), *Questionario dei sedici fattori della personalità. 16 P.F., Forma C*, O.S. Organizzazioni Speciali, Firenze.
CAVALLI SFORZA, L. L. (1996). *Geni, popoli e lingue*, Adelphi, Milano.
ID. (2016), *L'evoluzione della cultura*, Le Scienze-Codice Edizioni, Roma-Torino.
CAVALLI SFORZA, L. L., PIEVANI, T. (2011). *"Homo sapiens". La grande storia della diversità umana*, Codice, Torino.
CAZZULLO, A. (2015), *Possa il mio sangue servire. Uomini e donne della Resistenza*, Rizzoli, Milano.
CERVONE, D. (2004), *The architecture of personality*, in «Psychological Review», n. 111, pp. 183-204
ID. (2005), *Personality architecture: Within-person structures and processes*, in «Annual Review of Psychology», n. 56, pp. 423-452.
CERVONE, D., PERVIN L. A. (2017), *La scienza della personalità*, Cortina, Milano.
CERVONE, D., SHODA, Y. (1999), "Social-cognitive theories and the coherence of personality", in Idd. (eds.), *The coherence of personality: social-cognitive bases of personality consistency, variability, and organization*, Gulford Press, New York, pp. 3-33.
CHALMERS, D. (1999), *La mente cosciente*, McGraw Hill Education, Milano.
CHAMORRO-PREMUZIC, T., FURNHAM, A. (2005a), *Personality and intellectual competence*, Laurance Erlbaum Associates, Mahwah (NJ).
IDD. (2008), *Personality, intelligence and approaches to learning as*

predictors of academic performance, in «Personality and Individual Differences», n. 44, pp. 1596-1603.

Changeaux, J. P. (2014), Bellezza nel cervello: per una neuroscienza dell'arte, in *«MicroMega», n. 2, pp. 38-48.*

Changeaux, J. P., Dehaene, S. (2008), "The Neuronal Workspace Model: Conscious Processing and Learning", in R. Menzel (a cura di), *Learning Theory and Behavior*, vol. I di I. Byrne, (a cura di), *Learning and Memory: A Comprehnsive Reference*, vol 4, Elsevier, Oxford, pp. 729-758.

Chapman, L.J., Chapman, J.P. (1969), *Illusory correlation as an obstacle to the use of psychodiagnostic signs*, in «Journal of Abnormal Psychology», n. 74, pp. 271-280.

Chiodi, G. M. (2015), *Due spunti dalla lettura di Cosimo Varriale*, in «Heliopolis», XIII, n. 1, pp. 129-132.

Chomsky, N., Foucault, M. (2005), *Della natura umana. Invariante biologico e potere politico*, Derive-Approdi, Roma.

Churchland, P. (2014), *L'Io come cervello*, Cortina, Milano.

Cloninger, C. R., Surakic, D. M., Pzybeck, T R. (1993), *A Psychological Model of Temperament And Character*, in «Archiv of General Psychiatry», n. 50, pp. 975-990.

Coan, J. A. (2010), *Adult attachment and the brain*, in «Journal of Social and Personal Relationships», n. 27, pp. 210-217.

Coccioli, G. (1984). *Teoria psicoanalitica e pratica politica. Aspetti del dibattito degli anni Venti Trenta*, Annali dell'Istituto di Filosofia dell'Università di Roma, n. 1.

Cole, G.D.H. (1972), *Storia del pensiero socialista, Laterza, Bari.*

Cornoldi, C. (1999), *Le difficoltà di apprendimento a scuola*, Il Mulino, Bologna.

Id. (2007), *Difficoltà e disturbi dell'apprendimento*, Il Mulino, Bologna.

Id. *et al.* (2002), *Iperattività e autoregolazione cognitiva*, Erickson, Trento.

Cornoldi, C., Sanavio, E. (2002), "Presentazione", in Wells, A., *Disturbi emozionali e metacognizione*, Erickson, Trento.

Corsini, R. J., Wedding, D. (a cura di) (1996), *Psicoterapia. Teorie, tecniche, casi*, Guerini, Milano.

Cosmides, L, Tooby, J. (1990), *On the universality of human nature and uniqueness of the individual. The role of genetics and adaptation*, in «Journal of Personality», n. 58, pp. 17-67.

Costanza, M. (2014), *Psicologia evoluzionistica e personalità: un connubio possibile,* in neuroscienze.net, 12/5/2014, pp. 1-7.
Cyrulnik, B., Malaguti, E. (2005), *Promuovere la resilienza,* Erickson, Trento.
D'Abbiero, M. (1983), *Per una teoria del soggetto: marxismo e psicoanalisi,* Guida Editore, Napoli.
Damasio, A. (1995), *L'errore di Cartesio,* Adelphi, Milano.
Id. (2000), *Emozioni e conoscenza,* Adelphi, Milano.
Id. (2012), *Il sé viene alla mente,* Adelphi, Milano.
Danziger, K. (1995), *La costruzione del soggetto. Le origini storiche della ricerca psicologica,* Laterza, Roma-Bari.
Darley J. M., Latanè, B. (1968), *Bystander intervention in emergencies: diffusion of responsibility,* in «*Journal of Personality and Social Psychology*», n. 8, pp. 377-383.
Darwin, C. (1859), *L'origine delle specie,* Bollati Boringhieri, Torino, 1972 (VI edizione).
Id. (1871), "L'origine dell'uomo e la selezione sessuale", in Id., *L'evoluzione,* Newton Compton, Roma, 1994, pp. 523-975.
Dawkins, R. (2003), *L'orologiaio cieco, Mondadori, Milano.*
Dazzi, N., Lingiardi, V., Gazzilo, F. (2009), *La diagnosi in psicologia clinica. Personalità e psicopatologia,* Cortina, Milano.
De Beni, R., *et al.* (2008), *Psicologia della personalità e delle differenze individuali,* Il Mulino, Bologna.
De Dionigi, S. (2015), *L'intreccio dei vari tipi di linguaggio con il sentimento di comunità: dalla savana (anzi dal fiume) allo studio dello psicoterapeuta,* in «Rivista di Psicologia Individuale», n. 77, pp. 67-115.
De Dionigi, S., Gasperini, C. (2006), *Il senso della vita: cercasi finzione,* in «Rivista di Psicologia Individuale», n. 59, pp. 39-55.
Dehane, S. (2016) (in conversazione con Francois Euvé), *Decisione, libero arbitrio, coscienza: le nuove frontiere delle neuroscienze,* in «MicroMega (Almanacco delle scienze)», n. 6, pp. 122-133.
Dehane, S., Changeaux, J. P. (2011), *Experimental and Theoretical Approaches to Conscious Processing,* in «Neuron», n. 70, pp. 220-227.
De Felipe, J. (2017), "Introduzione" a, J. Viosca, *Il Cervello,* National Geografic- Le frontiere della scienza, Milano, pp. 7-11.
Dennet, D. (2009), *La coscienza. Che cosa è,* Laterza, Roma-Bari.
De Ridder, D. *et al.* (2013), *The predictive brain and the 'free will' illusion,* in «Frontiers of Psychology», n. 4, p. 131.

D'Errico, F. (2016), *Le origini della creatività umana come devianza*, in «MicroMega (Almanacco delle scienze)», n. 6, pp. 51-60.
D'Errico, F., Banks, W. E. (2013), *Identifying Mechanism Behind Middle Paleolithic and Middle Stone Age Cultural Trajectories*, in «Current Anthropology», n. 54 (S8), S371-S387.
De Salle, R., Tattersall, I. (2013), *Brain. Il cervello istruzioni per l'uso*, Codice, Torino.
DeYoung, C. G., (2011), "Intelligence and Personality", in Sternberg, R. J., Kaufman, S. B. (Eds.), *The Cambridge handbook of intelligence*, Cambridge University Press, New York, pp. 711-737.
De Young, C. G., Peterson, J. B., Séguin, J. R., Pihl, R. O., Tremblay, R. E. (2008), *Externalizing behavior and the higher-order factors of the Big Five*, in «Journal of Abnormal Psychology», n. 117, pp. 947-953.
Desportes, J. P. (1978), *Gli effetti della presenza dello sperimentatore nelle scienze del comportamento*, Città nuova, Roma.
De Tocqueville, A. (1999), *La democrazia in America*, Rizzoli, Milano, ed. or. 1835.
De Waal, F. B. M. (1984), *La politica degli scimpanzé*, Laterza, Bari.
Id. (1997), *Naturalmente buoni*, Garzanti, Milano.
Id. (2013), *Il bonobo e l'ateo*, Laterza, Roma-Bari.
Id. (2016), *Siamo così intelligenti da capire l'intelligenza degli animali*, Cortina, Milano.
Di Francesco, M. (1998), *L'io e i suoi sé*, Cortina, Milano.
Digman, J. M. (1990), *Personality Structure: Emergence of the five-factor model*, in «Annual Review of Psychology», n. 41, pp. 417-440.
Dilthey, W. (1985), "Idee per una psicologia descrittiva e analitica", in *Per la fondazione delle scienze dello spirito. Scritti editi ed inediti (1860-1896)*, tr. it. Angeli, Milano, ed. or. 1894.
Dinkmeyer, D. C., Dreikurs, R. (1974), *Il processo di incoraggiamento*, Giunti Barbera, Firenze.
Dinkmeyer, D. C., Dreikurs, R., Sperry, L. (1987), *Adlerian Counseling and Psychoterapy*, McMillan Publishing, New York.
D'Odorico, L. (1990), *L'osservazione del comportamento infantile*, Cortina, Milano.
Doise, W., Deschamps, J., Mugny, G. (1980), *Psicologia sociale*, Zanichelli, Bologna.
Doise, W. (2010), *Confini e identità*, Il Mulino, Bologna.

DUNN, J., PLOMIN, R. (1997), *Vite separate: perché i fratelli sono così diversi?*, Giunti, Firenze.

DWECK, C. (2003), *Teorie del sé*, Erickson, Trento.

ID. (1996), "Implicit Theories as Organizers of Goals and Behaviour", in Gollwitzer, P. M., Bargh, J. A. (eds.), *The Psychology of Action: Linking Cognition and Motivation of Behavior*, Guilford, New York, pp. 69-90.

EAGLE, M. N., WOLITZKY, D. L. (1998), "Teorie psicoanalitiche della psicoterapia", in D. K. Freedheim, (a cura di), *Storia della psicoterapia*, Magi Ediz., Roma, pp. 120-174.

EAGLEMAN, D. (2016), *Il tuo cervello, la tua storia*, Corbaccio (Garzanti), Milano.

EDELMAN, G. M. (1993), *Sulla materia della mente*, Adelphi, Milano.

ELLENBERGER, H. (1976), *La scoperta dell'inconscio*, Boringhieri, Torino.

ELLIS, A. (1989), *Ragioni ed emozioni in psicoterapia*, Astrolabio, Roma.

ID. (1993), *L'autoterapia razionale-emotiva*, Erickson, Trento.

ID. (1996), "Terapia comportamentale razionale-emotiva", in R. J. Corsini, D. Wedding (a cura di), *Psicoterapia*, Guerini, Milano, pp. 239-299.

EPSTEIN, S. (1983), "Aggregation and Beyond: Some Basic Issues on the Preduction of Behaviour", in «Journal of Personality», n. 51, pp. 360-392.

ERCOLANI, A.P., ARENI, A., MANNETTI, L. (1997), *La ricerca in psicologia*, Carocci, Roma.

ERIKSON, E. (1974), *Infanzia e società*, Armando, Roma.

EYSENCK, H. J. (1952), *The Scientific Study if Personality*, Routledge & Kegan, London.

ID. (1970a), *The Structure of human personality*, Methuen, London.

ID. (a cura di) (1970b), *Readings in Extraversion-Introversion. Theorethical and Methodological Issues*, Staples Press, London.

ID. (1961), *Senso e nonsense in psicologia*, Editrice Universitaria, Firenze.

EYSENCK, H. J., WILSON, G. D. (1976), *Psicologia umana*, Organizzazioni Speciali, Firenze.

FERRIGNO, G. et al. (2006), Alfred Adler nei verbali della Società Psicoanalitica di Vienna (1906-1911), in «Rivista di Psicologia Individuale», Quaderno n. 14.

FERRIGNO, G. (2016), *Manuale per la salute dei sarti. Storia bio-biblio-*

grafica della monografia e riflessioni, in «Dialoghi Adleriani», rivista on-line dell'Istituto A, Adler di Milano, n. 6, pp. 3-57.
Festinger, L. (1973), *La teoria della dissonanza cognitiva*, Angeli, Milano, ed or. 1953.
Feyerabend, P. K. (1979), *Contro il metodo*, ed. it. Feltrinelli, Milano.
Fischer, W. (1928). Der Historiche Materialismus als Psychologhische Methode, in «Der Kampf», n. XXI, pp. 18-24.
Foerster, H. von (1988), "Sulla costruzione della realtà", in P. Watzlawick (a cura di), *La realtà* inventata, Feltrinelli, Milano.
Folgheraiter, F. (1989), "Introduzione" a, R. Mucchielli, *Apprendere il counseling*, Erickson, Trento.
Fossi, G. (1984), *Le teorie psicoanalitiche*, Piccin, Padova.
Id. (2005), *La psicoterapia dinamico-evoluzionista*, Angeli, Milano.
Foti, C. (2003), "L'ascolto dell'abuso e l'abuso dell'ascolto", in C. Foti (a cura di), *L'ascolto dell'abuso e l'abuso dell'ascolto*, Angeli, Milano, pp. 63-94.
Francescato, D. (1992), *Quando l'amore finisce*, Mondadori, Milano.
Id. (1994), *Figli sereni di amori smarriti*, Mondadori, Milano.
Fransella, F., Dalton, P. (2007), *Il counseling dei costrutti personali*, Erickson, Trento.
Freedheim, D. K. (a cura di) (1998), *Storia della psicoterapia*, Magi Ed., Roma.
Freud, A. (1967), *L'Io e i meccanismi di difesa*, Martinelli, Firenze.
Id. (1979), *Normalità e patologia nell'età infantile*, in *Opere (1965-1975)*, vol. 3, Boringhieri, Torino.
Freud, S. (1968), *Opere*, Boringhieri, Torino,
Id. (1894), *Le neuropsicosi da difesa*, in *Opere*, Boringhieri, Torino, Vol. II, 1978, pp. 119-134.
Id. (1922), *Due voci di enciclopedia: 'Psicoanalisi' e 'Teoria della libido'*, in *Opere*, Boringhieri, Torino, Vol. IX, 1978, p. 439.
Fromm, E. (1955), *The Sane Society*, Rainehart, New York.
Id. (1968), *Fuga dalla libertà*, Comunità, Milano.
Fromm, E., Maccoby, M. (1970), *Social Character in a Mexical Village*, Prentice-Hall, Englewood-Cliffs.
Furtmüller, C. (2008). "Alfred Adler. Un saggio autobiografico", in H. L. Ansbacher, R. R. Ansbacher, *Aspirazione alla superiorità e sentimento comunitario, Edizioni* Universitarie Romane, 2008 pp. 335-395, ed. or. 1947.

GALIMBERTI, U. (2011), *Umberto Galimberti racconta Freud, Jung e la psicoanalisi*, in «Capire la filosofia», n. 10, abbinamento a «La Repubblica», Gruppo editoriale L'Espresso.

ID. (2006), *Dizionario di psicologia*, Istituto Geografico De Agostini-Gruppo Editoriale L'Espresso, Novara-Roma.

GALLESE, V. (2014), Arte, corpo, cervello: per un'estetica sperimentale, in «*MicroMega*», n. 2, pp. 42-67.

GALLESE, V., CUCCIO, V. (2014), "Tra neuroni ed esperienza. Simulazione incarnata, linguaggio e natura umana", in A. Falzone, S. Nucera, F. Parisi (a cura di), *Le ragioni della natura*, Corisco Edizioni, Roma-Messina, pp. 309-324.

GALLESE, V. *et al.* (2006), *La sindrome incarnata: i neuroni specchio, le basi neurofisiologiche della Intersoggettività ed alcune implicazioni per la psicoanalisi*, in «Psicoterapia e Scienze Umane», vol. XL, n. 3, pp. 543-580.

GEE, H. (2016), *La specie imprevista. Fraintendimenti sull'evoluzione umana*, Il Mulino, Bologna.

GAZZANIGA, M. S. (1997), *La mente della natura. Il cervello umano tra eredità e ambiente*, Garzanti, Milano.

ID. (2009), *Human. Quel che ci rende unici*, Cortina, Milano.

GENNARO, A. (2004), *Introduzione alla psicologia della personalità*, Il Mulino, Bologna.

GENNARO, A., SCAGLIARINI, R. G. (2014), *La costruzione della personalità*, Piccin, Padova, 2014.

GIROTTO, V., PIEVANI, T., VALLORTIGARA, G. (2008), *Nati per credere*, nuova ediz. Le Scienze- Codice, Roma-Torino, 2017.

GIUS, E., CAVANNA, D. (1979), *La personalità*, Patron, Bologna.

GIUSTI, E., ROMERO, R. (2005), *L'accoglienza*, Sovera editore, Roma.

GLASERSFELD, E. VON (1988), "Introduzione al costruttivismo radicale", in Watzlawitch, P., *La realtà inventata*, Feltrinelli saggi, Milano, 2006, pp. 17-36.

ID. (1999), *Il costruttivismo e le sue radici*, nel sito www.oikos.org/voncostrutt.htm

ID. (2005), "Il costruttivismo", in W. E. Craighead, C. B. Nameroff, *The concise Corsini Enciclopedia of Psychology and Behavioral Science*, Wyley & Sons, Hoboken (NJ), pp. 219-220.

GLASERSFELD, E. VON, FOERSTER, H. VON (2001), *Come ci si inventa. Storie, buone ragioni ed entusiasmi di due responsabili dell'eresia costruttivista*, Odradeck, Roma.

GNISCI, A., PEDON, A. (2016), *Metodologia della ricerca psicologica*, Il Mulino, Bologna.

GOBRY, I. (2004), *Vocabolario greco della filosofia*, Paravia-Bruno Mondadori, Milano.

GOLDBERG, L. R. (1990), *An alternative description of personality: The Big-Five factor structure*, in «Journal of Personality and Social Psychology», n. 59, pp. 1216-1229.

GOLDONI, S., MAZZOLI, G., PISI, C., CONTU, S. (2008), "L'Adolescent Life Style Test (A.L.S.T.)", Comunicazione al Congresso della Società Internazionale di Psicologia Individuale, Vilnius, 31 Luglio-3 Agosto, 2008.

GOTTFREDSON, L. S. (1997a), *Mainstream science on intelligence: An editorial with 52 signatories, history, and bibliography*, in «Intelligence», n. 24, pp. 13-23.

GOTTSCHALL, J. (2014), L'istinto di narrare, Bollati Boringhieri, Torino.

GRAY, J. A. (1981), "A critique of Eysenck's Theory of Personality", in H. J. Eysenck (a cura di), *A Model for personality*, Springer-Verlag, Berlin.

HALL, C. S., LINDZEY, G. (1986), *Teorie della personalità*, Boringhieri, Torino, ed. or. 1978.

HEIDER, F. (1972), *Psicologia delle relazioni interpersonali*, il Mulino, Bologna.

HEIDER, F., SIMMEL, M. (1944), *An experimental study of apparent behavior*, in «American Journal of Psychology», 57, pp. 243-259.

HEIDEGGER, M. (2016), *Dell'essenza della libertà umana. Introduzione alla filosofia*, Bompiani, Milano, ed. or. 1930.

HEINE, S. J. *et al.* (1999), *Is there a universal need for self-regard*, in «Psychological Review», n. 106, pp. 766-794.

HIGGINS, E. T. (1989), *Continuities and discontinuities in self-regulatory and self-evaluative pro- cesses: A developmental theory relating self and affect*, in «Journal of Personality», 57, pp. 407-444.

ID. (1999), "Persons and Situation: Unique explanatory Principles or ariability in general Principles?", in D. Cervone, Y. Shoda (eds.), *The Coherence of Personality: Social Cognitive Bases of Consistency, Variability and Organization*, Guilford, N. Y., pp. 61-93.

HIGGINS, E. T., SORRENTINO, R. M. (eds.) (1990), *Handbook of Motivation and Cognition*, vol. 2, Guilfrod, New York.

HILLMAN, J. (1984), *Le storie che curano*, Cortina, Milano.

HOLT, R. (1969), *Assessing personality*, Harcourt Brace Jovanovic, New York.

ID. (1975), "Introduzione" a, D. Rapaport, M. M. Gill, R. Shafer, *Reattivi psicodiagnostici,* Boringhieri, Torino, pp. 11-60.

HOLZKAMP, K. (1974), *Psicologia critica*, Mazzotta, Milano.

HORN, J. L., CATTELL. R. B., (1966), *Refinement and test of the theory of fluid and crystallized general intelligences,* in «Journal of Educational Psychology», n. 57, pp. 253-270.

HORNEY, K. (1980), *Psicologia femminile*, Armando, Roma.

ID. (1981), *Nevrosi e sviluppo della personalità*, Astrolabio, Roma.

ID. (1988), *Autoanalisi*, Astrolabio, Roma.

HOUTS, A., COOK, T., SHADISH, W. (1986), *The Person-Situation Debate: A Critical Multiplist Perspective,* in «Journal of Personality», n. 54, pp. 52-195.

IORI, D. (2017), *Possibile convivenza tra Homo sapiens e Homo naledi,* in Pikaia (Portale dell'evoluzione), 11 Maggio 2017, www.pikaia.eu

JAMES, W. (2004), *Principi di psicologia*, Principato, Milano, ed. or. 1901.

JASPERS, K. (2006), *La filosofia dell'esistenza*, Laterza, Bari, ed. or. 1937.

JENSEN, A. R. (1998), *The g factor: The science of mental ability,* Praeger, Westport, CT.

JERISON, H. J. (2000), "Evolution of Intelligence", in R. Stenberg, (ed.), *Handbook of Human* Intelligence, Cambridge University Press, Cambridge.

ID. (2007), "What Fossils Tell Us about the Evolution of the Neocortex", in J. K. Kaas, L. A. Krubister, (eds.), *Evolution of Nervous System*. New York and Oxford: Elsevier.

JOHNSON, W., BOUCHARD, T. J., JR. (2005), *The structure of human intelligence: It's verbal, perceptual, and image rotation (VPR), not fluid crystallized,* in «Intelligence», n. 33, pp. 393-416.

JOHNSON-LAIRD, P. N. (1983), *Modelli mentali. Verso una scienza cognitiva del linguaggio*, Fabbri, Milano, nuova edizione del 2015.

JUNG, C. G. (1961), *Ricordi, saggi, riflessioni,* Il Saggiatore, Milano, 1965.

ID. (1981), *Opere*, Boringhieri, Torino.

ID. (1951), *Questioni fondamentali di psicoterapia*, in *Pratica della psicoterapia, Opere,* vol. 16, Boringhieri, Torino, 1981.

KAGAN, J. (1994), *Galen's Prophecy:Temperament in Human Nature,* Basic Book, New York

ID. (2001), *Tre idee che ci hanno sedotto: miti della psicologia dello sviluppo*, Il Mulino, Bologna.

KAHNEMAN, D. (2012), *Pensieri lenti e veloci*, Mondadori, Milano.

KANEKLIN, C. (1992), "Il primo colloquio", in A. Quadrio, V. Ugazio, (a cura di), *Il colloquio in Psicologia clinica e sociale*, Angeli, Milano, pp. 75-102.

KANIZSA, G., LEGRENZI, P. (1978), *Psicologia della Gestalt e psicologia Cognitivista*, Il Mulino, Bologna.

KANT, I. (2013), *Critica della ragion pura*, UTET, Torino, ed. or. 1781.

KEHOE, E. G. *et al.* (2012), *Personality modulates the effects of emotional arousal and valence on brain activation*, in «Social Cognitive and Affective Neuroscience», n. 7, pp. 858-870. Anche in: www.ncbi.nlm.nih.gov/pmc/articles/PMC3475359

KELLY, G. A. (1986), *A Brief Introduction to Personal Construction Theory*, Centre for Personal Construct, London.

ID. (2004), *La psicologia dei costrutti personali*, Cortina, Milano, ed. or. 1955.

KENDALL, P. C., NORTON-FORD J. D. (1986), *Psicologia clinica*, Il Mulino, Bologna.

KENNY, V. (1984), *La costruzione psicologica della vita: un'introduzione alla psicoterapia dei costrutti personali*, in www.oikos.org/vincvita.htm

KITAYAMA, S., MARKUS, H. R. (1999), "Yin and Yang of the Japanese self: The cultural psychology of personality coherence", in D. Cervone, Y. Shoda, (a cura di), *The Coherence of Personality: Social-Cognitive Bases of Consistency, Variability and Organization*, Gilford Press, New York, pp. 242-302.

KITAYAMA, S. *et al.* (1977), *Individual and collective process of self-esteem management: Selfenhancment in the United States and self-depreciation in Japan*, in «Journal of Personality and Social Psychology», n. 72, pp. 1245-1267.

KLEIN, M. (1998), *La psicoanalisi dei bambini*, Giunti, Firenze.

KOENEN, K. C., CASPI, A., MOFFITT, T. E., RIJSDIJK, F., TAYLOR, A. (2006), *Genetic influences on the overlap between low IQ and antisocial behavior in young children*, in «Journal of Abnormal Psychology», n. 115, pp. 787–797.

KOFFKA, K. (1970), *Principi di psicologia della forma*, tr. it. Boringhieri, Torino, ed. or. 1935.

KORCHIN, S. J. (1976), *Psicologia clinica moderna*, Borla, Roma.
KRUBIZER, L. A. (a cura di), *Evolution of Nervous System*, Elsevier, NewYork-Oxford, vol. 3, pp. 1-12.
KUHN, T. S. (1969), *La struttura delle rivoluzioni scientifiche*, tr. it. Einaudi, Torino, ed. or. 1962.
L'ABATE, L. (1986), "Prevention of Marital and Family Problems", in B.A. Eldestein, L. Michelson, (Eds.), *Handbook and Prevention*, Plenum Publishing Corporation, New York.
LALAND, K. N. *et al.* (2015), *The Extended Evolutionary Synthesis: Its Structure, Assumptions and Predictions*, in «Procedings in Royal Society of Biology», n. 282, pp. 1015-1019.
LANDES, D. S. (1978), Prometeo liberato. Trasformazioni tecnologiche e sviluppo nell'Europa occidentale dal 1750 ai giorni nostri, Torino, Einaudi.
LAPLANCHE, J., PONTALIS, J.B. (1967), *Enciclopedia della psicoanalisi*, Laterza, Bari (nuova ed. 1993).
LAZARUS, R. S. (2006), *Emotions and interpersonal relationship: Toward a person-centered conceptualization on emotions and coping*, in «Journal of Personality», n. 74, pp. 9-46.
LEDOUX, J. (1999), *Il cervello emotivo*, Baldini e Castoldi, Milano.
ID. (2002), *Il Sé sinaptico*, Cortina, Milano.
ID. (2016), *Ansia. Come il cervello ci aiuta a capirla,* Cortina, Milano.
LEGRENZI, P. (1998), *Come funziona la mente*, Laterza, Bari.
ID. (2002), *La mente*, Il Mulino, Bologna.
ID. (2008), *Credere*, Il Mulino, Bologna.
ID. (a cura di) (2012), *Storia della psicologia*, Il Mulino, Bologna.
ID. (2017), *Regole e caso*, Il Mulino, Bologna.
LEGRENZI, P., UMILTÀ, C. (2014), *Perché abbiamo bisogno dell'anima*, Il Mulino, Bologna.
LESLIE, A. (1987), *Pretence and Representation: The Origins of 'Theory of Mind'*, in «Psychological Review», n. 94, pp. 412-426.
LEWIN, K. (1965), *Teoria dinamica della personalità*, Giunti, Firenze.
ID. (1972a), *I conflitti sociali*, Angeli, Milano.
ID. (1972b), *Teoria e sperimentazione in psicologia sociale*, Il Mulino, Bologna.
LINGIARDI, V., GAZZILLO, F. (2014), *La personalità e i suoi disturbi. Valutazione clinica e diagnosi al servizio del trattamento*, Cortina, Milano.
LIS, A. (1993), *Psicologia clinica*, Giunti, Firenze.

LOMBARDO, G. V., FOSCHI, R. (2002), *La costruzione scientifica della personalità*, Bollati Boringhieri, Torino.

LONGFORD, S. (1995), *La rivoluzione copernicana di Alfred Adler*, in «Rivista di Psicologia Individuale», n. 38, pp. 11-28.

LORENZETTI, L. M. (a cura di) (1995), *Psicologia della personalità*, Angeli, Milano.

LOTTO, B. (2017), *Percezioni. Come il cervello costruisce il mondo*, Bollati Boringhieri, Torino.

LUCCIO, R. (1982), *Soggetti e sperimentatori nella ricerca psicologica*, Il Mulino, Bologna.

ID. (2000), *Psicologia: un profilo storico*, Laterza, Bari-Roma.

ID. (2012), "Le origini della psicologia", in P. Legrenzi (a cura di), *Storia della psicologia*, Il Mulino, Bologna.

MAESTRIPIERI, D. (2016), "Il grande equivoco sulla natura umana", in «MicroMega (Almanacco delle scienze)», n. 6, pp. 152-158.

MAFFEI, L. (2011), *La libertà di essere diversi*, Il Mulino, Bologna.

ID. (2016), *Elogio della ribellione,* Il Mulino, Bologna.

MAGNUSSON, D. (2001), *The Holistic-Interactionist Paradigm: Some Directions for Empirical Developmental Research*, in «European Psychologist», vol. 6, n. 3, pp. 153-162.

ID. (2003), *Holistic Interactionism: a Perspective for Research on Personality Development*, tr. it. in L. A. Pervin, O. P. John, (a cura di), *La scienza della personalità*, Cortina, Milano.

MAGNUSSON, D., STATTIN, H. (2006), "The person in the environment: Towards a general model for scientific inquiry", in Lerner, R. M. (ed.), *Theoretical models of human development*, vol. 1, Wiley & Sons, Hoboken (NJ).

MAGNUSSON, D., STATTIN, H. (2007), *The Person in the Context: A Holistic-Interctionistic Approach*, Wiley & Sons online, Hoboken (NJ).

MAGRINI, M. (2017), *Cervello. Guida semplificata alla macchina più complessa dell'universo*, Giunti, Firenze.

MAIR, M. (1987), *Kelly, Bannister e una psicologia che racconta storie*, nel sito web www.oikos.org/mairstoria.htm

MANTOVANI, S. (a cura di) (2000), *La ricerca sul campo in educazione. I metodi qualitativi*, Bruno Mondadori, Milano.

MANZI, G. (2007), *L'evoluzione umana*, Il Mulino, Bologna.

ID. (2013), *Il grande racconto dell'evoluzione umana*, Il Mulino, Bologna.

ID. (2017), *Ultime notizie sull'evoluzione umana*, Il Mulino, Bologna.
MARCHI, D. (2016a), "Chi era Homo naledi?", «MicroMega», n. 6, pp. 3-15.
ID. (2016b), *Il mistero di Homo naledi*, Mondadori, Milano.
MARCUS, G. (2008), *Kluge. L'ingegneria della mente umana*, Einaudi, Codice edizioni, Torino.
MAREAN, C. W. (2014), "Quando il mare salvò l'umanità", in AA.VV. *Il cammino dell'uomo*, Le Scienze (Le frontiere della scienza), Roma.
MAREAN, C. W. et al. (2007a), Early Human Use of Marine Resources and Pigment in South Africa During the Middle Pleistocene, in «Nature», n. 449, pp. 905-908.
MAREAN, C. W. (2007b), "Heanding North: An Africanist Perspective on the Replacement of Neanderthal by Modern Humans", in P. Mellars *et al.* (eds.), *Retinking the Human Revolution*, McDonald Institute for Archelogical Research, Cambridge.
MARKON, K. E., KRUEGER, R. F., WATSON, D. (2005), *Delineating the structure of normal and abnormal personality: An integrative hierarchical approach*, in «Journal of Personality and Social Psychology», n. 88, pp. 139-157.
MARX, K. (1844), *Manoscritti economico-filosofici del 1844*, Einaudi, Torino, 1980.
ID. (1867), *Il capitale*, Editori Riuniti, Roma, 1964.
MARX, K., ENGELS, F. (1845), *La sacra famiglia*, Editori Riuniti, Roma, 2012.
MASIERO, R. (2012), "Shakespeare & Shakespeare", in G. Ricchelli (a cura di), *Shakespeare e le arti*, libreriauniversitaria.it Edizioni Webster srl, Padova.
MASLOW, A. (1973), *Motivazione e personalità*, Armando, Roma.
MATTANA, G. (2016), "Il Sé fra Psicoanalisi e Neuroscienze", in *Spiweb*, Atti della tavola rotonda "La clinica psicoanalitica: plasticità neurobiologica, trasformazioni psichiche, Roma, 26 Novembre 2016.
MATURANA, H. R., VARELA, F. J. (1985), *Autopoiesi e cognizione. La realizzazione del vivente*, Marsilio, Venezia.
IDD. (1992), *L'albero della conoscenza*, Garzanti, Milano.
MAY, R. (1991), *L'arte del counseling*, Astrolabio, Roma.
MAY, R., YALOM, I. (1996), "Psicoterapia esistenziale", in R.J. Corsini, D. Wedding (a cura di), *Psicoterapia*, Guerini, Milano, pp. 439-484.
MAYER, J. D., SALOVEY, P., CARUSO, D. R. (2004), *Emotional intelli-*

gence: Theory, findings, and Implications, in «Psychological Inquiry», n. 60, pp. 197-215.

IDD. (2008), *Emotional intelligence: New ability or Eclectic Trait*, in «American Psychologist», n. 63, pp. 503-517.

MCBURNEY, D. H. (1986), *Metodologia della ricerca in psicologia*, Il Mulino, Bologna.

MCCLELLAND, D. (1961), *The Achieving Society*, Van Nostrand, Princeton (NJ).

MCCRAE, R. R., COSTA, P. T. JR. (1999), "A five-factor theory of personality", in L. A. Pervin, O. P. John, (eds.), *Hanbook of Personality: Theory and Research*, Guilford Press, New York, pp. 139-153.

MCCRAE, R. R., COSTA, P. T. JR. (2013), "Introduction to the empirical and theoretical status of the Five-Factor model of personality traits", in Widiger, T. A., Costa, P. T. Jr., (eds.), *Personality Disorders and the Five-Factor Model of Personality*, American Psychological Association, Washington, pp. 15-27.

MECACCI, L. (a cura di) (1983), *Vygotskij. Antologia di scritti*, Il Mulino, Bologna.

ID. (2003), *Storia della psicologia del Novecento*, Laterza, Roma-Bari.

MEERLO, J. A. M. (1969), *Pervasiveness of terms and concepts*, in «Journal of Individual Psychology», n. 26, p. 40.

MERHAV, P. (1980), *Storia del marxismo*, vol. III[1], Einaudi, Torino.

MILGRAM, S. (1974), *Obbedienza all'autorità*, Bompiani, Milano.

MILGRAM, S., HOLLANDER, P. (1964), *Murder they heart*, in «Nation», n. 198, pp. 602-604.

MILLER, P. H. (1994), *Teorie dello sviluppo infantile*, Il Mulino, Bologna.

MINUCHIN, S. *et al.* (2009), *Famiglia: un'avventura da condividere. Valutazione familiare e terapia Sistemica*, Bollati Boringhieri, Torino.

MISCHEL, W. (1968), *Personality and Assessment*, Wiley, New York.

ID. (1969), *Continuity and Change in Personality*, in «American Psychologist», n. 24, pp. 1012-1018.

ID. (1986), "Verso una riconcettualizzazione della personalità nella teoria dell'apprendi- mento sociale", in G. V. Caprara, R. Luccio, (a cura di), *Teorie della personalità*, Il Mulino, Bologna.

ID. (1996), *Lo studio della personalità*, Il Mulino, Bologna.

MISCHEL, W., SHODA, Y. (1995), *A cognitive-affective system theory of personality: Receptualizing situations, dispositions, dynamics, and invariance in personality structure*, in «Psychological Review», n. 102, pp. 246-268.

MONOD. J. (1971), *Il caso e la necessità*, Mondadori, Milano.

MORO, A. (2015), *I confini di Babele. Il cervello e il mistero delle lingue impossibili*, Il Mulino, Bologna.

MORO, A. C. (2013), "Kataptation, o sulle ragioni (perdute) della grammatica universale", in E. Banfi, (a cura di), *Sull'origine del linguaggio e delle lingue storico-naturali. Un confronto fra linguisti e non linguisti*, Bulzoni, Roma.

MOSAK, H. H. (1996), "Psicoterapia adleriana", in R. J. Corsini, D. Wedding, (a cura di), *Psicoterapia*, Guerini studio, Milano, pp. 113-181.

MOSTICONI, R., CHIARI, G. (1979), *Una descrizione obiettiva della personalità. Il Minnesota Multiphasic Personality Inventory (M.M.P.I.)*, OS-Organizzazioni Speciali, Firenze.

MUCCHIELLI, R. (1987), *Apprendere il counseling*, Erickson, Trento.

MURPHY, G. (1947), *Personality: A biosocial approach to origins and structure*, Harper & Brothers, New York.

MUSATTI, C. (1968), "Introduzione" a, S. Freud, *Opere 1899*, vol. III, pp. XI-XXIV, Boringhieri, Torino.

ID. (1987), *Chi ha paura del lupo cattivo?*, Editori Riuniti, Roma.

NARDONE, G. (2014), *La paura delle decisioni*, Ponte alle Grazie, Milano.

ID. (2015), *La nobile arte della persuasione*, Ponte alle Grazie, Milano.

ID. (2017), *Sette argomenti essenziali per conoscere l'uomo*, Ponte alle Grazie,

NARDONE, G. WATZLAWICK, P. (2010) *L'arte del cambiamento*, TEA, Milano.

NENCINI, R., GIANNATTASIO, M. E. (1983), *Istruzioni per l'uso delle varie forme dell'M.M.P.I.*, OS-Organizzazioni Speciali, Firenze

NETTLE, D., LIDDLE, B. (2008), *Agreeableness is related to social-cognitive, but not social percetual theory of mind*, in «European Journal of Personality», n. 22, pp. 323-335.

NEUER, A. (1926), *Individualpsychologie Alfred Adler*, in «Der Kampf», n. XIX, pp. 226-232.

NEUMANN, J. (1928), *Über den Münchener Kürsuber Psychoterapie Kindern und Jugendlichen vom 2-4*, in «Internationale Zeitung Individual Psychologie», n. 6, pp. 492-495.

NIGRO, G. (1983), *Contributo alla taratura italiana della Scala di con-*

trollo interno-esterno (I-E) di Rotter, in «Bollettino di Psicologia Applicata», n. 168, pp. 29-41.

ID. (2001), *Metodi di ricerca in psicologia*, Carocci, Roma.

NIGRO, G., GALLI, I. (1988), *La fortuna, l'abilità, il caso. Introduzione allo studio del locus of control*, Centro Scientifico Torinese, Torino.

NOBILI, R. (s. d.), *La macchina della mente*, in neuroscienze.net (*Journal of Neuroscience, Psychology and Cognitive science*).

NOLAN, S. A., ROBERTS, J. E., GOTLIB, I. H. (1998), *Neuroticism and ruminative response style as predictors of change in depressive symptomatology*, in «Cognitive Therapy and Research», n. 22, pp. 445-455.

NORTHOFF, G., BERMPOHL, F. (2004), *Cortical midline structures and self*, in «Trends in Cognitive Science», n. 8, pp. 102-107.

NORTHOFF, G., PANKSEPP, J. (2008), *The trans-species concept of Self*, in «Trends in Cognitive Science», n. 12, pp. 259-264.

NORTHOFF, G. *et Al.* (a cura di) (2014), *La plasticità del Sé. Un approccio neuropsicodinamico*, Il Mulino, Bologna.

NUNBERG, H., FEDERN, E. (a cura di), (1973), *Dibattiti della Società psicoanalitica di Vienna*, Boringhieri, Torino.

OATLEY, K. (2008), *The Mind's Flight Simulator*, in «Psychologist», n. 21, pp. 1030-1032.

OBEREST, U., STEWART, A. E. (2005), "Social Interest: Adlerian Psychology in the Context of Constructivist and Humanistic Theories", in «Il Sagittario», n. *18*, 93-104.

OLDROYD, D. (1993), *Storia della filosofia della scienza*, Il Mulino, Bologna.

OLIVETTI, A. (2013), *Democrazia senza partiti*, Edizioni di comunità, Roma-Ivrea, ed. or. 1949.

ORGLER, H. (1970), *Alfred Adler e la sua opera*, Astrolabio, Roma.

PAGEL, M. (1999). Inferring the historical patterns of biological evolution, in «Nature», n. 401 (6756), 877-884.

PALMONARI, A. *et al.* (2002), *Psicologia sociale*, Il Mulino, Bologna.

PARENTI, F. (1983), *La psicologia individuale dopo Adler*, Astrolabio, Roma.

ID. (1987), *Alfred Adler*, Laterza, Bari.

PARISI, D., CASTEFRANCHI, C. (1978), *"Una definizione della psicologia cognitivista"*, in G. Kanizsa, P. Legrenzi (a cura di), *Psicologia della gestalt e psicologia cognitivista*, Il Mulino, Bologna, pp. 63-84.

PASSI TOGNAZZO, D. (1975), *Metodi e tecniche nella diagnosi della personalità*, Giunti Barbera, Firenze.

PERVIN, L. A., JOHN, O. P. (2003), *La scienza della personalità*, Cortina, Milano.

PIAGET, J. (1952), *Psicologia dell'intelligenza*, Giunti-Barbera, Firenze.

ID. (1976), *Le scienze dell'uomo*, Laterza, Roma-Bari.

ID. (1996), *Il giudizio morale nel fanciullo*, Giunti, Firenze.

PIETROPOLLI CHARMET, G., CIRILLO, L. (2012), *Adolescenza*, RCS Libri, Milano.

PIEVANI, T. (2004), *Quella volta che siamo diventati umani*, in «Lettera Internazionale», n. 80 (II° trimestre, 2004). Anche www.letterainternazionale.it/testi_htm/pievani_80.htm>*

ID. (2010), *La teoria dell'evoluzione. Attualità di una rivoluzione scientifica*. Il Mulino, Bologna.

ID. (2011), *La vita inaspettata*, Cortina, Milano.

ID. (2012a), *Introduzione a Darwin*, Laterza, Bari-Roma.

ID. (2012b), *Homo sapiens. Il cammino dell'umanità*, De Agostini, Novara.

ID. (2014a), "Tra scettici e adattazionisti: nuovi sviluppi nello studio dell'evoluzione del linguaggio", in A. Falzone, S. Nucera, F. Parisi (a cura di), *Le ragioni della natura*, Corisco Edizioni, Roma-Messina, pp. 119-130.

ID. (2014b), *Evoluti e abbandonati*, Bollati Boringhieri, Torino.

ID. (2016), "Presentazione" a, Gee, H., *La specie imprevista*, Il Mulino, Bologna, pp. 7-13.

PIEVANI, T., SUMAN, F. (2016), *Nani sulle spalle di giganti. Evoluzione culturale cumulativa e origini del linguaggio*, in «MicroMega (Almanacco delle scienze)», n. 6, pp. 61-80.

PINKER, S., (2006), *Tabula rasa. Perché non è vero che gli uomini nascono tutti uguali*, Mondadori, Milano.

PONZIANI, U. (1994), Lo stile di vita: nuove prospettive epistemologiche, in «Rivista di Psicologia Individuale», n. 36, pp. 53-62.

POPPER, K. (1970), *La logica della scoperta scientifica*, Einaudi, Torino, ed. or. 1959.

ID. (1972), *Congetture e refutazioni*, Il Mulino, Bologna.

PRINGLE, H. (2014), "Le origini della creatività", in AA.VV. *Il cammino dell'uomo*, Le Scienze Roma (Le frontiere della scienza).

QUADRIO, A., UGAZIO, V. (a cura di) (1992), *Il colloquio in psicologia clinica e sociale. Aspettative, teoriche e applicative*, Angeli, Milano.

Raffagnino, R., Carli, A. (1989), *Comunicazione non verbale e intervista clinica*, in «Bollettino di Psicologia Applicata», n. 189, pp. 29-35.
Ramachandran, V. S. (1995), *Anosognosia in parietal lobe syndrome*, in «Consciousness and Cognition», n. 4, pp. 22-51.
Rapaport, D., Gill, M. M., Schafer, R. (1975), *Reattivi psicodiagnostici*, Boringhieri, Torino.
Rapetti, A. (1983), *Valutazione clinica e metodi proiettivi*, Bulzoni, Roma.
Raskin, N. J., Rogers, C. R. (1996), "Terapia centrata sull'individuo", in R. J. Corsini, D. Wedding, *Psicoterapia*, Guerini, Milano, pp. 238-288.
Rattner, J. (2011), *Alfred Adler*, Emmebi editrice, Firenze.
Rizzolatti, G., Sinigaglia, C. (2006), *So quel che fai*, Cortina, Milano.
Rodotà, S. (2013), "Presentazione" a, A. Olivetti, *Democrazia senza partiti*, Edizioni di Comunità, Roma-Ivrea, pp. 11-21.
Rogers, C. R. (1959), *Reattivo per lo studio dell'adattamento della personalità. A test of personality adjustment*, Organizzazioni Speciali, Firenze.
Id. (1976), *Psicoterapia di consultazione*, Astrolabio, Roma.
Id. (1983), *Un modo di essere*, Martinelli, Firenze.
Id. (1986), "La teoria della personalità e delle relazioni interpersonali nella terapia centrata sul cliente", in G. V. Caprara, R. Luccio (a cura di), *Teorie della personalità*, Il Mulino, Bologna.
Id. (2007), *La terapia centrata sul cliente*, La Meridiana, Molfetta, ed. or. 1951.
Romano, A. (1966), *Storia del movimento socialista in Italia*, Laterza, Bari.
Rossi, A. (2015), *La materia dell'anima: il 'connettoma'*, in «MicroMega», n. 5, pp. 105-120.
Rotter, J. B. (1966), *Generalised Expectancies for Internal versus External Control of Reinforcement*, in «Psychological Monographs», n. 80.
Rovelli, C. (2014), *Sette brevi lezioni di fisica*, Adelphi, Milano.
Rovera, G. G. (2009), "Alfred Adler", vedi la voce in AA.VV., *Psiche. Dizionario storico di psicologia, psichiatria, psicoanalisi, neuroscienze*, Einaudi, Torino.
Ruberti, L. (1976), *Il dibattito su psicoanalisi e marxismo*, in «Critica marxista», n. XIV, pp. 101-131.

RUBINI, V. (1984), *Test e misure psicologiche*, Il Mulino, Bologna.

RÜHLE, O. (1970), *Zur psychologie des proletarischen kindes*, von Werder-Wolff, Frankfurt.

RUSSO, E., VARRIALE, V. (2016), *Coscienza, dinamiche predittive della mente e libero arbitrio*, in «Heliopolis», n. 1, pp. 129-136.

SANAVIO, E., CORNOLDI, C. (2001), *Psicologia clinica*, Il Mulino, Bologna.

SCABINI, E., ROSSI, G. (2006), *Le parole della famiglia*, Vita e Pensiero, Milano.

SCHELER, M. (2002), *La posizione dell'uomo nel cosmo*, Angeli, Milano.

SEARS, R. (1951), "Social Behavior and Personality Development", in T. Parsons, E. A. Shils, (eds.), *Toward a General Theory of Action*, Harvard University Press, Cambridge (Mass.).

SELIGMAN, M.E.P. (1996), *Imparare l'ottimismo*, Giunti, Firenze.

ID. (2003), *La costruzione della felicità*, Sperling & Kupfer, Milano.

ID. (2006), *Come crescere un bambino ottimista*, Sperling & Kupfer, Milano.

SEN, A. K. (2013), *Sull'ingiustizia*, Laterza, Bari.

SEMI, A. A. (1985), *Tecnica del colloquio*, Cortina, Milano.

SEUNG, S. (2013), *Connottoma. La nuova geografia della mente*, Codice Edizioni, Torino.

SÈVE L. (1975), *Psicoanalisi e materialismo storico*, Editori Riuniti, Roma.

SHAPIRO, D. A. (1976), "Counseling", in H. J. Eysenck, G. D. Wilson, *Psicologia umana*, Organizzazioni Speciali, Firenze.

SHEA, J. J. (2014), "Un'idea sbagliata sulle origini dell'uomo", in AA.VV., *Il cammino dell'uomo. Come siamo diventati* Homo sapiens, Le Scienze (Le frontiere della scienza), Milano, pp. 23-36.

SHERMER, M. (2015), *Homo credens. Perché il cervello ci fa coltivare e diffondere idee improbabili*, Nessun Dogma (UAAR), Roma.

SHODA, Y. (1999), "Behavioral Expression of a Personality System: Generation and Perception Behavioral Signature", in D. Cervone, Y. Shoda (eds.), *The Coherence of Personality: Scial-cognitive Bases of Consistency, Variability an Organization*, Guilford, New York, pp. 155-181.

SHODA, Y., MISCHEL, W, WRIGHT, J. C. (1994), *Intraindividual Stability in The Organization and Analysis of Behavior; Incorporating*

Psychological Situation into Idiografic Analysis of Personality, in «Journal of Personality and Social Psychology», vol. 67, pp. 674-687.

SHULMAN, B.H., MOSAK, H. (2008), *Manuale per l'analisi dello stile di vita*, Angeli, Milano.

SHULMAN, B.H., WATTS, R.E. (1997), *Adlerian and Constructivist Psychotherapy: An Adlerian Perspective*, in «Journal of Cognitive Psychotherapy», vol. 11, n. 3, pp. 181-193.

SODINI, U. (1985), *Alfred Adler e la nascita della psicologia individuale*, in «Psicologia Contemporanea», vol. XII, n. 71, pp. 60-62.

ID. (1993), *Contributo per una ricostruzione storica del concetto di Stile di vita e per una sua definizione*, in «Rivista di Psicologia Individuale», n. 34, pp. 61-67.

ID. (2001), *Alexandra Adler (1901-2000). La nascita dell'Associazione Internazionale di Psicologia Individuale"*, in «Attualità in Psicologia» (Edizioni Universitarie Romane), vol. XVI, nn. 3-4, pp. 229-230.

ID. (2004), *Alfred Adler: la nascita di una psicologia per tutti*, in «Attualità in Psicologia» (Edizioni Universitarie Romane), vol. XIX, nn. 3-4, pp. 205-220.

ID. (2008), "Introduzione" all'edizione italiana del volume a cura dei coniugi Ansbacher, *Aspirazione alla superiorità e sentimento comunitario*, Edizioni Universitarie Romane, Roma, pp. 15-33.

ID. (2012), "Introduzione" all'edizione italiana del volume di A. Adler, *La scienza del vivere*, Edizioni Universitarie Romane, Roma, pp. 11-39.

ID. (2014a), "Introduzione" all'edizione italiana del volume di A. Adler, *Problems of Neurosis*, ed. or. 1929, tr. it. *La nevrosi e le sue problematiche*, Edizioni Universitarie Romane, Roma, pp. 11-44.

ID. (2014b), *Alfred Adler e Sigmund Freud: alle origini di una controversia*, in «Attualità in Psicologia», Roma, 24 novembre 2014.

SODINI U., TEGLIA SODINI A. (1996), *Un ricordo di Gastone Canziani, il primo adleriano d'Italia*, in «Attualità in Psicologia», n. 2, pp. 195-208.

IDD. (1997), *Prendeva il tè con Alfred Adler parlando di psicologia: ricordo di Rowina Ripin Ansbacher (1906-1996)*, in «Babele», vol. II, n. 6, pp. 22-23.

IDD. (2011), *La nascita della Società per la libera ricerca psicoanalitica*, in «λeùssein», vol. IV, nn. 2-3, pp. 135-139.

SPEARMAN, C. (1904), *'General intelligence', objectively determined and measured*, in «American Journal of Psychology», n. 15, pp. 201-293.
STAHL, S. M. (2002), *Psicofarmacologia essenziale*, Centro Scientifico Editore, Torino.
STERN, W. (1911), *Die differentielle Psychologie in ihren methodischen Grundlagen*, Barthe, Leipzig.
STERNBERG, R. J. (1977), *Intelligence, information processing, and analogical reasoning: The componential analysis of human abilities*, Erlbaum, Hillsdale (NJ).
STRASSER, J. (1907-1908), *Die Schwacheals Entwicklungs Factor*, in «Der Kampf», n. 1, pp. 138-139.
STRELAU, J., ZAWADZKI, B. (1993), *The Formal Characteristics-Temperamental Inventory (FCB-TI): Theretical Asumption and Scale Construction*, in «European Journal of Personality», vol. 7, pp. 313-336.
SULLIVAN, H. S. (1962), *Teoria interpersonale della psichiatria*, Feltrinelli, Milano.
ID. (1993), *Scritti sulla schizofrenia*, Feltrinelli, Milano.
SULLOWAY, F.J. (1998), *Fratelli maggiori, fratelli minori. Come la competizione tra fratelli determina la personalità*, Mondadori, Milano.
TAJFEL, H. (1983), *Gruppi umani e categorie sociali*, Il Mulino, Bologna.
TARTABINI, A. (2003), *Psicologia evoluzionistica. Uomini e animali a confronto*. McGraw-Hill, Milano.
TATTERSALL, I. (2004), *Il Cammino dell'uomo*, Garzanti, Milano.
ID. (2005), "Come siamo diventati umani", in AA.VV., *Le origini dell'uomo*, in Le Scienze – Frontiere, pp. 99-111.
ID. (2009), *Com'è nata l'intelligenza simbolica*, in «MicroMega», Almanacco Darwin 1809-2009, pp. 181-208.
ID. (2013), *I signori del pianeta*, Le Scienze, Codice edizioni, Torino.
TELLESCHI, R., TORRE, G., (a cura di) (1988), *Il primo colloquio con l'adolescente*, Cortina, Milano.
THIBAUT, J. W., KELLEY, H. H. (1967), *Psicologia sociale dei gruppi*, Il Mulino, Bologna, ed. or. 1959.
TOMASELLO, M. (2009), *Le origini della comunicazione umana*, Cortina, Milano.
ID. (2010), *Altruisti nati. Perché cooperiamo*, Boringhieri, Torino.
TONONI, G. (2014), *Phi Φ. Un viaggio dal cervello all'anima*, Codice, Torino.

TOULMIN, S. E. (1972), *Human Understending. The Collective Use and Evolution of Concepts*, Princeton University Press.

TRENTINI, G. (a cura di) (1989), *Teoria e prassi del colloquio e dell'intervista*, La Nuova Italia Scientifica, Roma.

VAIHINGER, H. (1967), *La filosofia del come se*, Astrolabio, Roma, ed. or 1911.

VALDERAS, J. M. (2017), *La coscienza. La più enigmatica delle funzioni cerebrali*, National Geografic Le frontiere della scienza-RBA Italia, Milano.

VALLORTIGARA, G. (2000), *Altre menti. Lo studio comparato della cognizione animale*, Il Mulino, Bologna.

VANHAEREN, M., D'ERRICO F., VAN NIEKERK, K. L., HENSHILWOOD, C. S., ERASMUS, R. M. (2013), *Thinking Strings: Additional Evidence for Personal Ornament Use in the Middle Stone Age at Blombos Cave, South Africa*, in «Journal of Human Evolution», n. 64 (6), pp. 500-517.

VARGA, E. (1920), *Die Würtscaftlichen und Psychologischen Grundlagen der Weltrevolution*, in «Kommunismus», n. 1, pp. 566-578.

VARRIALE, C. (1985), *Soggettività e politica*, Loffredo Editore, Napoli.

ID. (1989), *Psicologia adleriana e contesto educativo*, Loffredo Editore, Napoli.

ID. (1993), "L'impiego del reattivo TVSVP/'91 nella valutazione in chiave adleriana del disagio psicologico preadolescenziale", in R. Pititto, *et al.* (a cura di), *La scuola dell'integrazione*, Ethena, Editore, Napoli, pp. 43-80.

ID. (1995), *Coscienza di sé, autostima e sentimento di inferiorità: un raccordo teorico- pratico fra i tre costrutti nella prospettiva individualpsicologica*, in «Spazi della Mente», Napoli, n. 14, pp. 3-35.

ID. (1996), *La dimensione psicologica della comunità*, Athena Edit., Napoli.

ID. (1998), *Individualpsicologia e cognitivismo: una lettura integrata di alcuni costrutti basici*, in «Rivista di Psicologia Individuale», Milano, n. 43, pp. 59-77.

ID. (a cura di) (2000), *Competenze d'aiuto nel counseling*, Giordano Editore, Cosenza.

ID. (2002), *Cervello, emozioni, prosocialità*, Liguori Editore, Napoli.

ID. (2003a), *Sentimento sociale e comportamento altruistico. Contributo di ricerca in una cornice di psicologia di comunità*, in «Rivista di Psicologia Individuale», Milano, n. 53, pp. 91-102.

Id. (2003b), "Fronteggiare la dispersione scolastica in una prospettiva di psicologia di comunità: la ricerca-azione e il lavoro sul sé come strumenti per l'empowerment scolastico", in G. Pannullo, K. Volpe (a cura di), *Empowerment e dispersione scolastica*, Direzione Regionale Scolastica, Ufficio Scolastico della Campania, Centro Servizi Amministrativi di Salerno, pp. 37-56.

Id. (2003c), *Social Feeling and the Cognitive Approach to Prosociality*, in Atti del XXI Congresso Internazionale di Psicologia Individuale (IAIP), Monaco di Baviera, 6-10/8/2010, «Rivista di Psicologia Individuale», n. 53, pp. 91-102.

Id. (2005), *Alfred Adler psicologo di comunità*, Guerini Editore, Milano.

Id. (2006), *Socio-costruttivismo e modello psicologico adleriano: significative convergenze*, in «Rivista di Psicologia Individuale», Milano, n. 59, pp. 69-84.

Id. (2009), *Aiutare le persone ad aiutarsi*, Guerini Editore, Milano.

Id. (2010), *La nevrosi compulsiva secondo Alfred Adler: un modello interpretativo precursore del paradigma metacognitivo*, in «Il Sagittario», Torino, n. 25, pp. 67-79.

Id. (2011), *L'inquadramento finzionale della 'nevrosi compulsiva': il precursore adleriano all'attuale paradigma metacognitivo dei DOC*, in Atti del XX Congresso Nazionale della Società Italiana di Psicologia Individuale (Sanremo, 23-25 Aprile 2010) supplemento alla «Rivista di Psicologia Individuale», n. 69, pp. 270-281 (nel CD accluso alla rivista, n. 69).

Id. (2012 *in press*), *Dai processi finzionali e compensativi della 'Principessa A.' un confronto fra il modello clinico-terapeutico e quello metacognitivo di Wells*, in Atti del XXIII Congresso Nazionale della Società Italiana di Psicologia Individuale, Milano 20-22 aprile 2012.

Id. (2013), *Lo stile di vita, cos'è, come si valuta*, Liguori editore, Napoli.

Id. (2014), *The Great Cognitive 'Jump' in the Upper Paleolitic. The Role of Rearrangment by 'Exaptation' of Executive Fuctions*, IV International Conference on Perspective Memory (ICPM4), Università degli Studi di Napoli "Suor Orsola Benincasa" (26-30 Maggio, 2014), Panel-Abstract, pp. 30-31.

Id. (2015), *La conquista della mente moderna*, Libreria Brunetti Editore, Napoli.

Id. (2016a), *Il 'salto' cognitivo di Homo sapiens nel Paleolitico me-

dio-superiore: una lettura a partire da un framework paleoantropologico e dinamico-cognitivo e costruttivistico adleriano, in «Dialoghi Adleriani», Rivista on-line dell'Istituto "A. Adler" di Milano, a. III, n. 5, pp. 74-93.

ID. (2016b), *Miseria del lavoro e lavoro della miseria: il 'sistema del sudore' dei sarti a fine ottocento nella denuncia medica e psico-sociale di Alfred Adler*, in «*Dialoghi Adleriani*», Rivista on-line dell'Istituto "A. Adler" di Milano, a. III, n. 6, pp. 115-129.

ID. (2017), *'Sé creativo': il costrutto adleriano che meglio focalizza l'aspetto cognitivo ed evoluzionistico 'speciale' (ma non eccezionale!) della 'natura umana'*, in «Heliopolis», rivista on-line, a. XV, n. 2, pp. 69-102.

ID. *et al.* (1991), *Il rischio della scelta. L'intervento psicologico, su base adleriana, nell'orientamento scolastico e professionale. Metodologie e tecniche operative*, Loffredo editore, Napoli.

ID. *et al.* (1992), *Dinamiche socio-psicologiche fra gli extracomunitari in Campania*, Athena Editore, Napoli.

VARRIALE, C., MARENGO, A. (1994), *Valutazione dello stile di vita e intervento educativo*, Loffredo Editore, Napoli.

VARRIALE, C. *et al.* (1997), *Il 'Cooperative Learning': Un metodo per l'apprendimento disciplinare e per l'educazione del Sentimento sociale*, in «Rivista di Psicologia Individuale», n. 41, pp. 47-54.

VARRIALE, C., SALIERNO, F. (1997), *Un naturale terreno di sviluppo del modello adleriano: la Psicologia di comunità*, in «Il Sagittario», Rivista dell'Istituto "A. Adler" di Torino, n. 1, pp. 67-84.

VARRIALE, C., PARLATO, P. (2000), *Il Modello Quadrifasico Adleriano di counseling in campo socio-psico-pedagogico*, in «Rivista di Psicologia Individuale», n. 47, pp. 47-78.

VARRIALE, C., LIMONGELLI, V., ORLANDO, R. (a cura di) (2006), *Educatori sanamente imperfetti, ma non troppo!*, Ellissi Editore, Napoli.

VARRIALE, C., ROTONDO, M. (2011a), *Caratteri evoluzionistici e costruttivistici della psicologia adleriana*, in «Rivista di Psicologia Individuale», n. 69, pp. 31-50.

IDD. (2011b), *Generazione digitale, la nebulosa in transizione*, Liguori editore, Napoli.

VARRIALE, C., LIMONGELLI, V. (a cura di) (2017), *Resilienze*, Guida Editori, Napoli.

VEGETTI FINZI, S. (1986), *Storia della psicoanalisi*, Mondadori, Milano.

VICARIO, G. (1978), "Un gestaltista legge Neisser", in G. Kanizsa, P. Legrenzi (a cura di), *Psicologia della gestalt e psicologia cognitivista*, Il Mulino, Bologna, pp. 107-127.
VIERKOW, R. (1848), *Social Policy as Health Policy*, in «Jama» (The Journal of the American Medical Association), vol. 3, n. 80 (19), p. 1369.
VIOSCA, J. (2017), *Il Cervello*, National Geografic-Le frontiere della scienza-RBA Italia, Milano.
VYGOTSKIJ, L. S. (1934), *Pensiero e linguaggio*, Giunti Barbera, Firenze, 1966.
WALLIS, J. (2007), "Making Games That Make Stories", in P. Harrigan, N. Wardrip-Fruin, (eds.), *Second Person. Role-Playing and Story in Games and Playable Media*, MIT Press, Cambridge.
WATSON, J. B. (1913), "Psychology as the behaviorist views it", in *Psychological Review*, n. 20, pp. 158-177.
WATZLAWICK, P., (1974), *Change. La formazione e la soluzione dei problemi*, Astrolabio, Roma.
ID. (a cura di) (1988), *La realtà inventata. Contributi al costruttivismo*, Feltrinelli, Milano.
ID. *et al.* (1974), *La pragmatica della comunicazione umana*, Astrolabio, Roma, ed. or. 1967.
WAY, L. (1969), *Introduzione ad Alfred Adler*, Giunti Barbera, Firenze.
WELLS, A. (2002), *Disturbi emozionali e metacognizione*, Erickson, Trento.
ID. (2012), *Terapia metacognitiva dei disturbi d'ansia e della depressione*, Eclipsi, Firenze.
WELLS, A., MATTHEWS, G. (1994), *Attention and Emotion: A Clinical Perspective*, Erlbaum, Hove.
WHITE, R. W. (1959), *Motivation reconsidered: The concept of competence*, in «Psychological Review», n. 66, pp. 297-333.
WILSON, E. O. (2013), *La conquista sociale della terra*, Cortina, Milano.
WINNICOTT, D. (1975), *Dalla psichiatria alla psicoanalisi*, Martinelli, Firenze.
WITKIN H. A. *et al.*, (1976), *La differenziazione psicologica*, Bulzoni, Roma,
ZIMBARDO P. (1984), *Elementi di psicologia e vita*, Idelson Editore, Napoli.
ID. (2008), *L'effetto Lucifero. Cattivi si diventa?*, Cortina, Milano.

Zuckerman, M. (1979), *Attribution of Success and Failure Revisited, or: the Motivational bias is alive and well in Attribution Theory*, in «Journal of Personality», n. 47, pp. 245-287.

Indice

Scheda di valutazione del volume

Caro lettore, Le chiediamo un ultimo sforzo di collaborazione. Lei può darci un utile feed-back sulla validità di quest'opera, anche per migliorarla nelle prossime edizioni. Risponda a **tutte** *le domande che seguono* **con sincerità** *e, se vuole, anche in modo anonimo (comunque indicando una sigla di fantasia). Grazie anticipate per la collaborazione* (la scheda può essere inviata in busta chiusa a: Prof. Cosimo Varriale, Università degli Studi di Napoli "Suor Orsola Benincasa", CdL in "Scienze e tecniche di psicologia cognitiva", C.so Vittorio Emanuele, n. 292, 80135, Napoli; oppure a: Guida editori, Via Bisignano, 11, 80121, Napoli. Gli studenti consegneranno la scheda ad esame). L'Autore e l'Editore.

Nome e Cognome (facoltativi).......................................o Sigla (per l'anonimato) ....Età..........., M ( ) F ( ), Occupazione...............................

Può indicarmi qualche argomento che **l'ha interessata particolarmente** e **perché**?:

Argomento interessante...
perché...
Argomento interessante...
perché...

Può indicarmi qualche argomento del volume **che non l'ha interessata** e **perché**?

Argomento non interessante...
perché...
Argomento non interessante...
perché...

Quali argomenti ha trovato **meno chiari** e **perché**? ....

....

....

Quali argomenti ha trovato **più chiari** e **perché**?.......................................

....

....

Può darci un **giudizio complessivo** sul volume (segni con una X il numero corrispondente a quello che ritiene sia il grado di validità dell'opera)?

- -

0 1 2 3 4 5 6 7 8 9 10

Perché?..

....

....

Eventuali ulteriori suoi suggerimenti:...

....

....